周紹良　主編
趙超　副主編

唐代墓誌彙編（修訂本）

八

歷代碑誌彙編

上海古籍出版社

唐代墓誌彙編

開成

開成〇〇一

【蓋】失。

【誌文】

唐故邕管招討判官試左清道率府兵曹參軍清河崔公墓誌銘并序　堂姪朝散大夫前守建州刺史上柱國耿譔」

叔父諱淯，字利物。太保忠公之孫，南和府」君之子。漢初自齊徙貝，隋末自貝遷洛，本清」河東武城人也。性貞獨退默，態度不能與時」世合，每安所安、適所適而已矣。爲孀姊幼弟」孤姪主衣食，遂求署小職於淮泗間，僅十五」歲。太和初，爲戎府招，授試衛佐，竟以累牽，未」及南行。府除。九年冬，泝汴入洛，」至止踰旬，瘍」生於左足。以開成元年春正月廿日，終于東」都教業坊之私第，享年五十有四。以仲春甲」申祔葬于邙山，不幸不娶。有女三人：大吳、小」吳、盛兒。銘曰：

内無刑兮我何所媿，道可濟兮時不我試。陪」松闉於邙原，訖天地兮嗚呼于兹地。」

堂姪前秘書省著作佐郎倬書。」

（周紹良藏拓本　河南千唐誌齋藏石）

開成〇〇二

【蓋】失。

【誌文】

大唐故王府君墓誌銘并序　鄉貢進士劉可記譔」

公諱從政，太原郡人也。其先歷代簪裾，間生賢哲。祖因官遂家於」河南府版籍焉。曾祖諱冰，使持節諸軍事守虢州刺史，鎮居方」剛，位列雄藩，弘化之美，信孚百城；祖諱琳，仕爲原州司馬，名以」孝聞，位因才達，國華人望，榮觀一時。府君公即司馬之長子也，」至性崇禮，以奉宗祀，感覆載之深恩，戀晨昏而不事，恭近於禮，以此爲」美，不失其親，以此爲貴，夙夜虔虔，匪躬之不逮，恂恂於鄉黨，愛敬」盡於祖孝，協和宗族，豈非福慶而致焉。於戲！禍兮無跡，生也遇」疾，彌流日臻，百藥不救，人有斯疾，天喪斯聞，享年七十，於大和四年」夏四月啓手于虛臺縣之私第。嗚呼哀哉！公弱冠之初，娶於河東郡」薛氏，即故雲麾將軍之嫡孫也。夫人夙承善慶，生自」德門，歸彼君子，含章永貞，奉以舅姑，流謙自誡，潔齋承祀，善復勤」勞。儀爾芳名，内外欽屬。吁哉天道，言負賢能。以大和九年冬十一月」顧命于家，捨其榮養。公有三子：長子元通，次子元用，幼子僧次嚴等，」并以温柔克諧，全兹孝悌，慕風泣血，□象高柴，知禮善喪，豈唯顔」子。以開成元年歲次丙辰三月二日合祔於皇考故塋，即」涇州靈臺縣東三里北原，之禮也。恐陵谷遷變，刻于貞石，銘」之詞曰：

昭昭白日，昊昊上天，悲風松栢，瘞於隴田。功勳承代，痛惜良賢，□裹不祐，俄歸逝川。白駒遄及，日往月遷，至孝□□，諒陰墨言。四時潛運，永乎祀年，千秋□□，墳所生煙。

（周紹良藏拓本）

開成〇〇三

【蓋】　唐故隴西李府君墓誌

【誌文】

唐故京兆府押衙雲麾將軍試光禄卿上柱國李府君墓誌銘并序」

府君諱彦崇，字德高，其先隴西，乃皇宗之苗」裔也。府君文可以濟世，武可以靜邊，投筆從戎，」于茲累載。夫爲轅門之首領者，奉公竭節，凡歷任五」郡押衙，倜儻瓌偉，皆以郡守見用，或權變於貨殖，則」無損於人；掌帑藏於惟揚，即衆皆欽仰。府君享」年五十有二。何期積善無憑，暫□小瘵，藥餌難救，奄」歸夜泉。開成元年五月十日卧疾，終于揚州江陽縣」布政坊私第，即以其年七月卅日遷葬于江陽縣仁善」鄉弦歌坊千秋里蜀堈之側修塋，禮也。府君娶」清河張氏。温儀令淑，婦道彌彰，清貞立節，恭慎勵人。」孕嗣子三人：長曰道真，次曰九師，幼曰小哥，皆毁性」過禮，號訴穹蒼，以夙繼夜，水不度齒，然古之純孝，未」可及也。夫人撫孤幼而慟絶，則行雲爲之慘悽；」扶棺櫬而悲啼，則鄰伍爲之抆涕。

嗚呼逝矣，白日難」駐，黃泉□冥。恐歲月緜遠，陵谷改□□刊貞石，以紀」年代。銘曰：

天道問生兮□□□□□□□□何」□□□□泣血兮聲□□□□□兮淚鱗」□□□□□□玉

瘞蜀□□□□□□□柏蒼蒼。」

（北京圖書館藏拓本）

開成〇〇四

【蓋】失。

【誌文】

唐陝虢都防禦押衙朝議郎試撫州司馬上柱國馮夫人吳氏陰堂誌　濮陽吳士範撰」

夫人諱甚，姓吳氏，濮陽人。周太伯以讓奔荊蠻，荊蠻人義之，遂立于吳，實」夫人之得姓焉。　西河守起，長沙王芮、大將軍漢，皆夫人之累祖也。洎五」代祖景達，隋西閣祭酒；大王父思訓，唐綿州神泉縣令，□贈至太師；　王父」令瑜，開府儀同三司光祿卿；　皇考灣，朝議大夫秘書郎河中府田曹參軍。」吳氏之盛，世載信讓，代續忠賢，長沙西河，皆以通司馬法爲當時名將，後」子孫歷魏晉周隋，多爲侍中二千石。秘書即」章敬皇太后之從父弟也。大曆初，代宗皇帝以孝理，追昇太后」之族，次授五品階，拜秘書郎。文學孝悌，家推顏子；問望器宇，朝稱野王。自」解河中府掾曹印，志尚沖寂，慕黃老守一之道，挂冠不仕，闔于山川，春秋」云：賢而不用，後有達人。果大于嗣，亦及謝庭。夫人秘書第二女也，隴西」李氏之自出。外王父訓，爲太子家令。夫人少慧長淑，率性天與，詩書纂」組，一不待姆師之訓，懸然自通。年始昇笄，歸于上黨馮殖。馮氏代將人」也，後漢有馮異，即其祖先。馮君少藴韜鈐之機，器度廓落，鮮爲時合，官試」撫州司馬，職爲陝軍裨將，智勇傑健，實公侯之干城腹心也。加之廉謹自」束，趨轅門四十年，未曾一日失職。内以行純而孝，若姪若甥，孀女孤兒，遠」千里者，必提而聚之。慈撫義教，至于成長，而不自知其孤也。夫人賢而」克順，且無閒然，由是夫人寒必先孤之衣也，夫人飢必先孤而食也，」不出閨閫，移範有家，婦道更修，儀響無忒。承馮氏之蘩藻，穆馮氏之閨門，」祇馮氏之賓客，殆將三紀，虔恭不怠，見如一日。是宜偕眉壽，齊貴榮，繩繩」子孫，永是慶祉。天河酷善，遽此殲落，粤以開成元年，龍集景辰四月建巳」□日辛未朔，歸全于陝州陝縣宜君里司馬之私第，享壽五十五。十月建」亥十三日己酉歸窆于河南府洛陽縣平陰鄉南梅村之南原祔馮氏之」舊塋，禮也。長子曰慶，年十五，卓卓儁秀，略無□態，能語喜書，早以通經。洎」丁夫人之艱，泣血茹荼，有見至性；小子曰海兒，孩啼未齒，亦珠玉之流」也。士範實夫人之從父弟，恭熟舊德。孝子慶懇懇哭訴曰：伏以日月有時，」請事刊紀。小子於是銜哀且媿，不得已書貞石云。」

（北京圖書館藏拓本）

開成〇〇五

【蓋】失。

【誌文】

唐故富春孫府君夫人廣平郡程氏墓誌銘并序　鄉貢進士天水趙韜述」

禮曰：已孤不更名，然府君名與」穆宗廟諱同，爲草澤臣，奈何不敬，旋改爲恪，字」敬之。曾鄰，祖季，考元，乃咸蹈道，不仕王侯，世襲仁」讓，府君紹之，家法不墜。遠祖富春人，派流東周。府君」娶廣平郡夫人姓程氏。先夫人薨，有子四人。夫人」理家，立性嚴毅，可爲軌範。長子義方，次義貞，次仲甫，」次臯方。貞束髮仕於鹽鐵東都留後。以供甘旨，棣」萼兟兟齒類，企之不逮。夫人福壽俱永，何期寒暑愆，」寢膳乖，以開成丙辰歲七月七日薨于洛陽縣思」恭里之私第，以其年十一月一日啓府君合祔，禮也。」邙山之陽洛陽縣北部鄉，慮窀穸之夷，余承伯仲」命，敢不唯恭，遂援毫以識之。辭曰：」
雙車轔轔，丹旐翩翩，脩路之北，邙山之前，重泉兮」掩，世世兮騰騫。」

（周紹良藏拓本　河南千唐誌齋藏石）

開成〇〇六

【蓋】失。

【誌文】

唐彭城劉府君墓誌　潘圖撰

君諱源，字文宗，先帝王之苗裔也。遠祖商，漢中書侍郎；祖壹，唐林泉不仕；父興，田園放居，古之君子也。周秦之世，晉宋以來，徙從吴郡，海鹽勝邑，樹德樹居，不仕朝廷，隱從□□，嗚呼！以開成元年十一月二十五日卒於私第，以其年十二月庚寅朔十九日甲寅葬於海鹽縣南三里，地號烏夜，鄉名海鹽。其塋也，長松藹日，青楓倚天；其所也，東流滄海，西接甘泉，南枕秦山之隅，北抵武原之地。君壽也六十有二，娶河南司徒氏，生三子：少怦、少通、少平。其子立也雖未闐闠之途，有懷謹終之孝，日月逝矣，歲不我留，勒石記之，用存今古。其詞曰：

野霧蒼蒼，寒郊茫茫，猗歟劉君，俄遭夜霜。（下缺。）

（録自《古誌石華》卷十八）

開成〇〇七

【蓋】失。

【誌文】

唐故河南府士曹參軍黎公墓誌銘并序　第七姪翰林學士朝議郎右補闕内供奉上輕車都尉埴撰」

公諱燧，字炎明，其先壽春人也。高祖義玄，皇漢州長史；祖諱道」弘，皇雋州越雋縣令贈華州刺史；考諱幹，皇尚書兵部侍郎、贈」太子少保、封壽春公。公即少保之第二子。聰敏辯博，該通經史，」善隸書，有俊氣，少以門第解褐授左千牛衛兵曹參軍。以代養」特恩授江陵縣尉，轉長寧丞，歷本府兵曹，莅職有聲。當宰相」劉公晏之任僕射兼轉運使也，辟公充水陸運判官，除河南府」士曹參軍，聲籍於當時，自公卿逮于布衣之士，無不望風而趨」向。既而家事崩墜，公不忍抱罔極之冤，乃誓志不仕，沉浮江湖，」將廿載。貞元十五年歲次己卯，終于烏程縣之旅舍，享齡五十」有三。明年，權窆于吴縣長靈鄉。逮今卅有八年矣。去歲埴長兄」前監察御史裏行諱均因知臨平監事，遂遷護北歸，今則與」亡兄同時歸祔于邙山山南。嗚呼！公夫人盧氏，皇陝州芮城」縣丞廣全之女，生二男二女：長女適博陵崔宗儒，不幸并早世；小」男未婚。有一男二女存焉，男曰善通。夫人後公而歿，葬于河」南府洛陽縣清風鄉諸葛村邇于壽春公之塋。今則啓故封」而合葬焉，以從禮也。時唐開成二年歲次丁巳二月乙未朔廿日，」龜筮叶吉。既葬刻石而誌之于墓。銘曰：」

壽春英英，命世挺生，令胤十二，公實□□。履仁蹈義，秉志不」仕，沉浮江湖，逮將二紀。有才無壽，中齡崩圮，卌八年，祔于故里。」哀哀吾兄，孝哉猶子，天何不惠，同日葬此，萬古千秋，」精靈已矣！」

榮陽鄭瑤書」

（北京圖書館藏拓本）

開成〇〇八

【蓋】　唐故趙郡李氏女銘記

【誌文】

唐故趙郡李氏女第」十七，字保壽，開成二」年五月五日卒於河」南府宣教里。以其年」六月廿二日，權殯於」洛陽縣平陰鄉上東」里積潤村。」

兄象書。」

（北京圖書館藏拓本）

開成〇〇九

【蓋】 失。

【誌文】

河東裴氏第二室女小號阿八，元和戊戌歲」十二月五日趙郡寧晉縣君李夫人生於河」陰縣旅舍，開成丁巳歲六月十六日歿於滑」州使宅之深閨。 夫人先終踰紀，失」恃抱瘵，有穠華之質，柔淑其性，生於夭促而」半不能步履，百藥無喜，十載懷歎，竟因時疾，」奄忽凋落，寧晤宰物，徒使鍾情，抑哀推理，割」念齊命，即生之苦可見，死之苦難知，儻三業」有憑，百福云助，用消宿鄣，已速往生，又何恨也！」以其月廿九日啓塗西歸，八月十一日祔于芒山」先塋之後。 厥有其父節制滑臺，援毫掩」涕，誌而銘曰：

玉璞不器，蕣英先凋，以老哭少，」前期不遥。 捨此繁華，歸于寂寥，」清秋祔壠，白楊蕭蕭。」

（周紹良藏拓本）

開成〇一〇

【蓋】 唐故隴西董夫人墓誌

【誌文】

唐故贈隴西郡夫人董氏墓誌銘并序 翰林學士朝議郎尚書司勳員外郎上輕車都尉臣黎埴奉敕撰」

王者統天地，合陰陽，外班元士之秩，内備嬪御之列，莫不慎擇華族，精選」良家，將以應九九之陽數，佐明明之聖德。其或藝傳躧步，體善折腰；」聲既溢于九霄，名自傳於千古者，有若贈隴西郡夫人董氏焉。夫人軒」蓋承家，派流綿遠。自擾龍而受氏，奮直筆以傳芳。仲舒擅美于儒林，君異」名登于仙籍。豈獨清音響亮，空號雙成之笙；長袖翩翻，唯許嬌嬈之舞而」已哉！自笄年入居宮臺，容華綽約，儀則詳閑，執禮謙和，發言明媚，而又纖」腰柔弱，舉趾嫣妍，飛燕自得于體輕，平陽雅稱其妙麗。當德皇御宇，」而名達宸聽，超自輩流，登于樂籍。時或曲移節奏，韻變宮商；故態方」□于俗流，新聲尚迷于衆伎，彼則哇咬纔囀，此已俯仰合儀。豈習利而學」能，誠目擊而心得者也。時或令節良辰，錫讌蘭殿，百辟就列，九奏在庭。」天子厭八佾之舊容，思七盤之新態。錦茵既設，羅襪徐登，動容而宛轉若」神，當場而意氣自得。莫不金烏駐景，借白日之光輝；玉女縈空，訝彩鸞之」騰赴。寧獨千官萬樂，屏息而心呼者哉！是以」列聖佳其藝能，六宮推其德美，雖修蛾已老，椒房之貴人；而羅袖時翻，授」梨園之弟子。名居上品，時歷六朝，逝水不留，化泉將及，以開成二」年歲次丁巳八月壬辰朔廿二日癸丑，卒于內院，享年六十有六。」皇帝念其恩舊，獎以伎能，寵贈追榮，窆引加□□。」其年其月卅日辛酉，俾祔葬于先塋萬年縣霸城鄉南窑村。以□□」也。嗚呼！通靈臺下，漢皇傳十里之香；鮒隅山□，顓」頊有九嬪之葬。詔詞臣埴銘于墓云。銘曰：

芬□□□」蘭發叢，婀娜兮翠柳摇風，芳姿妙舞不復見，纖腰雅□□」成空。于嗟絶藝，時所仰恃。詔詞臣誌幽壤。」

鄉貢明經臣張雲黯書　國子監刻字臣白僅」

（録自《西安郊區隋唐墓》）

開成〇一一

【蓋】 失。

【誌文】

唐故處士太原王府君墓誌銘并序　武寧軍節度判官朝散郎檢校尚書祠部郎中兼侍御史賜緋魚袋韋廑撰」

公諱修本，字適從，太原人也。胄緒之貴，簪組之盛，粤自東晉，迄于」皇唐，俊傑貽芳，英華繼美，光載典册，故不具書。曾祖象，銀青光禄」大夫、京兆少尹、右金吾衛將軍，懷、魏等七郡太守；祖曾，朝散大夫、」秘書郎、殿中侍御史；考諸，大理評事、江南東道、都團練推官。在昔」尹正京邑，肅清禁衛，校文秘府，佐戎名藩，茂績猶傳，脩良具紀，」仰兹餘慶，宜何於公。天何不仁，殲我良士？公即評事之長子也。秉」當年之志操，紹奕葉之顯榮，言必本於五常，孝惟先於百行，居必」清靜，動無諠譁，志樂山泉，愿栖林藪，精求道義，博習典墳。常癈卷」怡神，指事興歎，乃爲執友曰：予每覩前賢揚名後代，榮非謂己，慶」重承家。吾堂構未基，兄弟終鮮，志之所尚，夫何以爲？乃麗以藻」詞，淬其鋩刃，決隨計吏，待問春闈。審因既失於安絃，破的遂迷於」發矢。旋自京輦，抵于惟揚，結廬人間，隱跡城市，味纔充腹，衣靡及」趺，衰榮每諭於同途，韋絃共觀於一致。星紀再换，風神不移，靈龜」得志於途中，途鶴從心於物外。廑頃在貞元，與公有舊，高山仰」止，愿託佳姻，遂以伯兄之子妻之。凡十二年，一子一女。嗚呼哀哉！」以其開成二年五月十三日寢疾，終于揚州揚子縣里之私第，悲」夫樵路，方挈負薪之男；痛彼閨門，孰念及笄之女？其年十月十日，」孀妻弱子談喪歸于河南縣北邙原邇先塋，之禮，麈早欽美德，追想清規，愿竭所知，直書平昔，乃爲銘曰：」

高秋泬寥兮縹紗歸雲，摇風變態兮悠揚若神。比高情兮想疑□」覩，悲往事兮孰反其真？沉沉淮泗兮孀妻撫櫬，迢迢伊洛兮古原」將殯。幽隧閉兮壠月明，孤魂何往兮杳杳冥冥。」

（周紹良藏拓本　河南千唐誌齋藏石）

開成〇一二

【蓋】失。

【誌文】

唐故處士潁川陳氏公墓誌銘并序　鄉貢進士武陽李乂撰

陳公諱韞，字韜光，西漢太丘長寔之遠裔也。曾祖晏，祖□先，父澄，偕高蹈不仕，浪跡人寰，以處默爲輪輿，以軒冕爲桎梏，教垂嗣胤，德冠我公，作隱遯股肱，爲□山浚峭，峻義方而親屬不閒，宏心計而資給豐饒，利用身安，降年有永，故春秋七十有八矣。所宜溢斯上壽，□有中庸。誰謂劍没延津，珠貽淮水，以唐開成三年二月二十七日寢疾于江夏縣之私室，即以其年四月七日歸祔於順化里黄鶴山麓之先塋，禮也。夫人譙郡曹氏，先公三祀而没，有一子□立毁瘠綿頓，幾不勝哀，服懃經營，面垢不洗，□□□□有禮號慟。而行路無聊，仁孝光□以□父□二□□滎陽潘氏，婦儀母道，自彼抑揚，豈不性□□沿□□有自。於戲！言猶在耳，音容已緘，哀感臨岐，誰無怨恨。乂以曾蔭德宇，忝識前脩，實録遺芳，刻於貞石。銘曰：

□德門所嗣兮退藏是先，名與身孰親兮道在保全，福壽所資兮天降永年，遺芳不替而蒸蒸乂，□□□□兮□□□前。

（録自《古誌石華》）

開成〇一三

【蓋】失。

【誌文】

唐故崔夫人墓誌　彭城桂休源撰」

亡妻崔氏諱霞，字幼雲，其先清河著族。五代祖黄門侍郎」諱元綜，由黄門已上，官婚顯懿，昭于史諜，宜乎傳慶洪源，」鍾美靈枝。黄門生陵州司馬諱令同，陵州生伊闕令諱琚，」伊闕生澤州刺史諱倬，澤州生美原尉諱亮，美原娶隴西」李氏，李夫人德充而儀整，關東修門教者多賢之。夫人」即美原之第二女也。生而聲和，幼而性仁。美原即世之日，」夫人未亂，因心之感，聞于六姻。十歲通何論古詩，工爲裁」製之事。大和三年夏四月，歸于我，凡奉養蒸嘗」之助，緊夫人之勤。又能柔恪儉靜，不憙簾户觀看之樂。」休源未娶，有女子子一人，夫人撫待甚慈，外姻皆不知」其他出也。聞者難之。開成二年冬方娠有期，孕而不育，十」二月乙卯，歿于洛陽利仁之里第，春秋廿四。長幼惋」毒，娣姒家老或行哭失聲。」太夫人泣謂休源曰：崔婦爲吾家冢婦十年矣，逮事汝」先公，爲子爲婦爲妻爲母之道可謂備矣，而賦命不淑，不」至貴壽，痛哉嘻！孝慈仁誼之不可恃也如此。吾意天之遠」歟？神之忍歟？繇是休源退惟高堂之念，於夫人」之道，宜没身不衰。來年夏四月丁酉，安宅兆于邙原杜翟」里，遂刊幽礎以志卒葬，芳懿之行，粗舉其一二焉。」

三月十六日刻字。」

（周紹良藏拓本）

開成〇一四

【蓋】 失。

【誌文】

故銀青光禄大夫使持節溪州諸軍事守溪州刺史雁門縣開國男食邑三百户上柱國賜紫金魚袋田公誌銘并序　經略隨軍將仕郎試太子通事舍人後周介公元孫太陽子撰」

噫！四時有代謝，人情有始終，貴賤榮枯有生有滅者也。然哲有忠貞者仕」主之令名，有節行者爲人臣之遠格。夫處人天之極，唯忠孝焉：忠於事主，」可建邦家，揚于王庭，可爲人傑，一而遂之，則故田使君之能事矣。」使君公諱英，字英，雁門人也，安平君之苗裔也。其先祖枌榆京鎬，僑寄」黔中，冠冕聯綿，朱紫不絶。烈考玉諱寅字，官任黔州洪杜縣令，秩滿□」奏授光州司馬、上柱國，賞緋魚袋；詢訪耆舊稱文詞絢練，翰墨芳馨，道贊邊」城，化毗方岳，挹王祥之美化，得羅含之風者哉。太妣蘇性也，武功之貴族也。母儀」有則，貞淑可觀，德充趙括之親，賢可王陵之母。然古今有隔節行不殊者哉。」公禀精粹之氣，岌然天姿，氣魄稜稜，事君竭節，能展熊羆之仕，肅著爪牙之」威，幾變權謀，人具瞻仰。又位分符竹，宣贊六條，政術多方，化洽封部，不苛不擾，」愍恤惸嫠，布政五溪，譽傳巴楚。嗚呼！享年六十有四。良圖未展，厚禄初霑，自」守郡城，纔經二稔，天道恍惚，時事多端，悔悋吉凶，陰陽莫測，無何遘疾，業力無施，」運命兩乖，奄歸真宅，冰容忽逝，永棄明時，一代生涯，千春已畢，楊朱益泣，墨子重」悲。以開成二年丁巳歲暮之杪二旬有八日，終於酉陽官舍，至冬十二月旬有三日壬」寅，葬于府城西南隅虎牙峰高原，禮也。粤有節婦張夫人者，則南陽張□」君仙尉之女也。芳閨令淑，婉娩貞明，秦晉合儀，調如琴瑟，節偕杞婦，賢頗鴻闈」者歟。且鬻其服用，資贍送終，喪盡其哀，祭盡其敬。一女特達立節，亡軀大」義，克崇婦道之本也。有善不旌，有節不録，何以激人倫而彰化本也？或慮山迴谷圮，或市或朝，主嗣莫分，命余述誌。余學識淺劣，承乏操文，不揆管」窺，叨陳梗概。銘曰：

偉哉田侯，禮樂鏘鏘，敦經閱文，爲人紀綱。公心翼翼，爲棟爲樑，位分符竹，惠化封疆。亢龍有悔，悲哉夕陽，千秋萬歲，委骨郊荒。」

巨唐開成三年四月廿日匠京兆奉和鐫，　宇文坤述文併書。」

（録自《八瓊室金石補正》卷七十三）

開成〇一五

【蓋】失。

【誌文】

唐故處士潁川陳府君墓誌銘并序

開成二年七月廿日，有唐處士陳府君享年八十，終于家；明年四月廿二日，葬於河南府壽安縣連理鄉寇莊村先塋之東順理也。府君諱汭，裔承帝舜，姓自胡公，世載道德，事詳傳記，即南康郡王休先七世孫。曾祖承德，皇登進士科陰平郡別駕；祖齊卿，繼升進士，再判高等，自監察御史終太常博士；先考諱位，天寶末家國禍難，行義著聞，耽學墳史，累膺辟署，自大理司直終太子司議郎。府君年纔弱冠，興元中，季父允衆佐太尉李公復京邑，以勳授壽州安豐尉。旋丁家艱，毀瘠有聞，負荷勤恤，推恩竭力，睦親成家，率身忘寒暑之勤，敬事盡和樂之道。高堂無違，幼弟怡怡，雖食貧處晦，綽綽有裕。後爲知己薦用，從事嶺南，家遠宦孤，意不屑就。未幾謝主人而歸，遂雲壑寄跡，譏好娛賓，卅年間，忘名遂志，常正己檢下，以禮法自持。子弟以訓齊，朋友以義服，故家肥而道勝，意得而壽登，雖不及貴仕，君子以爲達矣。男子三人：長曰昱，次弇，幼曰行脩，夙承令範，皆已成立。二女出家，次適常州武進主簿賈汶，幼未及笄，并至性加人，孺慕終日。弟湘任御史，乞假護喪，自越赴洛。日時兆叶，手足痛殷，飲泣爲誌，不盡徽烈。銘曰：

書稱五福，其一曰壽，惟人道善，自天垂祐。道未守中，壽固難久，平生好尚，一旦何有。瀍洛之間，泉深土厚，先塋喬木，侍瞻左右。歸復無悔，存亡志就，當世未光，慶延厥後。

（周紹良藏拓本）

開成〇一六

【蓋】 失。

【誌文】

唐故博陵崔氏夫人□□李府君墳所誌文　宣武軍節度使檢校□□尚書兼御史大夫李紳撰」夫人博陵崔氏，祖璡，父緯，以貞元丙寅歲移天從于」李氏先府君禮也。府君以元和庚寅歲終于無錫縣」私第，以元和丙申歲歸祔于白鹿原。夫人以大和甲」寅冬十月十五日終于越州觀察使之官舍，春秋六」十有九。夫人無嗣子，有女子一人，已出也，嫁于河東」裴達。達亦先霜露，孤女歸我，與弱子苑，苑先祖母夫」人□□疾終，開成戊午歲春正月啓夫人於檇李，與」孫苑□北，苑歸其裴氏大墓，夫人合祔于先兄奉禮」府君之□。秋七月既晦乙酉，合封禮畢。夫人柔淑謙」順之□□于府君先誌。嗚呼！夫人有姊妹五人而鮮」兄弟，先兄娶夫人而無嗣子。夫人之女子適裴氏，一」子中殤以亡，崔李裴三氏皆絶胤，豈天乎？不知者」陰騭耳。銘以誌言，用符元室。銘曰：」奉禮清德，夫人淑儀，廿五載，和鳴婉隨。諧彼瑟琴，」終無禄仕，家食是肥，荆釵自貴。商庸有偶，伯道」無嗣，歸□□□□呼永祕。」

（周紹良藏拓本）

開成〇一七

【蓋】　失。

【誌文】

唐前左金吾衛録事參軍崔公慎經夫人隴西李氏墓誌銘并序　前鄉貢進士崔重撰

夫人諱平，其先隴西成紀人。受姓命氏，備乎國史與家諜，不書。元魏以五姓婚姻，冠于百氏，姑臧公承實爲稱首。承四子，皆貴於當時。長子韶，贈司空，有傳，夫人九代祖也。言閥閲者謂爲姑臧長房。曾祖成休，皇任永王府長史；祖韻，皇任越州大都督府法曹參軍；父璋，試大理評事。夫人以柔閑慎淑聞于家，年十三，歸崔氏，奉舅姑修蘋藻事，閨閫之德，稱於姻族。明年以舅司空公師淮南，夫人隨夫侍行，未周歲，有姑之喪，服紀哭踊之宜，無虧於孝道，再朞之制未没而司空公即世。慎經與夫人護嚴君之柩，歸葬洛師，且至而夫人疾，以大和七年二月六日捐館於敦行里第。嗚呼！司空公仁德清儉表於代，慎經之伯仲理行文敏，克嗣風烈，君子謂必復其高位厚禄，何淑德婉嫕不享兹歟？既逾得吉，卜葬穎陽縣萬安山南原，袝于姑之墓。且曰陵谷之虞，思所以識。以重辱在宗人之末，見託述焉。銘曰：

唐開成三年十月十三日自穎陽移至此。

士之温克兮配乎柔貞，如鳳如皇兮既和而鳴，宜久且長兮以芬以馨，胡爲其不寧？蕣方榮，蘭始芳，秀而不實，罹此風霜，伊良人之怨悼兮實用我傷，熟究斯理兮天且茫茫。

（周紹良藏拓本）

開成〇一八

【蓋】　崔府公墓誌銘

【誌文】

唐故邢州南和縣令清河崔府君墓誌銘并序　姪孫天平軍節度判官宣德郎侍御史内供奉倬撰」夫曠達偉邁遺俗不羈之才，得其時，當其合，則爲公爲侯，爲卿爲佐，名聞」赫烈，垂於無窮；不然，則遑遑汲汲，困蹇堙没於尋常之地，與中智之徒競」馳於世，且不若其自容之易也。故士之立身，才與不才本於我，遇與不遇」繫於時。遇不必皆才，才不能制命，古有之，今見之，公其人也。」公諱涣，字海量，清河東武城人。宗緒著明，如星漢之麗懸宇。曾祖諱世濟，」皇太子洗馬；祖諱元彦，皇絳州大平縣令，贈右散騎常侍；皇考諱隱甫，刑」部尚書、東都留守，贈太子太保、忠公，碩德清範，爲唐貞幹，顯大照」灼，垂慶委和。公忠公之第七子也。慤實俊茂，機靈縱發，急行」路若親戚，視資産如浮埃。釋褐授絳州龍門縣尉，調補河南府河清縣尉，」又補長水縣丞，復授河中府河東縣尉，進補邢州南和縣令。嗚呼！棲峻翮」於蓬蒿，跼逸步於郄曲，泣麟歎鳳，其可已乎？以元和三年七月四日終于」宋州寧陵縣，享年七十三，遂權窆于寧陵。夫人范陽盧氏，南祖皇徵」君寧之女也。碩人不答，蕣華早零，先公而殁。公七子：曰泛、曰泌、」曰溱、曰注。泛故楊州江陽縣主簿，泌故宣州寧國縣令，溱、注未仕而終。衆」多之慶方集，而不幸者殆將過半。第四子沇，監察御史裏行、武寧軍節度」推官；第五子芑，前越州會稽縣尉、攝兖海團練推官；第六子慶，前楊州海」陵縣尉。長女從桑門爲尼，法名玄法；次嫁弘農楊遂；

次嫁隴西李倫；次嫁」河南于廣；次嫁趙郡李顓。沆等以年運遄速，支體彫落，永懷卜兆，實」棘其心。以開成戊午歲十月十九日癸卯，泣血啓護自寧陵歸厝于河」南府河南縣平樂鄉杜翟村之原。昔寓時也，今葬禮也，孝子之道終焉爾。」嗚呼！范陽夫人之殁也，即殯于偃師縣漕口之北，世故流離，五十餘」載，已無舊老，孰辨丘封，有同五父之引，莫遂西階之葬。然以鄉縣接聯，精」魂何遠，且云非古，因以從宜，今所以衣服芻靈之設，如合祔之禮焉。銘曰：」

泗洛之陽，二陽之間，崔之九原。」忠公塋東，四里而南，神所安焉。」前昭後穆，子子孫孫，松檟萬年。」

處士公乘鋭書」

（周紹良藏拓本）

開成〇一九

【蓋】失。

【誌文】

唐故衛公夫人渤海高氏墓誌銘并序」

夫古今所重，爲之四德，惟其夫人，剋能行之。」夫人渤海人也，其先枝派綿邈，爲侯爲伯之榮，蓋以」具載前史。皇考諱彦長女也。夫人柔淑在躬，貞」清蘊德，琴瑟彰於和鳴，禮容剋諧婦道。當未笄之年，」承慈母之訓，習女工於刀尺，蘊柔淑於令儀。及長」冠歲，適于衛公。公名義君子，乃志託佳媛，僅于三紀，」姻親推賞實謂美哉！上能事舅姑爲順婦，下撫幼」稚爲慈母，可謂居家理治成六親之美歟！

以開成三」年六月十七日寢疾，禱請不瘳，終于洛陽北市里之」私第，享年七十。卜用其年十月十九日殯于洛陽縣」平陰鄉成村之原，禮也。有子一人曰文約，志乃孝行」恭勤，紹曾閔之徹跡，哀哀號慟，行路爲之感傷。嗣子漣漣」泣血，茹痛哀毁，慮年伐湮遠，陵谷有遷，刻石爲銘，藏」之不朽。其詞曰：」

生知禮訓備諸己，始從良夫後有子。」自古無能問生死，寶劍先沉於逝水。」靈車動後雲色蒼，令嗣哀哀行者傷。」泉路杳冥無晚光，封之崇墳鎮郊荒。」情痛傷兮割切，心哀慟兮增悲。」貞石刻于泉路，冀萬古兮同斯。」

（周紹良藏拓本　河南千唐誌齋藏石）

開成〇二〇

【蓋】　唐故張府君李氏夫人合祔墓誌銘□□

【誌文】

大唐清河張府君隴西李氏夫人合祔誌銘并序　文林郎試左武衛兵曹參軍殷仲□□」

府君諱儁，字縉，其先絳州曲沃縣人也。曾祖植，皇澤州」沁水縣令；考皇定遠將軍、試太常卿；□□文武之用，頗著兼」勞之籍。府君歷職軍府，效節轅門，乾元中，尚父令公」寵入勳司，榮高勇爵，録其成務，奏授殿中監、上柱國，賜紫金」魚袋。上下服其義，親知美其能，旌勤賞功，遠邇欽德。嗚呼！不」憖遺，哲人云亡，去元和七年九月五日，終于絳州翼城縣天」柱鄉孝義坊私第，享年七十有二。億戲！官黨傷覆餗，芥葛思毅。」太夫人隴西李氏，四德克備，六親式瞻，令淑昭彰，冰壺皎潔。」何圖桃李夏霜，松栢秋殞，昊天不惠，殲我善人，以開成三年」八月一日遘疾，終于東都河南縣欒城里之私第，壽齡八十」有四。停親待葬，掃墓望哀，天每降于雷霆，其子未嘗不撫棺」稱在。孝嗣遂命宅相振汝，西往絳州，啓發佳城，扶護歸」洛。便以其年十一月七日，合祔于東周河南縣金谷鄉尹村貫」古里村泉源里□塋，禮也。有男二人：長曰從古，次曰元慶。並」柴毀絶漿，有傷行路。有女三人：第三女早悟空門，投簪入道。」並號天泣血，悲深蓼莪。有甥二人：長曰振，次曰授，并資忠履」敬，孝友立身。長子從古扶杖而起曰：天長地久，陵谷遷徙，渤」澥成田，廌奠無迹，將謀不朽，請誌于石。其銘曰：」晉地初啓，韓原始開，生涯曲沃，桑梓絳臺。乾綱紊」緒，三紀徘徊。梁木斯壞，太山其頹，倚門思念，罔」極難偕。傷于嗣子，孝極考萊，窀堂合祔，松風夜□。」卧水□□兮永無日，玄泉一閉兮何時開？」

（周紹良藏拓本　河南千唐誌齋藏石）

開成〇二一

【蓋】失。

【誌文】

唐故商州上洛縣主簿會稽孔君墓銘并序　親舅朝請郎京兆府兵曹參軍韋承素撰」

維開成三年戊午歲秋九月甲子，前上洛縣主」簿會稽孔君春秋廿一，卒于藍田故居里。粤十」一月十八日將歸窆于東都洛陽縣平陰鄉，祔」于先代之舊櫝。君諱望回，先之諫議大夫第四」子，以門蔭補挽郎授官。曾祖齊參，蒲州寶鼎縣」令贈屯田員外郎；大父述睿，太子賓客贈太保；」皆蘊盛德，揚歷清顯。

君幼能嗜學攻文，事母有」孝敬之著，宜其將承慶祉，享兹景福。而乃年」纔過冠歲，位參一尉，何天之殃孔氏之甚歟？」衈有一子，嬰而未孩，又不知得爲嗣乎？可哀是」哉！余忝伯舅，不讓爲銘，泣而叙之，詞不忍」也。銘曰：

嗟爾君，壽何促？留令名，閟陵谷。」千秋兮，後爲福。」

外兄文林郎前嘉州平羌縣令賀直方書。」

（周紹良藏拓本　河南千唐誌齋藏石）

開成〇二二

【蓋】　張府君墓誌銘

【誌文】

唐故淮南節度衙前經略副使將仕郎試太子通事舍人張府君墓誌銘并序　河東裴長川撰」

公諱汜，族望清河，其先世業宋州宋城縣人也，遂移家」少室，選勝淮南，今居高郵焉。乃曾乃祖，紀之前石，今不」備書。考諱昌，外族邢氏太夫人，生三子，公即長子矣。」貌秀神和，冰姿玉瑩，懷忠抱直，閭里欽風，積善承家，寬仁蘊禮。早年效職，從事元戎，相國段公見知，委其清」白，而著能名，乃于麾下，凡十載矣。官有厚入，私無謗辭，」克勤於公，克儉於己。悲夫！哲人其萎，梁木其折，洎開成」三年十月廿五日遘疾，終于揚州江陽縣瑞芝里第，春」秋五十有三。夫人隴西李氏，賢明天與，德合珪璋，育」二男一女。長曰厚本，年雖弱冠，風神射人；次子厚禮，在乎」童稚。女適董氏，貞良君子也。

嗣子等，號訴穹旻，絶漿累」日，龜筮叶吉，窀穸有時，即以其年十一月卅日殯於蕪郭」之東隅五乍原野。嗚呼！隨珠永溺，秦鏡長昏，二弟悲號，」痛貫手足。是日也，奠祭滿野，哀挽相續，逝者之魂安矣，」人生之情備矣。長川素不業文，謹録書實，刊之貞石，庶」呼後迷，萬祀千秋，懼移陵谷。其銘曰：東門之前，蜀崗聯聯，吁嗟張公，窆於斯原。墳新栢古，壟月娟娟，丘陵闃寂，風悲楚天。」

（南京博物院集刊一九八一年第三期第一八八頁）

開成〇二三

【蓋】新平公主女姜夫人墓

【誌文】

故天水姜夫人誌銘

大唐故駙馬都尉天水姜慶初女嫡故殿中侍御史劉元質，享年七十三，於開成三年十月一日歿于鄂州私第。以其年十二月廿一日，權厝黄鶴山南原禮也。懼陵谷之多變，故爲斯銘，用紀悠久之祀。

（録自《古刻叢鈔》）

開成〇二四

【蓋】失。

【誌文】

唐故潤州延陵縣尉苗府君墓誌銘并序　季弟朝議郎守洛陽縣令上柱國賜緋魚袋詢述」

公諱鼎，字革故，上黨壺關人也。其先與楚同」祖，初稱莫敖，世著勳庸，至賁皇避難之晉，晉」與之苗邑，因而氏焉。大父元震，」皇朝大理司直；父藏器，皇朝陳」州司馬。公即司馬府君之第二子也。天」資孝敬，發自生知，棲心浩然，不染物累，而淪」沉下位，契闊良時，□矣夫！貞元末，與次弟申」同遊淮海，遇暴疾終于逆旅，享年四十有五。」嗚呼哀哉！次兄申以時當多故，道路險艱，不」敢公行，懼遭逼畏，遂裹其骸骨，歸于成周，權」厝先塋之側。今再卜宅兆，以開成四年」閏正月十三日，安厝于邙山之北崗，禮也。與」先塋相去纔數十步，兹爲永安之宅。或慮陵」谷遷變，遂紀于貞石。銘曰：」

負不羈之才，有濟時之用，而無其命，命也奈何！」

（北京圖書館藏拓本）

開成〇二五

【蓋】失。

【誌文】文有删節。

唐故李氏夫人墓誌　張元審撰

河陽鄭宏禮適妻李夫人，以開成四年三月十四日終于室。夫人祖諱海，父諱士安，隴西郡人也。天資柔順，能克己以惠人。有四女：丞登三和娘子皆絶漿不食。夫人享年卌，以其年四月壬子朔十日辛酉殯於太平鄉西沼村北卅五步高崗之前，其地前引後從，中如堂，安嬪必固。恐桑田變改，迺爲銘云：

葉落歸本，生順自然，泉臺寂寞，來路無還。

（録自《古誌石華》卷十八）

開成〇二六

【蓋】失。

【誌文】

大唐三藏大遍覺法師塔銘并序　朝議郎檢校尚書屯田郎中使持節洺州諸軍事守洺州刺史兼侍御史上柱國賜緋魚袋劉軻撰」

歲丁巳，開成紀元之明年，有具壽沙門曰令檢，自上京抵洛。師以縹囊盛三藏遺文傳記訪余柴門于行修里，」且曰：聞夫子斧藻羣言舊矣，詎直專聲於班馬，能不爲釋氏董狐耶？抑豈不聞貞觀初慈恩三藏之事乎？敢矢」厥來旨云：三藏事跡載國史及慈恩傳，今塔在長安城南三十里。初，高宗塔於白鹿原，後徙於此。中宗」製影贊，謚大遍覺；肅宗賜塔額曰興教，因爲興教寺。寺在少陵原之陽，年歲浸遠，塔無主，寺無僧，荒涼殘委，」游者傷目。長慶初，有納衣僧曇景始葺之。大和二年，安國寺三教談論大德内供奉賜紫義林修三藏忌齋」于寺，齋衆方食，見塔上有光，圓如覆鏡。道俗異之，林乃上聞。乃與兩街三學人共修身塔，兼礱一石於塔。至」三年修畢，林乃化，遺言於門人令檢曰：爾必求文士銘之。三藏檢泣奉遺教，直以銘爲請，非法胤之冢嫡，誰何至此」乎？軻三讓不可，乃略而銘之。三藏諱玄奘，俗陳姓，河南緱氏人。曾父欽，後魏上黨太守；祖康，北齊國子博士；」父惠英，長八尺，美鬚眉，魁岸沉厚，號通儒，時人方漢郭林宗。有子四人，奘其季也。年十三，依兄捷出家於洛。屬」隋季失御，乃從高祖神堯於晉陽，俄又入蜀學攝論毗曇於基暹二法師。武德五年，受具於成都，精究篇聖，」又學成實於趙州深，學俱舍於長安岳，於是西經前來者，無不貫綜矣。初，中國學者多以實相性空通貫羣説，」俾彖象蹄筌，往往失魚兔於得意之路，至於星羅碁布，五法三性，析秋毫以矢名相，界地生彙，各有攸處，曾未」暇也。大遍覺乃興言曰：佛理圓極，片言支説，未足師決，固是經來未盡，吾當求所未聞，俾跛眇貌見履，必使解」行如函，蓋始可爲具人矣。且法顯、智巖何人也？猶能孤遊天竺，而我安能坐致耶？初三藏之生母氏夢法師白」衣西去，母曰：何去？曰：求法。貞觀三年，忽夢海中蘇迷盧山，遽凌波而入，乃見石蓮波外承足；山險不可上，試踴」身騰踔，颯然飈舉。升中四望，廓澈無際。覺而自占曰：我西行決矣。至涼州，都督李大亮防禁持切，逼法師還京。」法師乃宵遁，渡瓠蘆河，出玉門，經莫賀延磧，艱難險阻，仆而復起者何止百十耶。自爾涉流沙，次伊吾，高昌王」麴文泰遣貴臣以馳馬迓法師於白力城，王與太妃及統師大臣等尊以師禮。王親跪於座側，俾法師躡履而」上，資贈甚厚。送至葉護可汗衙，又以廿四封書通屈支等廿四國，獻花繒五百疋於可汗，稱法師是奴弟，欲求」大法於婆羅門國，愿可汗憐師如憐奴。其所歷諸國，爲其王禮重多此類也。自爾支提梵刹，神奇靈跡，往往而」有。法師皆瀝誠盡敬，耳目所得，孕成多聞，與夫世稱博物者何相萬耶？詳載如傳。唯至中印度那爛陁寺，寺遣」下座廿人明詳儀注者引參正法藏，即戒賢法師也。既入謁，肘膝着地，嗚足已，然後起。法藏訊所從來：曰自支」那，欲依師學瑜伽論。法藏聞則涕泗曰：解我三年前夢金人之説，佇爾久矣。遂館於幼日王院覺賢房第四重」閣，日供擔步羅菓一百廿枚，大人米等稱是，其尊敬如此。法師既名流五印，三學之士，仰之如天。故大乘師號」法師爲摩訶天，小乘師號解脱天。乃白大法藏請留之。法師曰：師等豈不欲支那之人開佛惠眼耶？不數日，東」印度王拘摩迎法師。戒日王聞法師在拘摩處，遣使謂拘摩曰：急送支那僧來。拘摩曰：我頭可得，僧不可得。戒」日神武雄勇，名震諸國，乃怒曰：爾言頭可得，可將頭來。拘摩懼，乃嚴爲軍二萬，舡三萬，與法師同泝殑伽河，築」行宮于河北。拘摩自迎戒日于河南，戒日曰：支那何不來？拘摩曰：大王可屈就。王既見法師，接足盡敬，且曰：弟」子聞支那國有秦王破陣樂。乃問秦王是何人。法師盛談太宗應天順人事。王曰：不如此何以爲支那主！因」令法師出制惡見論。然小乘外道，未即推服，請於曲女城集五印沙門婆羅門等兼十八國王觀支那法師之」論。凡十八日，無敢當其鋒者。戒日知法師無留意，厚以爲馬橐裝餞法師，又以素疊印書使達官送法師所經」諸國，令兵衛達漢境。法師却次于闐，因高昌商胡入朝附表奏自西域還，太宗特降天使迎勞，仍制于闐等」道送法師，令燉煌迎于流沙，鄯鄯迎于沮沫。時帝在洛陽，敕西京留守梁國公玄齡備有司迎待。是日宿」于漕上。十九年春正月景子，留守自漕奉迎于都亭，有司頒諸寺帳輿花幡送經于弘福，翌日大會於朱雀街」之南，陳列法師於西域所得經像舍利等，其梵文凡五百廿夾六百五十七部，以廿馬負而至。自朱雀至弘福」十餘里，傾都士女夾道鱗次，若人非人，曾不知幾俱胝矣。壬辰，法師謁文武聖皇帝於洛陽宮。二月己亥，對」於儀鸞殿，因廣問雪嶺已西諸國風俗，法師皆備陳所歷，若指諸掌。太宗大悦，謂趙公無忌曰：昔苻堅稱□」安爲神器，今法師出之更遠。時帝將征遼，法師請於嵩之少林翻譯。太宗曰：師西去後，朕爲穆太后於」西京造弘福寺，寺有禪院，可就翻譯。三月己巳，徙弘福。夏五月丁卯，法師方開貝葉。廿年秋七月，法師進新譯」經論，仍請製經序并進奉敕撰西域記十二卷。太宗美法師風儀，又有公輔才，俾法師裼緇褐，襲金紫。法」師因以五義褒揚聖德，乞不奪其志。遂問瑜伽十七地義。太宗謂侍臣曰：朕觀佛經，猶瞻天望海。法師能」於異域得是深法，非唯法師愿力，亦朕與公等宿殖所會。及三藏聖教序成，神筆自寫。太宗居慶福殿，百」寮陪位，坐法師，命弘文館學士上官儀對羣寮讀之。廿二年夏六月，天皇大帝居春宮，又製述聖記及菩薩」藏經後序。太宗因問功德何最？法師對以度人。自隋季天下祠宇殘毀，緇伍殆絶，太宗自此敕天下諸」州寺宜各度五人，弘福寺度五十人。戊申，皇太子宣令請法師爲慈恩上座，仍造翻經院，備儀禮自弘福迎」法師。太宗與皇太子後宮等於安福門執香爐目而送之。至寺門敕趙公英中書令褚引入，於殿内奏九」部樂破陣樂及百戲於庭而還。廿三年夏四月，法師隨駕于翠微宮，談賞終日。太宗前席攘袂曰：恨相逢」已晚。翌日，太宗崩於含風殿，高宗即位，法師還慈恩，專務翻譯。永徽三年春三月，法師於寺端門之陽造」石浮屠，高宗恐功大難成，令改用甎。塔有七級，凡一百八十尺，層層中心皆有舍利。冬十月，中宮方娠，請」法師加祐。既誕，神光滿院，則中宗孝和皇帝也。請號爲佛光王，受三歸，服袈裟，度七人。請法師爲王剪髮。及」滿月，法師進金字般若心經及道具等。顯慶二年春二月，駕幸洛陽，法師與法光王發於駕前。既到，館於」積翠宮，終譯發智婆沙。法師早喪所天，因扈從還訪故里，得張氏姊，問塋壠已平矣，乃捧遺柩，改葬於西原，」高宗敕所司公給，備喪禮，盡飾終之道。洛下道俗赴者萬餘人，釋氏榮之。三年正月，駕還西京，敕法師徙」居西明寺。高宗以法師先朝所重，禮敬彌厚，中使旁午，朝臣慰問，及錫賚無虚日。法師隨得隨散。中國重」於般若，前代雖翻譯猶未備，衆請翻焉。法師以功大恐難就，乃請於玉華宮翻譯。四年十月，法師如玉華，館於」肅成院。五年春正月一日，始翻梵本，總廿萬偈。法師汲汲然常恐不得卒業，每厲譯徒必當人百其心。至龍朔」三年方絶筆。法師翻般若後，精力刓耗，謂門人曰：吾所事畢矣。吾瞑目後，可以蘧蒢爲親身物。門人雨泣，且曰：」和上何遽發此言？法師曰：吾知之矣。麟德元年春正月八日，門人玄覺夢一大浮圖倒。法師曰：此吾滅度之兆。」遂命嘉尚法師具録所翻經論，合七十四部，總一千三百卌八卷。又造俱胝畫像彌勒像各一千幀，又造素像」十俱胝，供養悲敬二□各萬人，燒百千燈贖數萬生，乃與寺衆辭，三稱慈尊愿生内眷。至二月五日夜，弟子光」□問云：和上決定得生彌勒内衆否？頷之得生。俄而去，春秋六十九矣。初，高宗聞法師疾作，御醫相望於道。」及坊州奏至，帝哀慟，爲之罷朝三日。敕坊州刺史竇師倫，令官給葬事，又敕宜聽京城僧尼送至塔」所門人奉柩於慈恩翻經堂，道俗奔赴者日盈千萬。以四月十四日葬于滻東，京畿五百里内送者百餘萬」人。至總章二年四月八日，有敕徙於樊川北原，傷聖情也。法師長七尺，眉目若畫，直視不顧，端嚴若神。自」大教東流，翻譯之盛，未有如法師者。雖滕蘭、澄什、康會、竺護之流，無等級以寄言，其彬彬郁郁已布唐梵新經」矣。自示疾至於昇神，奇應不可殫紀，蓋莫詳位次，非上地其孰能如此乎？文曰：」

三藏之生，本乘愿來，入自聖胎，出於鳳堆。大業之季，龍潛于并，孺子謁帝，與兄偕行。神堯奇之，善果度之，」不爲人臣，必爲人師。師法未足，自洛徂蜀，學無常師，鳥必擇木。跡窮夷夏，更討身毒，寺入爛陀，師遇尸羅，王逢」戒日，論得瑜伽。瑜伽師地，藏教泉府，蝟蝶名數，蠒抽聖緒。我握其樞，赤幡仍豎，名高曲女，歸我真主。主當」文皇，臣當蔡梁，天下貞觀，佛氏以光。光光三藏，是護是付，付得其人，經論彬彬。梵語華言，胡漢相宣，台臣筆受，」御膝前席，積翠飛花，恩光弈奕。太宗序教，天皇述聖，揚于王庭，百辟流詠。三藏慰喜，靈祇介祉，蔑彼滕什，」曾無此事。我功成矣，我名遂矣，脱屣玉華，昇神睹史。發棺開殮，天香馥馥，地位孰分？神人是卜。中南地高，樊川」氣清，修塔者誰？林公是營。門人令檢，實尸其事，銘勒塔旁，檢真法子。」

刻字」

安國寺内供奉講論沙門建初書　開成四年五月十六日馮翊沙門令檢修建　廣平宋弘度

（周紹良藏拓本）

開成〇二七

【蓋】失。

【銘文】

大慈恩寺大法師基公塔銘并序　朝散大夫檢校太子左庶子使持節金州諸軍事守金州刺史兼御史中丞輕車都尉賜紫金魚袋李弘慶撰」

按吏部李侍郎乂碣文，法師以皇唐永淳元年仲冬壬寅」日卒於慈恩寺翻譯院，有生五十一歲也。後十日，陪葬於樊」川玄奘法師塔，亦起塔焉，塔有院。大和二年二月五日巽時，」門人安國寺三教大德賜紫法師義林見先師舊塔摧圮，遂」唱其首，率東西街僧之右者，奏發舊塔起新塔，功未半而癈」作。會其徒千人盡出常所服玩，洎向來箕領金帛，命高足僧」令儉俾卒其事。明年七月十三日，令檢奉行師□，啓其故塔，」得全軀依西國法焚而瘗之，其上起塔焉。又明年十月，賫行」狀請弘慶撰其銘。予熟聞師之本末，不能牢讓。師姓尉遲，諱」基，字弘道，其先朔州人，累世以功名致爵禄，先孝宗，松州郡」督；伯父鄂國公，國初有大勳力。弘道身長六尺五寸，性敏」悟，能屬文，尤善於句讀，凡經史皆一覽無遺。三藏法師玄奘」者，多聞第一，見弘道，頗加竦敬。曰：若得斯人，傳授釋教，則流」行不竭矣。因請於鄂公。鄂公感其言，奏報天子許之，時年」一十七。既脱儒服披緇衣，伏膺奘公，未幾而冰寒於水矣。以」師先有儒學詞藻，詔講譯佛經論卅餘部，草疏義一百本，」大行於時，謂之慈恩疏。其餘崇飾佛像日持經盛瑞光感應」者，不可勝數。嗟乎！弘道其家，世在朔漠，宜以茹毛飲血鬬爭」煞戮背義妄信爲事。今慕浮屠教，苦節希聖，深入其奥，與先」鄂公佐聖立國，功成身退，出于其類，爲一代賢人，實禀閒氣，」習俗不能染也明矣。退爲銘曰：

佳城之南兮面南山，玄奘法師兮葬其間。基公既歿兮」陪其後，甲子一百兮四十九。碣文移入兮本寺中，星景取信」兮田舍翁。義林高足兮日令檢，親師言兮精誠感。試具畚」鍤兮發玄堂，金身不朽兮滿異香。銘誌分明兮是弘道，齒口」骨鮮兮無銷耗。瑞雲甘雨兮書濛涉，神祇悉辛兮羅壽宫。依」教荼毗兮得舍利，金瓶盛之兮埋厚地。建塔其上兮高巍巍，」銘勒貞石兮無媿辭。深谷爲岩兮田爲瀛，此道寂然兮感則」靈。

左街僧録勝業寺沙門體虚，前安國上座沙門智峰，」右街僧録法海寺賜紫雲端，」安國寺上座内供奉内外臨壇大德方璘，」寺主内供奉灌頂，都維那内供奉懷津，院主曇景，同勾當僧懷真、德循、惠皐、惠章，」興教寺上座惠温，寺主超愿，都維那全契，」僧道榮，僧道恩，僧瓊播，義方，巡官宋元義。」安國寺内供奉講論大德建初書。」

開成四年五月十六日講論沙門令檢修建。」

（周紹良藏拓本）

開成〇二八

【蓋】 失。

【誌文】

□□□□□□□□李司徒亡女墓誌銘并序　外兄朝議郎行河南府參軍上柱國徐備撰」

□開成四年春二月廿日，舊相李公司徒季女」□□□漢春秋十有六，即如夫人孫氏之所出，當」□□我公之門，玉潔得出凡之重，不幸先數年」於□門而逝。斯女也，不獲承訓，厥後禮則自得，嗚」呼哀哉！自幼敏慧，爲尊父器之，及長賢利，爲」親戚重之。必聞所宜，克配君子，當偕老之説；獲亨」多福，有石窌之便。胡爲乎天地不仁，遠大莫有，年」纔及笄，殁於在室。□以其年五月十有六日龜筮叶」從，剋葬東洛河南縣委粟鄉祔於大塋，禮也。莫」不慈愛灑淚相謂曰：古蕣華之遽落，念蘭質之」易摧，有如是耶？悲夫！備添外兄，敢緝表誌，乃爲銘」曰：

令女婉娩兮賢叔然，女事咸備兮史傳可編。」爲生夭閼兮闕永年，福善無應兮吾欲問天。」大塋今祔兮禮從焉，夜臺一閉兮永訣玄泉。」此生□□兮後世長延。」

（録自《芒洛冢墓遺文》續編下）

開成〇二九

【蓋】 失。

【誌文】

唐吳興沈君故夫人陳留虞氏墓誌并序」

夫人祖諱山，烈考諱頌，皆文行隱跡。夫人即頌之」長女，弟妹三人。自有虞君臨，肇分其氏，或派息大梁，江」東遂著陳留、會稽二望，世祿名宦，皆諜在先誌。于」述者，美夫人德行也。初夫人爲女時，肅容閨館，服勤禮」則。及初笄歲，歸于沈門。婦道克彰，事舅姑以孝」聞，中外六姻仰之。未嘗不賓重良夫，慈訓于子孫之屬。」其於主家，曉了中事；其於婢僕，隨强順以調和；兹主室」之美。嗚呼！蘭雖馨，玉至貞，易曰：不恒其德，而靡久固。」壯色忽斃，仙餌奚留，以開成四年五月八日，終于明」州第宅，華壽纔四十八矣。有二子：一曰緯，前夫人」劉氏所生，娶濮陽吳氏，兒女尚小，於我庾勤，」孝情崩慟；次曰師□，夫人所育。一女適陳氏，緯」之異姓姊也。沈君以忠□□公，鄉縣推直，善於□而」及內外。喪妻之慟，情無□焉。以其年七月十八日竭重」義葬于唐昌鄉延江里乙向之原，禮也。恐陵川□」改，刻石銘于陰方。誌曰：」

成家立德，虞氏之賢，人世何謝？玄路何遷？」己未之歲，葬于荒田，終室此地，嗚呼永年。」

（北京圖書館藏拓本）

開成〇三〇

【蓋】失。

【誌文】

唐左春坊太子典膳郎河東衛君夫人扶風輔氏墓誌銘并序　給事郎前行冀王府功曹參軍王頊撰」

夫人姓輔氏，字德一，其先茂陵人也。數世居其輦下。後周光禄」大卿，復本十五代而臻其身，迄于盛唐，英豪華族，軒冕」深遠，光映儒林。曾祖巖，中州鍾山縣令；祖太初，朗州長史；父元」述，揚州右司馬；母吴興郡君夫人沈氏；皆先夫人而殁。夫人即」司馬之長女也。天資令淑，神燦精明，敦禮樂於門華，肅風範於」閨閫。峨峨瑞玉，耀美德而逾彰；藹藹芳蘭，茂馨香而不絶。其行」也温而惟和，其德也恩慈而逮下。輔佐君子，星霜未周，盥饋之」禮未申，瓊玉之姿先謝。於戲！天之不惠，降疾于斯，無何，以開成」四年八月十五日終于親仁里之私第。噫！人生大要有三，夫人」獨居其二：德也，位也；所不及者，壽何促歟？享年二十有二。有子」一人，茹毒之秋，纔逾滿月，今以夫人旅宦京邑，遽就吉辰，以其」年八月廿七日窆于萬年縣甯安鄉於畢原，權葬先塋之左，」禮也。皇城之南，滻川之右，金聲既絶，玉鏡沉埋，羅幌生塵，斷」弦難續。夫人猶有衆子三人，寄于淮楚，長曰孟老，次曰小孟，□」曰千郎，並髫齓之年也。凶訃馳歸，行路傷怛。夫虚心早膺□□」之選，位列宫僚，痛龍劍之一沉，悲鳳桐之半死，哀慟過□□□」漣洏，嬰孩夜啼，已感傷於鄰里；幽門永隔，終結思於□□□」谷變移，季氏成寢，刊石表墓，用置千秋。嗚嘑哀哉！□□□□」

清河垂裕，迥漢分光，金石同韻，□□□□」覆載雖廣，徵報何傷，窀穸云畢，□□□□」北原漢陵，西顧秦闕，煙慘松楸，□□□□」薤露朝晞，愁雲暮結，淚添八□□□□□□」

河東子泣而銘曰：

判合去歲，乖離此年，子居襁褓，將何恃焉？（下缺。）」皇天后土，當聞是言。」

（周紹良藏拓本）

開成〇三一

【蓋】失。

【誌文】

唐故陳州宛丘縣尉河東柳府君墓誌　前江州潯陽縣□□好濡文」

公諱正封，字靜略，河東人也。夫受天地之正性，間生宇宙之秀傑。門」爲重臣之門，世幄英□之世。蓋武士之高標，元帥之首，是公祖業也。」公生於定陵之鄉，長於京兆之域，聰明衆伏，博賢悉通，儒精五經之」文，武過韓使之略，文而不華，武而不顯，命矣！公平生常遵禮義，行守」本風，不僭上偪下，慢易皆得其宜，言而有度，謀而有方，溫良忠貞，內」外咸仰。俾夫上天絶祐，秀而不實，六藝徒攻，不登一首。以吏部常選」授陳州宛丘縣尉，清慎自保，考任美終。異藩知公有運策之謀，欽公」有訣勝之計，纔罷歷住，牒書忽來，署靈州節度押衙兼太子賓客，三」載不就，託故汝州。何期上蒼鞠訩，遽至中外失望，妻孥無依，朱户闃」寂，門庭悄然，身不離於常流，名不遇於一尉，即人之定分，無能爲也。」公祖諱濟，以寇臨燕趙，戰敵有功，官至定州節度使贈司徒。夫人清」河張氏，父當，任左龍武大將軍，內爲國朝之藩屏，外抑四夷之猛威。」□邪佞之奸，逐然守硤州司馬。公即世最長。將軍先夫人慕容氏，先」公後夫人高氏。公克諧忠孝，因心則友，天地之貴，人之爲寶。道且不」容，將癈於世，以開成三年五月廿七日橫終於許州長社縣莊舍。以」明年己未歲十月廿二日歸葬於河南府河南縣之先塋，春秋卌有」一矣。娶博陵崔氏，有子二人，長曰吒，次曰都；女一人，幼諸。□□□□」得，居喪甚哀，號泣皆傷，人之盡善。嗚呼！人皆有此，何太短□□□□」□長年就執以好儒，與公之舊寮，常接清風之餘論，說德行之難逮，」叙孤潔之無託，聯課鄙拙，具於誌文，歷任官資，悉載於此。遂作銘□：」

峩峩仁公，抱孝忠良，文武皆善，命何夭殤？親友垂涕，中外不忘，歸窆洛土，哀堪斷腸。」

（河南千唐誌齋藏石）

開成〇三二

【蓋】失。

【誌文】已殘。

唐故楊府君夫人墓誌銘并序義昌（下缺。）

公諱澄，□望於弘農郡，東武戴侯之裔，關（下缺。）累葉名儒，冠蓋相連，不乏於祀。祖門皇諱湊□（下缺。）公謙慎作己，禮樂爲心，接義待賓，芳名如桂。雍（下缺。）白誠身無虧軍郡瓊玉之明，可並寒潭之瑩，叵齊（下缺。）旋於□益□者是公之□望。公賢偶夫人程氏，名家淑（下缺。）櫛，奉侍箕箒不倦，敬事君子廿餘年，命之短長，（下缺。）年四十有四。大和八年六月三日而終於市南，公之私位也。公（下缺。）□禮儀□影在門，宛然如故。公撫育孤小兒女四人，痛□（下缺。）初公又抱疾，加之在身，良藥明醫，不痊其各以開成（下缺。）時年四十有九，殁於私第。公長男名公詧，次男名公立，（下缺。）□八郎女十四娘（約泐六字。）血□□□母先亡夭，父今（下缺。）仕於門，骨肉□□天地□□□今取開成四年歲次戊午（下缺。）辛酉卜兆於□□□南三里爲塋域，祔葬合禮，再（下缺。）在泉初爲招□□□寒雲□痛丹旐引靈傾郭（下缺。）德，恐以年代遷改，海□山平，故製此文，記在銘右。（下缺。）

君之英才，信行周備，軍郡咸仰，如蘭如桂。（下缺。）□□辰，人皆有壽，君何喪身？足□□□（下缺。）前□妻謝，今又身歿，痛君兒女，早失□□。（下缺。）誰不悲辛，今□墳塋，□水西畔，鄉名□（下缺。）夫妻合祔，鸞皇爲伴，萬載夜長，□□□（下缺。）踧踧荒墳，天兮地隔，永閉泉門。

（周紹良藏拓本）

開成〇三三

【蓋】失。

【誌文】

故紫金光禄大夫檢校太子詹事守右神策軍正將兼殿中侍御史上柱國潁川郡開國公食邑二千户陳府君墓誌銘并序　鄉貢進士扶風班潯撰

有唐武士潁川陳君諱士棟，字適之，其先潁川郡人也。祖新，父運，晦迹不仕，毓德邱園，廩粟萬鍾，稼苗千畝，洎緡財著贍，謂福可增，傍啓獨園，屢施貧病，罽茵長設，梵念日聆，遠邇荐臻，推爲長者。爰有甑中化飰，鉢盈香積之飡；室内飛雲，座隱羅漢之客。實由積善之應，慶生于君。君藝攻騎射，學覽詩書，誓志從戎，將身許國。遂大開賓館，廣延時俊，談話韜略，博究兵機，旋遇知音，援入軍伍。既職居北落，名繫南宫，效務二周，家君殂逝，纕瘵之下，侍養繼親，存没得中，孝恭不匱。逮乎親喪，毁瘠踰儀，蹈正馭家，發於私憾。未幾遭謗，縶于府牢，被髪呼天，行路悽感。故仲尼稱冶長非罪，君在縲紲，事異寃同，咸憤無辜，力共救免。昔我先府君驃騎都寧王御史大夫，當元和中憲宗之朝也，總司禁旅，拱衛宸居，銓藻期門，搜擇勇敢，才全者不憚寒素，質藐者不藉門資。視君才質俱備，擢用非次，爰起隊將，昇之階庭，接武衙前，虞候左右。公方恪慎，遷授押衙。及天威併於神策，以右廂隸屬西軍，領職如舊，仍加正將，乃元和九年矣，兹後屬中外多事，侍衛勞勤，自振武校尉累至金紫，遷試到詹事官，改監察殿中侍御史，轉勳上柱國，進爵潁川公，食邑二千户。歷事九將軍五中尉，而始終一貫，咸沐恩知，榮光萃身，可謂盛美矣。頃君未婚，有子三人，曰宗敬、宗直、宗楚。及娶扶風班氏女，淑姿懿範，衣冠之華貴也，生子曰宗峻、宗師。夫人上事六姻，下撫衆子，鹽梅娣姒，規矩閨闈。故潁川仰其德教，發於興歎耳，謂天祐善，必享多福。噫斯遘疾，先君而逝，享年廿二，終于脩德里第，即元和十一年四月廿六日。以其年六月廿六日，窆於長安縣承平鄉大嚴村陳氏之先塋禮也。君後經三娶，分不相膺，或喪或離，家業凋弊，因兹猜悴，寢疾經時，唯二女幼稚，二子謹敬，恭守嚴訓，恥謀東西，曾不告勞，躬侍湯藥，可謂孝耶？嗚呼！潁川綿歷春夏，沉痾匪痊，粤以開成四年八月廿一日終于修德里第，年五十四。命歟？以來年正月十九日，嗣子宗峻等護靈轝合祔于先夫人之塋，遵周制也。宗峻等哀號靡節，仰訴蒼旻，殞淚陳詞，請予言誌。予知也，敢不叙其耿概爾。敬爲銘曰：

嗚呼陳君！生逢聖代，没及明時，妻終令範，子篤孝思。紹家有裕，繼德無疑。予所詳善，爲君銘之。丹旐翻翻，春日光光，鵝纛引路，轜車載喪。邱封屼巑，松檟青蒼，魂兮寧斯，地永天長。嗚呼陳君，豈獨我傷！

（録自《關中石刻文字新編》卷四）

開成〇三四

【蓋】失。

【誌文】

大唐周氏夫人墓誌銘　唐故東都留守防禦押牙銀青光祿大夫檢校太子賓客試銀州長史隴西李公夫人周氏墓誌并序　前進士崔元伯撰」

夫人其先河南郡人也。遠祖后稷之苗裔。夫人有中饋之備，」閨壼之範，母儀可以肅四鄰，淑順可以光九族。暨乎年逾從」心之歲，疾瘵縈身，醫無能爲，藥將何理。豈謂上蒼匪祐，去開」成四載十月廿日，倏奄夜臺，齡七十六。有子二人：長曰厚，淮」南節度衙前兵馬使、知親事突將營雲麾將軍、守右金吾衛」大將軍同正員、兼試□尉卿；次曰亞時，前兖州散十將、雲麾」將軍、試殿中監；並仁孝自禀，中烈天生，□承嗣業，光益于後。」思趨庭之訓，□淚灑襟；懷想鞠育之劬勞，哀纏肝膽。長男厚」遂從淮南扶護來主洛都，與先府君合窆於此。先府君德行，」前文已彰，繁而不叙，有祖□婆二伯父及陳氏趙氏二伯母。」長男厚前新婦亡殁數年，權殯在旁，今亦收舉於此。頃者年」月未便，時歲不通，並奉葬祔於此。開成五祀正月十九日，筮」從龜兆，卜兹勝地，遷葬於河南府河南縣平谷鄉杜翟里。前」臨郟鄏，煙匳白楊；後倚邙峰，雲垂古栢。於斯處也，乃致營焉。」銘曰：」

雍雍夫人，其行乃淳，德光九族，言肅四鄰。」烈烈盛□，哲仁苗裔，同瘞于斯，千秋萬歲。」

（北京圖書館藏拓本）

開成〇三五

【蓋】 失。

【誌文】

唐故濮陽郡夫人吳氏墓誌并銘　朝議郎行尚書水部員外郎分司東都上柱國賜緋魚袋楊魯士撰」

吳氏，濮陽人也。父仲甫，爲宣武軍衙門大將，職」重兵附，才高有功，戎師畏逼，置堇以殺之。」吳氏即

仲甫之幼女也。父既歿，窮危無所託，故」元和中，屈節歸於我，明惠柔暢，潔行檢禮，真方」雅器也。居

吾家十五餘年，生子三人，曰知玄、知」晦、知章，皆孝謹脩立。吳氏享年三十，以長」慶四年閏七月七日

終於東都上東門里，權殯」於洛陽縣積潤村。以開成五年二月二日，知玄」等瀝血筮宅，改卜於河南縣

平樂鄉杜翟村瀍」澗里，必誠必敬，如慕如疑，禮也。余追吳氏」勤瘁於我，憐三子號痛之酷，握管承睫，

識之於」石。其辭曰：」

余南遷兮與子訣，淚滐悲刀雙眥裂。累累弱子」抱還人，齧臂分腸從此別。男成我老始招魂，萬」恨千

慙臨夜穴。花零玉瘞陵谷移，永痛斯文終」不滅。

開成五年二月二日記，　　廳典楊從書，　　鎸字人毛季平。」

（周紹良藏拓本）

開成〇三六

【蓋】　失。

【誌文】

唐□□□□□□□□□□□□州司馬□□□馮府君墓誌銘并序　濮陽吴嗣之撰」

有唐□馮殖，字德可，蓋奇士也，其先上黨人，得姓存乎舊史，世爲將。□後居□」立□□王父晏，繼世得官，爲□州積山縣令；皇考横，任濕州長史，而□爲節□」禆將。建中累戰有功，大爲節度使韓潭昇用，致之心膂。前後詔受勳爵重疊，□」賜累萬。□□馮即長史次子也。童稚卓犖不常，始以弓馬爲弄，亦愛讀書□□」□□□略，人多器之，皆曰：馮家千里駒也。年十八，長史居職，方爲韓公潭寵倚。無」何，□□節西覲，長史嵿直，□□□□而已，不復他交附。監軍使賈英秀欲□」之不□，英秀因怒君讎潭，及離于鎮，英秀得殿軍事，諷邪人誣之，兼命節度□」官王遊順、軍胥李縉朝共竅，終曲殺之。公籍藁長號，一聲幾絶。居二三日□□」泣□膺曰：我先人忠心貫神明，而受冤且死，我雖麋粉以從而無益，其冤□□」又何人也。乃不葬捨去，徒跣訴乎帝閽，果聞乎天。詔下悉持付御史府，□驗」皆如所訴，雖中貴人金虎幾成，無得絶孝子至誠之感矣。獄具，天子□之，盡□」英秀爵，遊順、縉朝皆報死焉。公卿大夫莫不嘆曰：馮真子矣。服竟，貞元末，以客來硤，□爲廉使故大司農崔公淙一見如舊識，署職維焉。公軍旅之事，靡不」諳究，尤識馬之良善，雖伯樂玄□無以過。故兩京之爲駔者，皆稱馮公一目□」馬，雖且瘠而似駑者，果騏驥矣。而又孝性純深，伯仲姑姊妹之子，有孤而散在」數千里者，必取而字之，鞠愛之至，兩孤不知其孤焉。 後爲故丞相扶風竇公」直之深知，一歲三遷，至于劇職。 娶濮陽吳氏女，即章敬皇太后之由子，故」朝散大夫秘書郎河中府田曹參軍灣之會胤也。 施褵三十年，幾齊眉壽。 夫人」先公三年之終。 公享年　，以開成四年九月四日，啓手足于陜州陜縣宜君里私」第。 有子二人曰慶，曰海，女一人孩啼而乳。 弟之子瀲，十起恩深，自幼及長，□多」在公，乃衰杖，桐亦請繼焉。 皆謹愿有餘，力從善道。 孝節可觀，不爲無後。 粤以□」之明年二月二日，歸葬于河南府洛陽縣平陰鄉之南原先長史之封域祔吳」夫人之舊塋，禮也。 夫人是嗣之□父之姊。 孤甥等號泣再拜曰： 舅父學亦如□」且祥族望如先大夫之□□□□□□□不得已乃書乎貞石云：

馮氏之先，英彥□聲，治□□□有亭有煥，明府長□，以能□□□□□□□□□□雪先冤，歷聘戎□□□之大□□□□□□□光于□□馮公之□（下泐。）

（北京圖書館藏拓本）

開成〇三七

【蓋】 失。

【誌文】

唐故太原王府君墓誌銘并序」

父諱希玩，其先太原人也。 十一代祖玄謨，仕後魏爲平高侯，其」後子孫，因家於此，今爲高平人也。 軒冕之盛，史諜詳矣。 曾祖」懷仁，見國步多難，生民塗炭，遂傷時而不仕，以田農爲業，禮□」自持； 祖思敬，亦不仕。公如琬承祖父之志，樂道安貧，及公之世，家」風不墜。公性本忠孝，禮讓謙恭，鄉黨推崇，賓朋敬慕，冀憑積」善之慶，以齊龜鶴之年。何大夜之將侵，從風水而無定，以開成元年十二」月十八日終於莊內，春秋七十有四。頃以歲月未通，權殯於莊南坊外。」夫人陳氏，雅有母儀，備閑婦德，以長慶二年五月廿九日先公而終，」亦權安厝。嗣子文叡、文雅，以大事未舉，常懷芒刺之」憂；窀穸未終，每深罔極之痛。今龜筮叶從，擇兆云吉，以開成五」年二月七日，合祔于莊西北一里之原，禮也。靈崗隱映，若鸞」鳳之將飛；雄嶺連綿，狀形之盤轉。元嗣素非文士，以公宗人之」眷，爲嗣子文叡所請，辭不獲命，輒課荒拙，以紀」徽猷。嗚呼哀哉！乃爲銘曰：」

龍崗隱隱潛復起，雄嶺綿綿接丹水，靈櫬一歸泉壤中，墳壠千秋鎮蒿里。

從弟試太常奉禮郎元嗣述」

（周紹良藏拓本）

開成〇三八

【蓋】失。

【誌文】

唐故王侍御夫人南陽張氏墓誌銘并序　弟朝散郎守陜州大都督府兵曹參軍準撰」

夫人南陽人也。曾祖重暉，衡州刺史；祖伯禽，銀青光禄大夫、司農」少卿、兼通事舍人；父憑，衛尉少卿、簡王傅、兼通事舍人；外五代祖」神堯第八子諱無名，有令德，封於舒；親舅藻，宗正少卿，襲嗣舒國。」嗚戲！夫人幼喪所侍，卓立孤標，及長成人，適太原王永，嘗在外府，」官至監察御史。不幸王侍御早亡。夫人有女二人，撫育慈訓，儀範」守節，九族式瞻，終日無喜愠之容，左右承和顔之色。擇言擇行，不」捨於須臾；有典有則，豈離於心府。清明潔白，爲六親師。天乎天乎！」與之人不與之壽，享年五十七，元和十二年六月七日，寢疾終於」永樂坊官舍。時未叶吉，其年七月廿二日，權厝於萬年縣藺村之」原也。士族知與不知，聞之者流涕。況準形分守足，承姊慈教，小大」欣欣，咸有倚託，今則已矣，無訴告。顧慈餘生，從此永隔，嗚呼哀哉！」哀哀幼女，號天泣血，行路悲傷，其感人也深矣。銘曰：」爲人不壽兮曷由哉？孤女泣血兮行路哀。送終於此兮不復迴，」荒埏蔓草兮悲風來。生死訣兮臨其穴，德芳茂兮無歇滅。」

開成五年歲次庚申正月戊寅朔廿六日癸卯，長女李氏卅一娘自」萬年縣藺村啓護先夫人之柩，以其年二月十三日庚申歸洛」陽縣平陰鄉成村北邙山監察府君之塋，禮也。先是夫人長女」從夫靈省隴西李終官于鄆之陽穀縣久之，以其家用不給，未克」遷歸，每血泣興感，思就其志。既而不幸，李君復殁。猶是夫人之季」弟及孫女二人十七娘出適宇文家、十八娘張家，並出俸料。兖海戎」帥御史大夫張公日常，哀念其女生之心，又旋而且孀，乃助以俸金」卅萬而成焉。故士人聞者，咸以爲哀榮也。」

（北京圖書館藏拓本）

開成〇三九

【蓋】失。

【誌文】

唐故桂州員外司户滎陽鄭府君墓誌銘并叙　外甥前河東節度推官試秘書省校書郎韋發撰」

夫氣秀於人則爲賢爲哲，將以禮樂風俗，經紀搢紳；善性其情則爲義爲仁，將以敦叙繆族，雍茂」閨閫。然則賢哲鍾於儲粹，仁義發於長瀾，鑑百氏而景行知歸，滋九流而入用無體，固可以騰芳」遐軌，垂裕格言，稽諸名實，見之於府君矣。府君諱當，字膺吉，世爲滎陽人。在昔桓公友」出於厲王，爲周司徒，始有寄地，建國命氏，於姬姓最親。厥後國噬虎狼，慶流枝葉，族傳漢魏，領袖」衣冠，定甲稱於四宗，導濬源於二注，今爲南祖第四房。四代祖皇朝吏部郎中諱元敬，曾王」父皇任宋州宋城尉諱慎微，王父皇任洺州肥鄉令諱晙，顯考試大理評事諱惟則，□皆□」德不耀，淪於下位，清範可准，門風□高，慶善積歸，是崇令嗣。府君即先評事第二子也。生」有岐嶷之姿，幼亡好弄之性，體被神秀，氣深天和，在乳褓而不動，始能言而知訓。貞元歲，既失所」怙，僑寄吴中，與兄鄰孺相依，學無師傅，經史究於專習，文字得於天成，騁翰苑而誰敢爭先，探」詞源而我得其奥。年未弱冠，譽洽公卿，及踐名場，道賓流輩。故得送超會府，薦首重藩。寶曆二年，」於今相國楊公下進士昇第。人以爲名脩詞策名則止，我乃異是。業志彌精，所以一選宏詞，□」徵極諫，盡風雅於藻韻，識經邦之旨歸，恃才將致於自媒，人情遂乖於百勝。罷孫宏之再上，有王」粲之從軍。時故汴州節度使楊公元卿前鎮三城，辟署營田巡官，奏試秘省校書，尋轉節度巡」官職。洎節制大梁，職改參謀，試遷協律。翌歲，楊公薨於鎮，府君以趣尚安逸，閑居洛中，安」貧自得於單瓢，高價敻侔於二陸，雖忘隕穫之志，難違藏俟之圖。翌歲參調有司，判入高第，授萬」年尉。時以科名者飾身之良具，因循者雅望之高標，率謂借資，恥親吏事。府君□落俗態，」研精簿書，立於頹風，談者爲美。方將班行是步，旦夕人情，不幸爲舊親所累，貶桂州司户。□□」守謫任，星霜四周，道齊蠻貊之邦，神怡得喪之域，處否不撓，君子爲難。久以心喜似人，音□□□，」長沙之徵未復，魏闕之戀徒深，冤滯垂申，體魄俄降，開成四年九月五日，遇暴疾終于任之官舍，」享年卌八。嗚呼！弘道在人，得之爲貴，是使立志之士，聞府君即世，莫不痛其頹壞，稱嗟詎□。」至如襟抱曠達，神用精敏，語默有度，是非無倪，家睦温仁，交重然諾，被張仲之孝友，得夷惠之清」和。加以筆妙入神，詞雄獨步，手籍之時，心移外境；數盃之後，氣合浩然。述作根於六經，草隸臻夫」八體。徒見文傳紙墨，字寶巾箱，永絶微言，空留陳跡，豈勝痛耶？外族殷氏，故大理司直諱□即」父也，故給事中諱台即親舅也。胄推江左，名高士林，親兄一人名廣，登進士第，今任虢州弘」農尉，胥輔周旋，同昇甲乙，棣蕚連耀，人稱其榮。府君禮室王氏，雖姻華貴，柔明婦道，馨香令」問，禍罹先凋，前數歲而殁。有子二人，長字興工，業肄兩經；嫡子翁兒，年甫幼學，體得鳳之姿，□孝」弟之器，知者謂府君其有後乎。長男越自嶺隅，扈喪歸洛，以明年三月廿一日，權祔于河」南府洛陽縣平樂鄉瀍澗里夫人之塋，禮也。小子追奉謙私，欽懷素範，情深一善，義切百身，名存」徒播於徽猷，道去空嗟於閱水。既承長舅之命，慚乖敘德之文。銘曰：」

天地氤氲，降于精神，粹結形體，生爲令人。性稟冲和，氣含元真，德義旁達，鼓鐘羣倫。金相□言，」斧藻其身，大音希韻，孤風有鄰。懿兹全哲，冰霜比潔，百行包防，正聲徒設。珪璋配美，簪纓就列，秀」木先摧，芳蘭易折。孔門今喪，吾道將缺，爵位何人，」至幽寧決。葦輤蒲帷，南遷不歸，魂逝楚水，聲沉」九嶷。丹旐悠悠，哀循路岐，號斷諸孤，寂寥已而。明忽辭兮夜何早，啓佳城兮時既考。引靈車兮古」原道，風白楊兮路荒草。悲天長兮曷盡，望封樹兮空老。」

長兄廣書。」

（北京圖書館藏拓本）

開成○四○

【蓋】失。

【誌文】

唐故鄉貢進士潁川陳君墓誌　兄淮南節度推官儒林郎監察御史裏行脩古撰」

君諱宣魯，字子周，其先潁川人也。曾祖叔，國子主簿；祖璧，婺州」司兵參軍；父諫，倉部郎中道州刺史。君幼孤自立，懿文強學，非」聖哲之道不萌於心，識者遠大期之。三舉進士無所成。以開成」五年四月三日終于河南洛陽縣審教里之寓居，享年卅三。是」月廿一日買地葬于河南縣平樂鄉杜翟之原。君在長安疾困，」肩輿來洛陽，投孀姊韋氏家累月，極醫藥救療。其兄脩古，淮南」從事，聞疾星奔來省，與幼弟鄘先十二日偕至。及君之終，與外」生韋武當主辦窀穸之事，俾家人憨子虔護虛儀，朞歲設奠於」揚州。君房氏之出也，外曾叔祖相國贈太尉琯，外曾祖刑部郎」中琨，外祖漢州司馬式雍，松檟在緱氏縣北原。伏以」先考官於」朝，貞元十八年丁家艱，德宗皇帝詔不許還吳貫籍，從隸京兆。時屬汴路不通，遂奉先」祖祖母神座權窆于揚州，且曰：土薄水淺，非吾宜也，後舉之期，」當置于潁洛之間。脩古既孤，以日時未便，物力未充，因循所安，」終俟改卜。今君之獨墓於此，與外族塋域遠若相望，不爲無素」矣。君之脆促夭枉，士林痛傷，全令名以爲歸，人則與耇老同致。」脩古有男曰可思，俾奉禮法，專爾享祭。嗚呼！近代達者之言曰：」人生會歸此，相悲前後間。況羽化之術難求，我將安往？今之敘」述，紀其實而略哀辭。」

（周紹良藏拓本　開封博物館藏石）

開成〇四一

【蓋】有唐張氏之女墓誌銘

【誌文】

有唐張氏之女墓誌銘并序　兄鄉貢進士塗述并書」

嗚呼！高者非天，幽果無神，不然何使其哲女而與物同化哉？元和中，」吾先君從事鄜公府于潞，生嬋，嬋名也，印奴小字耳。常謂其侍者：吾門」不壽女，故世世憐女而甚於珠玉。乃選其乳姐洎高年女奴兩三人，令」常常抱弄於几前，唯所欲。及稍能理紅粧、衣綺羅，則凡是珍奇，莫不堆」在眼。長慶中，吾先君由真司封郎，出爲湖州牧，方報天子恩，俾一郡」五縣人蘇息。屬天降荼毒于我家。時嬋年八歲，亦哀啼無晝夜，俾路旁」聞者俱助涕，其孝敬柔敏，根於至性。但自笄迄今，首尾凡十載，未嘗一」日能强履而暫離床衽間，然亦能慎親老顏色，奉中外周旋，故家事」巨細，與商量而后行，無不克中。又心宗黃老，能以淡泊怡遣，遂自號靈」隱。常謂之曰：汝高祖曾祖祖考咸繼爲臺官，首諸大郡，每治其冤繫」而濟其窮人，若陰局不昏，當有□汝之苦者。豈謂狂飈忽驚，瓊華自殞，」嗚呼哀哉！且釋氏書必司其因業，雖愈加於藥石，竟不免於沉痼，得非」因業乎？故慈上哭之慟而惜其成人未有所歸也，昆仲哭之慟而想」其聰明能厚於恩愛也。家人無少老咸哭之慟，蓋感其寬仁，每降其庇」卹也。夫男兒女子悉貴其貴，貴其齡獲永。奈何一世而不得坐華堂，結」和鳴，對歌舞管絃以娱其耳目心志，乃至玄夜而託其幽魂，天乎命乎！」唐開成五年二月十一日，終于長安静恭里，甲子廿五寒暑。曾祖兵」部郎中諱具瞻，生殿中侍御史贈秘書監諱翔，生我府君諱士階，爲」湖州刺史，咸有令德，述作著於家諜。嬋即府君第三女也，實隴西」李夫人之生焉。張之得姓久，自始爲安定人，其源派不乾，至于炎漢初」興，報我祖匡輔力，乃封於常山。在晉則涼王西平公又樹其功業，厥」後相承不墜，天爵人爵，今洛陽金谷原先人之弊廬在，故幼弟勳侍」行自長安，將送其葬焉。以其年五月九日歸于土塗，承命誌于石，期於」文字存他年。銘曰：」

一生一死乃經理，心匪達人，悲切同氣，嗚呼已」□葬於是。先人之旁，其山曰北邙；魂兮魂兮，無適於異鄉些！」

（北京圖書館藏拓本　開封博物館藏石）

開成〇四二

【蓋】失。

【誌文】

頓丘李公彭城劉氏夫人墓誌銘并序」

懿範閨闈，聿修家道，習懃積功，信覃谷之美喻；處貞」執禮，規饁野之可儔。邕邕四德，已聞琴瑟之調；落落」七篇，竚守賢□之戒。令問備已，又何加焉。夫人」曾祖諱勝之，皇大理寺丞；祖諱初，皇試大理評」事，從事南海，爲觀察判官。父諱重詠，皇試太子」通事舍人；代襲慶餘，簪紱莫墜，皆執憲孤立，欽禮束」身，直而不撓，動必勵志。夫人即舍人仲子也。自」十八適于公，移天就君，義重同穴，松蘿互映，貞」條合茂，歲彌踰操，相敬如賓。夫人享年二十九，唐」開成五祀，歲當庚申，六月卅日，因負蓐勞，終于江陽」縣延喜里私第。夫人出一男名崇德，始齠之年，天」資聰惠，孜孜習讀，不言寒暑；一女生纔六日，未立小」字，孤孤晝然，無己過也。焌龜告吉，以明月廿三日葬」于當縣弦歌坊東原，禮也。□以虞陵更遷，紀□貞物。」辭曰：

英英淑姿，令德罕疋，執謙處柔，惇叙則實。」婦德既彰，宜其家室，婉娩逶迤，配合坤儀。」琪樹全碎，鸞臺半虧，撫諸孤稚，戒子聲馳。」彼蒼何遥，彼神何昧，叩靈無徵，俄歸泉會。」隴樹蕭索，一宿千載，去者日遠，長川無返。」

前試左武衛兵曹參軍曹賓商撰」

（録自《廣陵冢墓遺文》）

開成〇四三

【蓋】失。

【誌文】

唐故徐處士故朱氏夫人墓誌銘并序」

夫人姓朱，義陽人也，系本陸終第五子安仁之後，先封安」仁爲曹姓，食菜於周，佐武王伐紂於邾，後爲楚滅，去邑爲」朱氏。吴標四族，周隱七賢，繼世英豪，布在方策，由漢朝錦」衣太守處于會稽，自斯一宗，遂爲越人也。夫人禀性淑」順，幼閑女儀，望族移天，匹于東海徐氏。雍雍著代，肅肅承」宗，長若琴瑟之和，不替如賓之敬，實人倫之軌範，亦閨梱之徽」猷。年纔甲子一周，懿夫先殞。夫人在疾，樂業資生，德長家」豐，鄉閭益敬。冢男丘女，婚娉近周；稚女童兒，冠笄未備。母能」慈訓，子等白眉。天假夫人之奇姿，不假夫人之永壽，以開成五年」二月二日遘疾不愈，全而歸之，勦于私寢，享年六十有七。先育」子十有二人：伯曰沛、曰澤、叔曰慶、曰政、季曰鼎、曰遇。長女娉余氏；」次適於王，仲女未匹，先夫人而夭；次納王氏禮，有請期；季」女二人幼而可喜。以其年九月廿四日，窆于下臼傭首，北去海塘一」百餘步，去懿夫墳西三步。墳作内問之原，禮也。嗣孝楚毒悲」感，無恃□□□□泣枯其淚，内外賓涕，日慘風悲。龜筮」既從，□□□□□□□□勒石載辭，嗚呼哀哉！迺爲銘曰：」

有美一人，□□□□其德貞順，其容端美。」年周甲子，□□已喪，惟殯晝哭，□同敬姜。」平沙之垠，渤澥之陽，夫人新墳，馬鬣封方。」列生之行，刊石爲銘，萬古千秋，永□幽塋。」

（北京圖書館藏拓本）

開成〇四四

【蓋】失。

【誌文】

唐隴州防禦判官殿中侍御史内供奉崔揆母林氏墓誌銘并序」

崔揆，清河人，門望標顯。」曾祖太保忠公，德位昭灼；」烈祖、皇考皆歷郡守。揆」先太夫人太原王氏，嘗以崔氏宗緒未繼爲憂。及林育揆，愛養之道，有加」常理。揆早孤，林保視甚勤，揆果有立，累進官，處」身有常度，爲吏靜專清正，士友皆親之。事親孝，」居喪得禮。林享年六十四，開成五年八月十四」日終于洛陽縣殖業里第，其年十一月十二日，」葬於河南縣平樂鄉杜翟村。林姓出清源，問禮」聖人，載於經訓，世祀脩遠，華裔無常，慶善不昧，」幽而復光。揆能大其身，以大其」門，即林亦隨而大矣。揆請誌於從祖兄前天平」軍節度判官侍御史内供奉倬，因詳書焉，以成」孝子之志。銘曰：」

洛北岠都十五里，崔氏之母墓於此，人世有終」孝無已。」

（周紹良藏拓本　河南千唐誌齋藏石）

開成〇四五

【蓋】失。

【誌文】

大唐王屋山上清大洞三景女道士柳尊師真宮誌銘　朝議郎守尚書都官郎中上柱國賜紫金魚袋李敬彝撰」

開成五年六月廿九日，唐故監察御史裏行天水趙府君夫人王屋山柳尊師」遷解于東都聖真觀之道院，其年八月，其孤璘等遺道門弟子趙奉元等，緘奉遺」烈，請爲之銘。實惟尊師懿範玄德，出于見聞，乃承録終始，用誌幽宅。」尊師姓柳氏，諱默然，字希音，河東虞鄉人也。高祖範，皇朝尚書右丞，以直」道事君，名載青史。曾祖齊物，萊、睦二州刺史。祖喜，冀州武邑主簿；避燕寇」江南，因自絶禄仕。父淡紉，善屬文，學通百氏，詔授洪州户曹掾，不就，高論」於賢侯之座以終世。户曹娶揚府蕭功曹潁士女，生尊師。尊師生三歲而」失怙恃，見育于祖母。祖母殁，祭養于外族。及長，而其聰明善行，窈窕淑質，」雖資教誡，動若生稟。年十四，歸于趙氏。趙氏中外代以禮樂繼軒冕，居時爲盛族。」尊師既承迎法度，從容敬順，凡婦道之難處而咸宜，大適六姻之望。時」府君始筮仕，伯姑叔盈室未宦嫁。尊師率敬，躬儉均寡，上奉下撫，怡然其」色，致少長嘻嘻，皆霑若享豐厚而服禮節。歷廿年，遭未亡之酷，尊師哀奉」喪紀，罔不合禮。未幾，復罹同氣之禍，抱終鮮之戚，乃栖心佛乘，一旦解縛，由是嗟」閲水，修長存，奉至真無始之教，初授正一明威籙靈寶法於天台，又進上清大」洞三景畢籙於衡岳，遂居王屋中巖曰陽臺貞一先生司馬子微之故居。臺接天」壇，敻絶人境，心既冥寂，地忘幽遐，凡於山上崇建真君像十餘事。其精勤齋戒，」潔嚴操履，雖有自弱齡至暮齒，探玄存心于五岳洞府者，俯仰瞻敬，莫敢望比。」尊師學道既久，門人嘗造而問曰：師始以法得無生理，既臻其極，而今出入蓋」由其户耶？尊師答曰：否。夫假法以明道，其若工之利器爾。棟梁已就，斤斧」何施。吾道既達，法亦何有。尊師其外，雖猶畏若鄰，儼若客至，於微妙玄通」深不可識者，洞洞乎其中矣。享年六十八。有子男三人，少奉慈訓，洎成人，皆以孝」友文行嗣續家聲，克揚善譽，昌熾素業。長曰璘，以前進士赴調，判入高第，爲祕書」省校書郎；次曰璜，進士及第；幼曰珪，應鄉舉。女子二人，皆早從玄志，列位上清，長」曰右素，先解化；次曰景玄，今居王屋山。於惟尊師在室而明淑，爲婦而宜」順，成家之德，光焯詩禮。卒復脱去塵網，追蹤靈仙，天之報施，則亦顯顯如是矣。以」其年十一月卅日葬于河南縣平樂鄉之平原里。其孤璘等擗仆杖立，號奉重事，」一如禮。嗚呼！銘曰：」

尊師華族爗其光，神姿秀淑婉貞良。年笄鳴環令門望，家成猷俗隨真皇。」玄關既函青章，道寂猶學棲華陽，□□三景何可量，徒悲逝水悲罔□。」

（北京圖書館藏拓本）

* 開成〇四六（與貞元〇七三重出，此當存）

【蓋】失。

【誌文】

唐故滑州白馬縣令贈尚書刑部郎中樂安孫府君夫人贈隴西縣太君隴西李氏遷祔墓誌」

太君李氏，姑臧公後，代爲鼎族。王父皓，博州」司户；父宣，宋州楚丘尉。貞元丙子十一月十」二日，棄背于鄆州，開成庚申十一月廿四」日，嗣子景商自鄆州啟護歸祔于東都」先考之塋，縣曰河南，里曰陶。三女：次適竇氏，」幼未嫁，皆早世；長適崔氏。二子：長曰霸，不育；」次景商，今任殿中侍御史，娶河南于氏，生孫」男五人，女一人。今皇帝嗣位，詔贈」先考尚書刑部郎中，」先妣封隴西縣太君。皆以積德懿範，垂訓于」後嗣也。其系胄備于前誌。嗚呼！昊天罔極，欲」報何因！銜寃泣血，以爲後誌。」

嗣子朝議郎行殿中侍御史上柱國景商撰書。」

（周紹良藏拓本）

開成〇四七

【蓋】 唐故夫人夏侯氏墓誌

【誌文】

唐山南東道節度總管充涇原防秋馬步都虞候正議大夫檢校太子賓客上柱國趙公亡夫人譙郡夏侯氏墓誌銘并序　鄉貢進士唐正辭撰」

夫人之先譙郡人，後移貫深州樂壽縣。昔武王剋商，封夏禹之後於」杞，列爵爲侯伯，厥後因爲夏侯氏。漢有滕公諱嬰，佐高祖定天下，子孫益熾，冠冕彌盛，國史家傳，粲然可觀。曾祖諱載，滄州長史；祖諱」璀，試太子詹事滄景節度都押衙；考諱萼，試太常卿、充冀州南宮鎮」遏兵馬使；皆宏材茂器，移孝爲忠。夫人紹餘慶於千年，傳遺芳於三」代，備謙柔之行，稟純淑之姿，舉不違仁，動皆合禮。既笄年之歲，歸于」趙氏，克叶關睢之興，允諧鳴鳳之求。趙公以文武全才，述職戎府，」公家之事，不遑底寧。夫人内睦姻親，外承賓客，輔佐君子，清風穆」然，斯不謂之賢哲之行歟？期天降鑒，介以眉壽，魚軒象服，夫貴妻榮，」爲寵爲光，焜耀閨壺。何圖年始知命，奄歸下泉，積善無徵，吁可痛也！」以開成伍年六月廿六日遘疾，終於襄陽縣明義里之私第，享年五十。」趙公總戎涇上，式遏西蕃，王事靡盬，瓜時未至，夫人瞑目之際，」不及撫床之哀，窀穸之辰，莫展臨棺之慟，人之知者，孰不爲之傷嘆」焉。以其年十一月癸酉朔廿四日甲申，龜兆叶吉，葬于襄州鄧城縣」支湖村之東崗，禮也。長子宗立，當軍節度散將；次曰宗本，鄉貢明經；」次曰宗元，次曰宗式，咸稟慈訓，且服教義。宗立、宗元侍從防邊，宗本、」宗式躬護喪事，必誠必信，禮無悔焉。爰以夫人德行來請銘誌，琢」于貞石，庶千載之後，徽猷不忘，恭副孝思，乃爲銘曰：」

猗歟夫人，植操無鄰，孝由天性，義冠人倫。德行聿脩，」徽猷日新，如何不吊，奄謝芳塵。展矣良夫，護塞從軍，」窀穸有期，歸路無因。樊城之陰，漢水之濱，卜得鮮原，」崛起孤墳。秋草萋萋，逝波沄沄，德存于石，磨而不磷。」

（周紹良藏拓本）

開成〇四八

【蓋】 失。

【誌文】

唐故絳州翼城縣令河東薛公墓銘　從弟居晌撰

唐開成五年拾壹月貳拾肆日絳州翼城縣令薛公寢疾歿於壽州子陽里之私第，享年七十九。公諱贊，字佐堯，其先河東人也。爰自夏殷周三代，錫珪分茅，公侯相承，凡六十一世，後之秀傑間出，輝煌邦國，時稱汾陰之上族，譜牒詳焉。曾祖諱德敏，京兆府富平縣丞；王父諱摅，餘姚郡太守；皇考諱洽，滑州酸棗縣令。公生知之性，聰聞元悟，早年嘗謂同輩曰：古之子弟之禮，孝愛端凝，而何必讀書乃爲□

人。然則士資禄養，務速就業，於是倍功愨愨，專經登第，其後自下蔡、崑山、翼城，三領大邑，僉謂清儉變俗，奸濫屏迹，臨財無私於己，異政著信於人。噫！趨競絶心，退讓俟時，位不至高，名不求顯，親知共爲歎憤。夫人隴西李氏，皇室系胄，柔懿增輝，河中少尹諱最之女也。不幸早歲凋落，春秋四十九。有子一人，前魏州元城尉曰元慶，李夫人之出也。動修禮義，恭守素業，全其生而大事克備，苦其身而諸孤獲安，亦孝慈之本歟？女五人，二女早亡，一女適扶風馬宥，宥良士也；一女未及笄禮，一女誓依釋氏。公以開成庚申歲拾壹月貳拾肆日時叶蓍龜妥，祔葬於下蔡縣淮陽鄉戊家里大安原。蓋舊里綿遠，未遂歸葬，從遺命也。銘曰：

條山際海，洪河湯湯，靈粹氤氲，英髦騰芳。翼城秉心，守道自强，修辭通經，恥露鋒鋩。賢哉夫人，行滿六姻，柔謙永保，錦綺非珍。上善芬馥，促齡酸辛，淑德如何，姬姜比鄰。」

（録自《安徽通志金石古物考稿》二）

開成〇四九

【蓋】失。

【誌文】

唐故知鹽鐵轉運鹽城監事殿中侍御史内供奉范陽盧府君墓銘并序　再從弟朝議郎行尚書刑部員外郎上柱國賜緋魚袋慤撰」

維開成五年歲在庚申六月乙巳朔，廿八日壬申，殿中侍御史内供奉范陽盧」公享年六十七，終于河南府濟源縣之私室。以其年十一月三十日，遷窆于河」南縣金谷鄉焦古原，禮也。公諱伯卿，字元章，其先姜姓，食菜於盧，因而受氏。爰」自東漢尚書以儒學顯名，勳庸濟世，沮奸宄之詐謀，扶衰漢之頹運。魏晉已降，」有若司空、侍中、中郎，繼擅明德，載在圖史。洎國朝文昌左丞、黄門侍郎諱」獻，嘗與狄公仁桀、魏公知古當天后朝同興安劉復夏之業。今古相對，勳」賢不絶，言士族者偉之。公即黄門四代孫也。黄門生鄂州刺史諱翊，鄂州生殿」中省進馬諱晏，進馬生滑州司法參軍諱初，皆克保家聲，藏器不曜，位卑道屈，」世人無能知者。公即司法之長子也。李氏之出，外王父撰，乾元中，以鴻文奥學」潤色王猷，匡輔之績，存乎廊廟，由是門閥之盛，冠冒百氏，與我婚媾，即爲名家。」公氣和而深，行潔而方，閨門稱其孝悌，寮友仰其易直。既冠，擢明經第，始調補」絳州萬泉尉，秩滿再補陝州安邑尉。縣政多暇，奏課常高。未幾罹先夫人」之憂，顔丁泣血，苴枲僅存，既免喪，三補河中府猗氏縣主簿。縣當郇瑕氏之故」地，沃饒近鹽，美聲浹于人謡，時泉貨之司愿移公猗氏之理以成榷筦之用，授」大理評事，充東渭橋給納使巡官，尋以本官知京畿雲陽院，遷監察御史，充兩」池使判官。俄以統職有歸，不得專任，改知閬中院，轉殿中侍御史，領鹽城監。既而」遇疾于淮上，北歸別業，命諸子謹飭家政，親服農圃。士君子謂公得出處之道」焉。公嘗尉三縣，莅五職，靜專一心，閑劇齊致，藴誠明以待物，物不忍欺；用忠恕」以業官，官無留事。惜乎不享大年，不躋貴位，中道夭閼，如夫意何！夫人清河崔」氏：夏州行軍司馬檢校尚書金部郎中兼御史中丞放之女。秦晉嘉耦，琴瑟以」和，閨儀婦則，輝動中外。先公十六年而殁。有子二人：長曰知退，前鄭州滎陽尉；」次曰知晦，前鄉貢明經；皆早聞詩禮，因心孝敬。有女三人，長適博陵崔礎，次適」趙郡李頊，幼女始笄，方勤壺儀。知退等以著龜既叶，永惟先府君之德行，」懼堙滅不傳，陵谷將變，謂予諸父之列，游處最熟，識美之請，所不敢讓，銘曰：」黄門裔孫，丞相自出，聞善必遷，秉心惟一。亟安卑位，不慕崇秩，演彼名教，樂我」心術。清漳既臥，故里攸歸，出處有裕，頤指無違。悠悠逝川，斡流不息，古今共盡，」賢愚同域。二子承家，一時令則，松楸永閟，孝思何極！」

（周紹良藏拓本　河南千唐誌齋藏石）

開成〇五〇

【蓋】失。

【誌文】

唐故朝議郎使持節光州諸軍事守光州刺史賜緋魚袋李公墓誌銘兼序　親兄將仕郎前守京兆府武功縣尉恭仁撰」

公名潘，字藻夫，先世趙郡贊皇人，分繼東祖之後。皇趙州司馬府君詮之曾孫，皇檢校司門員外」郎府君章之孫，皇贊皇縣令府君并之第四子，博陵先夫人之生也。嗚呼！始生六年，就學師」訓，明惠聰敏，有若生知，目覩必記，耳聞不忘。嘗侍于伯兄，傍聞左氏，至於癈興理亂褒」貶善惡之深旨，發問必對，貫達無遺。家於常山，太守鄭公瓚性樂善，喜後進，因目之爲奇童，薦」於連帥，特表奏聞，策中有司别敕同孝廉登第，時纔年八歲。其後討覽經籍，九流百家之語，靡」不該通，著詩業文，名顯當代。自幼居艱疚，號毀逾禮，有曾閔之行，聞於鄉里。無何，長慶初，常山帥王」承宗歿於鎮，鎮卒逼其弟承元主其軍，且襲父兄之位，因而請焉。承元幼懦，辭進不決，公乃潛運音」計，密擇機宜，誘掖承元，斂身歸國。朝廷果獎承元之節而授鉞於滑臺，始去常山。當是時也，自天」寶末，兩河之風未變者，唯漁陽一鎮耳，因請承元，飛檄於范陽節度劉總，洞曉君臣之禮，大開逆順」之端。其明年，劉總盡室來覲，河朔之地，晏然削平，皆公之祕略也。承元以公有誠，盡推轂之力，遂」奏□評爲巡官，轉掌書記。及王公移鎮于岐，累授裏行殿中侍御史職，歷節度判官，以至加朱綬，爲」副倅。久之，王公換青州，以公爲檢校都官員外郎副平盧軍使。府幕十年，始終一貫，參畫勤盡，」時論多之。既王公謝位，中書舍人崔公蠡雅重器能，惜其忠厚，條疏文行，冬薦於有司，」制授均州刺史。議者以公蘊蓄志業，屈於小郡，用展名實，有稱紀綱，乃徵拜侍御史。屬憲府」更易，直道不合，出爲江陵少尹轉光州刺史。其爲官也，以儉潔自守，疾苦者必問，惸困者必」活，懲勸必行，奸蠹必息，凡至所理，人多懷思。故長安令崔瑝、金州刺史從父弘慶、主客郎」蕭傑交舉自代，在御史府亦累累薦請，則爲官之業可得見矣。其在家也，孝以奉上，悌」以事兄，慈以撫下，仁愛敬睦，天禀其性。況於伯仲之間，常先筮仕，南北從宦，未省相離，至于孀」孤無不聚處，撫訓孤稚均布資財，中外無間，休慼必同，親族之内誰不仰伏。以是骨肉良賤，常不」啻數十人，和洽閨門，咸得其所，則爲家之行，有以察矣。其於友也，汲汲仁義，孜孜接物，負其然諾，以」事賓朋，雖膠漆金石，未足方比，今江夏崔公蠡、春官侍郎柳公璟、中書舍人裴公休、天官郎崔」公球、柱史劉公濛，並交道之深契也。此數君子，或望高多士，價重當朝，雖名位不侔，而厠接行」止，與遊之分，無媿平生，則爲友之道可以表矣。哀哉！福善何在，天乎不仁？履行及此，夭而不」嗣，意天道之不足信恃，痛矣夫！以開成五年八月三日染疾於位，歿于弋陽之官舍，享年五十。嗚呼！神」理奚殛，毒我門緒，手足之內，淪缺過半，吾之奇蹇，官緒晚立，仲兄季弟，皆薄宦情，慺慺」一門，俟爾光顯。何圖陰隲不祐，積善招殃，禍及天倫，凋落相次，滿室號叫，不知所依，痛發一聲，鋒刃在」腹。況初聞遘厲，奔馳在途，竟不得訣平生，終不及執湯藥，支離兩地，俄變終天，餘魂驚飛，何」所顧籍，其爲忍死而哭者，亦有言哉！實以爾單獨重丁，終無胤嗣，主辨喪祭，誠欲自親，而又嘗所」著述，零落未集，必將託諸親舊，編序而成，不負吾心，永慰幽昧。今則卜筮有期，未及克祔先塋，以其年」十二月廿四日葬于洛陽縣平陰鄉從心里之原，權也。新婦崔氏，故河南尹、檢校户部尚書、贈太子少保倰」之女。始以和淑，克成儀範，終以操節，不失婦道，煢獨哀毀，姻戚生悲。猶子小殿，齠齓未立，既闕主祀，令」執喪禮，刊鏤貞石，始欲求於知舊，尚慮徽美，有墜片言，所以拉血直書，盡叙所立。痛纏骨髓，質不」成文，握管呑聲，以爲銘曰：

負脩途兮未大伸，卷壯節兮歸窮塵，立官行己勇且仁，玉石共盡竟何云！」黄櫨漆炬夜始長，短松新壠即蒼蒼，令問清文沉逝水，孑然無後誰顯揚？」命不可問天不可量，非爾之夭實吾之殃，已而已而辭不盡乎哀傷！

處士蕭子真書。」

（周紹良藏拓本　河南千唐誌齋藏石）

開成〇五一

【蓋】失。

【誌文】

□滎陽亡夫人墓誌并銘　外孫弘農楊知玄撰」

滎陽毛公，不知何許人也，有志無位。娶」賀氏，生女四人，夫人即季女也。及未笄，」出適安武軍衙門大將兼御史大夫吴」公諱仲甫，有女一人，歸弘農楊氏，生子三人。知玄等其子以幼遭先夫人□喪，追罔極之恩，以夫人無歸，親□」侍養，享年六十八，不幸寢疾，開成五年十二月廿七日終于東京建春里。其外」孫以來年正月十日歸葬于濮陽郡」先夫人之塋側，禮也。嗚呼！懼夫人之淑」德將墜于地，故銜悲屑涕，以爲識焉。其銘曰：」

柔德懿範兮閨門之美，蘭折秋霜兮珠」沉逝水。痛長夜之不還，想徽音之在耳。」重曰：幽隴一閉不復開，松栢脩脩兮始」栽，幽靈如在此徘徊。

鄉貢明經吕造書。」

（周紹良藏拓本　河南千唐誌齋藏石）

開成〇五二

【蓋】　失。

【誌文】

我伯父唐故試太子通事舍人趙府君夫人南陽張氏玄堂記」

維開成四年孟春之二日，夫人隱化于」洛陽縣永泰里私第，享齡六十一。敬以開」成六年龍集辛酉首春中旬有九日辛卯，」安葬於河南縣平樂鄉杜翟村之邙原，禮」也。皇考諱貫，高道不仕，隱跡藝術，爲當」時奇人。夫人出於我之枝派，外祖諱」湘，皇試左衛兵曹參軍。夫人四德具瞻，」六姻仰則，敬長慈幼，和睦親踈，豈期積善」無徵，奄鍾冤禍。夫人嗣絶無子，昔稱伯」道，今則然乎？有女一人，神氣不足，無堪從」人，嗚呼痛哉！嗚呼哀哉！我伯父以元和」末歲傾背，亦依皇祖松栢，權厝于洛陽」三川鄉以俟通辰，并皆啓祔。

猶子元戣銜」哀謹述。」

（周紹良藏拓本　河南千唐誌齋藏石）

開成〇五三

【蓋】墓誌銘祔誌（據《古誌石華》卷十八補）

【誌文】

唐貝州永濟縣故馬公郝氏二夫人墓誌銘并序

公諱恒，父諱超，其先扶風郡人也。昔馬融注解，累代欽崇風，後胤因官，徙居甘陵郡，乃祖乃父，遂爲永濟縣人焉。公以禮爲度，以德爲車，衣著篇章，飲食經籍，謝家鮑氏，羞當章句之流，恥也文學之列，金石爲節，松竹表貞，亂代逃名，庸君隱迹，懷實不仕，韞道迷邦，於是通德丘門，仁者爲里。嗚呼！天不慭，神莫見祐，元和七年七月廿一日寢疾，終於沙丘坊私第也，享年卌。時也日月無光，雲天慘色，閭巷遏密，行路傷嗟，權殯縣西一里。先夫人松蘿靡託，葛藟無依，結誓指於栢舟，空淚流於斑竹，以開成六年正月十三日與二夫人遷葬於故塋，禮也。仲子□□盡□以竭家資，因爲遷祔，恐陵改易，刻□爲紀。

平生志貞，松筠表節，堅勁金石，潔白冰雪。□遍乾坤，光連子孫，輝赫三代，榮慶一門。道□□宇，名彰四海，天何奄禍於幽魂，骨肉永閉於長夜，何時再覩明昏？

（録自《金石萃編》卷一百十三）

開成〇五四

【蓋】　京兆王府君墓誌

【誌文】

唐故婺州東陽縣主簿王府君墓誌銘并序　鄉貢進士何得一述」

府君諱鍊，字仙之，其先京兆人也。曾祖喆，皇任冀州棗强令，贈」魏州都督；祖擇從，皇京兆府士曹、雲陽縣令、兼麗正殿學士；父」宣，皇鄭州原武縣令；在官能事，備于考籍，故略而不書。府」君即原武第二子也。府君平生，雅好儒術，尤多博識。門承素」業，代習簪裾，實謂世上良材，人間茂器。弱冠之歲，浪跡江表，常」自放曠，不受羈束，笑傲軒冕，賤慢榮禄。中外親戚，多在省闥，訝」公沉靜，或時誚之。年近壯室，尚未有求宦之意。後因遊公卿之」間，或是姻好，睹朱門赫赫，緋紫煌煌，目視心驚，忽然大悟。乃曰：」丈夫在世，不踐名位，徒自汩没，蔑然無聞，實曰浪生，豈爲勇也！」繇是奮衣西邁，歷抵京國，當年用品廕獲一子出身，初選朝」請郎，授洪州豐城縣主簿。時務當劇要，頗有聲聽，屬郡寮吏，靡」不歎伏。再選授婺州東陽縣主簿。美譽嘉耗，不異前聞。三考居」官，一金不畜，所請俸禄，悉以應贍賓侶，遍恤孤孀。恩義既敷，人」所咸重。嗚呼！皇天無親，惟德是輔，本期福善，反殲令人。開成五」年十一月二日遘疾，奄終于越州諸暨縣之里第，享年六十三。以」開成六年二月十九日卜宅習吉，窆于陶朱山之原，禮也。娶滎」陽毛氏夫人。早知婦道，淑有令儀，居喪盡哀，撫幼多惠。有子四」人：長曰昉夫，次曰磻夫，曰幼元，曰敬夫；女二人：長女適雁門茹」氏，前温州士曹；少女未適；并夙承訓導，頗知義方，泣血茹荼，以」存禮制。懼年代浸遠，陵谷遷毀，咸備貞石，誌于塚陰。其詞曰：」

陰陽相扇兮洪爐熾焚，萬物變化兮各歸其根。」惟我府君兮壽不永存，榮禄雖及兮名未顯聞。」神道茫茫兮天不可捫，欲窮斯理兮誰可與論？」悲風颯起兮愁雲在原，玄臺杳默兮白日長昏。」寒松青青兮閉此幽魂，千秋萬古兮夫復何言！」

（北京圖書館藏拓本）

會昌

會昌〇〇一

【蓋】 失。

【誌文】

陳少公亡太夫人蔣氏墓誌銘并序　進士吕貞儉撰」

夫人族本樂安郡，鄆府節度押衙兼御史中丞裕十七代孫，派流」遠裔，簪紱相承。祖椿，皇虔州贛縣尉；父政，好游山水，志」考諸文，棄業從途，終于虔州。夫人即公之第四女也。少而孤露，」育于母手，每思其親，常哀咽不食而竟夕，繇是親戚咸哀」而異之。性直寡言，喜怒未常見於色。及笄歲，嬪于陳氏。性」仁温孝，能奉舅姑，於娣姒之間，偏沐撫愛。姑常謂之曰：」蔣氏新婦解吾意，每所動用，皆合吾心。此乃婦德也。有子二人：」一男一女，女出侍江家，男季端，娶故徐州彭城縣尉劉氏」第三女也。有孫四人：長孫師貞，次孫宫十，李老、金娘等。」自夫人於開成五年六月中旬卧疾伏枕，至今春漸將，逾殛，」知大期向終，顧爲其男曰：吾氣力頓衰，殆將不起？夫禮節廉」讓，汝粗知也，吾終之後，汝主奉家業，當謹節温勤，無至哀」毁，此即吾瞑目無憂。子遺此示，向卯而終，享齡六十九矣。以」其年春二月十三日甲寅寧神卜兆于江陽縣嘉寧鄉北」五乍之平原，禮也。嗚呼！泉扃一奄，邈于千古，蕭蕭松柏，煙伴」愁雲，窅窅孤魂，路乖親戚。嗣子季端，恐陵谷千變，乃剋石紀」銘，其詞云爾。其一曰：」漠漠春雲歸無處所，悠悠大川賢愚一路，夫人德行奄忽朝露，」刻石紀銘以永千古。　其二曰：怳怳魂遊逝水，森森墳聳荒川，」望愁雲兮氣絶，號叫聲咽空原。

會昌元年二月十三日記。」

（周紹良藏拓本）

會昌〇〇二

【蓋】失。

【誌文】

唐故鳳光寺俊禪和上之墓銘并序」

和上諱常俊，俗姓張氏，清河人也。」皇祖莊，皇考李。即李之第二。丱歲」出家，年齡七十，僧夏卌。奄自會昌」元年五月十五日示疾殁世，以其」月廿六日遷柩於常州無錫縣太」平鄉卞村東一里官河西八十步」張宗祖墓中，卜其宅兆庚首而安」厝之，禮也。有門人文則、元通、伯昌，」族兄秀、姪令容等，愬痛哀摧，涕淚」交結。恐陵谷遷改，桑田變移，塋域」無徵，乃刊磚而爲誌。銘曰：」

禪宗内紐，法印心結，永棄浮生，歸乎寂滅。」

（録自《江蘇金石誌》卷五）

會昌〇〇三

【蓋】失。

【誌文】

唐故太原府參軍贈尚書工部員外郎苗府君夫人河内縣太君玄堂誌銘并序」

維會昌元年歲次辛酉三月壬申朔十三日甲申，河内縣太君捐養于江州刺史之官」舍，享齡六十七。既翌月考時，其孤愔泣血徒跣，祇奉裳帷以遵路。又翌月，達于洛之里第，」稱禮備物，練吉卜□，以其年七月己巳二十九日丁酉，虔祔于洛陽縣之平陰原」皇考贈尚書工部員外郎之兆，繇周禮也。其外姻之至者相與謀曰：孤之室，金不貫緡，粟不嶓」困，取何以買銘於達官巨卿？況其兄且弟三人，皆繇教訓，得以文章竊科名，而欲因他人言」語以光揚淑德，孝豈然耶？愔懼不敢詶，乃茹毒操觚，以圖徽懿曰：」夫人姓張氏，自遠祖漢丞相安昌侯禹爲河内人，源深而流遠，祉茂而慶長。丞相之裔孫曰衡，」仕宇文周朝，爲度支尚書，封清河縣。其子孫纘承，入唐而封爵者，皆稱清河。故韓文公之誌」皇考墓云：夫人清河人。皇祖重光，爲尚書左丞；烈考繼，爲夏陽縣令，娶姑臧」李夫人，生三女。夫人其季也。始夏陽府君以讒謫去廬陵，遂終于次，」夫人生始五歲，哀至于毁。宗親内外，驚聳嘻咨，遂聞天下。姑臧夫人當時申姓閨儀母教，」百氏範仰。夫人既笄而有行，皇考始以德行文學爲鄉里舉，得太常第，辟賢侯」府，調參太原軍事，而以懿圖，丁否數至，德終下位，生子男三人，曰愔，曰惲、曰恪；女五人。是」八孤者，長始孺而少未孩也。天之寬耶？無宫以與庥；地之夐耶？無田以與殖。中無爲支，外無爲」濡，牽攜勤艱，經營窮寒，育之教之，殆十五年，皆幾於就成。女得好仇，男得賢交，有禄爲養，有立」爲榮，雖未迄，令人庸免於戾。搢紳之知者，咸詠其慈明哲睦，秩秩整整，古之敬姜孟母陶母光」顯圖諜，我不愧也。至若孝爲行先，而天命之於性，仁爲履本，□自□之於心。敬以接中外，雍以」率閨門，九族懷仁，衆人歸美。而明惟神授，静與道符，四德并包而不耀，一物不達爲深耻，粢」盛豆登，鍼管線纊之外，考協聲律，探究墳素，玄經釋籍，前言往行，一經于耳，必注於心；一合于」理者，必行諸己。愔之既昇朝籍，再爲御史郎官。朝廷覃大慶詔以尚書郎爲」皇考贈，而夫人得啓封邑，爲命婦於内朝。君子曰：仁之藴也深，則祉之報也速。非」工部之大德有開，夫人之茂範宜慶，孰爲然哉？不然，何以無似之孱，亦能有以集其榮」乎？愔既刺九江，板輿在前，彤幨在後，導有長戟，殿有高旟，養豐可榮，禄厚可樂，而釁彰罪」戾，天降鞠凶，風樹遽摇，昊穹曷訴。嗚呼酷哉！時次子惲時以外臺御史奏記於徐方，小子恪爲」協律郎從知於巴蜀，皆來寧遠道，抱釁中途，千里見星，一月及次。夫人之女五人，凡三」人有適，一人未行，皆先夫人而殁。次女道真，早宗於釋，壞服爲尼。夫人常命愔」曰：若三人求婦，必於孝仁知禮之家。故先擇令丞相司徒公隴西牛僧孺之長女爲愔娶，復選」故絳守河間劉元鼎之次女爲惲妻，又選故溧陽令范陽盧撰次女爲恪婦，皆慈旨也。」三子之孫六人，與吕氏之外孫二人，勝哀者皆哭于位。愔抱釁殘骸，累息待盡，毒灼居内，主於」不文。銘曰：」

天有卿雲，地有醴泉，儲祥合粹，降爲碩人。履禮蹈道，毓德配賢，嬪則攸舉，母範光宣。」爲蘭則薰，爲珪則温，量芳校德，孰曰如仁。禍之降兮，繇戾之頑；惠不弔兮，釁斯上延。肝屠腦剸」兮，哀以籲天；揚休闡淑兮，瀝血濡翰。脩邙隆隆兮，清洛濺濺；以夷以涸兮，令德長存。」

孤子朝散大夫、前使持節江州諸軍事守江州刺史、上柱國愔撰。」

孤子前徐、泗、宿、濠等州觀察判官，將仕郎，監察御史裏行惲書。」

（北京圖書館藏拓本）

會昌〇〇四

【蓋】失。

【誌文】

唐故河南府洛陽縣尉孫府君墓銘并序　再從兄朝散大夫守御史中丞上柱國賜紫金魚袋瑝撰」

今天子受英武至仁號之年，夏五月，洛陽縣尉孫君備以疾亡于官。秋八月，卜穸于」河南縣平洛鄉杜翟村，祔先公之墓，葬有日，府君之太夫人以書走八百」里告於猶子瑝曰：未亡人天重不祐。始予有子七人，備實爲長，其粹和惇孝，愓愓然無」一日之過，凡規隨矩躍，揭厲士行，率可以平挹曾冉之前。吾方倚之而老，冀輝闡世緒，克」大人物於簪纓間，不幸喪矣。今封墓有禮，爾爲吾銘之，斯亦備之遺志，足以使無憾於地」下者。瑝於君爲羣兄弟間最相愛，嘗期君一日有以大吾門者。今也齒不逾强仕，名」不掛通籍，齎志而歿，得不誌遺美以抒夭閼之痛耶？且士之出搢紳華族内，其藻黼身」文率有二道，孝居上，文次之。備之孝太夫人既得矣，瑝請以立身之文與」我之世系而直書之。孫氏出于齊大夫後，在晉時嘗避地樂安，因世居焉。自宋魏至」皇朝，代以儒學顯，故鉅名碩望，冠出他族。高祖贈秘書監諱嘉之，位不配德，果介」繁祉。故我曾伯祖贈僕射文公諱遜，曾祖贈秘書少監府君諱遹，洎」曾叔祖補闕公諱邁，皆擅重名，或壘取高科，其官業行實，爆發於天下。補闕府君」即君之曾王父也。祖，白馬縣令、贈尚書工部侍郎諱起，烈考故天平」軍節度使、檢校禮部尚書、贈兵部尚書康公諱景商，君其嫡長子也。始鄆州府君以」文學德行名殷上聲當時，入服大僚，出踐方伯，其懿實茂美，彰灼聞聽。君外族于氏，」繼積善餘美之後，承高門必大之基，閫範母儀，摽表冠族。故君富於訓導，在齠齓時，有老」成人風。始鄆州府君與太夫人諸子中特所鍾愛，而君卓然自立，唯刻苦」於筆硯。其爲文率高深遒拔，意欲自健於一時。始舉，袖出巨軸拜公卿，郁然有文人譽。」重然諾，顧交誼，預君遊者皆當時名人，常潔白分別跡未嘗輒雜。累昇歌於春官氏，連」戰連北，每黜歸，必愉愉而喜，以解太夫人之愠。今趙華州主宗伯，挹君而喜曰：」我得俊矣，果書君於籍中。大司馬王公領事鹽鐵，署君巡官，假校書郎，間一歲，丞相」司徒譙郡公奏直弘文館，得渭南尉、清議鄉論，皆以御史拾遺待君。君以太夫人」志安洛下，遠榮養而利祿仕，非素心也，請棄職而東。丞相重違之，即授洛陽尉以適」君之私，非公舉也。君平居循循如不能言，其處節義，慎趣嚮，則勇於必行，萬夫不能奪。知」季舅丞相雅重之不與諸甥等，丞相居中書四年，天下事在手，而君未嘗以時事挂」牙齒，且曰我終不以私害吾舅之美。退居恬如也。其全道守節多如此。卒年卅九。君之」弟曰儲、澥、伉、倚、鐸、埴，皆修詞立誠，能自强以進者。儲嘗以藝較試於春官矣，既而以」外族丞相公處鈞軸，不欲以親累至公，遂未再舉。君娶伯舅珪女，早亡，其婦道女德，聆」君已銘矣。有男三人，女二人。君擅衆譽而位不躋，年不永，將俾後時必有所鍾乎？銘曰：」

顔之孝兮賈之文，來命世兮去浮雲。大椿頑兮幽蘭芳，彼壽耋兮此凋傷。」洛陽道兮石甃髯莎，悲風埋玉兮其寃若何？寒雲凝兮秋草密，去矣精靈兮閟泉室。」谷變陵遷兮虞後日，考君之行兮此其實。

弟孤子儲書。」

（周紹良藏拓本　河南千唐誌齋藏石）

會昌〇〇五

【蓋】失。

【誌文】

滎陽鄭夫人墓誌銘　夫兖海沂密等州觀察推官文林郎試大理評事楊牢撰」

元和四年己丑歲九月，夫人生于長安南杜陵大和二年戊申□□□適楊」氏之室，會昌元年辛酉歲五月歿于東都康俗里，時年三十三，葬□□十月□」酉爲良日，遂葬於河南縣北邙山平樂鄉之杜翟里壙中之地，寬有候□□□」年如一朝，庸天之制也。夫人生四女，長曰李，次曰引，次曰書，次曰馬。□□」□喪，李方九歲，枕其屍，哭絶良久，有如天成。祖母憐其哀，恐至毁滅，遂」命置他室，不使其見備凶事。其下皆五六歲，或既晬，咸未知其有死。以爲且寐」還覺，尚呼之於庭户間。既斂不見，人告之以既歿，然後哇哇而啼，痛親其父。」夫人性閑默澹重，不喜華飾，每親戚會集，以一出户猶登山涉江。在夫家凡十」四年，於晨夕侍問，鮮及庭砌。牢嘗出行。去家僅踰年，夫人之姊既寡，」告别適淮海，以車輿召夫人，語分離。夫人辭曰：某聞婦人送迎不出門，見」兄弟不踰門，今姊雖遠訣，且束於聖人之教，不得盡私愛，不敢往。其姊竟不能」强。遂就其家而訣去。牢年三十，在洛陽，嘗於外有子，既亂，夫人未之名，一旦」爲侍婢失語所漏，方甚媿恐。夫人曰：久以君無男，用憂幾成病，今則□□當」賀，奈何媿爲？因以錦纈二幅賞侍兒能言。不棄隔我子於外，蚤令知母恩。内此」婢，遂收養之。其愛撫之道，非親戚莫知。其不自出，然性本悲怯，每自疑不壽，固」云：吾年七歲時，在京城中有以周易過門者，先夫人爲吾筮之，遇乾之剥，以牢」之壽不能過三十，繇是以佛道一教，懇苦求助，因衣黄食蔬，三元齋戒，諷黄老」道德經，餘日則以金剛藥師楞伽思益爲常業，日不下數萬字，晦朔又以緡錢」購禽飛，或沉飯飽魚腹。以是懇急，因致愁惑。又惡聞哭聲。及丕吉□語，常令小」兒持筆，題其户牖□壁之上，爲大吉長壽字，每一覽之則暫喜，如遠客得家信。」庚申年春，夫人嘗得疾，服藥未效，因自以焦氏易林筮之。遇中孚辭，既恐惑，因多惡夢。既踰年而終。嗚呼！死生之兆，固必有先也。孰曰爲善，果能移之哉？悲」夫！夫人自爲楊氏婦凡十四年，遷徙不暇，貧窶不怨，常爲孤子製衣服，其袖」如握□不能迴臂，未報其勤，以至於此。哀哉！夫人諱瓊，字德潤，滎陽人，當」魏孝文時，族氏爲山東第一，顯於時固矣。故高曾以上不假繁載。王父官至河」中□君諱侑，父爲鹽鐵司、殿中御史諱博古。外祖趙郡李公，爲户部尚書諱巒。」善樂天祐，宜及其後，爲女爲孫，何其短年。銘曰：

生己丑，終辛酉，命書凶，果無壽。洛臨嵩，天地中，故國不遠，」滎陽在東。鰥夫幸存，四女□軌，愿君幽魂，□□□□。」

（河南千唐誌齋藏石）

會昌〇〇六

【蓋】 失。

【誌文】

唐故宣威將軍守左金吾衛大將軍員外置同正員兼試殿中監上柱國賜紫金魚袋蘇府君夫人范陽盧氏墓誌銘并序　　外老舅天水趙博齊撰」

維大唐長慶元年，龍集辛丑四月七日，粵有擇鄰之母，捐館于」惠和里之私第，享年五十有三。以其年十一月九日，合祔于先」府君河南縣龍門鄉南王村龍門之原，禮也。夫人姓盧氏，范陽」人，故河南府密縣主簿去惑之女。幼挺淑姿，生知孝理，齔髫之」歲，宛若成人。既笄，適武功蘇氏，故宣威將軍、守左金吾衛大將」軍、員外置同正員、兼試殿中監、上柱國、賜紫金魚袋恩之妻，婦」德聿修，佐夫以義，敦姻睦族，幼艾無譁。洎惸居，巋然廿餘載，食」貧自守，與物無競，鞠育童稚，以至成立。於戲！自室既嫁，及鳌爲」母，皆適其宜，不爽厥道，雖古先懿哲，不能過也。天不憖遺，殲我」良緩，不使眉壽，豈非命歟！有女一人，適南陽張氏；有子曰紹儒、」紹元，皆禀訓成範，爲百夫之特，咸茹啜泣哀，終天無怙，懼萬世」之後，陵谷難虞，請勒貞珉，以示來裔。余外族也，是以知之。辭曰：」

婉婉淑人，實物之春，笄總之年，顔如桃李。亦既嫁止，煒煒煒煒，」宜爾室家，有蕡其子。霜零毒痛，爰殲我夫，條風浪起，不復芬葩。」居貧厲節，訓育諸孤，高堂未慶，遽指冥途。族姻痛悼，唯天是呼，」有子儁傑，扞城毅烈。雄謀一决，必杖旄鉞，未展孝思，茹毒飲血。」泉扃既啓，塵匣不開，崩心齧指，遶墓驚雷。傷柏鹿麑，栖墳兔來，」千秋萬歲，于以申哀。唯餘令德，突屼崔嵬。

會昌元年，歲」次辛酉，十月丁卯朔，七日癸酉，男留守討擊使銀青光禄大夫檢校太」子賓客紹儒，改葬于同縣金谷鄉張村界北茫之原。」

（周紹良藏拓本　河南千唐誌齋藏石）

會昌〇〇七

【蓋】　唐故太原郡王公墓誌

【誌文】

唐故處士太原王公墓誌銘并序　節度隨軍賞緋魚袋勾當書記程恭已撰」

吾先師孔氏，以聖道導人，人用知教，千載之下，有得其門者。」太原王公諱方徹，字□，世家于廣平之洺水。遠祖翦，爲秦將，滅」趙，子孫因居之，今有亭在焉，代以武略稱。唐興二百餘年，」累□□□注意於文，士之生不以文知者則耻之。公幼有高格，」卓然與羣，萃異不師，師師心心，與騷雅合，於五言尤絶，後進」咸宗之。其業專，其學博，勇於退不勇於進，故不爲爵禄所」羈。□而遊於滹沱之陽，翛然自得，遂結茅其上，與孤峰斷雲爲」偶。時時持其髯，仰寥廓而吟，吟罷獨酌，謂天間無復人也。晚歲」□□□道，於五字文學長生，演四句偈學無生，老而彌篤，竟以」是終。終之年六十九，時開成五年夏□□五日。公娶隴西李氏，」柔明而賢。有二子：長曰元亮，公使之學儒；次曰慶章，」公使之學釋，因爲僧；咸知名。會昌元年冬十月十三日遷窆」于鎮府真定縣永安鄉北房村之北原，自棺櫬墳壙以往，」皆如其常，有其有而無其無，遵遺命也。僕忝司」戎翰，且公之舊，故於銘誌不讓。銘曰：
衡門棲遲，逃名遁時，」欲人不知，此公之□。全德茂行，松寒雪映，物莫與競，此公之」盛。曾不永年，歸于下泉，孤墳巋然，荒草平田。噫！彼後之」人，仰高名而思不歇，泣清風與明月。」

（周紹良藏拓本）

會昌〇〇八

【蓋】失。

【誌文】

唐故朝議郎使持節明州諸軍事守明州刺史上柱國賜緋魚袋韋府君墓誌銘并序　文林郎前尚書司勳郎中驍騎尉陸洿撰　前澤路觀察推官試秘書省校書郎李宣晦書」

府君諱塤，字導和，京兆人也。自陶唐稱禪，御龍豕韋，盛德千載，運祚興廢，姓氏存焉。領袖」衣冠，棟梁大廈，英賢繼世，光燭史諜，不可具舉也。曾祖衍，皇太中大夫、太子右贊善」大夫；祖交晏，皇昇州司户參軍，贈給事中；父著，皇試右内率府胄曹參軍。」君成童知學，奉嚴訓，陋時文字，尚古經典，繇是年十九以明經擢第，無親朋羽翼之勢，」在子弟中，爲真明經。釋褐金州録事參軍，持心執法，奸吏鼠慑，精明文牘，斜不可門，以吏」能爲聞人。秩滿從知，于楚爲評事，于洛爲監察，于潭爲侍御史，皆以才敏亮直聞。中閒爲」秘書郎，芸閣得人，亦契素尚。今昭州相國李公珏尹正東洛，奏君司録河南事，官有常」准，法舉必行，豪猾倖貴，懷惠而已。聲馳上國，旋拜倉部員外，職屬民曹，從昭州之知也。復」爲長安令，戚里禁軍，是非無染，冤嫠租入，皆得其所，處之難也。又爲今相國鹽鐵崔公奏」留務江淮，假御史中丞，印泉貨之司匯，蠹之府吏，無强弱例皆偷容，君之至，止剖而裁」之，奸者老者無得而欺矣。旋以轉輸之煩，思乎頤理，遂平生之志，乃將告去。朝廷聞，」天子分寄明州，下車布皇澤，扇皇風，陬夷奉教，山海知仁。無何，無疾而逝。嗚呼！彼蒼」生才，胡爲不壽？殲我良特，道不大展。故易曰：碩果不食。此之謂歟？以會昌元年五月五日」卒于明州郡署，享年四十九。嗚呼！君之爲人也，執直孝友，端莊自持，厚必先親，薄必可」去，姻族朋友，得其分矣。儻君獲享其壽位，老而益賢，士君子所以長嘆息者也。娶于太」原温氏，即故禮部尚書、贈左僕射造之第二女也。君結髮以敬，大賓益友，貫於物聽矣。」君無嬖僕妾媵之惑，故八子三女，盡温之出焉，爲古大夫之難也，賢人君子有家之尚也。」君即故中書相國韋公處厚從父之弟。中書常憐之，知其有立於後矣。君既歛之日，家」無餘財，三族之内均衣食故也。男長曰承誨，次曰承裕，皆明經及第，紹休前訓；次曰承休，」已有成人之節，其韋氏有後乎？次五子皆齠齓孺孩，常聲何有。女三人：長笄曰都師，次瀍」子，次閣兒。以會昌元年十月廿四日將葬於河南府河南縣平樂鄉杜翟里祔于」先塋，禮也。嗚呼！人生相知非命也，非情也，在乎事與義而已矣。余嘗覩止於山陽，論心語」道，兩未窮際。余迫歸巖谷，君處繁公劇，一夕而别，自爾默語閒廢，昇沉遠矣。君薛之」生也，余嘗與君伯舅游，僅三十年，洎薛之歿于吴，啓手足之日，余得其終始焉。及余承」詔爲郎，君宰劇神州，惠然顧我曰：余得野人於伯舅熟矣，膠然意合，朝夕不間。洎余東」歸，君赴四明，契闊良離，遽成今古。凶訃以至寢門，何哀涕之無從，恨有暨乎？君嗣子」承誨拜吏款墅，捧履諜狀，繼以幣馬，哀請文誌，余實懷也，安得而讓。幣馬留，疚乃義；幣馬」歸，旌乃直；庶魂而有知不我苟也。直書以誌不朽。銘曰：
人生以形，形極則傾，孰能反極，以全其形。有形必傾，無形不生，天不可問，」神不可名，善人不淑，生人之丁。若浮若休，何去何留？·海田山壑，銘秘重幽。」

（周紹良藏拓本　開封博物館藏石）

會昌〇〇九

【蓋】　唐故河南府司録李君墓誌銘

【誌文】

唐故河南府司録參軍趙郡李府君墓誌銘并序　朝請大夫行尚書司勳員外郎崔璵撰　外兄登仕郎前守左監門衛兵曹參軍裴儋書」

趙郡李君諱璆，字子韞，元和中忠鯁宰相其後薨贈司徒諱絳之長子。曾王父」嵩，亳州永城令贈吏部侍郎，大父元善，襄州録事參軍贈司空。吏部司空，涵渟」道源，怒決慶川。章武皇帝馭國□勇治司徒出於運，初爲御史，」入侍禁中，觸危難，效大忠，不四三年，遂尊用，管大政，垂鴻聲，繇是世所謂」趙之東祖者，地峻門昌，疑客當世。是時君未勝冠，以蔭任進路馬爲德門子。已」自能刳紈袴心，稍補太常寺協律，益知承訓致身之道，在去所挾，則蚤夜求可」以己出者莫如業官，遂調天官氏，得大理寺主簿，智效孑孑，不阿不犯，凡其簿」書期會，子錢倍稱之給，無不詳覈羡益，奸怠起程，出入有經，卿長爲之黜私，不」敢以少年易。江陵帥表君參軍，詔授試大理司直殿中侍御史，錫五品服。帥每」訪咨，輒委己見用其言。宣政輯和，罷職除京兆府士曹。神都屬役無時，大府治」辨，悉責掾局，君祗勤官次，供具繕營，皆在頤指，蠹胥斂手歸誠。會祆星霣褒梁，」變生禍家，司徒卒以忠鯁盜憎起難，冤强即世。君忍死茹毒，號籲往返，」奉喪至京，率兩弟叫閽請讎，邪根邃入，堅不可拔。詔爲投斥罪人，使」嘉喻君，君猶伏闕不去，久不報，退含辛螫，未嘗一息忘甘心。讎病死，君枕干」酹地，自咎祈死。又丁太夫人艱，毁稱其窮。服闋，心喪洛汭，猶苴枲色者」數年，若不容於天壤者。後宰澠池，撫字有方。先是縣之城惡，因循歷稔，蓄藏不」戒，君與府爭，卒致貌堅，惠聲浹聞，河南尹表君政善，請爲府司録，總領維綱，事」功顯白，俄以病免。仍歲寢劇，輿疾來京謁醫，已不可爲，以會昌元年閏九月十」日終於永崇里第，享年四十二。即以其年冬十一月廿四日歸葬河南府洛陽」縣平陰鄉之北原，從祔先司徒公之兆。君娶諸舅范陽盧公同州録事」參軍佐之女。夫人始歸，年未及笄，服勤尊章而修内助，壼德夙昭，實令實」宜。生四子，三夭，一子右神武軍録事參軍曰陶；六女：長適宋州碭山尉崔銛，次適前明經盧獲，其下尚幼。嗚呼！以君之承大名，爲良胄，年富志壯，而不振於沉」瘵，非命而何！將葬君，母弟雲陽令頊謀於其季進士璋曰：歸吾兄全宜有銘，則莫若吾兄之司勳友壻。遂以狀來，璵固辭不獲，迺銘曰：」

梗柟既拔，地靈未歇，有苞斯孽，天胡夭伐。」大德大忠，其報宜豐，不屬君身，慶于後人。」

前監察御史裏行崔礎篆額。」

（周紹良藏拓本　開封博物館藏石）

會昌〇一〇

【蓋】失。

【誌文】

唐故汝州司馬孫府君墓誌銘并叙　第卅三姪河中晉絳慈隰等州節度觀察處置等使中大夫檢校禮部尚書兼河中尹御史大夫上柱國賜紫金魚袋簡謹撰」

公諱審象，字近初，姓孫氏，其先樂安人也，至後魏遷于魏之武水，因家焉。」六代祖府君諱孝敏，仕隋爲并州晉陽令，唐封爲晉陽公，今武水有晉陽」里，蓋因其所封署里門也。曾祖府君諱嘉之，皇朝天冊中，舉進士，擢」高第；父視中，應拔萃，登甲科；累遷宋州司馬贈祕書監。大父府君諱逖，」當開元盛朝，獨揭文柄，年纔弱冠，」三擅甲科，累遷中書舍人刑部侍郎」贈尚書右僕射，謚曰文公，國史有傳。烈考府君諱成，少以門子入仕，」清規素範，自承家法，全德茂行，高映搢紳，累遷蘇、信二州刺史，桂府觀」察使，兼御史中丞，」贈太子太傅。太傅府君娶范陽盧氏。先太夫人中」外閥閱，號山東冠族，柔明端懿，爲閨壼表儀。有子四人，府君即第四子」也。年甫童丱，能自脩整，恭儉禮讓，本於生知，弱歲以門蔭出身，釋褐授懷」州脩武主簿，累任右龍武軍録事參軍，京兆府雲陽縣尉，亳州真源、河中」臨晉二縣令，又從常調，送名中書，除汝州司馬。無何，寒暑愆和，陰陽爲寇，」寢疾累月，遂至彌留。以會昌元年閏九月十七日終于郡之官舍，享年六」十有一。有子四人：長曰尚復，次曰勝，次曰璩，幼曰黑兒；有女二人：長曰衆」娘，次曰臊娘。遂號奉靈轝，以其年十二月七日歸葬于河南縣之邙山，」祔于先塋，禮也。嗚呼！府君爲人子以謹孝聞，爲人弟以恭順聞，撫民」以慈惠，馭己以直清，率履罔愆，造次於是。然年未及於中壽，宦纔止於半」途，福善無徵，奄遘斯禍，豈天道神理聰明正直之謂歟！聞知者皆爲出」涕，況閨門之内，骨肉之慼，銜悲茹痛，可勝言耶？猶子簡追叙景行，勒于貞」石，握管揮涕，詞豈能文。銘曰：

僕射垂裕，太傅纘脩，府尹伯仲，率有令猷。猗嗟府君！本仁祖義，既」脩天爵，宜亨壽位，一旦歸全，斯皆不至。以是考行，行無所愧；以是興哀，哀」不可既。揮涕勒銘，式昭餘懿。」

（周紹良藏拓本　河南千唐誌齋藏石）

會昌〇一一

【蓋】失。

【誌文】

唐故滑州白馬縣令贈尚書刑部郎中樂安孫府君繼夫人河東縣太君裴氏墓誌銘并序　第九姪孫將仕郎守京兆府鄠縣主簿直弘文館穀譔」

會昌元年十一月丁酉，穀」堂叔祖贈尚書刑部郎中府君諱起」繼室河東縣太君裴氏年七十一，背代于上都親仁里。其年十二月廿五」日袝葬于河南府河南縣陶村。柩將行，孤叔尚書度支員外郎景商、」右清道率府兵曹向哭命于穀曰：誌于墳，銘于誌，古之道也。我則瞿瞿然，」是不忍纂叙慈德而文之，爾其識焉。穀承命，遂紀太君之歸」以至于大事，刻之貞石，從叔命也。」太君河東聞喜人，世爲郡大家。再從父遵慶，事代宗爲丞相；父繇」之，皇茂州刺史。貞元十五年，始歸于」我刑部府君。其在父母之家，自髫丱以至于初笄，子之道無違者；及歸于」夫氏，自授室至于未亡，婦之禮無違者；二姓以爲難。初，」刑部娶贈隴西縣太君姑臧李夫人，生度支；繼室以太君，」生兵曹。元和七年，」我叔祖府君棄世，太君訓撫諸孤，得賢母道。前年，」天子初即位，詔贈叔祖府君爲尚書刑部郎中，贈」先夫人爲隴西縣太君，封夫人爲河東縣太君，以度支之齒」朝也。初，兵曹未仕，度支懼貽太君之念，泣告于持柄者，以兵曹爲」請，竟得仕焉。時太君不良能行久矣，及兵曹詔下，喜曰：苟」刑部追榮，我食封而向也祿，吾無恨矣。由是食節有加。自疾作而至于」大故，其樂融融然若無苦者，有孝子也。銘曰：」

祿永昌，壽延長，生期共盡人之常。于嗟，太君兮無自傷！」龜無土，筮無水，」先祖先姑望幽里，于嗟，太君兮來復此！」

（周紹良藏拓本　河南千唐誌齋藏石）

會昌〇一二

【蓋】　聖真觀故鄭尊師誌銘

【誌文】

大唐聖真觀觀主故鄭尊師誌銘并序　當觀上座道士蘇玄賞撰」

尊師姓鄭，諱遇真，字元一，即河南府河南縣京兆里」人也。粤自童年，依止王屋大洞姚尊師，至貞元六年，」准敕度爲道士，隨師學業，禀授經符，棲隱巖穴，時」游洛邑。後□君隱化，入室禮終，遂居聖真觀，昇大洞」尊師昇玄劉先生之堂，授正一明威録，畢于洞玄，法」趨隅教，風塵卅載。暨乎先生化跡，尊師禀襲遺風，香」火焚修，未嘗暫替。尊師融和體性，道德淵深，敦善行」之心若將不及。以會昌元年十二月中忽謂門人曰：」古者得道，脱屣遺形，吾之去世，晨夕是矣。即其月廿」九日平旦奄然昇化，體不疚，貌不乖，常人莫之知，如」寢寐而不返，其春秋六十有二。嗚呼！熟爲道成化去，」杳歸無形，見不再之諒，盈隟駟之歎，即以明年正月」廿五日庚申遷靈于河南府河南縣平樂鄉北邙之」原，禮也。有弟曰全玘，與入室弟子鄭道源等，銜悲有」訴，命誌于石，余謬辱來斯，粗書其令德云爾。銘曰：」有道有德，法教之英，且齋且戒，動合真靈。」功深行滿，蜕跡遺形，示人有終，混世之情。」往而已矣，安測涯涘，追琢貞石，千秋萬祀。」

（周紹良藏拓本　河南千唐誌齋藏石）

會昌〇一三

【蓋】　李府君墓誌

【誌文】

唐故隴西郡李府君墓誌銘并序　試太常寺協律郎陳諗撰并書

公姓李名光曾，字某，隴西人也。自東周降德，西漢流芳，簪紱相承，貂□繼踵，衣冠蔓延，累代不絶，李氏之盛，其來遠矣！公□代因官徙居於魏，□遷於河東，公生於忻州，寓於單于□□□環□三十餘載□當其祖□父然，並恭儉揖□孝□嚴恪，或□□□□□，或勤勞而事國。公謙讓廉直。□和温潤，□□□

□□矣□□□□□知足不妄，□□好德能施，心無忮□□□□□州，精心禪理，□州□□□達□□至於寢食，未嘗廢也。□□□善無徵，仙靈匪信，脩短□定，人生有□，以會昌二□□□□□□□□奠有徵，藥石無□，至六月六日，終於□□之私第，春秋五十有六。嗚乎！壯志方茂，□□□□惜哉！哲人逝□□□□夫人□□□□四德不虧，六行無□□□婦道未嘗闕焉。有子三人：長曰公□，次曰公□，幼曰公武；有女一人，年未初笄，賢□□□□無二仁□德惠敬恭□□生有□□之□□有哀□之□□□□□□□□悲號泣血絕□痛心□□□□□□□十一日□□于□無□之里□□□也。□事武□□□合儀誠□盡心□之□□□必□□□□□□□□□□君□□□以□□□祕□□□□□□□□□□□□□□□□□□□□□□□□□□□□□奕奕□□□□德□□□□□□□□恭惟我公德邁□□□□□□□□□□□□□□□□□□州□恩□□山□□□□□□□□□□□□□□□□□□□□□□□□□□□□□□□□□□其詞曰：

□□□□□□□□□□□□□□□□□□□□□□□□度□□□□□□□□孝心□□□□□□□□□□□□□□□□□□＊

＊ 本銘已剝蝕殊甚。

（録自《陶齋藏石記》卷三十二）

會昌〇一四

【蓋】失。

【誌文】

唐故處士楊公墓誌銘并序　鄉貢進士史翺撰」

公諱公弼，字彪之，其先弘農人也。曾祖鉉，皇朝散大夫鄭」州滎陽縣令；祖峻，皇國子博士；父寔，皇亳州鹿邑縣尉。公鹿」邑之元子也。邁德履仁，貽謀襲慶，性便林藪，樂在陋巷，探究」百氏，該博古今，任道養閑，與時消息，固不求聞達矣。奄以會昌」二年三月九日寢疾，終于趙義村之私第，壽年七十八。夫人彭城」劉氏，大和二年十一月廿日，終于里寢。生子四人，女二人。長子出家號」弘簡，次楚卿，次守南，次楚材；長女適吴郡王云生，次適西河相」里潘。公再娶夫人趙郡人氏，故從事沁水縣尉□之女。大和二年」正月十九日寢疾而殁。生女一人，適河西郡秦宗冀。□又娶夫人河内郡」張氏，故太原府文水縣令河内郡滎之女，生子女各一人，男纔離」襁褓，女方始齠齡，解呱呱。夫人天姿温厚，好音是禀，韜敬姜」之德，韞孟母之賢□勵諸□□□□今以會昌二年七月十三日窆于」趙義村之北原，□以故子楚卿及四子楚材請予爲誌，予忝公執，」備見深心内行，直書其事，非敢飾詞。銘曰：」

於□哲人，守道全真，得顔子樂，固原憲貧。如弦之直，如繩之正，」敦朴□□，樂天知命，嘯傲松竹，該博典墳。皇天昧善，喪我斯文，」行楸壠栢，萬古愁雲。」

（周紹良藏拓本）

會昌〇一五

【蓋】失。

【誌文】

唐故河南府河清縣丞曲府君墓誌并序　鄉貢進士盧希顔撰」

墓有誌古也。古有道之士言曰：來其生也，歸其死也，故禮云：全而生之，全」而歸之，非君子莫能焉。公諱元縝，字知柔，陝府安邑人也。曾祖彬，皇太僕」寺南史七正監、懷州刺史；未及下車，仁聲先洽，好靜削繁，苛脩己安百姓，」非古之循吏無以加之。贈工部尚書。祖環，皇檢校左僕射，陳、許等州節度」觀察處置等使；方任雖重，比此爲輕，」上穆三台，下敷五典，不嚴而治，民樂」其生。洎僕射捐世，含齒戴髮，哭之慟者，故思其人而愛其樹，蒙其澤」而哭於巷。宜哉！贈太師。考良翰，皇左領衛上將軍；官居宿衛，巡警禁垣，載」穆神皋，以清輦下。贈潞州大都督。公即都督第四子也。早著孝行，光大含」章，知德禮之風，有閨門之譽，注意道德，接待賓旅。始冠，遇貞元初山陵，」親知薦庇，護送寄名，承優出身，解褐授亳州參軍。秩滿，調授衢王」府功曹；罷秩，調授河南府河清縣丞。公實佐之才，官無留事，閑於辭令，精」於談討，以存政之用，理人之情，潔乎其源，正乎其本，慎之於謀始，要之於」用終。自河清罷秩，寢疾而不起，以會昌元年十二月八日，殁於東都尚賢」里之私第，春秋四十八。嗚呼！悲深顔子之年，痛劇賈生之壽，天不可問，人」皆知之。夫人隴西李氏，歷代名家，勳猷盛族，母儀閨則，光被六姻。男女八」人，三非所出。長子思直、次子思玄、次子思言、季子思立，並舉孝廉未第。生」知德禮，恭承義方。長女適隴西李方之，守澤州録事參軍；次三女未及婚」娉。以會昌二年八月廿三日，權葬於河南府河南縣平樂鄉瀍澗里東北一」十里奉存殁之儀，禮也。夫人又慮一旦陵谷變移，語諸子曰：訪汝知己，以」誌其殯。希顔久知於諸子，故府君之所履，余能言之，因命撰録，不敢文，輒叙公之德美以紓隴西夫人之悼也。銘曰：」猗歟令人，不享乎春，紀其往德，實謂無倫。初仕參寮，」次歷掾賓，清廉守一，克儉于身。及貳河清，益著殊聲，」臨吏有則，理民必寧。罷秩歸洛，閱史談經，天乎不佑，」欻爾疾嬰？既臻大病，昭然不惑，命以歸葬，禮節無忒，」頌兮既備，石兮宜刻。」

盧希顏書。」

（周紹良藏拓本　開封博物館藏石）

會昌〇一六

【蓋】失。

【誌文】

故宋州碭山縣令滎陽鄭府君墓誌銘并序　隴州虢縣尉宋黄撰并書」

滎陽鄭氏，山東之冠族，其姓氏源流，世官次第，已備圖諜。公諱」紀，字龜年。曾祖游，汾州臨汾縣令贈太常少卿；祖寵，皇尚書庫」部郎中；父正，皇揚州江陽縣主簿；妣隴西李氏，皇同州刺史敷」之女。公即江陽府君之子也。寬裕之德，形于聲容，咸謂慶臻清」門，中外屬望。弱冠以蔭補太廟齋郎，釋褐授洪州參軍，轉陝州」芮城縣尉、河南府長水縣主簿、宋州碭山縣令，播恩育下，人視」如春，善惡兼容，化欲成一，其美何在，謳謡可聽。秩滿歸長水別」墅，以會昌元年十一月廿一日寢疾，終于上洛里私第，享年五十有」三。善積無慶，福壽同虧，天不可知，令德何恃？公器度深弘，臨事」專敏，御物以寬博，居家以孝慈。所治之郛，民結遺愛；所交之地，」餘裕藹然。愠怒不形於容，和煦結成其氣。在醜而情周毫髪，慎」獨而居無墮儀。踐履有方，始終無咎，故君子以爲難。公娶范陽」盧氏，皇揚州江都縣令士閲之女。有子二人：長子總，次惠，智周」時務，性叶謙沖，而動有規程，式表成訓。皆哀號致毁，泣血忍生。」以會昌二年十月卅日奉府君之喪，葬於河南縣梓澤鄉北邙」山之原，禮也。以黄中外見親，泣請銘石，詞不得已，銜悲銘云：」

地之靈兮玉爲瑞，人之美兮和爲氣，鄭爲氏兮時所貴，」宋人歌兮化期備。山比壽兮云乎不登？爵有侯兮云乎不升？」善亡昭兮人倫是稱，慶期鬱兮後必勃興。隴有松兮興名不朽，」言在石兮垂子可久。」

（周紹良藏拓本　河南千唐誌齋藏石）

會昌〇一七

【蓋】失。

【誌文】

太原王府君墓誌　昌黎韓述纂」

公諱頊，字茂原，太原人也。積世趨於轅庭，」數載□鐵於江南。性本剛明，士之可則，嘆」良機不展，忽奄於中年，嗟壽之不受，與歲」而而永訣。公祖諱晉，考諱從，雖業居中地，」皆職任於江南。公以會昌二年十月三」日，暴薨於東都思恭里之私第，享年五十」有三，是時罷職於宋汴，次抵京師。夫人」李氏，其年三月六日卧疾薨。青烏改卜，丹」旐欲往，日月無期。是歲十月卅日同附於」洛陽縣清風鄉高村先塋東南一里」餘。有一女，早適魏君。二男長曰遵，次曰宗」慶。二子孤藐，泣血流漣，書刻月日，是永銘」記。」

（河南千唐誌齋藏石）

會昌〇一八

【蓋】失。

【誌文】（左行）

（上缺）太常寺奉（下缺）　（上缺）參軍（下缺）

公諱尹甫字公佇，瑯琊人也。其先卿□□東□□□□□尉吉之裔□□（下缺）。」□□非闕嗣，尚不乏賢。皇考賁，恒王府參軍；皇祖仙客，□州司馬；曾祖（下缺）。」□淮陰縣令；奉禮郎恒王府第四子也。少能□精史傳（下缺）。」城□急神農扁鵲，殆欲著肩，須國有命善醫者，可以□□朝如（下缺）。」□□智而終不爲□君臣孝子，世奉禮儀，藝術諸學而不得（下缺）。」□已而不□□用世有知者而稱屈事□□□□□歲次庚申（下缺）。」戊辰而以疾終于壽州壽春縣。子真（下缺）。」□今□宅兆以會昌二年歲次壬戌（下缺）。」□里崇義鄉企明里陪大塋之左（下缺）。」□有子二人：長曰重，次曰□並管（下缺）。」□□□□□□厚顏（下缺）。」

（録自《安徽通志金石古物考稿》二）

會昌〇一九

【蓋】 失。

【誌文】

唐故處士張公墓誌銘并序　鄉貢進士鄭彧撰」

公諱從古，字從古，南陽人也。張氏之先，名業功勳貴盛之」事，人盡知之，且非此能累述之，其三代隱名鈍世於降臺」翼邑，皆不事不禄焉。公性沉淨，好藥術，樂山水，於天壇」學道，得絶粒休糧龍虎還轉服餌之術，遊洞穴，止居嵩岳」數年。公以膝下之養，丹霞不可充甘旨，遂却歸寰宇，隱於」都市，託藥肆粥術，非爲酒直，實緣供侍，亦假此而救人濟」世。公乃詣迎尊親，般運孤孀，携挈甥姪，就養東洛。本棄」俗浮生，故不爲婚。嘗奉嚴親誨令，年逾耳順，敬命乃」娶黄氏。其歲，慈親奄背，公泣血號天，與弟慶議曰：吾汝」非物外之情，豈可不從於魯風。遂令季從翼城縣啓護」先君於邙山之陽，依禮合葬。終喪期，授以粥藥之室付」甥，公欲就道依巖，未訣諸愛，構疾，以會昌二祀十一月」十八日終于樂城里之第，然人皆疑其賈尸矣。世壽七十。」明年二月十三日壬申，歸葬于河南縣金谷鄉邙山西原」先塋之左，禮也。有女子一人字沙娘，出于黄氏，纔行步稚」駭矣。甥營辨神用之具，儉而從禮，精而盡心。恐陵谷之」變，遂命余誌之，敢爲銘曰：

老少兮同夢，有無兮如常，浮生兮可厭，虚寂兮難量。神往兮仙境，藏尸兮北邙，陵谷兮將變，青竹兮非長。」

（周紹良藏拓本　河南千唐誌齋藏石）

會昌〇二〇

【蓋】失。

【誌文】

唐趙夫人故河内張氏墓誌銘并序　鄉貢進士沈櫓撰」

夫□人不□□物通□阜俗與世俱行，孝敬存家，令德彰茂。夫人」河内郡□□雲陽人也。夫人幼閑軌則，門望之崇，既笄之年，歸於天」水趙公之□□夫人女宗母教，動叶禮儀，處室也功容允明，辭家」也德言咸著，四者備矣，□婦道乎何有。方期兆鳳凰之吉，頌螽」斯之宜，内外姻戚，莫不□奉，何以□遘沈亟，大夜將奄，時春秋五」十□□以會昌三年歲次癸亥正月廿四日終于長安延壽坊之私第。」□夫！趙公家世儒流，夙聞風雅，四男成長，二子聘室，兩女有家，長」男師□□□府□□州□陽縣主簿，官貞政理，鐘鼎是期；次男師」牧、師□、師運，皆□以□力□助曾參，甘旨不虧。長女幼適河」内張宥正，定遠將軍、前光王府曲軍；次女早適樂繁，任濠」州定遠縣尉；並温温潤德，悌睦謙柔，送往慎終，僉悲薤露。」□夫！即以其年五月廿六日窆于京兆府長安縣小嚴村之原，」禮也。恐陵谷遷變，家世湮淪，故刊于石，以誌綿邈。其銘曰：」

洎乎有歸，逝于德輝，令望益著，」殲□□矩。孤貞四被，天不憖遺，」誌彼泉石，名留不縻。

安子書　宜郎篆額　閏郎刻字。」

（録自《八瓊室金石補正》卷七十三　據《古誌石華》卷十九《陶齋藏石記》卷三十二補字）

會昌〇二一

【蓋】失。

【誌文】

唐故京兆杜氏夫人墓銘并序　夫文林郎守左金吾衛兵曹參軍楊宇述并書」善馳于生惡，綿綿於世，天能産之而不能御之，吾不知天」之意也。夫人京兆杜氏，唐丞相黄裳之孫，竟陵太守寶符」之長女。外祖清河崔洪，宦不達而門地爲甲，則源流可詳」耳。夫人諱絪，字素君，崔氏出也。先夫人早世。夫人年九歲，」太守躬自撫養之，居母喪，則有至性，聞於親戚間，性端謹」閑雅，不苟言苟笑。年廿三，從先府君之命適我家，於今四」年矣。有女一人曰周。事姑以孝勤，從夫以柔順。夫有乳」子，非己之出，夫人能愛育之，以及行走，婦德母儀，親黨推」美焉。會昌二年秋，太守終竟陵，夫人丁父喪，毁滅號泣，過」乎嗣子。人有諭之以理，則曰吾幼失其母，吾父之恩兼於」我也。每聲一發，未嘗不絶於地，或血流于鼻口間，聞之者」咸爲出涕。以是日瘵其形容，果爲疾所侵，以癸亥歲二月」廿四日終於洛陽尊賢里，畢致其不勝喪也。嗚呼！夫人之」賢，可謂至矣，天能生之，而不使久其壽，吾不知天之意也」何哉？然夫人自歸我家，余位尚卑，竟不能俟我之稍達而」先我云亡，余極痛之。是歲仲秋月，葬于洛之北原，蓋從權」也。銘曰：

萬物有終，脩短其化，爲善可憑，」合滋賢者。夫人之生，具臻四德，孝能滅身，女節」無忒。君有嬰女，別母不識，余親撫之，君無恨惜。」邙山之原，兆云其吉，土繁草榮，植以松柏，亡魂」永安，樂此窀穸。

隴西李義山篆。刻字尚□□。」

（周紹良藏拓本）

會昌〇二三

【蓋】失。

【誌文】

唐故平陽賈公墓誌銘并序　天水趙軺述」
公遠祖平陽人，派流覃懷，洎貞元戊寅僑于雒」邑，家法嚴毅，鄉閭所稱。首五常曰仁，冠百行曰」孝，公
兼有之。公諱政，字自政。皇考諱千秋，道高」不縻國家爵禄，公即嗣子也。不幸會昌壬戌遘」癘，其年
九月七日屬纊，終于洛陽縣敦厚里之」私第，享齡七十有三。夫人廣平程氏，先公終一」十六年。出兒
女七人，長女及笄，歸譙郡曹公忠義，」尋已員亡；次女二人，咸已少夭，伯兄季弟，秀而」不實，塗廬之
下曰從直、從贄，并承義方之訓，」偕壯歲，仕公門，言不謬盭，可貽子孫，居于茹毒，」毁瘠不形。至會昌
三年八月廿八日，啓先夫人」之域合祔禮也。其崗邙山，縣河南，鄉平樂，村杜」翟。古今既殁畢，編録
平生之行，刻于金石，復慮」年代緜遠，窀穸將夷，迺記祖先洎公名字易辨，」余自抵洛逾歲星一稔，匪夕
不遊門館，相遇彌」厚，行實固諳，唯恭其命，退爲文曰：」
公性孤標，屹然不羣，」生于覃懷，終于雒濱。夫人令淑，孰不稱賢，玄關一揜，世世騰騫。」

（周紹良藏拓本　開封博物館藏石）

會昌〇二三

【蓋】　失。

【誌文】

唐故洪州武寧縣令于君夫人隴西李氏墓銘并序　再從弟荆南節度推官將仕郎試太常寺協律郎庾撰」夫人姓李氏，六世祖襄邑王神符，當高祖基建洪業，以勳崇德盛，」褒大其功，書于竹帛，仍詳家史。滁州刺史贈司空鸛之孫，太子洗」馬贈金部郎儋之長女。夫人幼聰惠而孝敬生知，敦詩閱禮，自熟」儀範，姻族咸以是重，允爲閨門之標表。雍容貞吉，清懿閑淑。蓋稟」訓弘風，有自來矣。肇歸於于氏。于氏之黨，外内恭悦，閫德既備，穆」如清飈。于君位卑家儉，而篤於親屬。夫人賢擬萊婦，行若鴻妻。及」于君殁世，夫人年齡尚少，鞠雉子，撫孤女，心懷苦節，服喪三年，禮」不踰矩。念昔敬姜，景行斯類。有男曰志衡，安州雲夢縣令；女適李」孟皐，守宿州長史。志衡姊兩人，夫人以保育之道，慈旨之恩，甚於」己子，而皆早孀，多養膝下。夫人前年抱疾伏枕，昆弟甥姪，遠資醫」藥，一無所顧。以五蘊皆空，愿度苦厄，盡施於浮圖人，心傳其教，亦」有冀也。嗚呼！降年不永，雖善報難忱，而命乃在天，歷運有數，以會」昌三年冬十月十七日，終于立德里私第，享年六十四。志衡方寸」潰裂，擗地無聲，水漿絶口，何啻七辰。以先君之墓啓歸祔」焉，從其禮也。卜兆既吉，銘誌是圖，其季舅前京兆府户曹廡銜哀」謂庾曰：爾，從火之子也，業以詞章。吾姊德淑仁茂，其甥孝有可稱，爾不誌墓，」吾將何求？庾牢讓不獲，遂秉筆座於户曹兄之左，聽其行實而覼」縷之。志衡宦卑而遠罷秩，再歷星霜，家乃貧窶，營辨之費，悉出仲」舅永州刺史縻，塗車芻靈，儀制周具，孔懷之分，哀禮雙備，又何加」也。銘曰：」年會昌而歷四，歸玄宅以時良。」冽冽冬日，蕭蕭北邙，暫啓封隧，永閉幽荒。」雲油慘淡，樹色凝蒼，孝若孺慕，嗚呼哀傷！」

（北京圖書館藏拓本）

會昌〇二四

【蓋】失。

【誌文】

左神策延州防禦安塞軍同十將陳留謝君墓誌銘并序　前延州防禦衙推王儔撰」

公姓謝氏，諱壽。始封於陳留，後分枝延郡，今則延安金明縣人」也。自齊宋派別，英儁延耳，遠源長瀾，川流斯至。祖謙，」皇試左金吾衛大將軍。父儼，皇試左武衛兵曹參軍。公」即兵曹之長子也。建中元年，從宦戎府，靡太傅之嘉會，」習折衝之禦武，超其徒侶，鬱爾忠貞。元和七年，擬同十將；」十三年，遷先鋒十將。累歲之內，爰有歸田，適志安」閑，便全終吉。會昌二祀正月廿三日遂寢疾，至其年」三月十七日卒于私第，享年七十有五。嗚呼哀哉！蓋其」命矣。夫人太原王氏先亡，以三年龍集癸亥十一月十日祔」于先太君塋，禮也。雄崗卧龜之刑，長河引赴龍之狀。有」子五人，長曰克從，次曰克藝，次曰克武，次曰克文，幼曰克忠。」俱爲孝養之名，竟盡泣芹之志。柴也行高，參乎吾道，」崇四之墳是表，厚三之櫬已彰。絶漿哀號，茹荼祈誌，謂」余固請，遂爲斯文。銘曰：

玉潤之英，金聲遠逮，洪瀾派別，遄波斯邁。詩靡文華，家傳「義海，幽蘭自芳，猶存永代。羣峰岳立，衆山□會，蒿里佳成，誰「爲悲薤。空存墓壠，閑雲朗蓋，夜月徒明，于兹千載。」

（陝西延安出土，靳之林同志藏拓）

會昌〇二五

【蓋】失。

【誌文】

大唐亡妻天水秦氏夫人墓誌銘并序　前虢州司士參軍馮履仁撰

夫人諱瓌，字含明。曾祖諱愛，皇試大理評事；祖諱惟孝，皇任左武衛翊府左郎將；父諱鈞，皇任蔡州新息縣令。夫人即季女也。笄年禮歸馮氏之門。嗚呼！含明心□□和，容範閑婉，仁孝事長，禮則承家，所事所言，無非中道。生子女二人，長曰七娘，次誕逾月。洎會昌三年八月廿三日遘疾，終於虢州開元寺，享年廿有七。於戲！當三星之時，所期偕老；及一暝之後，豈謂先凋。長悲林下之風，徒俟鏡前之舞。私喪所苦，永痛于懷。今則龜著叶從，窀穸及吉，以其年十一月十二日葬於長安縣鄧村之原，禮也。余内顧情敦，自賢家室，敢逃人誚，忍愧於心，操筆掩啼，以爲誌曰：

嗟嗟含明，所謂哲婦，天與其賢，不與其壽。臨穴兮存歿將分，悲悼兮天長地久。

（北京圖書館藏拓本）

會昌〇二六

【蓋】 失。

【誌文】

唐處士包公夫人墓誌銘并序

夫人姓張，其清河人也。皇父諱鄰。夫人生有妍姿，長終言行。包君前娶義陽朱夫人而生四子，不幸朱夫人中年下世，及終喪，親迎□夫人爲繼室。敬愛均乎長幼，周旋廣備親疏，撫育前男，恩通己子。嗚呼！夫人行年六十有六，以會昌三年十月九日奄終錢唐縣方興鄉之私第。包君以再傷齊體，追悼何心，盡禮居喪，卜時將葬。前男女哀墓無容，以其年癸亥十二月十二日丙申葬于履泰鄉之高原，禮也。恐陵谷以變更，託斯文之□銘曰：

噫夫人兮，倏忽流年，□□□兮，寂寞荒原。慘慘霜谷，悠悠夜泉，未□□□，歸於此焉。

（録自《金石萃編》卷一百十三）

會昌〇二七

【蓋】 唐故晉昌唐氏墓誌銘

【誌文】

唐故晉昌唐氏墓誌銘并序　叔鄉貢進士師禮譔

汝幼字張五，先潞州上黨人也。曾湊，皇刑州南和」縣令贈郢州刺史；祖弘實，皇邕管經略使、御史大夫；」皇考師貞，懷州武陟縣丞。汝即吾亡兄長女也。」外祖盧周南，皇鄆州節度支使試大理評事。汝幼則」偏露，呱呱而泣，已傷於行路，不飲乳食，痛感六親。生」而氣和，性純孝厚，蓋得之於天，非女師□訓矣。汝」考先五歲而傾逝，吾遷伯氏之柩，亡嫂之靈，合祔於」先考之塋東，禮也。汝泣血數年，因茲成氣，殆將於惙。」於戲！處室未歸，忽遘斯禍，以會昌四年二月七日歿」于其家，即東都陶化里，春秋一十有六。嗟呼！汝父母早喪，汝速神消，令吾肺腸有逾刀割。已年月未便，不」得入先塋，今以二月十九日權窆洛陽縣平陰鄉鳳」凰里北陶村先塋之西北也。吾痛貫骨髓，」涕泗漣漣，恐年代莫紀，及含悲而爲銘曰：」

北圹丘墟，自古皆如，所嗟汝幼，」奄質荒蕪。昇沈既異，白日難留，」鐫此片石，用紀千秋。」

（周紹良藏拓本　河南千唐誌齋藏石）

會昌〇二八

【蓋】失。

【誌文】

唐故弘農郡河中府參軍劉府君墓誌并序　公葬南陽縣安衆鄉土苑里白水之西園會□□□」歲次甲子四月甲寅五日戊午　前太常寺奉禮郎吳□撰」

公諱伏，官河中府參軍士，從弘農郡人也，享年九十三。」夫人扶風馬氏，孤子弁，長女李氏卅二娘，」次女魏氏卅八娘，季女賀氏卅四娘。長女孫子彭等。公有志焉，」孝行無比，遠護公喪，親葬于宛壤，猶緒簪烈纓帶，積」世内外勳秩，綿歷繼胤。公强氣有謀，廣壽多義，忽逝」風燭，遊子未還，遺訓彌及。有長女婿李氏宗源部」僻儀製，龜擇□時，□旐素□，征悲風而罷詠，窆長原」兮歸夜泉，□□魂兮白水泯流。是日祥禽應慶，瑞鹿」巡車，挽長歌於蒿里之化，歎行路於涕泗遊。少掃楸」堂乎親感慟哀，施貞石兮陵谷莫能爲變，其誌也」以備多辯，何代而能改乎？事盡不書，故記之□銘曰：」

滔滔白日，名士何從？鬱鬱芝田，左虎右龍，」積善之家，豈期禍鍾。言備于兹，德歸重價，」位不終壽，禄寧永暇，杳杳玄廷，福滋營營。」

（録自《鄴下冢墓遺文二編》）

會昌〇二九

【蓋】失。

【誌文】

唐故登仕郎前守左金吾衛兵曹參軍胡府君墓誌銘并序　鄉貢進士薛蒙撰」

公諱泰，字寬時，其先安定人也。大王父諱玄中，好讀莊老書，有」奇器才，歷蔡州新夕縣令；王父諱敬文，孝廉登第，官至潤州録事」參軍；父諱貞，歷官至朝請大夫、汾州長史；襲嗣二人，公即汾州」之次子也。胡氏家貫清廉，爲世所慕，雖踐位未崇，而簪冕不墮，實」覩儒流之風韻也。公剋性雅儉，談識明敏，有仁德行義，廣揚」於時。幼孤而自發勵，讀書知道，不强干名，雖授金吾之任，事與心」乖，悒悒而就禄焉。秩罷離秦，遷室東周，居閑邃之地，植松竹以攄」其志，務雲水而放其情。忽因寒暑，遂遘暴疾，萬藥竞乖于療，以寶曆」元年正月二日奄于河南府洛陽縣綏福里之私第，享年齡六十」有九。胡氏昔代松檟皆京兆之左，以時月非便，不及護行西坿，嗚」呼！即以其年二月乙亥朔，二十八日壬寅，權窆於河南縣伊洛鄉」司馬里，擇高原之厚地也。夫人弘農楊氏，即故青州刺史至」之曾孫，故汴州浚儀縣令重言之孫，故襄州鄧城縣尉盛之次」女。夙承清訓，婦道沖和，哀號莫勝，□節孤立。室女一人，幼歲已」凋；嗣子一人宗約，見任晉州襄陵縣主簿，官秩未滿，禍降玄冥，」奔洛赴喪，號叫天地，殞心灑血，摧裂肝腸。以良辰斯逼，託蒙」表誌。銘曰：」

不樂其名，處道自默，風韻高標，依於盛德。簪組相襲，」乃就厥位，强仕乖心，翻爲德累。禄罷東出，巨安神都，」貽童務植，幸擺塵途。厲氣暴至，奄然云逝，坿于伊洛，」紀銘斯礪。

唐故會昌四年甲子閏七月壬子朔，十日辛酉，遷坿于河南縣金谷」鄉北原張村，重紀。」

（周紹良藏拓本）

會昌〇三〇

【蓋】失。

【誌文】

唐故銀青光禄大夫使持節蔚州諸軍事行蔚州刺史兼御史中丞馬公墓誌銘并序　朝請大夫使持節汾州諸軍事守汾州刺史楊倞撰

公諱紓，字無畏，扶風平陵人。曾祖行琰，嬀州刺史；祖千龍，平州刺史；父實，右驍騎將軍、御史中丞；并有功幽薊，書勳竹帛。公即中丞第廿五子。幼有奇節，性惟聰悟，見古名將勳業之事，未嘗不廢書發憤，沈吟久之。□寄河朔，志蕃王室，欲變風俗，期乎坦夷，遂委質戎府，累遷魏大將。自天寶末，胡羯爲亂，雖克剿□□，翻恣驕兇，以故將帥帶州連郡，朝貢罕至，而魏博諸田相繼立。元和中，上以文德武功定叛亂，雖魏帥詐順，尋亦如舊。大和初，滄帥李全略死，子同捷盜襲其位，先皇震怒，徵君討之。魏帥以封壤連接，潛相應援。時中書令裴公掌兵柄，謀撓魏事，公以才辨爲戎率知，每有奏請，獨當其任，遂申密款於裴公。天子嘉之，乃大張皇威，深述聖旨，開向國之福，戒覆巢之危，帥立歸誠。未幾，王師大捷，而同捷就戮，萬夫解甲，兩河肅清，公始謀之力。天子以公忠果可任大事，拜左武衛將軍，後出爲寧州刺史。在郡有聞，堂帖赴闕，拜右領軍大將軍。至開成中博陵更帥，丞相進□取可繼作者，以蔚爲□鄰□易遷就，乃拜公蔚州刺史兼御史中丞。洎申謝，文宗皇帝臨軒歎賞，面許重事以遣之。既牧安邊，公綏戎以德，撫下以恩，野無南牧之虞，俗講東里之禮。三年去任，執轅遮道者□路。蔚人思公令德，曰□聞於廉帥，廉帥聞於朝廷，又拜蔚州刺史，□□□疾尋□西河。上聞之惻然，候疾愈，方授以大柄。神不庇善，以會昌四年三月十日終于所寄之第，享年五十六。嗚呼！才長壽促，志遠途窮，□廣所以爲有識所歎。公兩娶裴氏、張氏，皆名族。生一男二女，男補太廟齋郎，娶徐氏，次女適裴氏，長女在室。即以其年七月十日歸窆於關中少陵原祔其先塋合元妃之墓禮也。銘曰：

皇道熙熙天寶末，盜弄干戈自胡羯，滄帥死兮有餘枿，魏爲親鄰志相活。河海横流馬公遏，溟盜亟誅天波闊，忠義克彰遂聞達，天子臨軒歎賢傑。將委邊陲□勳烈，將分符竹後□鉞，所理蘇息無饑渴，才有餘兮志未豁。長衢方騁摧輗軏，彼蒼者天何謁謁？嗚呼馬君道消歇，中壽未登神奄絶，唯有雄名流不竭。

（録自《古刻叢鈔》）

會昌〇三一

【蓋】失。

【誌文】

上黨苗府君墓誌銘并序　第四弟將仕郎守祕書省校書郎分司東都紳謹撰并書」

嗚呼！有唐朝散大夫守將作少監兼通事舍人知館事御史中丞上柱國賜紫」金魚袋苗公，以會昌四年三月十七日棄代于靖恭里之私第，其弟紳，時以校書郎分」司，始聞疾而訃書繼至，震裂支骨，哭不知慟。既而請告，會哭京師，且庀其事。其孤忻等」號訴傳理言曰：吾力行以立身，勤身以爲官，而不克彰然爲世聞知者，其命也夫！」其能叙吾志而傳吾事者，莫若吾弟之詳也，將誌吾葬，必用其文。紳承命以擗，流」涕頓顙，殆不忍興。意將假辭於人，又重違其命。引行有日，乃能抑排哀潰，紀述功」行，書之貞石，置諸玄寢云：」維帝頊之裔，於周爲楚由，若敖生伯比，始别爲鬭氏。其後賁皇去楚適晉，主晉國之謀，食邑」於苗，因以爲氏，於今爲上黨壺關人。大王父諱殆庶，皇贈太子太師；王父諱晉卿，」相三君有丕功懿德，光焯史傳，皇太保贈太師。嗚呼！我先君諱稷，皇少府少監，贈」左散騎常侍。公爲元子也，諱縝，字中密，篤學敏行，餘力能文，累應進士，屢以冤黜，乃釋」褐拜權知通事舍人。西戎之君，使來繼好，朝廷重其報使，錫公真命兼殿中侍御」史，賜緋衣銀魚而副其行。忠信篤敬，行乎蠻貊，信威異域，無所屈焉。歸拜均王府諮議參軍，」轉淄王府司馬太子僕，遷少太府，以官號犯太師諱，換將作少監。凡五徙官，皆兼舍人」之任焉。會昌初，迴紇以喪亂來告，詔公以本官兼御史中丞服三品衣魚往存撫之。而」北狄大擾，蕩摇邊疆，遂興師以伐，而罷其使。朝廷以太和公主在寇，莫知其安否，且邊」師奔命，事或異同，要知兵勢之强弱而訪太和之所舍，俾公乘馹而往觀焉。既行，則深」入其寇，直見公主，與其魁帥諭以弔伐之旨，得其要領而歸，伏於上前，具奏其事」曰：戎窘而寇耳，不足爲上憂。是時京城方恟然。公既至則人心大安矣。明年春，又」詔公持節入迴紇中册立其嗣。屬虜潰未復，制留太原以伺，且半歲而徵還之。當」匈奴盜邊，天下繫慮，將命其使，尤難於人。而公獨三受詔，斯可謂達於政事」而能乎專對者矣。其貳將作也，嘗權總監事兼内作使，治疏紛痝，督課工吏，吏肅工勸，咸服」其能。其主館事也，未再朞月，克修厥官，乃免其署，作敕庫，更庖廚，至於椸第什具之細，」一皆新之，僚屬便安而稱其美。議者方倚公爲方伯連帥之任，而功德及生民，畢萬之」公侯子孫必復其始。嗚呼！孰謂衰門無祐，遽降斯酷歟？蒼天蒼天！冤痛曷已！享年五十」九。夫人瑯耶王氏，無子。故殿中少監逵之女。清淮表慶，實爲望族。子三人曰忻，莊恪太子挽」郎；曰博，右龍武軍倉曹參軍；曰慥，左千牛備身，皆孝謹修立，羸頓號慕，不忍聞視。以其」年七月四日，奉喪歸葬河南府洛陽縣北邙原陶村。窆用其月廿八日。紳痛毒憑塞，録實」不文，大懼遺逸懿美，又銜哀濡血而書銘云：

嗚呼乎！公德富而行充，彪外而」弸中。蘊慶所鍾，宜壽而豐，胡神不聰，中途而窮。喪車來東，爰祔爰封，龜從筮從，惟吉之」逢。子子孫孫，式延且洪，億萬斯年，保安乎玄宮。

韓師復書　三代諱并刻。」

（北京圖書館藏拓本）

會昌〇三二

【蓋】失。

【誌文】

唐宣義郎前行亳州永城縣丞胡宗約尊夫人弘農楊氏墓」誌銘并序　朝議郎前行河南府參軍上柱國徐備撰　朝議郎行河南府倉曹參軍上柱國胡竦書」

尊夫人楊氏，其先即弘農人也。維會昌三年三月十七日終于」東都修善里私第，春秋六十有六，即以明年閏七月十日歸」祔于河南縣金谷鄉張村之原新塋，禮也。曾祖至，皇青」州刺史兼御史大夫；祖重言，皇汴州浚儀縣令；父盛，皇襄州」鄧城縣尉。尊夫人即鄧城之次女也。嗚呼！及克配君子胡氏」曰泰，皇登仕郎、前左金吾衛兵曹參軍。悲夫！幼有淑問，已」任令德，有子一人，即丞公；有女一人，性多聰慧，禮則自得，親戚」重之，宗黨嘉之，纔始中殤，未及既笄，所謂蕣華蘭質，不幸」夭閼早殁於在室歟！賴丞公承訓，獲人子之禮，色養之下，盡晨」昏之孝，厥有新婦滎陽鄭氏，奉舅姑之心，有禮則之至，」未嘗闕也。先丞公在官，一曹之事，動無不集，二縣之理，化無不」賴，斯則有後，無愧於臧孫矣。紀事跡可編於人表，書訓誘」可全於母儀，實謂大哉！或聞皇天無親，唯德是輔，又聞故」大德者必得其壽，胡爲乎福善無應，天可問乎？且年踰歲制，」□□期頤，遽爲奄忽，天將奪愿。噫！今日月有時，窀穸將□，龜」筮叶從，今之善夫，遂綷旐前驅，秋風慘目，孺慕哀號，痛傷行」路。備情多懷感，奉託再三，綴文之士，緝詞表誌，乃爲銘曰：」

士□令淑兮早歿所天，乃稱未亡人兮保家斯全，偕老之言斯」謬，内則之教可宣。有母儀之自得，宜石窌之封焉。何上天之不」不仁，與世事而遷延，未登清貴，便及黄泉。莫不夜臺一閉，而血」涕泫然。況涼秋過隟之日，是感慘目之風在前。方刻石兮紀事，庶」□古兮流傳。」

（周紹良藏拓本　河南千唐誌齋藏石）

會昌〇三三

【蓋】　失。

【誌文】

唐故常州武進縣尉王府君夫人武功蘇氏墓誌銘并序　姪男讓撰　姪男謝書」

肅肅烈祖，肇自周大司寇，以平反陰德，翊戴大周，龠淪濬源，派流」瀰漫，慶鍾于後，代有英髦，是以弈葉朱輪，炳焕青史，抗節荒裔，圖」形凌煙。夫人曾祖大莊，皇朝散大夫、壽州别駕；祖縷，國子博士、贈」太子左諭德；父深，冀州南宫縣丞；妣博陵崔氏。夫人始自閨閫，以」淑慎稱，及笄，奉命歸于王氏，孝敬事姑，累遷寒燠，調甘佐餕，曾無」怠容，輔武進公歷二任，生一男。元和初，不幸武進蚤世，夫人惸獨，」三紀于兹，以義方勗令男，勤儉立家道，雖迴文寄遠，斷織卜鄰，方」之夫人，遠有慙德。先是武進公三代六櫬漂水鄉，未及遷神，而武」進下世，室空子幼，家寄江干，旅泊之魂，永甘淪寄。夫人痛心疾首，」泣丐友于，誓堅神明，果副衷懇。大和辛亥，翩翩六旐，素舸而來，便」以其年，咸葬邙麓。歷觀載記有茂行懿德，一善出於人者，則彤管青」史，傳之不朽。曷若孀獨，超危涉幽，蘊志之所至之心，行人之所難」之事，冀獲玄鑒，報以穰穰。而愛子早亡，家嗣不立，與善何在？實」懵昊穹。會昌四年八月七日寢疾，終于河南縣杜翟里之別墅，享」齡七十九。嗚呼！奠無息嗣，哭唯諸姪，遺命不令祔葬，敕家臣曰：吾」奉清淨教，欲斷諸業障。吾歿之後，必燼吾身。且甥姪之情，何心忍」視，不從亂命，無爽禮經。夫人子勸先三載亡，今奉夫人裳帷窆于」勸之兆域。夫至哀不文，讓忝由子，輒書儀德，無愧其辭。銘曰：」

喆喆令儀，必備于身，道弘四德，孝及六姻。其一。」早殞良人，又殂愛嗣，高高蒼旻，難問斯理。其二。」遵崇内誥，果兹福效，綿惙俄臨，精神不撓。其三。」□孽始孩，家僕主奠，盛德未昌，淮波如織。其四。」□山之原，敢擇良田，塗薌既設，松檟森焉。其五。」

（周紹良藏拓本　河南千唐誌齋藏石）

* 會昌〇三四（與貞元一一一重出，此疑僞，當删）

【蓋】失。

【誌文】

唐故禪大德演公塔銘　金紫光禄大夫兼御史中丞上柱國裴休撰　金紫光禄大夫充集賢殿大學士柳公權書」

如來滅後，五濁惡世，厥有悟最上乘」者，即我大師歟？大師俗姓柳，法號明」演，累代家於相州湯陰縣。幼而温敏，」長而良逸，蘊顏子之德，升孔氏之堂。」天寶季，擢明經第；寶應中，調濮州臨」濮尉，後遷濮陽丞，清能肅下，威能慴」豪，芳名振於齊魯之間，孰出其右。因」詣方袍士，語及無生，喟然歎曰：萬法」歸空，一身偕幻，瑣瑣名位，曷足控摶。」遂投紱捐璽，適于京師。時神策都知」兵馬使、檢校御史大夫王駕鶴奏曰：」前佚人捨官入道，樂在法門，今因」章敬皇后忌辰，伏請度爲僧。詔曰」可。乃隸名於洛陽縣敬愛寺，因具戒」於嵩岳壇場。厥後口茹一麻，身衣百」納，洞達五方，便探賾脩多羅，雖思代」居梁□，圖在趙方，兹蔑如也。興元初，」延長定覺，念定舍那，七八年間，歷柢開法，龍象麟萃，冠蓋雲屯，濟濟焉，鏘」鏘焉，得其門者或寡矣。欻思振錫，步」及於鞏縣淨土寺，縣尹隴西李公閑」衆夫人吴郡張氏禮足歸依，虔心諦」聽，淨財珍服，矜而勿悋，由是景附響」和者不可勝算，非夫慧日懸空，寶炬」破闇，其孰能臻於此乎？且迪出四流，」既遠離於煩惱；遽成三點，徒示現於」涅槃。以會昌三年二月五日整三衣，」掩一室，汩然坐化，容白如生。四衆漣」洳，奔走織路。俗齡六十有九，僧臘三」十有三。門弟子淨土寺主智德、律坐」主常隱、神昭寺三綱寶燈、堅志、如印」寺因心起孝，扶力議事，言於同學曰：」不建塔曷以旌盛德？不刊石曷以紀」高行？謀之既臧，罔不率從，未遷朔，縞」素疊委，泉穀交積，傭工度地，梴埴爲」甎，不傷財，不害人，格于十旬，傑其高」跱。以明年春，繩林趺座，歸于厥中，左」邇名區，前臨清洛，浮雲朗月，松檟颼」颼。葉從宦於兹，嘗陪高論，援毫含歌」歙遂作銘云：」

於休上人，偉貌昂藏，遺榮濮上，練行」嵩陽。淤泥自濁，荷花自芳，澄思一室，」聞名四方。了悟真詮，門人駢闐，雙林」遽變，孤磬空懸。屹立素塔，遐對清川，」憧憧行路，孰不悽然。」

會昌四年歲次壬午八月廿二日建。　中書省刻石官昭武校尉守京兆周城府折衝上柱國邵建和鐫字。」

（周紹良藏拓本）

會昌〇三五

【蓋】失。

【誌文】

唐故彭城劉夫人墓誌銘并序　前鄉貢開元禮史□撰」

夫人姓劉氏，其先沛郡彭城人也。以寢疾不瘳，皇唐會」昌四祀秋七月廿一日，捐館于洛陽温柔里，享年六十。曾」祖□，祖芬，父光盛。夫人即處士長女也。生稟淑德，笄」年適南陽張公諱閏，有子一人曰勍。夫人夙著内則，方」勤中饋。未幾，府君先世，孤且提孩，家復食貧，天窮之痛，於」斯爲甚。然夫人雅有恭姜之操，誓以匪石。無何，父兄憫其」稚，遂奪厥志，再行樂安孫公諱伯達，有子曰毅。不幸良人復」早亡而嫠居，待養者久之。南陽之嗣，卒以善積慶鍾，年甫弱」冠，惕然有游藝依仕之志，洎壯室負書西去，舉學究一經科。」會昌元年，擢登上第。既□走于洛師拜省夫人，懼孫孤不」能慰安於晨昏，乃拜迎以歸，□其就養。今則邇於宦，屈指而」榮禄將及。夫人□□□於戲！夫人生之辰艱阨如是，孤」子勍號慟不得以夫人合祔于先人者，拘其典禮之謂也，」乃於邙山之趾相土而得吉兆，即河南縣平樂鄉王寇村也，」以是歲九月四日訖其窆禮。銘曰：」

婦德母儀兮式求多福，孤鸞隻鷂兮其羅罾□，皇天」匪仁兮冥理謂何？林烏方哺兮逝川不復，佳城將閉兮」禮備塗蒭，貞珉斯藏兮誌其陵谷。」

（周紹良藏拓本　河南千唐誌齋藏石）

會昌〇三六

【蓋】失。

【誌文】

有唐太原王氏夫人墓誌銘　冢子鄉貢進士侯粲撰」

夫人京兆人也。生知孝敬，挺禀柔明，事上能恭，臨下能惠。自適」我家，四十年于兹矣。嗚呼！初我君官始再命，職曠禄微，素無業」産，百事草創。夫人克勤克儉，罔或有貳。佐成我家，」夫人與有力焉。夫人恣性慈仁，雅無嫉妬，不喜蓄積，有輒散」之。待人必以誠信，人或我負，益善待焉。雖僕隸微細，未嘗不眷眷」與之終始。故我家内外親戚，無長幼皆歎仰，而以夫人爲」規戒也。夫人生二男一女，長曰粲，舉進士十五年矣，次曰昰，」亦力於學術。女適博陵崔氏子。崔亦良家，不幸早世。嗚呼！小子自」孤，以迄于今，雖蹇連苦辛，而不敢一日廢先君之教，」夫人之慈訓也。嗚呼！夫人之隱德深行，足以立範垂則。由粲」卑賤，世莫聞知。粲是用泣血崩心而叫于彼蒼也。嗚呼！初」我君命粲舉進士以承素業，四黜而遺家不造。」夫人且諭且勉，俾卒前事。既承命，不敢殞滅，及今又重爲。天」不吊，竟不能取一名以爲親榮，罪孰大焉，是粲不孝不敬而爲神」明譴罰故也。罔極之痛，終天永負，嗚呼痛哉！夫人以唐會昌」四年秋七月三日寢疾捐館，享年七十有二。以其年十月六日克」葬于北邙山清風鄉先塋之側，禮也。嗚呼！粲、昱既零丁無怙，懼」東西南北，不敢假詞於人，泣血訴天，而爲銘曰：」禀生知兮挺柔德，立我家兮合典則。行隱默兮義充塞，」善靡報兮聖亦感。嗟劬勞兮安所益，欲將報兮天罔極。

太原王從亮書。」

（北京圖書館藏拓本）

會昌〇三七

【蓋】失。

【誌文】

大唐故中大夫行内侍省内給事員外置同正員上柱國贈緋魚袋王公墓誌銘并序　通直郎試大理評事趙造撰　鄉貢進士蕭睦書

公諱文幹，字强之，其先即秦將翦公之洪胤也。自時厥後，子孫衆多，文能出羣，武蘊異略，賁則善虜其將，義乃下筆成龍，功業居高，名施於後，秦霸天下，斯皆王氏之力也。遂使高秋朗月，瀚海澄波，諸族難儔，家世雄盛。皇朝中散大夫、内侍省内侍、賜紫金魚袋、奉詔和蕃使兼安西北庭使諱奉忠，公之曾王父也；德重名高，情見義立。西戎斂跡，不敢東闚；北狄戢羣，不敢南牧。内侍省内侍、賜紫金魚袋、内弓箭庫使、奉天定難南朝元從功臣諱英進，公之祖王父也；義勇冠時，見危致命，親承聖旨，獨步中朝。右神策軍散副將、雲麾將軍、試殿中監、奉天定難隨駕南朝元從功臣諱臣端，公之烈考也；功高位下，命不待時；慶流有徵，果有令子，榮高處厚，德抱雄圖。公即雲麾將軍第三子也。憲宗踐阼，時公年始童舞，入趨紫闥，出踐丹墀，敷奏詳明；鬱爲俊彦，遂拜供奉官。恪居官次，務謹去奢，臨事無渝，爲官不昧。斯乃銜天逸翰，出澗喬松，錫以朱紱之榮，帶以銀璋之命，改梨園判官。奉八音之禮，專五菓之名，藝就日新，功勤益著。遷鷄坊使。剪拂珍禽，在鬭自我，羽翼奇特，利用絶羣，每蘊能名，誰之與匹。轉宣和殿使。載離寒暑，日往月來，每候鑾輿，晷刻無失。金石磨而不磷，璧玉琢而彌堅，改軍器監判官。專任武庫，奠體有程，幹笴必時，實謂戎備。尋遷左神策軍宴設使。庖廚有節，饔飧無遺，脩饌必善於精華，宴飲實慙其醉飽。鎮幕歌晚，坊局拖留，拜同官鎮監軍。地居畿甸，鎮壓要衝，路接塞垣，命之監理。虬龍豈與蚯蚓爲伍，鸞鳳難可枳棘長栖，時當用才，俾之密侍，依前充供奉官。使於四方，善能專對，利於一事，罔不克堪。未幾息車，改栽接使。公墾園樹菓，殖地生苗，供億猶勤，庶事無闕。有司惜才戀德，公乃布義行仁，開成五年，詔遣充新羅使。拜辭龍闕，指日首途，巨海洪波，浩浩萬里，一葦濟涉，不越五旬，如鳥斯飛，届于東國。王事斯畢，迴檝累程，潮退反風，征帆阻駐，未達本國，恐懼在舟，夜耿耿而罔爲，魂營營而至曙。嗚呼！險阻艱難，備嘗之矣。及其不測，妖怪競生，波滉瀁而滔天，雲靉靆而蔽日。介副相失，舟檝差池，毒惡相仍，疾從此起，扶持歸國，寢膳稍微，藥石無功，奄至殂謝，享年五十有三。會昌四年歲在甲子，夏四月蓂生五葉日，終于京兆萬年廣化里私第。雖違三月之期，終遂九原之禮。是歲冬十月十五日葬于鳳城東龍首原，禮也。嗟乎！命之不偶，李廣豈遂於封侯；梟在官門，士衡終聞於歎鵬。公婚于滎陽鄭氏。克諧琴瑟，相敬如賓。有子三人，男曰義仙、義立，女適齊郡史氏。孤子銜恤茹荼，哀號罔極，恐田成碧海，谷變爲陵，片石未鐫，防墓何辯？用憑不朽之石，以誌永存之詞。銘曰：

猗嗟大夫，短折不禄，歷事五朝，白珪三覆，賈誼促齡，士衡歎鵩。許國一心，居家可理，善則稱君，過則稱己，君臣道合，如魚如水。嫉惡如讎，見善必遷，愛如冬日，畏若夏天，臨官廉平，無黨無偏。奉命出使，泛海東夷，洪流滉瀁，陽烏攸危，大波汩起，天地變移。王事斯畢，車騎辭迴，臨達本國，魑魅爲災，幽魂何往，遊岱不來。聯綿經歲，四體轉衰，辭恩處順，闔門銜悲，吾將安仰？哲人其萎。美玉永沉，寶劍斯折，聖心哀慟，孤子泣血，福祚長存，恩光無歇。

（録自《金石萃編》卷一百十三）

會昌〇三八

【蓋】　失。

【誌文】

唐京兆韋承誨妻河間邢氏墓銘并序　父中散大夫守秘書少監上柱國恂撰序」

夫人諱芳，字子若，其家儒也，實扶風縣君京兆」韋夫人之出。幼漸禮教，習女事，年十餘歲，詳婦」儀，許嫁，擇韋承誨以妻之。既而有疾，歸于其家，」視養盡理。會昌四年九月十八日，以夭年終，享」年一十有九。冬十月十八日，歸葬于河南縣平」樂鄉杜翟村，禮也。其姊壻河間劉琉遂述銘曰：」

惟邢之先，肇自姬旦，俾侯錫土，昌爲周翰。國殲」于衛，幾絶條蔓，後有正人，珥貂炎漢。道直黜官，」令于河間，因家爲望，氏族蟬聯。迨今唐世，有」德有賢，儒風禮物，馨然粲然。甲乙科秀，三代皆」傳，臺閣班情，一門茂遷。噫此英媛，天資柔敏，聞」德本聰，承親幼謹。容止合範，風規克准，稟訓大」家，齊華道韞。將笄受命，言室良夫，道積于己，禮」修於姑。性藹嬪則，儀芳女圖。如何不弔，彌留草」療，娥月沉先，婺星輟曜。身既有令，齒何哀少？邙」山之麓，新埏窗窱，敢銘茲石，多慙絶妙。」

（北京圖書館藏拓本）

會昌〇三九

【蓋】失。

【誌文】

唐故尹府君朱氏夫人墓誌銘并序

曾□祖從，家狀官告，墜失不敘。府君諱澄，其先望在天水，貫居秦州，後子孫分散，各處一方，今權居孟州，即爲河陽縣人也。公爲人端耿，量雅恬和，與人結交，千金不易，一言道合，駟馬不追，遠近欽風，花城共美。奈何積善無慶，天降其禍，去開成四年，告終于私第，春秋六十有七。夫人朱氏即世，廣陵郡人也。笄年秦晉，匹配歸于尹氏之門，婦道禮儀，不虧晨夕之孝；接事舅姑，能善能柔，和睦六親，鄉閭傳禮。奈何大運將至，臥疾連綿，千方無效，萬藥無徵，啓託聖賢，其疾不愈。以會昌四年十月十九日，終于私室，春秋六十有三。男女七人：長子弘慶，新婦王氏；次子弘禮，新婦戴氏；次子弘簡，新婦賈氏；次子弘雅，新婦王氏；小子弘殷，未婚。長女十四娘，夫張氏；十五娘，歸開氏。嗣子等非法不行，非禮不動，□□焉有丈夫之志。兒女等叫天泣血，五内分崩，稱家有無，將營葬事。卜得會昌四年十一月十八日葬于孟州河陽縣安樂鄉堬坎村，禮也。恐年代久遠，陵谷有遷，刊石爲文，乃申銘曰：嗟乎尹君，生爲哲人，言無過失，花城共聞。千金交結，恩義長存，招賢納士，禮法芳新。嗟呼尹君，没爲異人，嗣子擇地，安厝神魂，千秋萬載，宜爾子孫。

（録自《古誌石華》卷十九）

會昌〇四〇

【蓋】失。

【誌文】

唐故綿州刺史江夏李公墓誌銘并序　朝散大夫使持節鄭州諸軍事守鄭州刺史上柱國賜紫金魚袋李褒撰」

有唐會昌四年四月十一日，左綿守李公殁于位，其孤濳狀公之理行，請銘於褒，褒」與公實姻舊，得以忘固陋，遂條列云：李氏源緒肇于殷周，垂名著實，標映簡牘，率因」封食，以顯族望，隴西四公，趙郡三祖是也。公實趙人，其先食菜武昌，子孫因家焉，今」爲江夏李氏。曾祖善，貫通墳史，注文選六十卷，用經籍引證，研精而該博，學者開卷」自得，如授師説，官至祕書郎、弘文館學士、沛王侍讀；祖邕，文學優宏，以風槩然諾自」任，落落有大節，爲一時偉人，官至北海太守贈祕書監；考翹，履道葆光，綽有餘裕，皇」任大理評事贈太常少卿。公諱正卿，字肱生，知五常本孝悌以嗣家法，宅鄒魯之鄉，」浴洙泗之波，籍蘭荃而襲芝桂，馨香光大，不可自遏。始以文行舉進士，未第，爲涇原」節度使段祐强置□府，試左武衛兵曹掾，轉大理評事兼監察御史，賜章紱。酬知用」直，贊畫有聞。元和初，天雨嘉穀，公因獻賦，既美且諷，制授松滋令。秩滿，遷汜水令。」會徵師伐蔡人，縣直大衝，役費繁弊，公用仁術，邑人戴之，表立生祠，逮今存焉。擢筦」使程異時自東還，憲宗問守宰善政，異以公爲首對，由是拜成都令，遷陵、閬」三郡刺史，入爲少府少監。文宗思共理者，復用爲邛州刺史。廷謝日，面賜」金紫。後自江陵少尹拜安州刺史，益義倉粟萬斛，年饑輒以禄廪濟窮乏，優詔徵」入拜司農少卿，歷衛尉少卿，復爲淄州刺史。遭螟蝗，設糜粥以食餓者，用清白俸代」貧人入租。既罷歸滎陽墅，修復秘書公講習遺址，偃仰自遂。卒歲，拜綿州刺史。左綿」災，殍殣在野，公發倉庾加救藥，人賴而濟活。戎帥嘉之，兼署倅貳。未幾，寢疾而殁，享」年七十有四。公先娶河南元夫人，生男子潛，有詞藝聲華，登進士上第。元夫人早卒，」今夫人盧氏，以公貴，封范陽郡君。其年十二月十九日，嗣子潛奉理命啓先夫人」之窆合祔於河南縣金谷原，禮也。公平生所製述文章四十卷，撰中權略四十卷，注」管氏指要兩卷，勤勵不息，而志行在焉。凡宰三邑，刺六郡，洎歷他官，率以廉清檢尅」爲理。至於勉人信讓，勸人樹藝，猶事事者之理家然，故所至之邑，則汙萊闢，寇攘息，」蓋孜孜懇懇而教之導之，亦可謂良二千石矣。銘曰：

猗美弘文，公之列祖，礧落蓬山，公之大父。貽謀肖德，承規襲矩，六郡三邑，作人父母。」薙剪棘茨，醫蠲疾苦，繄公莅止，如沐膏雨。無忝前人，有丕厥緒，百年須臾，一夕今古。」勒銘于何，邙山之下。」

外甥前義武軍節度掌書記儒林郎監察御史裏行竇存辭書。」

（周紹良藏拓本　河南千唐誌齋藏石）

會昌〇四一

【蓋】失。

【誌文】

唐故河中府永樂縣丞韋府君妻隴西李夫人墓誌銘并叙　鄉貢進士于濆撰」

夫人李姓，燉煌遠孫。曾祖承家，皇越王府司馬；祖庭琇，」皇朝散大夫、太子典膳郎；父衮，皇虔州刺史、賜紫金魚」袋。夫人即衮之第二女，生河東柳氏，嫁京兆韋敏，敏先」夫人而歿。夫人爲女淑，爲婦幹，奉釋仰道，雖緇衣黄冠，」不能嘉也。諧六親，奉八敬，假假然不摇其儀，擿幼指卑，」入則窮善。夫之前媿，有女有男，撫育煦暖，雖熟知審識」者，亦不辨其罪出也。四十五年稱未亡人，計生活於郊」屋，荆扉瓦牖，食音祀。糠羹藿，眉不蹙澀，怡怡然若居朝市」食香脆也。開成四年八月廿二日，無疹不痛，疊足如寐」没于京兆府雲陽縣龍雲鄉韋之舊業，享年六十六。鄰」里鄉黨，慟若己屬。用會昌五年正月廿四日葬于興平」縣茂陵鄉肺浮原。接先夫人適韋門，韋敏第三娶，是不」早祔。夫人已無有出，韋前室男曰通，娶李氏，官及成都」新繁尉；女曰婉，妻滎陽鄭氏，皆前夫人而終。通之子嗣」實、茂實皆順而孝，悲奉葬具，已得兆時，祈外兄鄭茂卿」請識墓於京兆于濆。濆於鄭之親亦鄭於」韋之類也。是爲銘曰：」

嘻夫人，生有云，女良族，婦德門。抗有儀，揉」不紛，跂道釋，瞭無昏，母厥家，法可尊。嗚呼」兮，復其魂，邃安兮，穴有墳。」

（周紹良藏拓本）

會昌〇四二

【蓋】失。

【誌文】

唐故柳氏長殤女墓誌銘并序　兄中散大夫權知京兆尹上柱國賜紫金魚袋仲郢撰」

嗚呼！天不與壽而生不能成其美者，」我家之殤妹名曰老師是也。會昌五年五月」二十一日，夭于昇平里第，享年一十有六。兄」仲郢，見任京兆尹，以爲家有世禄，著」于族係，」官諱嚴重，不敢□書，蓋亦以彰幼而有知之」體。粤以六月二十一日，葬于杜城村，准經制」也。兄仲郢揮涕執筆誌其石云：」

惟我幼妹，中和率性，粤在孩提，」自知誠敬。名滿姻族，謂宜承慶，」天何難達，福乃遄罄。人之有生，」倏短前定，其所陰騭，豈不助正？」今兹夭忽，綿歷疾病，徒言禀授，」實惑余聽。城南别業，□地開逕，」臨穴于此，保爾安静。」

（周紹良藏拓本）

會昌〇四三

【蓋】失。

【誌文】

大唐故北平田府君墓誌銘并序」

延陵季子，葬子於嬴博之間，其墳高可隱，仲尼往觀而歎曰：季子」於禮中哉。君諱在卞，字楚臣，盧龍北平人也。少因我大父太」尉公南河北蕩東平致德棣等廿餘州，先」文皇帝初即位，勸諸樹勳庸足以銘刻者，即日詔受河陽懷州」武德縣尉，以其年尚幼，不復從事。後至開成二年甲授鳳翔府寶」雞縣主簿，由其邁其珉繇，猷乎渝乎，建其口囂囂而將其十一」乎？吾疇之不息，公將其雲□乎？俄有獄訟，決于令不可，其徒因趨」入將有説。公乃指曰：大道千里，百轍必由其出列者。爾其骨肉乎？」四海乎？必將有出吾大道者。子其反之，無以惑是。茍其刑，迫其毒，」吾將不忍出吾大道者也。其徒於是頓首負愧，俱不復言。其後以」上黨寇平之明年，公率然有北思，抵于魏。魏帥何公因問曰：吾近」以屬郡獻天子版籍衹于貢，天下人謂我何？公闞色對曰：天」下人爲非也。公當氣其軍，勁其守，横兵以南指則已矣，燕趙間聞」其言，馳風以出仕，愛君親以惡其後也。公爲人恢度少弄，九歲入」大學，十三誦易，十五能言詩，每大論及世事，憤然若有望，以爲天」下無其人，久而不得伸，卒與疾會。吁乎！遂至會昌五年太歲乙丑」六月十日，卒于齊州濟南郡，春秋卅二。噫！余聞敬仲大於齊，卒爲」田氏先。今公復歸其故地，滎市間角之徒，果申於□面矣。遂以其」年八月廿一日葬于東都　　縣　　鄉　　里，其墳崩不輪，封」不廣，除不破列，鑿不及泉，終季子之則仲尼之志，禮也。於是季弟」雍奉筆以指事書于石，俾公之德載于億萬年。其銘曰：」

赫赫田氏，肇乎中古，于姬漢間，函秦掉楚。其後千載，英聲莫皁，泱」泱大風，不能四注。秩然我宗，枝于北封，俾熾其德，以鼓于公。休聲」潤屬，和言克融，妙若神出，默與道沖。天發其粹，靈合其聰，將九萬」里，垂雲路窮。嗚呼！自古令名，淵也不終，陵谷將盡，清風殁振。」

（周紹良藏拓本　河南千唐誌齋藏石）

會昌〇四四

【蓋】失。

【誌文】

唐故陸氏廬江郡何夫人墓誌銘并序

大唐會昌五年乙丑歲孟夏之月廿一日，夫人終於家，春秋六十有八。祖諱真，父諱□□，其先廬江人也。夫人幼習女儀，長有令譽，初笄之歲，匹于陸君，肅肅雍雍，如琴如瑟。嗚呼！不同偕老，陸君不幸而先逝。夫人所生一子元慶，幼而習禮，頗識義方，承順慈顔，曾無怠色，水漿不入，杖立營葬，以所卒之年莫秋之月乙巳朔廿六日庚午，遷奉於華亭縣西北二十三里陸氏故山□□□□□夫之兆，以遵生前之命。今慮歲月綿邈，林摧隴隤，刊磚立銘，周表系以銘曰：

嗚呼浮生，如露如電，平生玉容，無由再見。精魄□散，形體□□□□慕鄉，親子淚雨。

（録自《古刻叢鈔》）

會昌〇四五

【蓋】失。

【誌文】

唐故宣州參軍鉅鹿魏君夫人趙氏墓誌銘并序　前延州防禦衙推文林郎試左驍衛兵曹參軍王儔撰」

公諱邈，字仲方，世本云：秦改魏爲鉅鹿郡也，後徙家于山南，今則洋州興道」人也。昔周建侯王，是稱盤石，國命良相，謚曰文貞公。洎枝派初分，導」自洪源之注；蘭蓀并振，時爲銓藻之芳。祖賓，父朝隱，皆敦儒術，諒識宏」深，高樂園林，自求野逸。公孝達參閔，學茂游夏，禀志孤貞，潔行端操。」頃因入仕，多爲台鼎，廉察之知，累以德藝精粹，聞於天庭，始奏授」懷州參軍，次選授果州司户參軍，次任婺州司功參軍，次任宣州司功參軍，凡歷四郡，皆以直道佐理，惠洽優人，官」賴其能，民受其福。以兹樹善既至，必獲神休，豈謂天喪貞良，倏延荒瘵，乃」針石靡效，冥齡苟乖，奄忽俄然，盡爲松檟。是則逝波湮没而不還，風燭」泯光於殘夜，以元和九年十月十三日不禄于任，壽年五十有五。即十年四月」護歸京兆，窆于萬年縣洪固鄉北韋村北原也。夫人天水趙氏，考皇任」壁州長史昇之仲女也。少習師保，内則素彰，懿淑茂儀，柔順芳婉。而乃失翼凌虚，亡舟涉濟，孟母彼美，敬姜謂歟。以會昌四年冬偶嬰微疾，殆踰累」旬，冬筍冰魚，日無不至。十一月十五，遂殁于延州豐林縣之私第，享年七十」有五。今以五年十一月廿三日護喪祔于萬年縣洪固鄉北韋村北原，禮」也。有女四人：長適皇甫氏，次適李氏，次適侯氏，幼適王氏。並早閑保」傅，克就柔儀，女德婦功，怡聲婉娩，或逝川不返，或婦言益嘉，雖女史」無録，亦家諜自顯。有子三人：長曰齊貢，前任延州豐林縣令；次曰匡贊，前任」劍州普安縣主簿；幼曰文質，任梓州永泰縣令。俱以簪笏官途，學行清」敏，政則治民，惠乃周物。自棘□欒貌，泣血絶漿，號護牆翣，毁瘠終」制。及靈舁南邁，哀戀北堂，禘嘗之儀，晝暮增潔。竊以雁行式」序，祈誌永年，土木非剛，刊石爲事。儔每愧孱薄，沖讓未獲，辱命」染翰，爲詞頗難。銘曰：」黑水之西，終山之北，厥土上上，人惟温克。鄰謂之先，」秦風是則，簪笏所繼，其儀不忒。淑愼嘉美，咸曰貞廉，」婦禮彌著，母德式瞻。家以議從，子以道謙，未獲榮養，」奄棄恩嚴。豈曰盛衰，抑奪人慾，千載之後，悲此山曲。」

（周紹良藏拓本）

會昌〇四六

【誌文】僞。

唐故福林寺戒塔銘并序」

大德具戒焉，元和尚金也，將贖而之畫衣，慙懼也，以」至慼蒭視袷，未嘗犯者，信生于厥鄉，可約束至顔氏」子也。西方聖人設教二百五十，俾隄限身口，徑出生」死。今言法者：彀喉舌鏑鎧，其人我性。釋氏徒毗尼者，」雖不轍乎意地，而形骸之外，是釭是輻，大宅煽爀，羊」鹿效駕，亦各也，視中華聖人，刑自墨數三千，或和尚」出家之維乎？不然，和字德□相如夏五十七置幢于」積祖師，能孕業人戾垢不嘗□□□非延奘□□□」之賓，賓然不差，淨觸噫法廣□□□□□□□□□」族龐氏，京兆興平人。葦腴及□□□□□□□□□」産吮而不啼慭而始誰竇氏□□□□□□□□□」日滋善種，得度隸于慈悲跂□□□□□□□□□」及多羅經賸穎碩請介處介□□□□□□□□□」褫法界也，其年其爲泥人，若射□□□□□□□□」箭也，至乎眄生死之流，闌身□□□□□□□□□」之歧，其在毗尼乎？多羅經五行

□□□□□□□□□」下次授萬化不可窮極居山雪首□□□□□□□」百儁苔色，其下楬卑夜形偈答不□□□□□□□□」大廈故鼓地之桐也。」

議大夫柳公權書。」　會昌六年正月十六日建。　竇來延刻字。」

（北京圖書館藏拓本）

會昌〇四七

【蓋】　米氏女墓誌銘

【誌文】

唐故米氏（下缺）」

米氏九娘□，其先蓋□□郡人也。」父諱寧。米氏即公之室女。貞淑温□」□家孝行，幼女聰明□□□□□□」和睦□内外親族，無不欽傳，愛敬立」身，閨室令則，高門□禮，於家孝行無」比。何期不幸遘疾，即以會昌六年□」月五日終于揚州江陽縣布政里之第，」享年廿有一。嗚呼！長及笄年，未娉待」字，從兄親弟，泣血哀號，六親悲切，」行過傷嗟。即以當月十九日殯于城東」弦歌坊之平原，禮也。恐陵谷遷，故刊」貞石不朽焉。銘曰：

白日昭昭，青松森森，生死有限，」□明恨深，朱顏永□，萬古傳今。」

（録自《十二硯齋金石過眼録》卷十四）

會昌〇四八

【蓋】　失。

【誌文】

大唐故明州刺史御史中丞韋公夫人太原温氏之墓誌」
夫人以長姑及諸姑各立婦名及字，遂拱請於先司空立其名，得名曰瑗，連姊妹兄」弟之玉也；立字曰文羊，身被文彩，正直觸邪，像美玉有文彩，如神羊獨立之義而稱其德」也。夫人天付聰明，衆所推仰，女工琴書，無不了達；威儀戢整，敦和親戚，自幼及歿，未」常因循，貞孝慈睦，動必准禮，理家訓子，奉上卹下，勤儉節用，無所苟求，雖視珍寶如其糞」土。若使順人諂笑，因物遷怒，如此二事，終世不爲，前之數節，性之所得。所服之裳衣不曳」地，奉身之饌食不二味，長幼必同。適韋氏之門卅五年餘矣，六行之樞，始終一貫，九族」之內，一人而已。韋公即唐朝上相處厚之堂弟也。公諱塤，字導和。大和、開成」中，天子知公吏理明幹，處劇若閑，嚴明清貞，注意重用，昔前賢有吏不能欺者，」公之是也。自釋褐後累歷難宦，諸侯爭請者無數，位至河南糾，其聲大震，入遷倉部員外」判户部案，又轉長安令。尋以楊子留後乏材，上以天下支計出此一方，甚所憂之，選擇」無如公者，上則授焉。旋授明州牧，到處大理，中外一口。常謂夫人曰：塤之」考妣尚未遷祔，公私牽迫，常所憂心。夫人亦常誌之。公到郡累月，爲寒暑所侵，」不幸而薨。夫人與兒女等號天叩地，將欲自盡，爲兒女等防抑之。夫人即唐」朝禮部尚書贈司空之第二女，太夫人即南陽郡太君張夫人也，太君即唐朝」南徐州節度兼司徒建封之猶女也。夫人典奉怡訓，衆所欽伏。自明州提孤護柩，」號叫而歸，至蘇常間，念亡夫遷奉之一言，大江之中，横波拄天，孑然一身，更無近親，」截流忘生，下道累日，啓中丞之先世三棺并歸。江山萬重，幾欲幾死，行路之人，聞者」悲歎。將護大事，歸葬於洛城之北，如此之志，豈不曰節婦乎？有子八人：長曰承誨，登董」仲舒孝廉科，授汝州臨汝尉；次曰承裕，亦登孝廉科，儒家之所尚也；次曰承休；次曰嵩兒；」次曰節郎；次曰周老；次曰齠兒；次曰村老，並修進勤苦。女三人：長曰都；次曰澗；次曰閣女；」工仁孝皆像似矣，并夫人手自教導，不厭晝夜，總皆孝謹，已謂成立，豈不曰慈乎？六」親九族，無不歎仰，祗迎内外，一切竭力，豈不曰孝乎？絶俸歲久，施用有節，豈不曰儉乎？」韋氏近親必有月給，並與置第，唯慮失所。昔在山陽，家甚窘迫，以在身衣物嫁其孤遺甥」姪諸女者七八人，豈不曰義乎？終日兢兢，皆自經心，則宜天賞百善，神理保護，不意嬰疾」旬日，便至身没，則天公神道，何所有哉？以會昌六年正月十六日殁于洛陽立行里第，嚮」年四十九。即以其年六月二日歸祔于河南府河南縣平樂鄉杜翟村中丞公塋，禮」也。親與不親皆爲驚泣，兒女等被髪叫訴，請誌于墓。琯之長姊豈敢辭焉，冤苦哀哉！」痛惜哀哉！若請外人，慮遺其行，遂輒秉筆，用副哀情。會昌六年五月七日孝弟前進士琯」泣血於庭，誌銘其墓。銘曰：

天之不仁，喪此節婦，婦道方高，忽云身故。痛心鄰里，尊年如水，行惡則存，行善無倚。」實昧神明，何者即是，雖云有生，則必有死。天高難問，安能如此。韋公佳城，在于近地，」歸祔之禮，古今一致。夫人二尊，不幸早世，去雖別子，殁亦歸侍，名掀行全，亦」何悲矣！

孝弟文林郎前中州義陽縣尉珽書。」

（周紹良藏拓本）

會昌〇四九

【蓋】失。

【誌文】

故内莊宅使押衙試集王府司馬上柱國吴郡朱府君冉氏夫人墓誌銘并序　廣文館進士侯謂撰　京兆韋師諫書」

夫人姓冉氏，厥先魯郡曲阜人也。曾祖王父，偕終榮秩，值禄山」亂常，符告俱墜，致此不復獲而述矣。皇考休翔，左武衛兵曹參」軍騎都尉；道高清簡，好尚丘園。夫人即兵曹第二女也。宿本聰」晤，生知愛慈，有龢協之能，柔順之懿，具美言行，備著功容。故爰自」廿有一，歸于朱氏，婉娩邕德，進取可觀，合規範之令儀，契中外」之雅望，每於親戚之所，或會聚之間，必推讓自卑，先人後己。蓋動」之以禮樂，慎之以謙恭，凡是姻屬，靡不欽服而歸仰者矣。況自承」家紹代，撫命有方，育下寬仁，罕言務簡。精潔籩豆，虔事蘋蘩，通于」神祇，實受其福。詩云：明德惟馨，斯之是也。至於彩繡裁製，輒未嘗」作矜誇之言，雖有金玉綺羅，亦不爲嬌奢之意。逮居府君草土，」初數日飧漿不飲，畢三年之内，哭血毀容，在今人時流，實未之有」也。頃者積腰膝之苦，竟而不瘳；自經哀荒，更益氣瘵之甚。嗚呼！以」會昌六年丙寅歲仲夏月有五日加疾，捐于脩善里之私第，春秋」五十四。有子二人：長曰敬之，朝散大夫試楚州長史充功德使押」衙兼知客；公幹多材，推選擢用。次曰愿之，温秀君子，廉孝可稱。有」女一人，適于上谷侯泰，尋居孀寡，誓在柏舟。以著筮未吉，時載匆通，」雖松域苟同，而墳壠有異。嗚呼哀哉！粤以其年八月廿有七日，葬于河」南縣平樂鄉杜翟村祔司馬之塋，禮也。矧乎令淑彰德，復賢而」美歟？謂忝爲至孝友人，備得直書其碣，既成誄叙，乃作銘曰：」
孝愛充德，温恭藴儀，諧洽内外，寬裕撫綏。言行有著，」謙讓罔虧，足成閨範，可謂女師。禮樂若此，仁煦如斯，」胡期不熾，孰俾爲哀。東鄰既滅，北邙且悲，唯存片礩，」萬古堪追。

（北京圖書館藏拓本）

會昌〇五〇

【蓋】　王氏夫人墓誌

【誌文】

唐故太原王氏夫人墓誌銘并序　隴西李師敬撰」

名望河東，于來久矣！皇王北闕，郡多問靈，夫人遠祖則秦」時上將，南征百越，東破三晉，公成名遂謝病養真，剪公之苗」裔也。皇考諱林，家本幽薊，别業浮陽。公識量深沉，志弘道性，」屬以戎馬郊會，宇宙奔騰，公遂迥拔傜身，投名軍旅。星霜屢」變，險阻備經，全而歸真，彝倫罕并。夫人則公之第三女也。禮」範傳家，規章令肅，節行冰操，性情金堅。訓必明於班姜，誡必」彰於曹孟，内循禮節，外絶浮奢。方將積善之家，必居有後之」慶，何圖寒温少理，寢疾奚臨，」二豎忽降於中霄，雙蛾奄傾於」長夜。夫人芳年三十有六，會昌六年三月二十二日，終於浮陽」城南守節坊之私室，嗚呼！慈親陸氏，發哀流血，慟哭過情。豈」期春萼先摧，秋園晚缺，捐我惸獨，我終同穴。弟公廉，舉哀靈」側，耳目血垂，匍匐幃前，聲沉氣絶。卜兆云吉，轜車曉崗，以會」昌六年丙寅歲九月己亥朔十一日己酉，瑩於滄州城南一」十里清池縣界仁明鄉孔村之原，禮也。恐陵谷改易，年代推」遷，刊石勒銘，永爲不朽者矣。乃其詞曰：」春艷霜催，桂影雲來，瑶花曉落，月色徘徊。逝水湯湯，野田茫茫，」星移月落，地久天長。福成無託，大運冥寞，永閉泉門，長扃夜壑。

（周紹良藏拓本）

會昌〇五一

【蓋】 唐故河東衛府君墓誌。

【誌文】

唐故湖州武康縣主簿衛府君墓誌　增撰」

君諱景初。曾祖璿，贈太子洗馬；祖」晏，循王傅，贈太子少保；皇考權，左羽」林衛兵曹參軍，充桂府支使；皇妣，隴」西李氏。君性仁行孝，躭書志文，舉措」動容，爲人師範。親友保其重，骨肉敬其」賢。胡天不明，降罰賢德？開成元年，不幸」于舒州，享年廿六，旅殯于是。洎去歲秋，」啓護歸洛，卜地芒山，未遷伊陽，蓋宜其」力。會昌六年十月五日，葬河南縣平樂」鄉朱陽村。嗣子毗郎，克肖令德，事深」義質簡而不文，哀痛心將滴而言不□，」恨將竭而誠不宣。嗚呼！銘曰：」生不哥保，歿非身先，哭去恨止，血淚漣漣。」

（周紹良藏拓本）

會昌〇五二

【蓋】 失。

【誌文】

扶風竇氏夫人隴西李氏墓誌銘并序」

夫人扶風竇氏妻，隴西李氏女，婦德女範，時無比焉。」唐會昌六年寢疾，十月六日歿于河南府河南縣岳」城里第，享年廿五。兩族親愛，無不痛心。明月十四日，」權窆所居之北廿里金谷鄉尹村北原，禮也。嗚呼！禮」樂生知，和柔天至，喜怒二色，曾不在顏。居家有竭力」之孝，從夫有舉案之賢。其先也：曾祖若水，皇左金吾」衛大將軍贈陝州大都督；祖銛，皇京兆尹、鄜坊觀察」使、贈工部尚書；父師周，皇京兆府櫟陽縣尉。四德允」臻，六行咸備，淑問閑雅，謙和并致。嬰孩歲，丁先府君」憂，祖母鍾念不次，常思無愛惜之態，絶縱恣之欲，□」然明敏，深齊己成，親慼仰之，保愛彌切。及笄，許嫁配」乎令人成皐宰扶風竇師亮，從夫之禮，□謝前古，上有奉舅姑之美，下有恤□□之慈，撫養鈐轄，各遂其」所。至於刀尺筆硯，□□□□，咸得其至。誠期福善，慶」延永久，纔聞寢疾，奄歸大夜。□□銜痛終天，□而銘」曰：

邙山之蘭，周□之北，厥□□地，葬其□□，」嗚呼後嗣，□□□則。」

會昌六年十一月，鄉貢進士盧環書。」*

* 文字自左至右行。

（周紹良藏拓本　河南千唐誌齋藏石）

會昌〇五三

【蓋】 失。

【誌文】

唐會昌六年歲次景寅五月五日戊□河中晉、絳、慈、隰等州觀察支使，」試祕書省校書郎，清河崔隋妻趙氏夫人終于上都常樂里之第，享年」卅有五。其年八月，夫與長男肅護其櫬歸于東都。十一月十六日，葬于」北邙，從崔氏之先塋，禮也。隋自叙夫人之終始于墓云：」夫人天水人，曾諱灌然，官至上郡城平令；祖植，終嶺南節度使；父曰從」約，常歷重諸侯之府，四立于朝，今爲尚書都官郎；清不受汙，規以自」檢，官於時，爵於朝，囂者憚而德者師，故有淑女媲予焉。郎中出於」滎陽鄭氏，夫人亦別祖之出，可謂代修其姻矣。夫人實郎中鄭夫人之」長女。予德其門，故常就業求貢，凡十年，一以資夫人之家如家焉。夫人」開成元年年廿五適予，至于終，凡十一載，或從郎中，或在長安，不常與」予偕。夫人神清骨羸，少以女功奉長上，無蚤夜。洎嫁，貧不展。無何，中其」疾於屈伸俛仰之間，凡六年滋極。嗚呼！婦於崔九載，予始獲春官第，十」載，予始從汝墳辟。迨理裝，方欲與夫人偕，值國以宂職，禁不克就。十」一載，予乃爲陝服宗相府署從事，簡幣至，夫人以疾作而神耗矣。未」及途而歿。嗚呼哀哉！隋痛曰：夫人之適人也，得氏于崔，得喜其夫登太」常第，離索沉綿凡七載，得夫無私悦，無貳行，夫人之終不恨矣。所以爲」恨者，不得其壽，不得其富且貴，不得其歸夫之室，食夫之禄，此其所以」爲恨也，其窮乎？生二男二女，三已不及殤而夭，今其一且又疾瘵綿綿」然。不敢希其成人，又何分之薄耶？夫人性於父母孝，於長幼順，於骨肉」愛，於僕隸仁。不嗜粧服，不飾煥麗，順夫情，孝夫族，夫人之爲子爲婦也」如是。予自哀其家之衰，不當夫人而肥之安，能過恨其修短乎？銘曰：」

星墜劍沉，神窮數極，松千蕣暮，壽夭奚測？孝敬柔婉，」可謂全德，倏成姸華，忽作幽宅。夫禄未享，身謝莫惜，」豈其分耶？安可理識。卜窆東土，夫氏先域，」藹藹松青，皚皚壠白。事未全叙，葬未盡飾，」俟他年之一啓，方永閉於萬億！」

季弟鄉貢進士衢書。」

（北京圖書館藏拓本）

會昌〇五四

【蓋】失。

【誌文】

唐滄州節度押衙弓高鎮兵馬使銀青光禄大夫檢校太子詹事廣平宋府君墓誌銘并序」

公諱自昌，其先廣平人也。頃隋季交會，天下鼎沸，枝派流散，子孫從風而止，遂爲兖州金鄉縣人焉。」曾祖環，高道不仕；曾祖母范陽盧氏。祖玉，皇文林郎試左衛兵曹參軍；祖母滎陽鄭氏。考暉，皇經略副使兼衙前兵馬使、光禄卿、試太子通事舍人，孝讓承家，忠勇報國，佳聲遠振，英風存焉；」妣潁川嚴氏，令軌昭彰，灼燿邦邑，奉上以孝，恤下以仁，女德母儀，親戚高尚。公即經略府君之第四子也。體貌魁」偉，神情爽朗，性多豁達，不拘小節。妙年入仕，累效雄職，轅卓□□□不動。時議曰鸑鷟之毛，」天生五色，一朝鳴翥霄漢，造次胡可及也。方面一覩一目，再覩再美，肘腋要職，□□無不莅。且四爲十將，」一爲都虞候，三爲團使，五領雄鎮，大丈夫立身處世，得如公者鮮矣。公效職轅門，輸誠激節，立」功立事，可大可遠。奈何天與厥德，神奪其壽，哀哉！粵以會昌六年八月十八日，公受玲於弓高」鎮之官舍，享年五十七。公夫人武功韓氏，九卿之女，五侯之孫，聿修令德，可載青史，哀哉！是」歲七月九日屬纊於鎮院，先於公五八之日，春秋四十有九。嗚呼！樹欲靜而風不止，子欲養而」親不待，可哀也哉！公有子四人：孟曰公集，年纔弱冠，知而不惑，身長七尺，腹包六藝，虔奉溫扇，」未婚未宦；仲曰公直；季曰公勤；小曰公權。女三人：或髫齔之歲，或總丱之年，哀毁之禮，殆」將滅性。公仁兄曰自弘，組德織義，踐孝履信，性慕散逸，不趨權貴。嗟形影之易」失，痛手足之難續，與諸孤露等，朝莫暮臨，痛貫心髓，江河謂之蕩漾，風雲謂」之慘烈，乃罄竭物產，力備凶事，便以其年龍萃丙寅十二月戊辰朔六日癸酉祔於」清池縣使城南七里孝友鄉仁德里大塋之側，禮也。公嗣子公集恐山河」變易，陵谷更改，迺持片石，命紀其事。德方謬事軒屏，久沐顧盼，援毫佇思，敢」直叙其事。

銘曰：

河岳英靈，嶷爾挺生，功立身謝，遠振其聲。其一。宜其夫人，」謙敬如賓，勸誡君子，養和守真。其二。隟駒難駐，石火易滅，龍劍雙沉，」鳳梧兩折。悲風蕭索，逝水嗚咽，嗣子長號，淚盡繼血。

驅使官王德方述。」

（録自《績語堂碑録》）

會昌〇五五

【蓋】 失。

【誌文】

唐故閭丘氏夫人墓誌銘并叙」

夫人東海人也。自秦漢魏晉迄至今朝，皆當代縉紳，冠蓋不絕。」高曾大父，名著當時，官之與諱，并載夫人先府君之銘誌矣，故」略而不書。父諱晃，皇潞州上黨縣尉，夫人，府君之仲女也。夙承婦」禮，尤工母儀，四德可推，百行歸一，頃奉長上之命，娉于潁川陳公諱」元師爲嬪也。可謂因緣得地，秦晉有儀，夫美妻榮，如彼桃李。故」念夫人温恭有則，恩義無偏，致私家之邕邕，成親戚之睦睦。」純深訓子，孟母稱名，誠謂門承永福，命比龜龍。而寢疾不瘳，旋」歸大夜，即以會昌六年四月十七日終于孟州河陽縣之私第，春」秋五十有七。嗚呼！蹈服仁義者莫不爲之慟惜歟！嗣子二人：長曰」無傷；次曰綽；號天叩地，敬慕弘慈，無所逮及。悲風樹之莫聞，痛」倚門之無日，哀毁過禮，營繕凶儀，儉而不奢，禮無虧失。以其」年歲在丙寅十二月廿有三日，窆于洛陽城東平陰鄉成村去」城十里，之禮也。輲車軌道，薤露增悲，親賓愴然，行路悽感。或」原陵有失，川海變移，愿紀」夫人之德行，勒在金石，爲銘誌於墓矣。爲銘詞曰：」夫人令之，有德有儀，純深訓子，孟母風遺。」六姻規矩，九族光輝，恩慈布惠，撫愛無虧。」不待子禄，旋乃言歸，二男泣血，六親淚垂。」哀哉寂寞，素帳風吹，孤墳夜月，蒿里遲遲。」

（周紹良藏拓本　河南千唐誌齋藏石）

會昌〇五六

【蓋】失。

【誌文】

唐故瑯瑘王公墓誌銘并序　鄉貢進士朱藩修」

王氏之先姬姓也。昔周靈王世子晉，晦跡緱山，時人謂之王家，自是宗」室華茂，世履簪紱，殆乎漢大將軍鳳、安漢公莽、晉相夷甫，皆其」後也，徵諸譜諜，蓋聖唐文昭皇后之華胄焉。曾祖論，家本」晉州洪洞縣人，以文德儁成鄉薦登賢良□正，任至本郡守。」祖濬，應兵部武舉，授官汴州大梁折衝都尉職，兼宣武軍倅。」父立性温敏，慕世子之遺風，□□□名，恬然自樂，因陸大夫按節」大梁，軍政不治，兵及元戎，居不□□自此徙家衛州共城縣。」公諱惲，即皇考之長子也。天□朗秀，性質温恭，孝於君親，仁於」寮友，郡縣搢紳之士，孰不歸風焉。以會昌五年六月十日寢疾，殁于共」城縣之私第，享年五十有七。嗚呼哀哉！親賓惋怛，風煙慘悽。長子珏，」儒行自立，仁風肅清，主祭奉喪，克禀遺訓；幼子郁，年方至學；愛女」意娘子；皆哀號貫絶，殆不歎生，以禮制抑情，杖而後起。夫人楊氏，柔」如淑慎，宗門令儀，居公之喪，日加毁瘠。愛弟魏博節度别奏方」莒，孝誠燭日，風望異倫，分切友于，同護喪事，以會昌七年正月廿四日」葬于共城縣西北二里陪先君之塋，怯周禮也。慮歲時綿邈，罔」有攸記，乃命學者，載銘磐石：

惟王之宗，周室遺風，門」有餘慶，世推才雄。自王世子，達安漢公，朱紱金璋，聯階繼蹤。於首烏猚」王公，惟德是恃，高其閈閎，儼其容止。道情緬邈，仁風明美，四方賢豪，」孰不欽俟。嗚呼哀哉！火燎崇山，玉石寧殊；霜墮秋園，叢蘭共枯。」倏短惟命，善惡同途，驚波永逝，隴月長孤。卜兆平原，高墳迴起，邑城」俯瞰，連山後倚。陵谷何嗟，歲代奚紀？斯文在斯，德風不墜。珏書。」

（周紹良藏拓本）

唐代墓誌彙編

大中

大中〇〇一

【蓋】 失。

【誌文】

唐故處士太原王府君墓誌銘并序　再從弟慥譔書并篆蓋」

嗚呼！世有履道而不忒，處約而無悶，曖然若明珠潛淵，美玉韞」石，飢渴仁義，殁齒而已，物不知我，尊豈非窮歟？其唯府君」乎。府君諱翱，字遐舉，太原晉陽人也。漢徵君之嘉遁，晉汝」南之晦德，仁積澤豐，遂昌來裔，九世祖諱隆，後魏絳郡太守，封」安陽伯。靈源不污，枝流益清。曾祖諱之咸，皇京兆府長」安縣尉。祖諱綸，皇江陵府長林縣令。皇考諱略，皇邢州龍崗縣」令。府君其家嗣也。外王父博陵崔公諱詠，元和年中屢」鎮南服，由桂林領番禺，名重藩嶽。府君生數歲而失所」恃。令太夫人，府君從母也。繼生一子，慈育兩均。府」君亦蒸蒸色養，不爽名教，年四十餘，猶褐衣默處，恢恢焉。道勝紛」華，克外榮利。每念躬爲宗子，當潔禋祀，而粢盛無助，怛然心疚。」方求姻好而痾瘵被體，歷稔沉綿，形氣衰惙，委靡衽席之間，編」籍不釋於手，其高邁洞識，世人罕知。祉壽宜鍾而天付陿促，旻」穹不諒，徒悲善人，彌留寢劇，醫不可爲。以會昌六年十一月十」三日終於東都時邕里之私第，享年四十四。有子四人，男曰黝」兒、堅兒，女曰停停、五女。黝雖齒未成人，而樂易之風，休然有紹，」慶蔓滋其後乎！以大中元年二月七日葬于邙阜之陽清風鄉」郭村，祔先塋也。慥久奉敦仁，亦陶善誘，敢不勉抑悲」情，恭述懿德。銘曰：

運則永否，道維我守，邈矣憲家，清風悠久。」露往霜來，封樹何有？烈烈其馨，石腐偕朽。」

（河南千唐誌齋藏石）

大中〇〇二

【蓋】失。

【誌文】

夫人邑號贊皇縣君趙郡李氏，私號曰寂諱遠，」先夫典蜀嚴道郡，正理既成，命還零陵，風霜踒」夫人遘疾，以開成二年八月十六日傾逝于鄧，夫」人時年五十，權殯于南陽里，以日月通便，方計還」舉，長男邁號泣星奔，還護歸東雒，以大中元年」二月十八日合祔于榆林大塋，夫人邑號郡君，」令淑德行，男女之名字，咸列于前文，此不復述，」前誌未備，固此重書。

韋邈撰。」

（周紹良藏拓本　河南千唐誌齋藏石）

大中〇〇三

【蓋】失。

【誌文】

唐故京兆府涇陽縣尉范陽盧君墓銘并序　四從兄朝議郎守河南少尹上柱國賜緋魚袋懿撰」

維會昌六年歲次景寅，正月癸卯朔，廿九日丙寅，京兆府涇」陽縣尉范陽盧君遘癘疾，歿于上都靖安里之私室，壽卌」八。君諱踐言，字子中，少聰敏有操尚，長而攻文業學，連舉進」士，不得志於有司，遂佐戎于東平府，從檢校吏部尚書薛元賞」公入爲大司農，自前左監門衛録事參軍奏拜太子通事舍」人，兼廩膾之職。洎薛公領内史，又上請爲涇陽尉。方將伸於」知己，展其志業，飛馳之勢，榮位非遠，不幸遇疾而不能興。嗚」呼！才可用而壽不延，時可通而命不與，古來共歎，茹恨何言！曾」祖諱寰，皇朝河中府河西縣令；祖諱政，太子中允贈越州都督；」烈考諱璠，歸州刺史；娶于故京兆府奉天縣尉隴西李璹之」女，合卺之後，華而不實，未有息胤，纔途歲而終。別子二人：曰賀」老，曰小魚，皆在孩孺，呱呱無怙，斯亦生人之極哀也！始以輤裧，」至自上國，時歲未亨，不克大葬，即以其年三月壬寅朔一日」壬寅，權窆于河南府洛陽縣平陰鄉陶村先大夫九原之東」南隅，俟來歲通吉，以安宅兆。逮至丁卯歲閏三月景寅朔，七」日壬申，君之仲兄何洎季弟杭問龜筮之叶吉，遂啓于殯，不」逾前之兆域，即君之齊體而合祔焉。永歸下泉，寧神故里，尚」虞陵谷之或改也，不可以不識，遂月而日之，紀於墓門。銘曰：」涇陽脩飭，勤身力善，年志方強，宦途始半。宜得其壽，亦豐」于禄，胡然不淑，溘至兹速。前之藁葬兮日時未通，今之同穴」兮以永厥終，仁兄悌弟兮銜哀來同，冀安營魂兮幽宅之中。」

（周紹良藏拓本　河南千唐誌齋藏石）

大中〇〇四

【蓋】　失。

【誌文】

維大中元年歲次丁卯，閏三月景寅八日□□，故内侍省令史堵穎年卅五，其月四日一更時，卒于上京頒政坊饆飩曲東，本貫常州晉陵縣五湖鄉臨湖里，權殯于長安縣龍首鄉□嚴村，買地壹段，地主王公政。其小嚴村即開遠門外臨臯驛西南。孝弟集賢供奉中顗記。

（録自《陝西金石志》卷十八）

大中〇〇五

【蓋】　大唐張公故夫人史氏墓誌銘

【誌文】

易定節度押衙充知軍兼監察御史上柱國張公故夫人墓誌并序　義武軍衙前兵馬使徐觀撰　承奉郎試左衛兵曹參軍閻瑾書」

夫人史氏，其先高，杜陵人也，漢宣帝元年，以外戚故封樂陵侯，生丹爲駙」馬都尉，護成帝功最，累遷左將軍，食邑武彊，繇是世爲邊將，刺守藩郡，而」夫人高父其苗裔焉。曾祖權，開元中，將騎兵掠邊，名壓夷戎，轉代州都督；」臨民性退，自請去官養齒。祖明涉，皇御史大夫行易州刺史；蒞事躅」法，量土制俗，端治平刑，遷大將軍府，改馬步都虞候，部三萬甲士，權由晉」始，二軍之任重矣。父論，才拔聰鑒，器載羣俗，雖混淪藩府，雄圖異出，起義」武軍入覲，遷右金吾大將軍。緝戎有能，轉涇源節度使、檢校左散騎」常侍兼御史大夫。臨鎮約法施惠，變民制禮，改樂興教，囊智方啓而歿，贈」工部尚書。夫人尚書嫡女，外族崔氏，班列朝省，其來魏晉，不克繁緒。」尚書善女柔儀，克配君子，自德上谷張公，屬女公世，爲霸國大夫，故以勳」累相襲，冠蓋爲疋。況公天質靈敏，風儀茂秀，謙謹柔內，忠信直外，孝」友敦德，廉潔自己，居游直道，不回視矚，舉奏監察御史，充易定節度押衙」知軍暨都衛士。內權外柄，出入殷務，服美千卒，給用繁細，才半未展，器度」深是，府班龜鏡。而夫人孝勤舅姑，勞辛動靜，飲膳清温，沐湯几」屨，寢興侍宴，靡不親饋。頃歲公宦未芳，鬱抑私懷，孑身京洛。夫人盡」自房飾資用，前達顯重，亦由玆肇。又公女弟屬適他氏，搜索衣翫，餞足行」具，如是均施，外內榮潤。而操節異器，非筆莫能載列斯行。孰謂天殛善」人，倏如火滅，嗚呼哀哉！享齡甲子兩旬有七，會昌七年正月乙丑歿于軍國」里之私第。大中元年夏四月己酉，殯于唐城之原，禮也。長子劉十，年未冠，」劍主血泣，晨昏奠獻，哀心內發，扣地天感，風號樹折，親戚零涕，」邇遐傷痛；次子侯十一。女弟二人：侯五、侯六，俱幼不書，咸詣于墳。列栢旌石，」用彰不朽。其詞曰：

昭昭史氏，弈弈侯王，桂子蘭孫，枝馨葉芳。」德行夫人，孝友姑嫜，旌石顯節，休名載揚。」

（周紹良藏拓本）

大中〇〇六

【蓋】 失。

【誌文】

唐故河陽軍節度押衙兼脩武鎮遏兵馬使馬軍都教練使金紫光禄大夫檢」校太子賓客兼監察御史上谷張府君墓誌銘并序　　儒林郎前守棣州蒲臺縣令上官蒙撰」

公諱亮，字　，其先上谷人也。曾祖以世亂不紀，皇祖庭光，易州刺史兼御史大夫，祖妣王氏，瑯琊郡夫人；皇考英傑，義武軍節度押衙、兼侍御史，妣潁川陳氏；并道貫」仁風，徽猷早茂，名彰清懿，垂裕後昆，至於寵秩封榮，終葬甲子，皆已備諸前誌，斯不重載。公天授中和，聰明間世，卓犖孤秀，氣形風雲，節操冰霜，志堅金石，端恭處」道，靜謐居心，抱經濟之材，藴文武之略，奉上以忠孝，撫下以慈仁，加以識用知機，通方叶古，夙心」武節，傾墓轅門，一紀于兹，躬勤軍伍，凡所更踐，其政必行。公始于長慶新載入仕，累赴」昇遷，而能躬儉祇勤，端恭綱紀，動由禮讓，人必知之。及授公出領偏師，而能誓衆」身先，建功殊效，或託以關河重鎮，地接雄藩，斯得於公。奸邪不作，而又擢於爪牙之任，」轅門之內，可謂風生。聘禮四方，誠謂不辱君命，及委之以訓練師旅，而能發號施令，決」策奇方，動靜知機，明於勝負，抑又軍府劇曹，權總司重，尤難其人。公之所精，簡而能」理，庭無宿訴，獄絶滯冤，既弘益於藩垣，實歌詠而斯遠。公之善理，足以匡輔□時」政，宣洽風猷。方期奮翼雲霄，獲伸高步，無何以景福不永，會寒暑遘疾，殆于綿輟，以大中」元年閏三月十六日終于孟州河陽縣豐平里之私第也，享齡六十。公有三子：長曰鈢，次曰」鍊，季曰壽，冠年弱質，皆以仁孝著名；抑又鈢鍊等并就列旌軒，署衙前虞候之職。自」公寢疾，躬執飲膳湯藥，昆季必先嘗之，面垢體羸，不飾冠帶。及公奄息大謝，而發哀」隕血，號扣天地，一哭三絕。俄而晦朔遄流，纔及終哭，皆迫禮起復之任也。公三女：長曰二十八」娘，次曰三十娘，季曰三十一娘，并處子閨儀，哀毀居疚，哭無時也。公夫人太原王氏，盛族」仕流也。平生奉公以巾櫛，及歿居喪以終禮，撫孤號慟，髽髮毀容，追亡顧存，晝夜是」哭也。公有長兄曰鳳翔節度馬軍都教練使、兼御史中丞」，以職係遠拜，臨喪不及也。日月云邁，龜」筮叶吉，先遠告期，以其年七月十九日護櫬葬于孟州河陽縣豐平鄉趙村里之北」原，禮也。慮他年陵谷之變，不以予之鄙，固命載筆，遂略述斯美，刊諸貞石，以紀其年祀焉。銘曰：

賢哉大夫，挺生忠烈，器貌孤標，風姿皎潔。其一。軒冕承家，公侯閥閱，金紫風流，」問望清切。其二。才推經濟，德邁前哲，芳譽外彰，清輝內發。其三。洪勳早立，榮寵斯至，」驊騮望遠，步於天衢，騏驥思千里而一致。其四。誰謂天地不仁，禍階將起，遘沉痾而莫瘳，」竟大漸而云已。其五。流景不駐，逝波無返，悲大夜之何長，怨愁光而苦短。其六。臨危揮涕，」興悲嗣子，痛昆友之猶睽，顧孀妻之鳴欷。其七。悠悠白雲，茫茫秋水，魄謝泉臺，」魂歸蒿里。其八。龜筮叶吉，先遠屆期，既啓玄浩，輴旐將遷，薤露哀溪，雲慘千里，」風悲九原。萬古千秋，長波逝川，刻銘貞石，惟紀億年。其十。」

（周紹良藏拓本）

大中〇〇七

【蓋】　失。

【誌文】

唐故東都留守左衙飛騎尉上輕車都尉兼守上柱國譙郡曹府君故上黨」樊氏夫人合祔墓誌并序　登士郎試左武衛兵曹參軍殷仲宣撰」

曹氏之先，源流遠矣，洎世傳派胤，可得言焉，祖代珂琦，文章弈葉，或才」包八斗，或學贍九流，或鐘鼎柱石，夔龍佐漢，得姓綿遠，故略而述焉。」曾祖諱穎，祖諱雅，父諱琳，並逃榮退禄，跧伏養閑，遁跡佯愚，謙恭敏節。」公即琳之仲子也。公諒直温和，明辯淑哲，匪由訓誨，禀自生知，不假韋絃，」動遵規矩。晉朝二陸，仁德昭彰；荀門八龍，連芳花萼。天倫之性，所配自天。姜」肱共被，可以同時；趙孝同飱，依□並駕。陸績懷橘，王祥卧冰，公之事親，其」在兹也。於鄉黨徇徇如也，結朋友偘偘如也。公方弘羊心計，立身孝友，不替」艱虞，論其事伯桃移風，述其志夷齊取則，瑩如冰玉，清似飲泉，廉如留」犢。公諱慶，字宗禮，河南人也。嗚呼！倏短有數，去會昌六年丙寅歲十二月十」五日，啓手足於洛陽敦厚坊私第，春秋卌有九，軍府傷其覆餗，儕朋痛其」短壽。夫人樊氏，先公而亡。冥冥隻魂，沉秀氣於幽泉。公先娶隴西李氏，岱」岳先遊，夭折盛年，早沉翳薈；公又娶清河張氏。夫人迺心貞志，克襲宜家，」慟哭六時，崩城變竹。公之棣萼仁兄四房，早逝夜臺，三荆凋落。公有女二人，長女以事清河路氏，從夫遠適，家寄淮南，瞻矚煙波，望斷雲水；一女幽閑之質，年」始及笄，洞室攀號，繐幃泣血。公有姪二人：長曰源，授留守左都虞候押衙；」次曰嗣宗。長姪源承家克治，內外叶從，生身授父母庭獎，束髮成人，皆伯叔」訓誨，主綰繼紹，忠孝兩全，酌禮葬事，皆及儀注。以大中元年丁卯歲七」月廿一日於河南縣平樂鄉杜翟原，啓樊氏叔母、李氏叔母窀穴合祔玄宮，」禮也。嗣姪源情均猶子，孝莫大焉，荷恩德於生前，盡勤劬於歿後，匍匐」營奉，以家有無，塗蒭之物備矣，哀榮之禮畢矣，恐虞陵谷，請誌銘曰：」

生兮如寄，死也若休，吁哉譙郡，久扇風猷，鴒原鬱茂，棣蕚聿脩，」同殞輝映，共被難儔。以孝治家，以忠奉國，一旦云亡，百身奚贖。」傷哉哲人，埋金瘞玉，大廈摧梁，巨川舟覆。天胡其仁，天胡不仁，」年華姿盛，奄謝荆榛。罷酬家國，永別交親，生涯有記，團會」無因。啓于窀穸，合祔玄堂，三棺同穴，新墳舊崗。青青松檟，」古栢無行，佳城鬱鬱，死路茫茫。生涯汩汩，魂遊逝川，魄隨落日，」刻兹貞珉，永記泉室。」

（周紹良藏拓本　河南千唐誌齋藏石）

大中〇〇八

【蓋】失。

【誌文】

大唐清河府君故夫人梁郡成氏墓誌銘并序　鄉貢進士林向撰」

唐清河公夫人梁郡成氏，會昌元年十二月十九日寢疾，終于」欒城里私第。大中元年七月廿七日，合殯清河公平陰原」成村祔大塋禮也。夫人始笄而逮成，淑質聞行，適于」清河公，自形于家邦；上下和肅，舅姑無言，姒娣輯睦，今已云謝，」孰不噫嚱。曾祖崇，祖光，皇考璋，代族遊宦，名高道著，拖青紫累」世有焉，存諸家諜。夫人歸婦清河公，内修中饋，外柔九」族，克儉節承家，處婦禮閫壼，嚴毅母儀，貞順内外。有子四人，長」未及弱冠而夭，次曰從政，内莊使東都院勾押官；次曰從簡，處」家不仕，定晨昏孝養；次曰汶，内莊宅使東都院勘覆官；皆恭勤」效職，貞固從事，爲一使領袖，克著令名，在家宣力，知無不爲。處」家者問安膝下，操老來之志，專曾子之行。夫人寢疾，三」子侍醫盡孝，既終，銜恤茹過禮。有女四人，皆娉名族，三人早」殁，一人適陶氏，亦過哀而護葬。清河公先夫人謝世。」夫人鞠諸孤，履貧窶，教子成立，皆就娉。全家保嗣，皆夫人昭」宣焉。嗚呼！壽享金石，慶福不泯，胡蒼穹摧貞淑而速焉，」陵谷或遷變有年，貞石誌夫人德不朽。其銘詞曰：」

夫人淑德，可柔邦國；夫人婦道，内外儀則。訓子成人，」承家必克，方慶千齡，禍胡奄塞？諸子銜哀，泣血匍匐，」泉路冥冥，夜臺默默。夫人歸此，魂兮不忒，陵谷變遷，」石兮靡泐。」

（北京圖書館藏拓本）

大中〇〇九

【蓋】劉府君墓誌銘

【誌文】

唐故劉府君墓誌并序」

府君名舉，彭城人也。」曾祖臯，」祖通，父良，三代並皆謂居清顯，隱」于丘陵。府君居家禮讓，立性溫」和，内外之親，皆傳人孝，凡於四海，」朋友能賢。何期不幸，染疾累歲，」至於大中元年八月六日，終于江」陽縣仁風坊之私第，春秋□□□。」夫人太原王氏，有男一人名師貞，」女一人適于王君。孤男孝女，泣血號」天，即以八月廿一日安厝嘉寧鄉五乍村之原。」府君在生，壽禄而榮，先造其墓，逝矣冥冥。」

（周紹良藏拓本）

大中〇一〇

【蓋】失。

【誌文】

唐故東都留守檢校尚書左僕射贈司空博」陵崔公小女墓誌銘并序」

公小女字遷，以大中元年八月五日遘疾，殁于」河南洛陽縣集賢坊之私舍，享年廿三。以其年九」月十日殯于洛陽縣清風鄉之北原，祔于」先塋也。曾祖諱育，皇常州江陰縣令；」祖諱乎，皇湖州長城縣令贈户部侍郎；」父諱弘禮。有子八人，皆遷之兄，或隨蔭弟早立」宦叙，或舉進士，咸有令名；有女三人，皆遷之姊，」長適河南府壽安縣主簿譙郡夏侯斐，次適孟」州河陰縣丞趙郡季通微。遷生稟聰惠，幼而和」淑，既及笄年，柔德克備。兄彦佐等克求門子，將」欲配焉，果有進士范陽盧湋愿結姻好，未及納」采。嗚呼！天實不假，而其人云亡，日月有期，兄彦」佐等銜哀斂泣，請將仕郎前國子助教裴沆誌」銘貞石。詞曰：

崔氏之室兮有女倫亡，令淑早夭兮幽蘭殞霜，」存歿一訣兮親族悲傷，日月不再兮已矣閨房！」

（周紹良藏拓本　河南千唐誌齋藏石）

大中〇一一

【蓋】失。

【誌文】

唐故進士趙君墓誌銘」

進士趙珪，字子達，天水人也。趙氏自趙主匡，二十一代生靖，魏」侍中封晉陵公。靜生鑒，黄門侍郎；鑒生榮，隋兵部侍郎；榮生君」衡，原武令；君衡生仁泰，唐邢州南和令；仁泰生脊己，内黄主簿；」脊己生曾祖府君諱駉，制策登科朝散大夫魏郡司馬；司馬」生皇祖府君諱涉，進士及第朝散大夫侍御史；侍御史府君生」皇考府君諱伉，進士及第監察御史。秀才監察府君第三子也，」柳氏之出。生而慧辨，幼而仁孝，自少及長，未常居有過之地。手」抄古今書數千卷，爲文章二十通。事慈親純謹，通于神明，」奉兄姊孝愛，感於僕隸，待友朋誠信，質諸日月。氣和而色正，道直而」性通，不汲汲於名利，不栖栖於貧窶。有顔閔之德行，有楊馬之」文學，有伯夷之廉讓，有下惠之清貞。而天不錫其壽，世不與其位，」以大中元年歲在丁卯二月十五日，終于長安靖恭里第，享年」肆拾貳。長兄江西觀察判官監察御史裏行璘，寄財畢葬事；次」兄京兆府鄠縣尉璜，乞假護喪東歸。以其年九月十四日，殯于」河南府河南縣平樂鄉伯樂村先夫人塋闕東北一十五」步。嗚呼！世以進士相貴重，自吾皇祖皇考伯修、叔仲、叔佶、叔儹」及吾昆仲，爰曁中外，咸以科名光顯記册，而爾辛勤十載，不遂」一名，既未昏媾，遂無嗣續，以至泯滅。嗚呼蒼天！璜忍痛銜哀，自書」貞石，誌其純行懿德，俾之不朽。銘曰：奉其親，孝且仁，義高九族，禮浹六姻。心不欺暗室，跡不愧」明神，宜强壽而貴富，反疾夭而賤貧。瓊樹一枝泉萬丈，」邙山之下洛水濱。昔人所歸，豈舊阡陌；令爾之葬，從先夫」人。千秋萬歲後，有問此者曰，有唐賢人君子之墳。」

（北京圖書館藏拓本）

大中〇一二

【蓋】失。

【誌文】

唐左衛大將軍兼御史中丞契苾公妻何氏墓誌并序　鄜坊丹延等州節度掌書記監察御史裏行韋遇撰

夫人何氏，望在廬江郡，曾皇不仕，祖蘇州法曹參軍諱源，考單于府兵曹參軍諱仁甫，其先皆有功勞，代爲將家，門傳武略，威名馳振，人皆慕焉。以是夫人嫁得良壻，有柔順之德，惠和之性，明逾片玉，芳越幽蘭，動有威儀，克彰婦道，用兹厥美，合於詩禮，故致其家肥焉。夫人乃璣妹也，自爲伉儷，四十餘年，合心齊體，臻於和睦，閨門之内，入則嘻嘻，笑語怡怡，梁妻是儔，冀婦何遠。始至其家，契苾公乃爲振武都頭，權握萬餘兵，致名最盛，往來賢士君子，多遊其門，飲食必精，霑賚必厚，雖由於大賢特達，并繇内成美也。從良夫歷數郡，治家承奉之心，未嘗暫替。以會昌六年十二月廿四日終于丹州，享年五十八。有子十人：孟曰慶郎，年始十二，因戲不覺墜井而亡；仲曰公度，終于節度押衙兼殿中侍御史；季曰公文，□賀□□□□兼節度押衙；次曰公應，見任河東節度衙□兵馬使；弟公廉，□州節度□□兵馬使；公廡已下五人，幼小未仕，不可列名，皆成器。時公將赴闕，遣子護喪歸葬。押衙公文以大中元年丁卯歲十月癸巳朔二日甲午□□□□之□，泣血之痛，恨胡越之地隔，死生之別離，權葬于振武軍□□□□原之邑也。至堅者石，不朽者文，銘曰：

顯顯令儀，昭昭明德，懿範端莊，温柔充塞。生既稱賢，婦道乃全，百行咸備，四德克宣。徽音外暢，惠淑中堅；既將比玉，俄成逝川。夜臺凝月，壠樹含煙，倏爲昔事，萬古千年。

（周紹良藏拓本）

大中〇一三

【蓋】失。

【誌文】

唐故處士吴郡朱府君臧氏夫人墓誌銘并序　將仕郎前試太常寺奉禮郎侯謂撰」

夫人諱子真，厥先汝陽人也。代以簪裾冠蓋，其來久矣。邇者，粤自」高曾已後，子孫多值干戈之時，故不暇展文術之材入仕，苟從戎」立勳，以兹皇祖考偕殁于河朔伐叛之陣。是時夫人猶嬰兒」未孩，豈得知其名諱官位，以是此闕而不書焉。既罔怙恃獲宗叔」之室愛而育矣。天受仁孝，夙懷感惻之心，年暨初笄，方撳粉黛之」飾。婉娩柔順，窈窕令淑，愆期遲歸，至廿有五，爰適于朱氏。進退」有度，動靜合儀，推能與人，克己服禮，内諧閨道，外睦姻族。若非嘉」室，豈得此齊眉之敬也？既中饋貞吉，致俾家肥，勿矜功容，但藴言」行，使人怡諭。恤下寬慈，雖理用恩威，實性無嬌褊矣。至若織紝之」事，裁製之工，繡畫之能，蘋蘩之務，皆親臨精意，無不幹絶之所妙」也。加以嚴持釋典，施救孤羸。何崇祐而祥不徵，積德却奄爲禍耳。」嗚呼！以大中元年丁卯歲五月廿有六日遇疾，終于修善里之私」第，春秋六十三。有嗣子左屯營軍副使、銀青光禄大夫、檢校太子」賓客兼監察御史、上柱國郜，内以孝敬奉省，外以忠幹濟公，殊未」展材，徒屈薄位。夫人生女一人，禮行備著，尚在繫纓，哀慟無時，」聞者孰不酸愴矣。即以厥年冬十月有五日，用准式之品，葬于河」南縣平樂鄉杜翟村先塋之原，禮也。寒雲萃慘，野色凝愁，儉」厝足以寧魂，刻礩可以紀德。謂忝蒙至孝，不以寡才，見託斯文。既」獲實録直書，而乃作銘曰：

身隨雒邑，族本汝陽，好合穆穆，和鳴鏘鏘。」言行無爽，喜愠不彰，温恭何在，容止今亡。」薤晞朝露，蓮謝秋霜，水歸東海，人葬北邙。」墳埏永閉，松栢空蒼，千年片碣，萬古存芳。」

（録自《芒洛冢墓遺文五編》卷六）

大中〇一四

【蓋】張公墓誌

【誌文】

有唐故淄州軍事押衙清河張公墓誌銘并序」　試太常寺奉禮郎前守幽州安次縣尉李金文撰」

公諱公佐，仕有幼而敏不自强者矣，唯帝王之冑裔張公乎？公世」襲弓裘，榮曜不絶，六合之内，稱爲最焉。皇祖諱清，皇考」諱恒肅，并高道不仕。公本貫鎮冀人也。少失天地，稟性自强，頃因」戎馬生郊，避地齊境，伴换南北，東西不常。公去大和之歲，曾授淄州」軍事押衙。公以道之人，厭於軍旅，退身罷職。性好經營，或優遊梁」汴，或低歷惟楊，或越滄海，或泛江湖，綿歷星霜，崎嶇道路，以廿餘」載，每蒙神理契合，未逾一紀，騾馬匹帛成七八百千矣，衣食自如，不求」知己。忽纓時疾，荏苒數年，灸療無方，俄遘伏枕，去會昌六年」十一月廿四日，於齊州私第寢疾而殁。公享年卌有五。嗚呼！仁而」不壽，福善何乖？夫人樂安孫氏第二之女也。蘭芳玉德，處貴不」嬌，自失所天，未亡爲恨。有子三人、女一人：長曰行立，次曰小哥，季曰劉」課；童稚之歲，降禍所鍾，叩地絶漿，灑血成淚；女十一娘；天然令」淑，言行無虧，骨髓摧碎，恩情永離。夫人孫氏與兒女等蓬首垢面，勉」備喪事，塗車蒭靈，粉繪棺槨，百物具成之。以大中元年十月十七」日卜得齊州歷城縣西五里奉高鄉平原，之禮也。哀哉！孀妻涕血，」稚子喧□。所恐樵蘇式禁，陵谷遷移，須紀佳名，苟旌事實。」其銘曰：

白虎連綿，青龍邐迤，縈盤崗峥，人稱美美。」朱雀雄雄，玄武自起，白兔塋中，羣烏闕裏，」□平千步，公卿自至，世世子孫，必復其始。」

（周紹良藏拓本）

大中〇一五

【蓋】　劉公墓誌

【誌文】

唐義昌軍故衙前將守左衛朔州尚德府別將員外置同正員賜上騎都尉劉府君墓誌銘并序　鄉貢明經李仲文製

名望彭城，于來久矣；貞乎遠代，世傑殊倫。府君諱士弘，字士弘，始祖□，前」晉時坐而待旦，臺閣風生，貌□神揚，色不可犯。征南將軍元海之苗裔也。皇」考諱幼平，字幼平。家本薊門，世居幽冀，干戈之際，避地斯焉，弈葉傳芳，胤」流滄海，德高匪仕，縱逸雲林，以山水爲善鄰，以琴書爲良伴，逍遥自在，志可」爲世仙，全而歸真，古今罕并。府君則公之季子也。少懷明敏，上智天生，言唯」經邦，信必通遠，不止可繆直，行無回邪。公累職軍門，四十之載，統更水陸三十餘年，」常履春冰，毫無秋犯，謙勞自德，不止喧囂，松筠不易於炎涼，誠節益彰於寒」暑。方將鵬摶霄月，驥展遐龍，孰謂杞梓秋摧，琳瑯寒缺，公因□少理，寢疾俄乖。」二豎忽止於中霄，兩楹奄之於長夜，春秋七十有二，大中元年四月廿九日，窆於浮陽城」東南御河之際蓮池坊之私第。嗚呼！天將擇善，哲其亡乎？夫人田氏，當年從眷，」禮請皆賓，謂劍鏡而長懸，其餘永保。覩斯存歿，覩晝如霄。情同日月」之一虧，心等江河之半竭，顦容索髮，氣絶聲沉，化石摧城，將未比矣。」三從不墜於古今，百行寧乖於閭里，班姜可及，曹孟齊鄰，端處凶幃，血」淚相繼。嗣子長曰友亮，仲曰友慶，季曰友義，次曰友忠，幼曰友幹等五子號」慟，萬象慘然，感愁雲之遍生，得弔鶴而咸集，絶漿七日，耳目血流，哀戚過情，」荒迷似性。以大中元年丁卯歲十月癸巳朔十七日己酉，宅兆於滄州城東北」五里清池縣界底那鄉王賓村之私第古原神𡸣之崗，禮也。恐年」代改易，陵谷推遷，刊貞石於泉扃，永爲不朽者矣。乃其詞曰：

公其令胤，嘉聲自振，□道清修，謙恭恪慎。其一。既忠於國，」復孝於家，豈期穹蒼，降斯禍□。其二。福成兮將託，天運兮冥寞，」月照兮泉門，風生兮夜壑。其三。逝水湯湯，野田茫茫，星移月落，」地久天長。其四。古原兮其來，歲月將久；新墳兮歲平川松暮柳。」龍虎兮日夕盤崗，子孫兮千年不朽！其五。」

（周紹良藏拓本）

大中〇一六

【蓋】失。

【誌文】

唐滑州匡城縣尉博陵崔君故夫人彭城劉氏墓誌銘并序　鄉貢進士崔陟撰」

夫人諱琬，字茂貞，彭城人也。聯華歷代，標秀弈時，盛」族枝源，芳流厥後。曾祖諱與順宗廟諱同，皇晉陽」縣令贈左散騎常侍；祖諱昌裔，皇左僕射，陳、許等州」節度使，贈太尉；父諱縱，皇陵州刺史；皆儒術傳嗣，風」烈光揚。夫人即陵州使君之女，博陵崔君之妻也。禀」柔成性而美令儀，及作嬪君子，有沼沚之光華。以大」中元年五月五日疾終於東都集賢里之私第，享年」廿有三。嗚呼！娥月寢曜，彩日沉輝。博陵君悼追齊體，」傷斷女蘿，驚叫怨於穹昊，哀慟連乎親戚。以其年十」月廿八日葬於洛陽縣清風鄉諸葛村之北原也。有」子曰元，曰象，曰小象；女一人絶幼；皆呱號傷人。崔君」以夫人門緒懿德，可紀貞石，命陟編序而爲」銘曰：

洵美灼灼，玉潔蘭芳，天道不祐，人世不昌，」形遷東洛，影晦北邙。」北邙之陵兮陌連都邑，伊川之左兮煙樹相望。」雲去巫峽兮暮雨隨。劍別龍躍兮雙無期，」何去何來杳莫知，佳城永誌今在斯。」

（周紹良藏拓本　河南千唐誌齋藏石）

大中〇一七

【蓋】　長樂馮公墓誌

【誌文】

唐故馮府君墓誌銘并序　鄉貢進士節度隨軍劉南仲製」

府君諱廣清，字元濟，本姬周之盛裔，後分望於長樂郡。先祖事」楚爲台鼎，事漢爲大樹。曾門皇諱　字　祖門皇諱　字　累授品」位列郡爲郎，枝葉芬敷，散於海內，從文及武，光蔭門闌，如鳳超騰，彩耀」雲路。唯府君溫潤從性，信義在心，行禮則於故交，布周旋於軍府。去長」慶之初，廉使烏公擁旄横海，察其忠孝，悉其功勞，累遷職爲十將。公禀」荆玉而明白，同月桂以芳香，志好外書，心崇内典，不昧薰茹，長持藏經，皆以手書，讀」念川注，身即上事旄鉞，心且懸於釋門。比蓮花之相，以清淨爲根苗；若金石之原，以堅」貞爲道本。常得衆列高仰，上士仰風，爰至于今，善名不朽。豈爲暴徒逆命，結禍亂」天，上縱兇殘，下染君子。烈炎焚野，災及雲蘿；雷電震空，惡盈松竹。府君時爲」將領，攸適莫知。

時享年六十有二。夫人潁川韓氏，禮儀婦德，齊於敬姜；訓子擇」鄰，同於孟母。四德之風尚在，三從之教儼存。豈期壽命不延，幽冥去速，時年卅」有三而終於夫之故園，一男五歲，一女二齡。府君慜覩兒女，早失慈親，再婚彭城曹」氏，撫養偏露，過於己生，哀念良深，並已成長。男繼宗天授聰穎，文藻日新，入事」旌旄，便榮驅策，授義昌軍節度驅使，官婚隴西董氏，男一襁褓，女二幼沖。女」十五娘，適於王氏。曹氏時年七十有五。以大中元年九月三十日而終於滄州城內明經」坊之寢位。嗚呼！婦德聲在儀質沉泉，日月慘傷，悲助荼苦。恐以年代延遠，遷」葬漸遥，遂以其年丁卯十二月壬辰下旬七日，卜地於滄州清池縣西南十里成村爲」塋域，遠招亡父之靈魂，來歸勝原之墳墓。莫以逐勝他土，神儀散遊，此者是」府君之故鄉，祖父之郡邑，速離他土，來祔新塋，丘隴永安，封原不變。恐後天地」輪改，海岳有移，故製斯文，鐫在貞石。銘曰：

人賢君子，温潤容儀，令望遠播，芳名世知，上事旌鉞，忠孝不虧。」唯尊釋教，讀念受持，不食葷茹，不飲醇醨，習吉積善，歸於釋師。」今擇勝原，安製墳墓，府君夫人，同泉禮祔，天地保慶，山川長固。」明明龔月，灌灌薤露，百櫝千松，萬年衛護。」

（周紹良藏拓本）

大中〇一八

【蓋】郎氏墓誌

【誌文】

唐故中山郡郎氏夫人墓誌銘并序　前盧龍節度驅使官宣德郎試太常寺經律郎賈暄撰」
且夫陰靈膺運，憶之有虧盈；人之生也，則有乎脩短。然乎□」可懿歟。夫人中山郡肇祖灌之苗焉。曾祖諱日知，南衙□」軍試太常卿；皇祖諱餘仙，滑州刺史御史大夫；父諱」遷晟，馬軍大將試太常卿。夫人則卿之第十一女也。適於節度」押衙兼監察御史清河郡張氏字榮秀。英姿在躬，藝術精」博，克忠於君，克孝於家。夫人自事德門，良渝歲年，柔明」稟靈，莊姜厚己。奉舅姑懿聲敬恭之節，猶瓊林益芳，珠」浦增潤。精乎儉約，兢兢内則，志性寬柔，諸姻之敬也。夫人家傳」令德，碩韞機猷，爵封二天，榮崇五馬，能不傷歟？育一子，」字惠達，有仁孝聰惠之譽；娶於王氏，有均哺之德也。」夫人享年七十有三，大中元年十一月而遘疾焉，十」二月十日終於銅馬坊之私第。明明天鏡，悲無再」覩之期；寂寂泉扉，歎幽魂兮獨處。取大中二年正」月廿四日，卜葬於府城北昌平縣東南相公鄉」顯固村東南一里之原，禮也。刻石爲誌，千齡而後。銘曰：
人間將謝，仙宮是還，金殿啓扉，瓊樓開閉。」風吟塞草，月冷松煙，綿綿萬古，神識何遷。河間俞弘禮書。」

（周紹良藏拓本）

大中〇一九

【蓋】失。

【誌文】

唐故吴郡朱夫人墓誌銘并序」

王畿古原，景臨清洛，皆茂櫝於上者，而德士所」嘉，如崗如砥，有唐朱夫人令德之墓。歸葬名地，」將以表德，謂夫人息席二旬，綿篤臨懵，始五十」有五，未遑幽顯之患。大中祀二歲五月廿六日，」奄于東都殖業里之私第。三代薄宦，壽竭中年，」而俸不出五十繩，位不過州邑掾宰。豐笄之年，」當納綵授娉於陳郡殷濤公，官試太子通事舍」人。有子一人曰璜，應進士舉未第。璜有子二：曰」頭郎、再郎。長子修順孫與夫人居嫡子之喪，嗟」廣惠之儀容，無郡禄而歸喪。乃爲銘曰：

端爽令肅，天間神清，智周百代，」壽奄千齡。孝節慈愛，均無重輕，」義廣鄉閈，弔夕哀鳴。蕙圃弭跡，」蘭芳墮精，庭除永閟，旭日晦明。」子孫泣血，神迷日月，半百盡生，」尚期衰髮。幽籍綿淵，大從此決，」藏石邃居，萬非毀滅。大中二年七月四日記。」

（周紹良藏拓本　河南千唐誌齋藏石）

大中〇二〇

【蓋】失。

【誌文】

唐故汝南周君墓誌銘并序

君諱文遂，字道從。祖諱嵒，先父諱通。君即通之長子也。幼讀儒書，長而習禮，弱冠之歲，咸譽所知，內孝親姻，外穆僚友，不能苦濫於琴酒，乃綰職於監司，」三五年間，榮譽可奬。何期未申公表，奄卒壯年，嗚呼！霜劍摧鋒，鳴琴絶軫，春秋卅有五，大中二年三月十五日，終于天長之私館也。以其年十月廿九日祔于先祖妣王夫人列域，以爲窀穸禮也。娶弘楊氏，恭孝内諧，轝案從禮。一子三歲，名曰小君；令弟二人：曰文遇、文造。悼鴒原而遽絶，誰濟急難？桐荆榦摧，雁行何續。敢忘兄友，銘誌弟恭，固請長詞，用彰後紀者焉。銘曰：

嗚呼周君，世命奚促？三十五歲，禍來衝福。手劍摧鋒，身紳棄玉，欲濟舟傾，風前失燭。一旦歸冥，百齡何贖，千歲之中，再生王國。

（録自《金石萃編》卷一百十三）

大中〇二一

【蓋】失。

【誌文】

唐齊州司馬馮翊魚君故夫人滎陽（下缺）」平盧軍節度掌書記承奉郎監察御史裏行田（下缺）」翰林待詔中散大夫鴻臚少卿上柱國吴縣開國男食邑三百户賜緋魚袋朱（下缺）」

夫人諱德柔，姓鄭氏。其先累代家于金陵，曾大父贈司徒□，□」父贈司空祐，皆以太后祖考追顯。司空生今平盧節」度使檢校工部尚書光，夫人即尚書次女，南陽郡君樊氏出。」幼而明智，及笄有淑德，故尚書、郡君加愛之，其委以家政。若」當室子。始滎陽公以帝舅召，渥澤隆顯，當代莫比。」密□宣寵賜，使騎繦屬。軒蓋隘朱閥，歌鍾羅廣榭。繁侈四會，助」爲輝華。時郡君已抱恙，至于肅軌制、量出入，獨夫人親之，」靡不折中，其幹敏如此。暨滎陽公建節平盧，夫人以嘗藥」之憂不行，旋丁郡君艱，哀毁過禮，親族莫能止。痛疾攻耗，日」劇綿頓，以大中二年二月廿九日，殁于上都興寧里第，享年十」六。嗚呼！其存也有懿行，其殁也以孝道，詎不爲賢列哉！司馬魚」君，良士也。雅有詞學，每悼其嘉配倏然，不克有嗣。會離榮謝，宛」如一寐：傷神之苦，幾不勝懷。以其年十一月十日，從郡君靈」車，葬京兆府萬年縣崇義鄉白鹿原。未歸夫族，祔女氏之黨，禮」也。絢謬以書奏從滎陽公府，覩公追傷感嘆，有投車」之痛；因奉命刊紀，以虞陵谷。皆傳公之意，不華其詞。銘曰：

天大華族，慶流重重，是生夫人，令美斯鍾。柔順其道，婉娩其」容；德善不孤，亦克良從。逝水奈何，蕣華如電，珠墜深壑，蘭敗秋」霰。靡錫延長，空資淑媛，神道茫然，斯理何辨。哀挽晨啓，霜蕪野」平，二兆連封，若待于生。寶鳳皆委，菱花尚明，蕭蕭松栢，萬古」佳城。

天水趙季隨刻字」

（録自《西安郊區隋唐墓》）

大中〇二二

【蓋】失。

【誌文】

故京兆韋氏夫人墓誌銘」

夫人南陽張氏，曾祖曉，皇祠部郎中；祖伯」嘗，皇京兆府雲陽縣令；父沼，皇黔府觀察使」贈左散騎常侍。夫人即常侍之次女。年十六，」適京兆韋頊。如賓之敬，迨今十有八年矣。夫」人天生婉淑，性本孝慈，恭竭宗親，辛勤婦道，」謂其福善，壽享期頤，遘疾有加，攻達無效，遽」歸泉壤，天不慭留。以大中二年十月十四日」終于東都行脩里之私第，享齡三十三。有女」一人曰崔五，年十三；男二人，曰彌勒，年九歲；」裴六，年七歲。以其年十一月十六日歸葬于」河南府洛陽縣平陰鄉邙山之原。悲夫！有生」必終，自然至數，共盡之理，夫復何言！頊追痛」靡及，詞豈盡哀，銘曰：

洛水之北，邙山之陽，有淑德者，」封乎此崗。」

（周紹良藏拓本　河南千唐誌齋藏石）

大中〇二三

【蓋】失。

【誌文】

唐故鉅鹿魏公墓誌銘記　鄉貢進士河東薛承彪撰　陪戎副尉守右威衛沁州延攜府别將員外置同正員上護軍右龍武軍宿衛守右屯營軍押衙魏仲連」

公諱仲連，即河北人也。襲勳累爵，榮位久崇，應世昌猷，蔭光九嗣。」公祖諱琦，富從雲性，性慕不束，惡宦秩之禄，求處士隱逸，得志弘達，公」先帙綿遠，不備重紹。公凡三娶，起自清河郡張夫人。夫人也，不終」延祚，早遘幽窆。次即美眷舊耗，繼續姻從，亦夫人之愛妹也。噫！不」延永壽，禍侵室幃，又捹玄夜，今則祔從，一歸于禮，即始娶」夫人之大葬矣。公有弟曰勉，乃不禄，先於而歿，已遘玄邃，痛」年歲將久，乃不備於文矣。公有姊有妹早娉，君子之儀風，英人」之郡氏，嗟呼斯已，先居幽室。公有男二人：長曰文誠，則生當美藝，孰若」大才，武文器備，體守君子之道，惜乎早歸泉壤，沉仁德於玄冥；次子」曰爽，累效戎麾，文班備帙，職授東都留守防禦散將。公即嗣光隆」逸，門紹榮風，幸達遐推，恩傳衆擢，肅肅內外，侁侁守躬。公忠孝雙」伸，秉修循則，自引崢嶸之量，懷金石之貞。陔六藝於心襟，重五全之遍」討，復以中崇温潤，抱風秀而得誠懽，名著華軒，曷敬敦德，斯也懷於寶」而迷斯邦。公侍省自宅，榮運昌隆，有弟有子，并烈班行，進非因士，退」無撓人，乃受禄食俸，謹見推讓，侍顏情重。則享年六十有九，」寢疾就醫，療徵不痼，於大中二年秋九月十八日傾歿於清化里之私」第也。且子男之苦，屠肝膽之煩冤，眷戚咸哀，莫不復禮，即大中三年二」月十一日卜兆原壤，踞河南府洛陽縣平蔭鄉積潤村祔先塋，之禮」也。復慮丘陵變境，地引侵規，千古無憑，欲勒石昭紀。彪與公分愛告伸，」銘文且哀，至孝之情，感傷心骨，乃受於請，斯著于述。乃銘曰：」

君子之道，孰先自殤；君子之美，孰存而祥。英仁之德兮莫之」自惻，□榮業安兮後之隆昌。嗚呼！千秋萬古，松櫝翠蒼，玄冥杳」兮風悲，白楊託貞兮雕紀，崇□禮兮書之此章。」

（周紹良藏拓本　河南千唐誌齋藏石）

大中〇二四

【蓋】失。

【誌文】

唐前汴州尉氏縣尉劉搏妻孔氏墓銘并序　文林郎守河南府參軍魏鼎撰并書」

嗚呼！有唐大中二年戊辰十一月，南至前一日，前汴」州尉氏縣尉彭城劉搏妻魯國孔氏疾卒于東都思恭里」之私舍，年廿九。明年二月十一日，窆河南邙山之杜翟原」劉世之塋，不兆於斯，既權也。夫人從祖兄今尚書右」轄殿虢州曰：夫人之未歸，因戒之曰：爾廿七兄温質，從事」大梁，爲爾求夫，唯資官也，吾粗爲慰。堂有姑，謹慎從爾姑」之言，無落吾之家訓，勤婦道，遵骨肉，間屬爾從夫之意，」無忽吾之所制。夫人謹聽遂奉姑，姑甚愛，事于大夫常敬。」桃之夭夭，春霜忽焦，一旦夫人當年而殀，孰不以兹興歎。」曾祖如珪，贈起部侍郎；祖岑父，贈司空；父戳，皇監察御史」著作佐郎。生二女一男，未離童嬰，所以親族銜悲，撫存而」哀往。初也，鼎與少府頊同安郡閭里之舊，請以爲銘，銘曰：」婉婉夫人，生于德門，主饋承事，實遵令昆。」良人誕喜，庶幾榮親，天奪人志，詎致鰥身。」兒女孩提，豈知母恩，但覺羸悴，傍見酸辛，託銘斯在，旌彼幽魂。」

（周紹良藏拓本）

大中〇二五

【蓋】失。

【誌文】

故滎陽鄭公墓誌銘并序　朝請大夫守德王友攝殿中侍御史上柱國分司東都劉曾撰　朝請郎前行鄭州中牟縣丞王宗幸書」

巨唐故銀青光祿大夫、檢校太子賓客、翼王府司馬兼侍御史、上柱國、陽武縣開國侯、分司東都鄭公諱」鐈字，京兆人也。曾祖試右衛長史諱崇，祖鄭州原武縣尉諱寂，列考不仕諱芬。公望本儒流，」時稱甲族，冠冕相襲，代不乏賢。公少工儒學，早歲從事，將相王侯，無不相善。初爲佐郡，兩踐」朝行，優游帝都，雲霄自致。公氣鍾端厚，才適變通，諒直足以通神明，清貞得以貫金」石。懷事君之大節，資奉主之公心，動必依經，言皆合禮。公享年七十有六以大中二年四月廿二日薨」於洛陽縣臨里之私第。公弱冠娶清河張氏早亡，祔先塋之側，生一女，適潁川陳氏。再娶夫人天」水趙氏。夫人雖先物故，與公已同受偕老之榮，生一女一男，皆淑德有聞。男少習詩書，次女適中山」張氏，男實承其嫡。嗣娶太原王氏，故太師王公親姪女也，四德畢備，乃大族之女也。實聰敏」奇秀，方同古人，孝道禮義，自家而成，不假求於古儀矣。適褐授常州參，今爲丁憂。鳳翔」節度相府博陵公籍其幹能，奪情署衙前兵馬使兼押衙。公以大中三年二月十」七日卜洛陽縣平陰鄉北淘村，與天水郡君夫人合葬，喪儀畢備于邙山之陽。恐陵谷」遷變，遂命彭城詞人劉曾遵舊史作詞曰，況余與公爲友乃三十年之交，敢不爲銘」其泉宮，以光故人之耿列。銘曰：

間生我公，神與英風，長于京國，從事徐戎。連帥知重，」累參武幕，官歷憲秩，位登朝閣。長年思靜，公務東周，」總司宮闕。親族悲啼，漕水嗚咽！愁雲慘悽。哀哉嗣子，」號痛終天，請刻瓊玉，以光下泉。

天水郡君夫人去會昌五年十一月十七日葬于洛陽縣平陰鄉杜翟村，二月十七日改葬，合祔于北原　府君之塋。」

（周紹良藏拓本）

大中〇二六

【蓋】 失。

【誌文】

唐故上谷郡張府君墓誌銘并序 妹壻攝易州録事參軍兼軍事判官陳軒撰」

府君姓張，其先上谷人也。洎遠祖太師致立易定，節制易定，以其樹功勳之德望，建軍府之」基業，肇自隆盛，占於一時，則太師之跡也。恃機關之節操，懷勇略之果決，心志浩大，罕敢儔匹，是以薄」清河之舊望，誚范陽之本宗，乃自愴因依，繫于上谷，實太師之始也。府君即太師之宗也。」曾祖庭光，少立朝班，勳名肅著，早列崇貴，功達金闕，名振朔易，天子佳之，又以北門控」扼國之大要，興元年，拜上谷太守。德重山嶽，諒包四維，其來綿遠，不及備載。曾祖母夫人王氏，訓」習家風，傳之世代，教其後嗣，實爲賢良。祖英竭，不墜勳風，紹居崇職，官亦顯大，禄尤不絶。」祖母夫人陳氏，即司空之女弟，□立慈訓，不失母儀。乃□積善之門，豈絶成家之法。父政文，」幼習軍書，復宗儒學，仁□爲行，内外爲規，以是官列憲臺，職崇軍握，兢兢業業，」如臨春冰，乃公之實録也。長慶元年，公外氏按節博陵，遇幽燕狂寇，率兵而來，劫脅我軍，遂選將」爲敵，以公攻之，是爲外扞。陳太保□舉之義，古人不避□計矣，汝難辭之。乃賜戎馬數十騎，戰衣」一襲，加以貔虎之衆及螯狐。以孝奉親，□□不變，乃署永清軍使，公遂行。軍人笑歌，閭巷嘻嘻，我公來矣！」我族安矣！幾數會燕卒作叛，來以爲□是時公雖養□□之衆，難排犬羊之仵，力殫勢折，孰可禦之。」赴難報國，豈憚於一死，乃累戰不勝，遂殁□鎮。繇是公之外氏，□□爲恨我生之赤也，雖割妻兒之愛，乃成」軍國之勇，嗚戲！真成家報國之士，訓□誡孫之義，古□難矣。府君名鋒，字子剛，傳襲爲後，」繼先祖也。府君外氏姓紀，儒學傳□□强壯之際，幼履軍府，累遷崇官。府君自盧尚書領戎，洎韋尚書出鎮，兩使相計，迭稱□□□知軍府奏監察，廉儉是先，守法爲本，孜孜善道，有」如饑寒。奉親絶倚門之疑，教弟多仁孝□□□崇，規矩轉嚴，門無雜賓，家絶美膳，其爲儉也。」府君夫人史氏，涇源尚書論之長女也。承公□□□□公之軌模，雍雍穆穆，實越輩流，此皆府君之誘」化也。如此方將于飛以蹈榮貴，奈何夫人構□藥餌不及，云亡終於延州寧國坊之私第，享年二十有七。」權厝北郊，近欲二載，墳土尚濕。府君□□年華方盛，□髮□□不幸短命，以大中二年五月十三日，亦」終於前里之私第，享年四十有一。嗚呼！考□哀哀，聲悽日夜，六親無依，弔客悲咽。有男二人，長」曰劉十，次劉十一；女一人，名曰侯五。哀哉孤□□□叫莫及，□□過門，至可哀也。有弟二人：長曰銖，」見充義武軍節度衙前虞侯；次曰錫，□家治道。□□□□傷手足之缺折，恨有于之長往，」以大中三年二月十七日，合祔於唐縣唐城鄉東張村古原，之禮也。慮墳闕陵夷，子孫漂泊，乃命親」友，剋石誌之。其銘曰：

如竹之貞，如松之堅，□物爲蠹，亦能□焉。」府君少年，英而復賢，職越流輩，孰居其先？堂有老親，家有幼子，尚可愛其生，」嗚可聆其死！高墳峨峨，春草依依，雙親在野，□□同歸。往者可哀，存者可悲，」凡日内外，泣涕漣洏。

義武軍節度□要、將仕郎、試太常寺太祝李緘書。」

（北京圖書館藏拓本）

大中〇二七

【蓋】失。

【誌文】紀元「大」字下泐，不知其爲「大曆」抑「大中」，姑繫於大中下。

故濟陽郡蔡夫人墓誌　五經周群撰」

夫人温温恭人，剋道崇衆，秦漢自邇，枝葉怡然，史籍具書」□□載。七代祖英，正議大夫、晉昌郡王、食邑三百户、知軍」守冀州司馬；曾祖偵，皇試家令寺主簿；祖（下泐。）」試太常寺協律郎；父穆，高道不仕，耽悦羣書，陳詩（下泐。）」知難而退。夫人即處士之長女也。夫人四德早著，令（下泐。）」彰適南陽□立太廟齋郎出身，調選臨岐，遘疾而殞。（下泐。）」有子曰知禮；女二人：長適吴郡錢克規，前試江州（下泐。）」有經邦之才，達人之志，行忠孝以撫孤幼，卹惸獨（下泐。）」□人，禮義備修，仕之上也；次適長樂馮行宗，職任（下泐。）」自握權管，衆所美焉。夫人惠淑温柔，玉潔蘭馥，外（下泐。）」親族，内□令儀，九族之中，無不咸悦。時年卌九。大（下泐。）」三年四月九日終，以□年八□□四日葬于舒州（下泐。）」寧縣峴源鄉北團里山□之□嗣子知禮，備以（下泐。）」□經號踊，悲哀感鄰。恐谷異遷，剋石爲記。」銘曰：」

□水清兮天慘風凄，貞姿柔德同歸兮□」□今齊，青龍白獸衛兮蟠右蹲西，□□□□年（下泐。）

（録自《安徽通志金石古物考稿》二）

大中〇二八

【蓋】失。

【誌文】

唐故文林郎守江州彭澤縣尉王府君夫人清河郡張氏合祔墓記

君諱常散，京兆三原人。曾瓊，祖馴，高尚不仕；皇考恒，左羽林軍將軍。君第六子也。貞元乙酉歲勳蔭釋褐，授尉彭澤直□□。元和四年己丑，□于京師，歸葬三原，享年四十二。夫人清和郡張氏。有子三人：長智崇，前武昌軍節度押衙兼監察御史；次雲居，入道内供奉，講論大德，開成四年己未仙化，祔瘞玄靜先生塋；次賨□，京兆府孝德府右果毅。夫人大中二年戊辰四月十二日終布政里，享年六十七。時議歸祔，卜筮不從。明年己巳□□廿四日於長安縣大嚴村龍首原。自三原起舉，合祔茲塋，蓋已祔君□道門威儀，賜紫謚玄靜先生季倫□也，内外宦官，并載兄誌，此其簡略。慮陵移谷變，代易時悛，故紀佳城，終古不泯也。　直北去玄靜先生塋約三百步。

（録自《陝西金石志》卷十八）

大中〇二九

【蓋】失。

【誌文】

大唐劉處士夫人安定梁氏墓銘并序」

夫人之先，肇自軒轅之鼎族，英靈旋秀（下缺。）」□□早哉玉斗銀河之氣，梁氏先閥，有如此也。自高（下缺。）」□迹襲曳裾王庭，不克殫録矣。顯考名邕，藝冠（下缺。）」□羣史，高蹈不仕，賁於丘園。夫人第三女也。洎歸夫族，因（下缺。）」於永濟縣貝丘鄉南蘇孟村。夫人鳳□揚魄，穠槿舒華，葳蕤□□，」遠接奇峰之□；□約□容，近映幽巖之雪；即夫人之天姿也。□」風吹絮之景，有詠閨□；遲日臨花之□，無違閫閾；即夫人之婦德□。」七子馴教，二鄰是卜，愛而□□，□而有則，即夫人之母儀也。識達玄微，」情通志理，逮嬰綿瘵，自知□□□之日，命諸子弟而誡之曰：吾」疾甚矣，必將終乎？夫生滅人之常□□□年過知命，不爲夭枉，汝勿」深恨。吾歿之後，務從儉薄，以素棺時□□□古來厚葬，無益死生，」汝宜慎之。夫人言訖而歿。嗟乎！流晷誰駐，良時易失，永謝芳筵，長」辭白日。春秋五十有六，大中三年三月廿日，終於私第。育子四人，二男二」女：長男元晟，次男何誼，咸□絕漿泣血，食蘗茹荼，追思遺誡，幾□」殞結，時人皆謂劉氏子可與張仲爲儕。即於當年十一月十六日」窆於先營。瞻孟津於青龍之左，□御溝於白虎之西，眺魏都於」朱雀之前，倚甘陵於玄武之後，可謂地得瞻腴，人皆金璧，封崗鶉」□，佳城馬跡。慮以時遷，故茲勒石，銘曰：」

□歟淑媛，金堅玉溫，□□盛族，聲繁德門。仙娥授魄，靈祉猶存，」□□芳杍，門列長筵。沈瘵□□，雍志逾堅，勸勉中外，殷勤簡編。雲愁柳慘，霧□松煙，哀哉寶鏡，沈於下泉。」

（録自《中州冢墓遺文》）

大中〇三〇

【蓋】大唐故吴府君墓誌銘

【誌文】

唐故濮陽郡吴府君墓誌銘并序　鄉貢進士太原郡王制撰」

越若稽古。濮陽吴君家居河南府鞏縣孝義鄉子來里，創安家業也。祖諱清；父諱仲殷。崩于」己巳，享年五十有七。好習墳典，博覽經書，德行過人，」鄉曲稱美，廣有生業，是人之福也。授禄居職，右有賢」能之行，天使舉用，去會昌五年，補充加職洛苑使巡」官兼都押衙。上天降哭，卑墜賢良，嗚呼！於大中三」年九月廿一日奄終大夜。妻戴氏，哀號痛切，觸目無」依，何圖今日，天地俱移。嗣子直方，泣血崩五内而何」追。有女二人，長女十娘子，適事高氏；次女廿娘子，年」未及笄；悲號痛百身而莫贖。子母相謂曰：恐」歲月屢遷，星霜變改，乃卜期宅兆，即已大中三年」歲次己巳閏十一月四日歸窆于侯山之西。乃虆荆」憲兆，二室前臨，東望侯峰，西昭呰，一川秀氣，盡」納于玄堂，使神理昭然，冥靈有據。恐年代深遠，」陵谷貿遷，故刊石爲銘，其詞曰：」

嵬嵬造化，元首乘攻。森森松路，白楊之風。」立誌千古，惟孝惟忠。志感感聖，垂念幽陰。」惟英聲，與孰問？方畢地，而終天。」

（《文物》一九六五年第五期河南鞏縣出土）

大中〇三一

【蓋】失。

【誌文】

唐故朝散大夫守陝州大都督府左司馬上柱國上谷寇公墓誌銘并序　通議大夫前守曹州刺史上柱國清

河崔耿撰」

皇唐大中三年冬十月十一日，陝州大都督府左司馬寇公寢疾，終于官舍，享年」七十有五。易簀前二日，命姪孫貢曰：爾將葬我，必乞崔耿文識我墓，我愿也。貢護」公喪歸東洛，來詣余，泣拜告叔祖臨歿言。耿承訃改服，哭於寢門，退念與公」世舊，俱家金谷側，鄰居審教、毓德南北里，交情甚歡，而不失敬，燕游笑謔無間，益」在其中，餘三十年，風雨不變，得全於有常耳。將序令猷，況辱遺託，遂直詞以紀成」公志。公諱章，字身正，其先上谷昌平人。出自帝嚳。蘇忿生爲周司寇，佐武王，遂以」官爲姓。至懿侯讓逃秦暴北適燕，因家上谷，後六代生子明名仁，仕漢爲臨淮守，」棄郡入王屋山修道，列仙傳所謂朗真先生者是也。朗真孫恂，河内守雍奴侯。公」二十代祖，詳於歷史家諜。曾祖景真，皇曹州長史；祖溶，武功丞；父塤，讀書有智」量，丞相張昭獻鎬器之，邀爲賓寮，歷温、鞏二令，終亳州司馬。公亳州第四子。孝敬」友愛，生而自知，性潔靖規檢，好學不倦。文詞簡舉，清潤無凡近意緒，篇詠風雅，才」麗有氣魄，其旨引善逐惡，扶世厚俗，然後炳發符彩。衆藝中尤嗜筆札，古今法書」遺跡，見之迎辯真僞，二篆八分飛帛聯綿之流亦兼通。元和初，隨鄉賦應進士科，」不能巧趨蹌，乃歎曰：凡我憙尚，與時背馳，持此而企求得所欲者，是逆坂以走丸」耳，不如歸去樂。赴所知，表授福州兵曹掾陪參幕庭，後尉岐之天興，以大理司直，」監察、殿中二御史從馮翊長沙計司兩侯三府事。大和末，退居舊里，復以侍御史」佐義武軍行臺於博陵，拜偃師令，昇贊善大夫，分司洛邑，改陝州司馬，仕用家理，」理可知也。夫人滎陽鄭氏，父毗，司馭丞；祖穆，榆次尉。以才惠專靖宜公室二十七」年，姻黨稱之，先公十七歲，終于潭州，歸祔皇姑于河南縣金谷鄉邙原，貢得龜報，」啓拭夫人塋，以四年正月乙酉奉公合祔焉。不幸無男子，有女子子三人，長奉釋」氏爲比丘尼，早終；次適義豐尉范陽盧策；幼未歸。公諸祖諸父：崇賢館直學士修」國史景初，司戎少常伯洮、南陽守洋、司勳郎中鍰、司平大夫錫、徵君鉦、孝廉鈞、秀」士鍔、告成主簿鐈、秘省校書坦、大理司直永、蘭臺侍郎巒、伯氏明州司馬奭、伊闕」尉亢、處士京，事業皆昌聞於時，與遊必當時秀傑人。自開元已來，以寇氏爲多賢」才。貢秉尚有家風，侍疾襄事，能盡其心力於今日，無他腸之人歟？銘曰：」

行已貞兮藝又備，徵前言兮宜富貴。嗟乎哲人，生何不辰？徒信書而望古，涵無際」兮邃以溥。鄙依世兮不泅不穮得於心，聳德聲兮響玉振金，貫生化之間無所愧，」總羣懿已矣吾友，順至性兮侍松闈于邙阜。」

潁川韓隋書。」

（周紹良藏拓本　河南千唐誌齋藏石）

大中○三二

【蓋】失。

【誌文】

唐故正議大夫行內侍省內府局丞員外置同正員上柱國太原縣開國男食邑三百户賜緋魚袋王公墓誌銘并序　將仕郎試右監門率府録事參軍劉景夫述

公諱守琦，父皇任朝散大夫充內酒坊使諱意通之第九」子也。公早朝禁掖，旋授勗恩，配賢父天，實遇慈昊，訓」以文藝，卓以詩筆，教以温常，誡以廉克，仁德播於流𡵓，特」選名於肘掖，恪恪奉主，孜孜在家，貞清絶邁於古賢，硎」聽全逾於往哲，斯可爲天之祐也。故得常居寵秩，朱紱」銀光，握恩不樹於先宗，焕彩實暉於後嗣。貞元十二祀」入仕，大中三載退歸私第，因寢疾崩於歲十二月十五日。」緣久居崇秩，先塋稍隘，爰於舊墳西南隅創建斯塋也。」伏以先墳高聳，碑秀峨峨，族裔具書，此不列之。公先夫人」張氏早喪，附在大塋。嗣子四人：長曰從祐，遄而往逝，亦附」大塋。今夫人謝氏，追念前恩，怨嗟煢獨，哀慟過於斑家，」調訓同於孟母。今至孝男允實，次曰從盈，又次曰從泰等，」嗷嗷血淚，逾甚高柴，啓侍晨夕，殊邁曾晳。生事已畢，葬事」將塋，宅兆吉辰，用刻大中四年正月廿三日禮葬。鄉曰崇」義，村號南姚，土事銘詞，因斯建也。銘曰：」彤彤王公，穆穆和恭，侍親以孝，事君以忠。」四科畢備，書劍全功，能章禮樂，能揚國風。」少承光寵，暮乃將退，居上共宗，居下共愛。」身殁名章，魂消譽在，劍鏡人仁，孰不欽賚。」

（録自《金石續編》卷十一）

大中〇二三

【蓋】失。

【誌文】

唐故硤州司馬滎陽鄭府君前夫人范陽盧氏墓誌　彌甥監察御史裏行李寬中撰」

夫人盧氏，范陽人也。皇朝司農卿萬石之」曾孫，漢州别駕昭之孫，陳州司倉參軍脩之第」二女。年廿五，歸於鄭氏。夫人族冠山東，被曹」孟之訓，凡克勤婦道，嚴奉禋祀，于兹廿五」歲矣。遇寢疾沉痼，以元和五年正月九日終」于江陵府莊敬坊之私第。嗚呼！霜殞脩篁，火」扇温火，神理何窮，天不可問。嗣子繼郎，年未」弱冠哀毁老成矣。今以其年二月二日權厝」於江陵府江陵縣金堤鄉平原，越以大中四」年二月十二日啓護歸東都，四月一日祔于」河南縣梓澤鄉續村鄭氏之先塋，禮也。用」刊貞石，但紀歲月而已，故不備諸德云。」

（周紹良藏拓本）

大中〇三四

【蓋】失。

【誌文】

有唐故文林郎試太常寺協律郎騎都尉雁門郡解府君亡夫人上郡蔡氏墓銘并序　長樂馮堪紀上」

大中歲次庚午正月八日，夫人没于揚州揚子縣通寰坊之私第，」享年七十六。以其年夏四月十三日，祔葬于縣之西風亭坊之南」原，封之若斧者，禮也。夫人列考諱琚，而生夫人。夫人既笄，移天」于協律府君。府君諱少卿，其先漢高士，功德景行，載在方册。」府君大父暈，列考琚。府君束髮入仕，無人非鬼責之悔。洎」夫人光媲德門，行高六姻，脩身勞積，令聞載穆，至於協律，夫人」有子三人，女二人：長男牟，敬讓貞信，卑以自牧；中男章，凛凛」寒玉，丈夫之雄；小男申，不幸早亡矣。長女適邵氏一人，次女適顧」氏，早亡。噫！人誰不終，既壽且哲，生隨孝子之榮，没祔義夫之穴。次子」章，哀昊天之重，懼陵谷之變，見請文斯，備金石刻。愚感解公」之內行，足以質諸鬼神，孝心可謂動乎天地，援筆叙事，將貽不朽。銘曰：」
鸞鳳和鳴，其音鏘鏘，天道福善，靄錫餘芳。蘭蓀謝馨，」冰霜讓潔，二女英華，三男人傑。盈而勿矜，持而勿失，」纍纍孝孫，扶床坐膝。逝波不期，愁雲將暮，哀哀罔極，」奄忽霜露。白楊悲風，永閉泉宮，杳杳長夜，與天地終。」

（周紹良藏拓本）

大中〇三五

【蓋】失。

【誌文】

鄉貢進士劉宣大中肆年伍月」拾伍日，因疾受終綏福里，卜宅」兆於洛陽縣平陰鄉成村附」太塋，大中肆年柒月壹日墓誌」銘。」

（周紹良藏拓本　河南千唐誌齋藏石）

大中〇三六

【蓋】失。

【誌文】

唐故天平軍節度隨軍將仕郎試左内率府兵曹參軍李府君墓誌銘并序　承奉郎前行沂州承縣尉上柱國陳圓撰」

府君諱　字惟一，其先隴西狄道人也。代襲簪裾，故略而不書。」曾祖諱　世傳儒雅，高上不仕；祖　清廉秀雅，少習詩書，惡爲」趨塵之吏，亦慕先人之風，處其士而宦；考鄖，風著盛業，可武可文，」紹略詞才，兼濟於世，從所知　曾任奇職，亦當奇要，不樂守而退」其静，親遨雲水，逍遥自然。公即鄖之子也。風儒人物之盛，間代英」桀，造次莫得而比焉。少小以節行孤高，儒居道隱，卅餘載，詞調清」麗，賦有文華，雲歌月詠，外叨釋教，内究典墳，滋味道業，樂在孤寂。」告所知爲天平軍節度隨軍者，蓋遥籍其俸，以資所闕。公行非飾」外，言必由衷，謙謙君子，其儀不忒。嗚呼！春秋有六十矣，大中四年」五月一日遇疾，終於東都永豐坊之私第，以其年八月廿日歸祔」雒陽　里之北原　先塋，禮也。夫人廣陵高氏。母儀内訓，」令淑有聞，及笄之年，合彼君子。有子三人：長曰從周，德志清静，高」明柔克，習學究業於龍門之側，歲及弱冠，俟命未至，痛盛年之染」疾，乃先公而歿；次子曰敬仙，第三子小仙，俱孩而未就學，夙姿俊」秀，皆曰器焉。公貞幹於外，而慈孝於家，虚己披懷，惠無不逮，服屬」之内，孤而未受室者，長而未從人者，公皆已任其事，婚嫁各得其」所。圓忝同居郡里，承公之愛，備其攸事，奉命爲刊石，」誌文不敢讓。銘曰：」

惟我君兮，儒風風著，在生從事，遊刃而翥。倏斯逝兮，」杳然無語，號子哀哀，哀無已茹。松檟萋兮，嘉猷永佇，」刊以玄石，誌于其處。」

樂安孫漢章書并鐫刻字。」

（周紹良藏拓本　河南千唐誌齋藏石）

大中〇三七

唐大中四年瓷甖銘文拓片

【誌文】

維唐故大中四」年歲次庚午」八月丙午朔，胡」珍妻朱氏四娘」於此租地，自」立墓在此。以」恐於後代無誌，」故記此甖。」

（《考古學報》一九五九年第三期）

大中〇三八

【蓋】失。

【誌文】

唐陸君故夫人富春孫氏墓誌銘并序

夫人吴大皇帝十九代孫德之女也。令淑有聞，名傳四德，笄年歸于陸氏。君名瑛。有子三，二男一女。長男弘詵，次曰弘諮，并未有所娶； 女則初笄之歲，未有所歸。夫人以大中四年遇疾，百藥無徵，□靈靡究，即是歲仲夏月三日而終，春秋五十有七。男女號踊，泣洫摧咽，親戚悲噫，日月逾邁，龜筮叶從，於其年季秋月末旬八日而安厝富陽縣西廿里上黄山墓然而禮。墓則南登極峭，北達長衢，東西即富春孫氏之山矣。□慮年月將寢，故列塼記其誌銘。銘曰：

穆穆夫人，名傳四德，染疾不愈，殁歸泉路。蒼芒山谷，冥冥九泉，恐年月□，誌銘列塼。

唐大中四年九月廿八日記。

（録自《金石萃編》卷一百十三）

大中〇三九

【蓋】失。

【誌文】

唐故朝請郎行太子舍人汝南郡翟府君故夫人（下泐）」堂叔將仕郎試太常寺奉禮郎（下泐）」
夫人諱婉，字順美。我先祖渤海蓨人也。曾祖利慈，」皇太中大夫、太子僕贈揚州大都督；祖昇，皇開府儀」同三司，鳳翔、隴右節度觀察處置使，鳳翔尹，兼御史大夫，上柱」國，紀國公，集賢待制；父鐶，皇儒林郎行鳳翔府參」軍。夫人則紀公次子都官之第二女也。生禀敏慧，幼聞詩禮，」齠年孝讓，爰睦弟兄，節冠柔規，言成婉則，居無越思，動必循理，」曹氏誡成習在心，列女傳未嘗廢手。故知懿範出於天性，淑質」叶於坤儀。迨有行于翟氏，能輔佐以肥家，婦德備彰，内則之儀」遵奉；禋祀豐潔，蘋藻之薦方脩。洎長慶元年秋九月十四日，所」天傾喪，未亡節苦，哀毁過制，晝哭帷堂，如賓之禮無虧，齊眉之」歆罔闕。況以鞠育孤稚，勗其義方，蹈孟母之高蹤，子乃成器；慕」敬姜之芳躅，婦道聿脩。嗚呼！以仁而不福，是上帝不惠于我家也。」久嬰心疾，有增無瘳，惜也！聰智屈於促齡，茂德歸於長夜。以大」中三年十一月十一日殁于京兆府鄠縣宜善鄉龐保村莊舍，」春秋五十有八。嗣子曰虔，次曰騈。謀及宅兆，龜筮叶從，以四年」冬十月五日營窆於當鄉中龐村祔于先舅先姑塋之北阡，」孝之終也。噫！虔、駢等咸以泣血茹毒，有繼子羔，追遠慎終，克全」哀敬。府君猶子仲莒等，哀號永慟，息咽而復蘇；攀慕恩慈，號」咷而悶絶。立人以痛割五情之際，虔孫號訴以叙陳，緬其令範」外彰，何嬰内舉，遂抆涕抽毫而叙之。銘曰：」

昭昭柔德，大道奚塞，冥不可測。其一。寂寂幽録，碎沈珠玉，瑩不可續。其二。魄散旐歸，白楊風悲，淚零涕垂。其三。日往月改，松茂栢大，芳徽永在。其四。」

（周紹良藏拓本）

大中〇四〇

【蓋】失。

【誌文】

唐内莊宅使都勾官清河張府君墓誌　中岳處士暢曈撰」

府君姓張諱汶，字乾夫，清河人也。傳自漢代，簪纓家世，因喪亂」譜諜失緒，雖累代不擇而仕，皆顯名於一時。曾祖崇，祖先，考璋，」先夫人梁郡成氏。府君兄弟四人，棣蕚連茂，獨秀一林，長曰定」奴，童稚離愛；次曰從政，守内莊宅使都勾押官，居領袖之職；次」曰從簡，高尚不仕；府君在天倫之末。姊妹四人，賢淑有聞，皆脩」短先謝世：長適陳氏，次適陳氏，次適彭氏，次適陶氏。府君娶會」稽郡康氏，有兒女五人，悉未成長，且聰且惠，男長曰寅郎，年未」及冠，寄跡東都計司；次曰聃郎，次曰佇郎，次曰彭郎，皆在妙歲。「女百歲娘子，未笄在閤。府君性端厚深沉，雅重六藝，三端皆出」人表，善書得右軍遺跡，文華於朋儕獨步。早歲爲李相國」書記，相國出鎮興元，軍亂遇害，府君恩惠所至，免其禍焉，」因而歸省東洛，不欲更離左右，遂屈跡內莊宅，授都勾官。「雖居重任，不展長材，而紀律一司，始終無二，遠邇歎美，人無怨」咨。奈何寒暑忽侵，沉痾歷歲，藥餌無效，至于大漸，享年五十三，」不終天算，以大中四年正月廿一日告謝于東都樂城里之私」第。嗟乎，孤孀泣血，悽慟四鄰，一司失仁，若喪師友。以其年十月」五日葬于洛陽縣平陰鄉成村祔先塋，禮也。恐桑田有變，陵」谷遷移，乃爲銘云：墨精逸少，算妙弘羊，禄屈於材，名播於鄉。方期鴻漸，」以俟鷹揚，神理何昧，而喪忠良。「葉落林秋，草衰原荒，邙山路遠，薤露歌長。魄散窮泉，」魂歸夕陽，從茲永訣，地久天長。」

（周紹良藏拓本　河南千唐誌齋藏石）

大中〇四一

【蓋】　失。

【誌文】

唐故右內率府兵曹參軍朱府君夫人南陽樊氏誌銘并序

序曰：南陽之後，軒冕間世，最爲國內所稱。曾祖釗，皇明經出身泗州連水縣令。夫人連水嫡女。有兄一人早逝，唯獨子立。未登笄歲，歸於吴郡朱氏，」二紀輔佐，不幸居孀，志在掬育，悉知禮義。皇天不祐，大中四年七月廿日薨建業鍾浦之舊第，春秋八十有一。以其年歲次庚午十月乙巳朔十日甲寅合祔兵曹於鍾山之南善□里原，禮也。夫人遺息二人，女二人。長圓郎，將仕郎、前守淄州□平縣尉；次散郎，拔衆敏利迴戰史□□曰先仰；廿一娘適□□衛兵曹參軍琅邪王鎰；廿二娘適前太常寺奉禮郎潁川陳□。嗣子等泣血號叩感而爲銘，勒于貞石行焉。銘曰：

煒煒煌煌，洎漢貽唐，磊落軒冕，連綿琳瑯。令則和睦，于何居孀，提挈撫育，歷饉經荒。馮以積慶，福壽無疆，天不惠垂，玉潤迴藏，金爐歇豔，寶鏡休光，嗣子泣血，孝女絶漿。卜吉遷窆，鍾領之陽，禎栢森森，永剋嘉祥。男圓鐫。

（録自《古刻叢鈔》）

大中〇四二

【蓋】失。

【誌文】

大唐故蘇州長洲縣令孫府君夫人吴郡張氏墓誌銘有序」　親姪朝議郎守國子春秋博士上柱國分司東都頊撰并書」

秋七月，頊有從父舅弟之母喪。將葬，從父之孤奭先事之月」至，哀號頓首，訴于前曰：奭先妣夫人吴郡張氏實皇中大夫、」虢州刺史少師之曾孫，皇太中大夫、左諫議珦之孫，皇漢州什」邡縣尉、江陵節度巡官玠之女。外祖河南元氏諱牟。」夫人自歸于奭」先人，越四十有四年矣，今奭有罪，天惡不殺，而遭于家禍，卜宅有日，」貞石之文誌未具，敢以哀告。頊聞命慟哭，因敬其請，即以事書于石」曰：嗚呼！

昔我先叔父，其在元和二年初命爲蘇臺官，始有室。由是五年庚寅，」生蘇州司兵參軍嗣初；又乙未年，生進士奭；乙巳年，生荆門觀察支使、協」律克；戊申年，生進士瓆。有女四人，自長及季，皆得良配，最幼者亦已許人。」伏念夫人自歸我氏之初，中間相遠。二十六歲，我先叔父棄」背當世，夫人以禮主喪，行傳閨閫，以慈訓子，名聞今時，爲妻爲母之」道，斯焉備矣。大中初，始有恙，就醫于荆門之子，而蘇掾以官不得去，時奭、」克輩年尚幼，抱喜懼志，見於形色。自侍疾之一日，逹于三歲，食不知味，卧」不接夢，勞苦心骨，畢盡爲子之道，時搢紳節義之士聞之者，咸嘉尚而哀」敬之。嗚呼！天竟不以私報人而卒奪數子之志。當大中四年夏四月歿于」荆州之官舍，享年六十一。卜祔于我先叔父之靈，吉。遂節用其年」十月十七日合葬于河南府河南縣平樂鄉杜翟村，行周禮也。銘曰：」

昔嬪吾家兮環珮葳蕤，河洲興頌兮閨閫表儀。載吉其夢兮舉宗同」嬉，倐跌姜跡兮與孟爲比。男室女家兮後恨無遺，既出其生兮入固有時。」百年同穴兮淹速必期，北邙之高兮數極蓍龜，」先舅先姑兮列樹不差，于嗟居此兮唯靈是宜。刊石書事兮」永永閟兹。」

（周紹良藏拓本　河南千唐誌齋藏石）

大中〇四三

【蓋】失。

【誌文】

唐故内五坊使押衙銀青光禄大夫試鴻臚卿上柱國安府君墓誌銘并序」

府君諱珍。鄉貢明經王仇撰」
先祖安，世爲東平郡人也。大宗包籠萬國，脩文德信義，被甲持」戈，無不立大功也，英儒士悉書之爲國史焉。曾祖　，祖　，父諱昌，」皆禮儀克著，才有七能，經政居貞，家標史册。公即之長子也。以大」和八年五月四日内侍愛以忠直，重以敏捷，乃署公爲押衙。所冀勁」竹長榮，貞松永茂。誰謂逝波不駐，隟駟難留，以大中四年五月」五日寢疾，終於孟州河陰縣臨闤里之私第，享齡八十有四。」夫人費氏，謙柔是守，婉娩可敦。倏忽鳳桐雙折，龍劍俱沉，嗚呼！」夫人先於公一十七年抱疾而終。有子二人：長曰少夭，次曰楚卿，有子名」大經，少孤爲嗣子也。奉劬勞之訓，虲育養之恩，竭力盡忠，懇」誠葬事。即以其年龍集庚午十月乙巳朔廿日甲子合祔於廣武南原李村之禮也。慮陵谷遷變，乃刊貞石。其詞曰：
德水之」側，廣武之原，谷盤氣鬱，湍蹙波渾。武臺人絶，」粧樓鏡昏，遺芳貞石，千古長存。」

（録自《中州冢墓遺文》）

大中〇四四

【蓋】失。

【誌文】

唐范陽郡故盧氏夫人墓誌銘并序　進士王慈譔

□□積賢義，以訓于邇遠；規儀清標，固尚于鄉黨。夫人盧姓，□范陽郡人，開唐之盛族也。曾祖恂，皇絳州龍門縣令；祖雲，□部郎中、長安縣令、明州刺史；父灑，皇朝請郎、嘉州龍遊縣令；□陽郡路氏先夫人之愛女也。孩幼聰智，長全婦德，清鏡蘭亭□以無妄其鑒燭，珠翠鈿黛有以無妄其飾身，令淑謙損有若不□可□于君子雁門郡邵公，禮歸伉儷。夫人禮備于家，光發門□□稱于代，先後匪聞。夫人有二子：長曰進郎，次曰最郎；女五人，俱在室。□□□□□五月遘疾綿歷，莫瘳其神。金火之刻，醫餌之靈，五官之□，是月廿三日歿于壽州壽春縣五明坊之私第，血愛號訴，雲□□悲，二子童騃，□女未笄，庭室空然，魂去千古。夫人壽齡卌，大□□□庚午歲□十月廿八日窆于壽春縣儁造鄉左史坊壽□之東廿里偏，悲以陵谷互遷，在刻貞石。銘曰：

日光馳以瞬息，羣象動之若亡。福安久以終牡，壽熟介而可量。夫人貞明兮以光，泉户斯閉兮以長。山川早寒，丘阜凝霜。逝流不息兮隟影咸傷，歸魂□邈兮唯德之芳。

（周紹良藏拓本）

大中〇四五

【蓋】失。

【誌文】

唐故朝散大夫巴州刺史張府君墓誌銘并序　姪男鄉貢進士琪纂」

張氏自軒轅已降，其族繁昌，其源廣大，岐流濬發，枝派互分，官婚氏籍，時」稱盛族。遠祖佐漢平暴秦，首建大業，錫勳祚土，因而着望，故今爲常山人。」曾祖皇朝夏官郎中諱賁知，祖揚州海陵縣令諱文相，先府君」來州録事參軍、贈諫議大夫諱成則，公諱信，字不約，即諫議　府君第」四子也。幼稟純氣，生知懿行，體堅剛之正性，資儼恪以飭躬，和而不流，誠」以待物，士君子修身約己之道，庶乎無媿。釋褐德州平原尉，轉德州司功」參軍。或承檄按事，或主卸專名，皆强濟徇公，察明無黨，畏法自處，寬柔馭」下。由是官無曠業，吏不忍欺。故司空相國陳公首薦於滄帥李公，辟爲」從事，轉授試太子通事舍人，充節度巡官，由卑宦登賓席，而勤敏畏慎，不」懈于初。轉兼監察御史，移府於鄆。今之諸侯延賓府，禮賢俊，非盡能備籌」謀罇俎之事，徒繫官秩廩食而已。至於藩方有事，鮮能有濟危紓難者。」公利即推之，勞即先之，自滄洎徐，六年三徙，官丞府奏控馹騎，一歲七反，」曾不憚煩，以是同僚加敬，軍人飲德，其急病讓夷推厚居薄有如是者。府」罷，轉河南府陽翟令，地廣賦重，政繁民瘵，公悉條其利病，斥去奸豪，蚤」夜孜孜，以決曹事，檢身率下，以致刑清，遂遷巴州刺史。其理也尚簡肅布」和惠，寬以恕物，易而睦人，嗚呼！官業事行，留於郡府，休德茂範，殁而益彰。」以大中四年四月廿一日終於巴州之官舍，享年六十九。夫人博陵崔」氏，軒冕貴族，詩禮承訓，遵閨閫之範，奉組繪之勤，慕敬姜之晝哭，賦栢舟」而自誓，德容雅度，光宜媲賢，萬里護喪，哀而及禮。以其年十一月廿　日」歸葬河南府河南縣金谷鄉，祔于先塋，禮也。小子夙奉明教，特鍾」慈念，敢銘茂德，用播清芬。銘曰：」

高門華緒，世有懿□，猗嗟淑人，光繼明德，」行滿鄉閭，政留嘉跡。□原舊里，金谷新阡，」筮宅斯告，歸魂九原，勒銘貞石，永閟幽泉。」

（周紹良藏拓本　河南千唐誌齋藏石）

大中〇四六

【蓋】失。

【誌文】

唐故處士高平范府君墓誌銘并序　鄉貢進士太原郭珝撰」

范氏之先，陶唐氏之後裔，洎唐虞已降，代爲侯伯，至晉霸主，始封爲范」氏，其間崇顯，史策具載焉。府君諱義，字義。曾祖述，祖宏，父譽。公即先」府君之令子也。公幼禀奇節，長懷異操，嘗謂知己曰：予觀人之爭名，汲汲」趨馳世路，及得名禄者，十無一二焉。既得之必孜孜以守，守之不至，坐見顛」墜覆亡之患，何勞生營營以貽憂患乎？且衣食給足，以放逸無羈，盡其」修短之分，固予之愿耳。公深瑣屑榮達，高尚道德，事上盡其孝敬，撫」下周其慈惠，與朋友久而益敬，不好戲弄而親於學效，不好華飾而敦」於禮樂，上下怡怡，中外睦睦，深得家肥之道也。以大中四年二月十六日」寢疾，終於鄆州須昌縣賓德里之私第，享年七十有七。於戲！人之生世，」以仁德爲先，資生云用，以金帛爲事，樂生之道無逾於上壽，凡此」數事，公實備得之。然人之云亡，鄉里殄瘁，不亦惜哉？夫人汝南費氏，」德行素彰，母儀夙著，哀毁過禮，時所稱歎，撫公之孤，慈愛益至。」有子四人：長曰歆，次隱，次持，次隨，皆承公之庭訓，慕習儒宗，祚胤必」昌，琴書不墜，實數片崑山之玉，期遍折桂林之枝，門望轉清，時」輩仰慕。皆茹荼毒泣血，幾至滅性。生盡其養，没盡其哀，咸奉」遺命，靡所有闕。有女三人：長適隴西李氏，次適武功蘇氏，次適清」河張氏，皆盛族名士，實得嘉賓之稱也。以其年十一月廿二日窆于須昌」縣魯西鄉望山村之西原，禮也。悲夫！寒風滿林，葉墜平野，丹旐徐」引，轜車啓行，孝嗣孝女，痛何言哉！欸之昆仲，以珝久游門館，備」詳行業，泣請紀事，虞陵谷遷革，即年月可記，其文不足觀耳。銘曰：」公之生世，氣禀聰明，固守玄默，淡薄浮榮。俄辭明代，旋歸夜臺。」鄉里喪賓，賓朋共哀，佳城永閉，白日難駐，隴月長懸，松蘿空茂。」

（周紹良藏拓本）

大中〇四七

【蓋】　大唐故何府君墓誌銘

【誌文】

大唐故銀青光禄大夫使持節都督茂州諸軍事行茂州刺史充劍南西川西山中北路兵馬使上柱國廬江郡開國公食邑二千户何公墓誌銘并序　秘書省校書郎吴發譔」

知天命而大放，推道心而獨擅，代所重難，惟公謂達，繇是饗壽長也。」公諱溢，字處休，京兆鄠杜人也。曾祖弘靖，任左武衛將軍。祖慎言，任太原」府少尹。父崇光，任右領軍衛將軍，贈太子少保。公即少保之少子也。長」兄文莒，蘄州蘄春縣尉。次兄長清，左神策軍軍從事。次兄文晶，不仕。惟」公涵清貞之澄量，韜孤明之峻節；才術彌茂，恭恪無徒。洎憲皇乙酉曆，」故中書令河東裴公度，奉詔伐淮夷。搜羅奇器，資以籌謀，公即首膺」其辟也。奏公爲太子通事舍人，充義彰軍軍從事。明年，凱歌北旋，册功」詔下，授榮王府長史，後遷本府司馬。文皇嗣天首歷，朝廷以中令」縷飛荐章，嘗樹功淮、蔡，拜蔡州別駕。佐理五稔，正色不羣。太守資公之」能名，委公以重事。連帥高公瑀洎中令以能官上聞，就加太子」左諭德，拜越州別駕。星律未周拜昭州刺史。□廉問馮翊嚴公謇謂公」知人罷困，理郡如家，變鴃舌之異風，化獷悍之殊性，極言上聞，拜循州」刺史。荒陬謐靖，惠私洽聞。連帥范陽盧公貞復以表論，拜陵州刺史。」殲萑蒲之盜，壖逋懸之租，丱耄借留，不忍其去。後拜是郡，柔氏羌之殊種，」煽仁義之大風，化蒞三年，華夷一致。嘻！天與善人，黨行正直也；神福正人，」憫無頗邪也。若公之業，履其不黨。憫哉！大中庚午祀，以寒暑所傷，醫治」不效；腠理已劇，榮衛潛深。春秋七十，夏五月廿九日長逝于郡舍。夫人樂」女任氏，男殷、輅、鏄、夔，長號殞絶，形質殆殘，遠越關河，扶護方至。其年十」一月廿八日，葬于萬年縣崇義鄉懷信里南姚村先塋西北隅，禮也。發」夙承公之貸憐，愿纘于貞石，其敢固讓。銘云：」

上天無私，唯善是與，烏戲大德，而不久處。其一。册勳定難，」懿績昭彰，佐理作牧，威惠飄颺。其二。衰疢俄生，奄逝蕃壘，」關棧紆遠，輤車僅至。其三。三子號絶，殆以傷生；遵奉遺命，」敬祔大塋。其四。嗚呼哉！天理兮茫茫，來日何短兮去日何長。」

（録自《西安郊區隋唐墓》）

大中〇四八

【蓋】失。

【誌文】

唐故潁川陳氏墓記」

陳氏諱蘭英，大和中，歸于我。凡在柳氏」十有七年，是非不言於口，喜怒不形於」色，謙和處衆，恭敬奉上，而又諳熟禮度，聰明幹事。余以位卑禄薄，未及婚娶，家」事細大，悉皆委之。爾能盡力，靡不躬親，致使春秋祭祀，無所闕遺，微爾之助，繄」不及此。無何，疾生於肺，纏綿不愈，以大」中四年十二月三日終于昇平里余之」私第，年四十。先有一女曰婆女，五歲不育；今有一男曰貂蟬，年未成童。即以其」月十一日葬于長安縣永壽鄉高陽原。」慮陵谷變遷，失其所在，遂書石紀事，置」諸墓門云爾。朝議郎前行京兆府富平」縣尉柳知微記。」

（周紹良藏拓本）

大中〇四九

【蓋】失。

【誌文】

唐故淮西行營糧料使勾檢官試太常寺太祝北海（下缺）」

府君諱從慶，本望北海劇人，世爲名儒，布在方策。周□□□□□□□」爲王之史官，善草隸，能篆文，宣王褒美之，于今人賴其學。降□秦漢，逮」於齊梁，曳長裙以修詞，被短褐而棲志，其令名可知也。爰□□□□□有」務滋則燮理陰陽，服膺儒雅；周洛則短衣長劍，壯勇戎行；所謂□國□」重材，位尊將相，府君即裔孫也。王父諱，天寶末以禄山□□□□」公從戎幽薊，身死王事，名不顯焉。烈考諱汶，皇東都鹽鐵留後□□□」試太子令家寺丞；端明自持，清政不撓。府君生禮讓之家，慕夷□□□」長征伐之代，敦仁義之風。及强仁爲淮西行營糧料使辟爲從□□□」檢官試太常寺太祝，通給戎旅，事無滯留。淮蔡既夷，府君禮辭就第，杜」門自守，每臨水登山，有終然之契。手植花卉，邀迓賓朋，意豁如也。方期」可久可大，靡騫靡崩，疾瘵所鍾，扣扁難治。以大中二年十二月有四日」謝世於孟州河陰縣臨闤坊之私第，保齡五十有八。夫人蜀郡昝氏，□」門稟訓，端敬自持，文有子史之學，身有清貞之行，娣姒取則，里巷欽風。」有一子曰瑄，恭守先人，其儀不忒。府君伯仲三人，仲弟曰從素，有子四」人：曰瓛、曰琮、曰珏、曰琬，季弟曰從會，有子二人：曰璋、曰璙；并遵長者之」言，不違諸父之令，」一門和睦，遠邇共稱。璋、璙等在猶子之行，服苴斬」之服，泣柴也之血，絶參也之漿。瓛等以卜筮有期，謀及先遠，不爽青烏」之兆，是崇黄壤之功。以大中四年十二月十七日護府君之儀歸葬于」縣之南歸德鄉南李村，從先塋之左，示終制禮也。地連滎邑，原接武牢，」三室對其南，洪河注其北。尚慮年移代謝，律變星迴，陵谷多虞，刊石泉」路。銘曰：」

岱嶺陂陁，南控長河，北有神州，閒氣駢羅。粤惟府君，生而知禮，」徽音蹡蹡，襟懷濟濟。筮仕淮濆，貽及後昆，友愛同氣，增崇□□。」令德有光，財豐道敦，天不憖遺，中道而已。錫能虧壽，□□厥□」亦孔之哀，曷云其紀。高原嶙峋，馬鬣封墳，殞□良士，□□□□」刻貞石兮幽路，俾萬祀兮長存。」

（録自《中州冢墓遺文》）

大中〇五〇

【蓋】 失。

【誌文】

有唐故成都府司録參軍劉公墓誌銘并序　女壻前攝成都府文學徐有章撰

公諱繼，字嗣卿，南陽人也。維大中四年五月五日歿于位金容里私第，享年七十有九。惜其才也，雖以壽終，誠同夭喪。其先漢景帝子中山靖王勝之後裔也。曾王父問，鄧州刺史；王父元貞，左龍武軍大將軍、贈使持節都督、天水郡太守；考瑩，鄧州内鄉縣令；世襲儒風，冠冕不絶。公風神高邁，文武兼資，立行鄉閭以孝稱，朋友以信著，初解褐以太廟室長選授漢州金堂縣主簿，時謂栖鸞枳棘，處鶴雞籠，斯譽雖久，猶傳蜀人。長慶元年，再選授雅州倉曹，郡以殘破，倉儲籍繆，以公到任，廪實額敷，軍伍足給，人皆仰食，然由玆校課，累第居上。大和七年，以循資選授陵州仁壽縣令，車下之後，風威不張，絃歌自化，政多遺愛，人懷去思。開成六年選司以歷任清慎，考稱廉平，特署成都府功曹。蜀風多詐，姦吏尤甚，覩公衡鏡高懸，隱欺何有。大中二年帶功曹銜選授司録參軍，聲政仍舊，吏多承式。何期天奪其壽，卧疾未幾，岱宗忽遊吁嗟已往，親朋空唁。夫人張氏，故朝散大夫漢州金堂縣令賜緋魚袋叔元之女也。稟性柔克，閨門肅穆。公之喪也，痛移天之重，號慟過禮。嗣子詢謀，次子知温，俱以詩禮立身，弓裘不墜。長女以比年已歸有章之室，和鳴數秋；小女適見任彭州九隴縣主簿李師仲，而子孫盈門，詵詵之慶，斯爲盛歟！嗣子恭承遺囑。以其年孟冬之月廿有八日遷柩歸葬自西蜀抵于上都，路僅三千里，扶護無虞。至十二月廿九日，卜宅葬于長安縣在城西龍首鄉未央里祁村白帝壇西南隅三百餘步，存殁禮也。有章慙無玉潤之才，而述冰清之德，萬無紀一，銘之墓曰：

英英素質，玉石其心，性與道合，直難邪侵。時多恩賴，人懷好音，德逾山重，量含海深，府寮承則，姦吏斂襟。風儀濟濟，嚴毅沉沉，行爲人表，義高士林。嗚呼！松兮有時而折，魂飛錦浦，星隕上列，唯餘芳聲，萬古不滅，勒石荒埏，用紀仁傑。

（周紹良藏拓本）

大中〇五一

【蓋】失。

【誌文】

亡妻平昌孟氏墓誌銘　鄉貢進士楊瓌撰并書」

夫人姓孟氏，有唐大理□□□之次女也。曾祖」河南府密縣尉；祖荆、揚兩州□史；咸以文華□」實，顯榮當時。夫人幼而明惠，長而仁孝，從爲祖父」所器重。先大人屯防盜來西蜀，從事□萍迹之□」也。夫人不幸，早失□恃，性閑詩禮，動止有則，廿二」歸于我□家，婦道昭然可風，至於清潔酒食之儀□」蔽玄黃之衣，皆洞然於心，故親族則齊曰：□外有良」朋，內有賢妻，又何□□□□□□□內堂□我家」室。而星霜未再，寒暑忽侵，嗚呼！而仁孝人耶？命而」脩短人耶？大中四年十二月廿七日遘疾，終于安業」里之□舍，時歸我之年，嗚呼哀哉！今以」先塋□樹追悼疚懷，以五年太歲辛未正月九日殯」于長安縣神和原，權也。嗚呼！夫人抱明淑之德，藴」桃李之姿，上有老父，下無遺嗣。余與夫人」同穴之契，精贊金石，勿謂年代超□而神道可欺也。」銘曰：

清春桃李有花兮，窈窕淑人孔嘉兮，□習詩」禮不□兮，明閑婦道宜家兮，何增華之旖旎而不實」兮？

王少直刻字。」

（周紹良藏拓本）

大中〇五二

【蓋】　唐故隴西李府君墓銘。

【誌文】

唐故宣義郎行内侍省内僕局丞員外置同正員上柱國李府君墓誌銘并序　鄉貢進士尹震鐸撰

少海波動摇，珠璣先沉；飈風暴起，茂葉前落。秀木先折，甘井先竭，將徵其物，以類於人，不幸短命，少年身殁者，痛乎！府君始李名從証，漢將李廣之苗裔，歷魏、晉、宋、齊、梁、陳、隋、唐，于今一千年餘，名氏傳於後，移族關内高陵縣。曾祖諱温，傲時不仕，東臯自閑，名利去懷，平揖卿士；祖諱進超，興元監軍賜緋魚袋；烈考諱行邕，礫立偉材，英賢間出，器冠成宇，名揚者德。有命子三人，長曰忠義，故汴州監軍賜紫金魚袋；次曰從誡，階朝散大夫、行内侍省掖庭局宫教博士、上柱國；公即第三子也。公多藝不羣，聰明夭折，博讀經書，偏精左氏春秋傳，學晉右將軍書，墨妙筆功，時稱能者。通老氏六博，周人十二棊中得其一，可以對人而閲視。所重者重於道，所耽者耽於琴，德輶如毛，藝成羽翼。獲右神策軍護軍中尉劉公慕而取之，置之於肘腋。知賢眷注，薦用親於閤門。公跂足拳揮，管灑刀翰，立書奏牓，點畫無缺。未逾數歲，出入殿庭，善好和光，明時濟會。厥初入仕事武宗皇帝，授宣義郎、行內侍省內僕局丞員外置同正員、上柱國，身衣緑綬，面對天聽。復遇方今聖皇帝受命銜恩，爲主心腹，直道事君，結誠許國。是知善人倏短，聰明夭折，身染於疾，漸寢于榻，虛徵百藥，蟾月三缺，心神不惑，知時而終。以大中四年十一月十六日終于廣化里私第。昔禮婚王氏，比有所娶，今無其家，年少失倚，以哭爲業。有命子一人曰敬融，託長富門，未任時務，以喪事辦於仲伯從誠、堂兄敬實，偕曰：　筮龜卜而不吉，日告月兆而不利。遂不入于大塋。以大中五年正月廿三日葬於先塋碑堂之東地，即京兆府萬年縣滻川鄉上傅村置其墳焉。公仲兄從誠，會震鐸於闕下，情深於與遊，請菲薄之詞，遂握管搜思。銘曰：

瑞雲暫見，散而成空，念人在世，與此略同。水有迴波，命無重生，名姓榮貴，如風響聲。當官成客，入土是家，冤不長壽，少年可嗟。影滅魂消，藝隨身去，深壙塼牀，永爲歸處。

試左金吾衛長史林言書。　榮陽毛文廣篆額。

（周紹良藏拓本）

大中〇五三

【蓋】　失。

【誌文】

故光禄苗卿家人捧琴。宅內自遭」大事，日放從良，所買時契券并焚毀訖，」姓吳改名孝恭，年六十七。

大中五年四月廿六日染時疾亡於東都恭安坊宅」內。吴孝恭孝順小心，幹謹端直，不欺於人，不誣於上，僕隸之中，殆無倫比。自童」稚之歲，伏事」尊長，在左右凡五十餘年，未嘗一日有」嚬眉竊語之過。嗚呼！斯人也，豈易得哉！」以此尤宜重焉！亡之明日，殯於東都城」北清風鄉郭村。嗚呼！每念其爲人如此，」不覺悽愴久之。是以列其行跡，書其姓」名，亦以金石之堅，期於不朽。嗚呼！能無」念哉！能無悲哉！故具紀之。

（周紹良藏拓本　河南千唐誌齋藏石）

大中〇五四

【蓋】失。

【誌文】

唐故銀青光禄大夫工部尚書致仕上柱國樂安縣開國男食邑五百户孫府君墓誌銘　前東都畿汝等州都防禦推官朝請郎試大理評事馮牢撰」

公諱公乂，字　，其先魏之樂安人。曾祖嘉之，徙河南，因而貫焉。嘉之，皇宋州司馬，贈秘書監；祖逿，皇左羽」林軍兵曹，贈秘書少監；父會，皇郴、温、廬、宣、常五州刺史，贈工部尚書；妣隴西李氏；外祖承昭，皇吏部尚書，邢、」洺等州節度使。」公即常州第二子也。幼而嗜學，長能屬文，尤以博識書判爲己任。年十四，初通兩經，隨鄉薦上第，未及弱冠，遽失恃怙。長兄不事家」計，諸弟尚復幼稚，公以負荷至重，他進不得，遂即以前明經調補揚州天長縣尉。有替，校考不足，重任江陽主簿，由主簿授」婺州録事參軍。覆獄得寃狀，爲太守王公仲舒知，辟倅軍事。時元和末載，相國蕭公俛始持國政，方汲引時彦，特敕拜公爲」憲臺主簿，方議朝選。屬殿内御史有以自高者，惡非其黨，將不我容。公以爲道不可自屈，即直疏其事，置之」憲長故相國贊皇公，是日解冠長告，堅卧私室。贊皇披文聳聽，益固其知，以公之志不可奪，因白執政授京兆府户曹，由户」曹爲咸陽令，歷四尹，皆以政事見遇，尤爲韓公愈、劉公栖楚信重之。昌黎得畿官簿書不能決去疑滯者，必始質信於公，然」後行下其事；河間當時威讋豪右，自以明彊爲己任，每有情僞未分，關人性命者，亦常先議于公，諸曹已下但承命而行，假」鼻而息耳。由是聲聞轂下。故上相太傅裴公之綰計司也，假以尚書金部員外郎，奏補西蜀巡院，歲周榷課登，就加」祠部正郎，復領東川院事。後二年，故鹽鐵王相國以江左醝院累任失職，官鏹百萬，變爲逋亡，輟自裴公，密下其奏。公迫於」知己，不得已而行。時觀察使故兵部沈公傅師清流重名，故宣城裴公誼吏途大匠，咸以政術著，每從容宴座，未嘗不揚」公之美，聞於賓從，道契心符，皆投深分。朝廷以二公之譽，因拜高平郡太守。當逆帥劉從諫懷拔扈之初，不供王職，」澤民幼老，幾爲匪人。公上咀豺狼之心，下施蒲蘆之政，一年而人從教化，二年而人知禮法，三年而政成。上黨五郡唯澤民」嚮王化者，自公始也。夫以太行孟門之固，羊腸鳥道之險，一旦溝塍連接，中無隟地，無非襁負之所至也。故河内之民加少，」高平之民加多，行者居者，歌謡于道。於是稍遷吉州刺史。州踞西山之上源，深入水鄉，差接閩嶺，故其人心陰狡，俗上爭訟。當前政」杜師仁陷法之初，承房士彦新規之後，公局僅廢，奸吏横行。公始下車，決以去害爲本，傍求能吏，密設捕羅，朞月之間，盡擒」元惡，親自訊問，立得其情。雖内蘊哀矜而外實行令赦，諸繫室者什七八，斃於枯木者五六輩。兇徒既絶，政道遂行。廉使敬公昕，録」其事書爲符牓，傳于屬郡。越三歲罷秩。吉，江左大郡也。每太守更代，官輒供銅緡五百萬資其行費，州使相沿，以爲故事。先是主吏」者具其事以聞。公曰：吾月有俸，季有粟，天子所以優吾理人之賜也。今違是州里，別是吏民，而反厚歛以賂我，是將」竭公用困後來之政也。且私吾於不法，是何故事之爲？即時召長吏與主事者語其狀，却復其財而去。時爲政者難之。敬公聞，密以」清白狀論於宰相，還未及闕，道除饒州刺史，如廬陵之理。至會昌二年五月，自饒移于睦。睦有金陵之地而無金陵之實，水」不通商，陸無異産，等姑蘇毗陵之大而均其賦焉。往歲徵税不登，郡無良吏，刺史不究元本，但相尚以加徵。至於伎術販鬻之有營，」木實草秀之有地，悉編次于公案而以税税之。故人不安居，流于外境，積數十年之逋欠而長吏無敢以聞者。公設法開懇，」盡平荒蕪，旬月之間，復離散之户萬計。然後以向來二郡次諸湖、杭、潤等，方以主田，籍其户口，推所産之物齊均一之，征則五郡可」以代，睦之賦太平矣。法成書奏，天子制下，觀察使如公之法均之。時盧公簡辭重難其變更，將緩其事。公一」歲之内，」三發奏章，當朝廷擬議之初，公移爲亳守，民既無以爲主，事遂寢而不行，然睦之人懷他日撫愛之，畢」公之政，無有流亡他道者。間歲三賦，睦實先登。是秋九月，公始如亳，亳人以睦人之故，渴公之政若枯苗之望膏雨」焉。時又壺關阻兵，徵發方困，亳實軍郡，人多告勞。公就理之年，盡去其病，聲振河洛。天子知之，不終考，遷合淝郡。合」淝公世官也，將行，先命介士慰勞其故老兒孫之尚存者。入郭不張蓋，下車避正寢，壹五郡之理而加優愛之。是時連帥故」李相國以嚴法律郡縣，七郡之人，如蹈火迫刃，不聊生情，獨廬人大蘇，公之致也。六年五月，徵入拜大理卿。公久居」外任，早得痿罷疾，既不克朝謝，又不敢去官，愿假以散秩歸洛。天子憐其志，即拜賓護分司。明年春，至自上京。」公家素清貧，能甘閑寂。次子穀，職參内署，渥澤冠時，天子寵公之歸，輟自近侍，除爲河南尹，天下榮」之，從其私也。公顧後無慮，遂告老于朝。當大中三年秋，以工部尚書致仕。是歲仲冬月，有河南意外之喪，不勝其慟，」因得風疰，由四年至于五年，中間疾候進退有差。公素知天道，自以爲春秋既高，不喜左右進醫藥輩，以其年四月廿五日」薨於陶化里之私第，享年八十。有子十六人，三子先公而歿。今長子頊，前任東都留守推官、檢校尚書屯田員外郎；第四子」瑝，登進士第，以校書郎爲浙右從事；第五子璘，前弘文館生；女長者適京兆杜氏；次適范陽盧氏；次適隴西李氏；次適長樂馮氏，早」亡；次適河東裴氏；次未及笄已下又五人。先是：公將歿之前歲，密敕左右宿備喪具，卜得其地於先府君之西北營」室焉。將窆之月，孤之長泣血致書于舊姻長樂馮牢，請以先世德業文于貞石。牢承命慟哭，敢不敬其事而盡其言：」嗚呼！公以大曆七年十一月廿一日壬子生，以大中五年四月廿五日丁卯歿，即以其年七月三日癸酉窆于河南府平樂鄉杜翟村之」原，天數也。嗚呼！夫物云云，各歸其根，故寶刀有折，明鏡有昏，成像者則毁，虚名者則存，惟堯至聖，不長爲君；有丘至仁，曳杖何言，越萬斯年，其道始尊。如公之無身，如公之有靈，以名爲實，宜齊乾坤，以德可報，永流子孫。嗚呼孫公：自古皆有」死，獨垂芳於衆聞。」

（周紹良藏拓本　河南千唐誌齋藏石）

大中〇五五

【蓋】失。

【誌文】

故南安郡夫人贈才人仇氏墓誌銘并序　御製

周官天子立六宮，始有三夫人之位。漢因秦制，内職叙夫人之班，魏晉以還，多遵故事，所以昭顯婦順，明章内治，必用德授，以爲教先，斯則關雎鵲巢之本，國風王化之端也。南安郡夫人贈才人姓仇氏，爰自牧香之後，率多聞人，由本部疏封，錫湯沐之邑，初以才貌，選充後宮。吾擢居寵遇，行止侍隨，貞孝罕儔，懿範殊古。爾儀標九嬪，行備四德，含徽挺烈，執柔處謙，玉潔而朝霞共鮮，蘭薫而月桂爭馥。而又婉嫕順意，幽閑持心，深誡繁華，偏滋窈窕。暨鈞筐奉職，褕翟榮身，不以渥恩自矜，不以貴秩自滿。雀釵成禮，膺晉代之規模；象簟稱奇，鄙漢時之侈麗。故能令則列於彤管，善譽溢於椒塗，藴是芳猷，著爲則躅。彼衛宮知德，遠察輪轅之音；齊孟墮車，不忘環佩之響。方兹蔑如也。既蹈淑慎，宜登遐延，美蘩沚之前修，歎蕣英之遽夭，期享壽之齡年，固輔佐之多歲。豈料穠華一紀，膏肓忽侵，未涉踰旬，蓐禍斯至。悲降年不永，難駐蕙風，嗟悼已深，念不及矣。嗚戲！弱女尚騃，一男纔生，付託而誰，棄之何速？吾懷傷歎，加以涕零，感想慟之，哀爾長往。以大中五年五月十八日，殁于宮中，時年廿四。嗚戲！爾生于華宗，被此顯秩，存有懿德，殁有殊榮，可謂無恨於初終矣。以其年八月四日，葬于京兆府萬年縣崇道鄉只道里。銘曰：

仇氏簪纓，蟬聯在昔，乃生蕙質，來備宮職。閱史何箴，披圖比德，嘉此韶茂，隆於典則。旐旗洛浦，雲雨陽臺，帝庭蹔住，仙路終迴。秘殿長别，新阡迥開，百齡共盡，萬古同哀。壠樹行兮宿草生，春風罷兮秋月明，年來兮歲往，留閨範於松銘。

翰林待詔中散大夫茂王傅上柱國吴縣開國男食邑三百户臣朱玘奉敕書。翰林待詔朝議郎行宣州司士參軍上柱國賜緋魚袋臣唐遠奉敕篆蓋。中書省刻字官臣强琮奉敕鎸。

（録自《陝西金石志》卷十八）

大中〇五六

【蓋】失。

【誌文】

唐故東畿汝防禦使都押衙兼都虞候正議大夫檢校太子賓客上柱國南陽張府君墓誌銘并序　嵩陽處士趙郡李蜀譔」

時所謂才兼文武，可立邦家之基，知柔知彰，可著勤王之績，不有君子，其能守」歟！則府君其人也。諱季戎，字定遠，其先南陽人也。業茂當時，代稱其美，論文行」則漢之平子，舉博識則晉之茂先，清波長瀾，具載簡册。開元中擢經明華州華」陰縣尉諱嚴，公之曾王父；大曆中齊州長史兼侍御史諱贍，公之王父；元和初」陪軍副尉守左武衛將軍諱洮，公之烈考；地曰膏粱，人欽禮樂。公未踰强仕，好」學不倦，精孔氏不刊之典，味老　至道之言，接宴朋儕，研精談思，觀者聳聽，如」授師資。憲宗朝，屏絶不臣，四郊多壘，赫然叢憤，擲筆從軍，探黄石汜上之陰」符，得鬼谷拑中之機術。開成五祀，東都留守尚書崔公府君幹能，補河陰」鎮遏副十將。及冬，僕射王公收充留守衙前將，會昌司徒李公又加留守討」擊」使兼河陰鹽鐵留後，每歲請受當軍衣賜。三年，太傅牛公惑聽小人之譖，降爲」衙前。四年夏，請公檢覆苑内營田。公在留司之年，精於慎選，及檢勾之日，情」靡徇私，又却補討擊使。在位有恪勤之美，對敭懷禮則之能，又加副知客。冬末，」司空李公以公才兼文武，可寄重難，加同防禦副使兼右街使。自雒之南，三領其」二，伐鼛聚櫜，夜大無驚。至五年十月」武宗皇帝遷太微宮，相國李公改補同押衙，具銜表奏，詔加公銀青光禄」大夫兼太子賓客，專勾當移造宮使，復領街務。公博習典墳，洞明音律，又加」樂營使。六年秋，狄公尚書又加右廂兵馬使。冬十月，太尉李公自荆楚拜留守，」又加正押衙兼知客。大中三年，司徒李公再理留務，切於警巡，知公之才，又加」右都虞候及評刑讞獄，人無犯司。五年春正月，相國崔公以公道可濟人，加勾」當衙事。公清直立操，嫉惡奉公，備見良能，更期盡節，授防禦都押衙兼都虞候。」夏六月，公小嬰疾，志在驅馳，相國猶以親兵委其卧理，加右衙兵馬使。自十任」保釐，無非廊廟之重，一心盡瘁，必存清慎之勞，何錫長才，齡及中壽，天不憖遺，」疾疹所鍾，大夜遄及，以其年，六月十五日捐館於河南縣旌善坊廣福官舍，保」齡六十有二。夫人張掖鞏氏。有二子：長曰朴，再戰文場，聲華日著；次曰栴。有女」三人：長適王氏，次適賈氏，幼女年俯笄字。并茹荼泣血，殆不勝喪。公先世兆域」遠地，改卜未從，甫窆邙原，示其終制。是歲冬十月十一日，窆于洛北平樂鄉杜翟」村之東原禮也。蜀與公接武累年，習熟履行，孝思號請，安敢讓諸。銘曰：」

洪源尊德，白水卑王，奕葉峻茂，世載其昌。代及府君，聲芳彌上，才已冠時，位不充量。」哲人其萎，人將安仰？邙山陂陁，前洛後河，崗原嶙峋，丘壟駢羅，青松白楊，飛鳥來過。」

（周紹良藏拓本　河南千唐誌齋藏石）

大中〇五七

【蓋】　大唐故李夫人墓誌銘

【誌文】

唐故隴西郡夫人墓誌銘并序　前試左武衛兵曹參軍杜行修撰」

夫人李姓也，年六十一，以大中五年七月十八日終于尚賢」里。冬有十月二十三日，合祔于北邙原。嗚呼哀哉！夫人自」胎髮及嫁爲人婦，未嘗瞬息不爲歌舞娱，然於祇祀，事勤壐」職，乃天姓也，故在婦道可以爲女。適于河清丞曲公元縝，先」夫人十載而終，蓬首面垢，臺不施鏡，内外咸以其節雖裂，丈」夫不如。時塗別氏幼女各聘于人咸得安，所以撫養之恩，善」爲人母，則必不能時其饑飽與疾健，故夫人亦自四子而」家事宜有歸，遂從長子晉焉。事上以順，憐小以慈，閨門之風，」凜然可尚。會以幼子將赴許昌，夫人之體因漸羸矣。遂求」良醫商量方名，必冀與疾驗。不幸大數非及人力能免也。嗚」呼哀哉！夫神氣所感，則爲賢哲，夫人之聰惠亦不偶也。」大父諱通，有大功也於德宗皇帝時，迄于今，子延馨香」不散，士君子論名臣莫不多耳，終壽州刺史、上柱國、晉昌郡」王贈尚書，使得姓綿歷，因而不朽焉。奠子思晦等，朝哭夕踴，動」行路人，而家有理命，亦俱畢喪，見夫人之遺愛也，以此託」遺之命，合祔于北邙原，龜筮之協禮也。銘曰：」

白日杳杳兮九泉沉沉，死生頓隔兮形影莫尋。空存素瑟，永」絶清音。月弔空帷，風驚四林，吾之結恨。千秋萬歲兮，白楊森」森。」

大中五年辛未歲九月戊戌朔二日辛未。　鄉貢學究曲璘書。延」

（周紹良藏拓本　開封博物館藏石）

大中〇五八

【蓋】　大唐故劉府君之墓記

【誌文】

唐故涇州潘原鎮十將朝散大夫檢校太子賓雲麾將軍試殿中監上柱國彭城劉府君墓誌銘并序　南陽張竦撰」

嗟乎，正朔流迅，曆祀以之欻變；夏秀冬枯，彫鑠從來豈久。」公諱自政，字通之，彭城人也。遠襲沛興之後，分枝將帥，遞葉連輝，光」乎史籍者衆矣，不復具述。高祖、曾祖並避世泉石，洗志雲表，遁跡」藏名，故不傳也。考嘉遇，元和初，從涇帥朱太保置兹邑，以才行見」選，而戍此疆，前後更其班秩，至驃騎大將軍行左金吾衛大將軍，員外置同」正員，兼試殿中監，上柱國。公承勳勤之餘，情深性簡，氣禀秋霜，輸誠」奉上，公賦無虧，懷凝潔之姿，蘊經邦之略，既累效於轅門，方錫朝行」之任，故得棣萼芬或祚胤昌矣。公未及從心，請罷爵而就私，纔可懸」乘，瘵莫能興，遂大中五年歲直協洽林鍾之月下旬有七日，終于潘原」縣龍興鄉景城里之私第，享年七十。季弟兩人：廣平、廣奇，並泣」淚晨悲，傷手足之永斷；孀室擗慄，想孤魂兮獨往。嗣子三人：」長曰公集，次曰公簡，公餘，皆蓬首糜粒，毁容垢貌，幾至滅性。」即以其年十月廿三日，窆公于潘原縣北三里小盧谷古龍」渦莊東，先丘之南，侍塋側也。時當孟冬，郊野初萃，囑以」戎事交馳，故卜築於此。前瞻新壘，見佳氣之氤氳；左近美」城，對荒臺而莽蒼。滹溪谿水，勢縈迂而入涇派；突兀巨石，」引黿頸而吞盧口。恐嵌岸變移，時代遷忽，乃命石紀」其令德，乃爲紀銘。銘曰：

偉哉粹德，代襲溫良。百行之紀，邦家之綱。其一。逝川不息，」天喪英賢。卜宅龍渦，先丘南偏。谿雲亘岫，澗水臨阡。其二。佳城鬱鬱，悲風颼颼，植楊連幢，永謝千秋。其三。」

（録自《考古與文物》一九八三年五期《劉自政墓清理記》）

大中〇五九

【蓋】失。

【誌文】

唐故文林郎國子助教楊君墓誌銘　兄朝議郎行京兆府户曹參軍牢述」

嗚呼！自古所不能免者死也。達人視存見亡，言始見終，故生無多懷，死無」甚恨。吾尚達人之道久矣，心常羨之而不能行之，豈束於名教而使之然」乎？抑情志褊滯便於愁痛而使之然乎？何朝昏號呼於死生之間若此其」甚也！吾且不能自諭，矧人乎哉！君諱宇，字子庥，弘農華陰人。曾祖，」諱犯德宗廟諱，官至河南府福昌令；王父諱稷，文行高於時而困」於不遇；皇考諱茂卿，字士蕤，元和六年登進士科，天不福文，故位不稱」德，止於監察御史，仍帶職賓諸侯。君幼以孝謹聞，先公比諸子尤」愛。及弱冠好學，敏於文義。六經微奧，有從師久不能辨者，反復几席間，心」惟目想，已自曉解。又善屬文，每下筆輒有新意，鋒彩明健，如攄霞振英，雖」鈓刃不拘，而理必歸正。繇是當時文士如李甘、來擇輩，咸推尚之。時隴西」李公名漢稱最重，一見所作，遂心許不可破。明年，爲禮部主司，果擢居上」第，年方廿八，在諸生爲少俊。氣圓骨堅，神粹道直，目之者咸謂必貴而壽。」何天道冥邈，福禍不可訊，坎坎浮世，卑窮不伸，凡入仕一十八年，方至國」子助教。大中五年夏五月被疾，日不減，八月丁巳，終于長安宣平里之旅」舍，時年四十有五。嗚呼！宜壽不壽，悲何已哉！夫人京兆杜氏，故相國黄裳」之孫，復州刺史竇符之女，柔順之德，與君爲宜。生女一人，小字阿周。阿周」生始兩歲而夫人卒，權窆於洛陽之北原。他出二男，長者甚愚不可齒。次」曰阿門，性仁敏，九歲臨喪，有哀節，與其姊周卓卓俱可念。嗚呼！君不爲」無後矣。楊氏先世松檟在河南縣龍門之望春原，其地迫隘歲月」復不利，君不可以葬。今以大中五年辛未歲十一月二日庚午窆于河」南縣平樂鄉之安善里，循合葬之禮焉，亦所謂從權而由古之制也。銘曰：」

鳳翼不展，鳶飛在雲，貞松夏彫，惡木冬蕃。」皇天高高，訴且不聞，善否懲勸，孰爲司存。」古人有悲，玉石俱焚，往哲既爾，豈唯斯人。」邙山之陽，洛水之濱，染淚書石，銘于墓門。」

（周紹良藏拓本　河南千唐誌齋藏石）

大中〇六〇

【蓋】　唐故尚書刑部員外郎會稽余公夫人河南方氏合祔墓誌銘

【誌文】

唐故朝議郎行尚書刑部員外郎會稽余公夫人河南方氏合祔墓誌銘并叙　文林郎守尚書都官員外郎賜緋魚袋權寔撰」

大中五年秋八月癸卯，尚書刑部員外郎余君卒。甲辰，訃于尚書。其同列諸郎聚立以相弔，弔罷，語」君之平生，或曰吾豈唯與君同爲屬於此，蓋昔者亦嘗同爲御史。於是遂各各有言，或曰嘗同爲博士，」或曰嘗同爲集仙之職，或曰嘗同爲王畿尉，或曰嘗同爲秘書官，或曰嘗同爲貢士。同爲貢士者曰：」君始少時，從東海徐先生學。君家貧親老，常五日一歸，歸必負薪米以資其養。養固無怠而學亦不」息。居數年，盡得徐先生業。徐先生特善草隸書，故君亦傳其能。忽一日束揭書囊，徒行來京師，以明」經爲鄉里所舉。再舉登上第。既而益嗜學，其探賾淵奥，性得懸解，諸生皆不如君。君既歸江上，遂」取前人之善爲詞判者，習其言，循其矩，無幾而所爲過出前人。復持所志詣有司請試，有司考其言，拔」萃居四等，因授秘書省正字。同爲秘書官者曰：君在省閣時，其儕多自喜其門地聲彩，借其官爲基」級，殊無意於事事。君獨謹嚴以博閱，考正爲績，他僚久而咸伏其實。同爲王畿尉者曰：君之去正」字，歷數年，又從吏部選。其試不求高於人，而下筆自入高等，遂授鄠縣尉，因乞假迎其親。至洛而丁親」喪，凡當時與君列者，雖未熟君而愛君甚，聞其丁喪皆歎惜之。同爲集仙之職者曰：君之終」喪也，闃居洛表，不與人交。故相國司空李公知君之文行，起君爲奉先尉校理集賢御書，後」轉爲修撰。今相國司空白公又以君爲直學士。君與諸學士講叙經史，四座未嘗不怗怗推敬。」同爲博士者曰：君爲直學士時，已拜博士。屬上有事于南郊，又屬恭僖太后將祔廟，又屬」懿安太后崩。君詳定禮儀，無不協當。初，宣懿太后已祔穆宗廟室，既而議者欲以恭僖代之。」君以爲自古無已入復出之文。遂敗衆議。今浙東觀察使李公時掌貢士，聞君之抗直，乃奏君考」試諸生之業經者。君杜枉逕，塞濫源，諸生皆歌誦之。同爲御史者曰：君自博士爲侍御史，時京兆」有殺人者，反誣平人，訊鞫留歲餘，比奏，上疑之。事下御史臺，君覆問未竟，三日而賊首明白。」上嘉其能，歲滿亦終用君爲刑部員外郎。同爲刑部之屬者曰：君初爲郎，會大赦天下，君草」起請文，請流謫之人當遷移者加常時千里。其仁惠如此。君自居南宮，益有美譽，白相國嘗從容」以君姓字爲上言曰：其人精密可居翰林。因使攝左千牛衛中郎將，冀稍昇殿，得親侍左右，」欲使上自知之。嗚呼！今歿矣奈何！於是諸郎又聚歎者良久，然後各往其家哭君而弔其孤。既」踰月，君之從父弟前杭州參軍弘休狀君之緒，與君之行，及君夫人之緒之行來請銘。且曰：」君諱從周，字廣魯，其先會稽人。秦昭襄封勾踐之後爲顧余侯，侯之季子因命受氏。其後在南朝間，名」爵相繼。逮有唐武德已來，雖軒裳稍衰，然亦宦學不絕。君之曾祖諱琰，仕爲大理評事；祖諱庭，」仕爲饒州司户參軍；父諱憑，仕爲蘇州吴縣尉，因君贈秘書省著作佐郎。著作娶洪氏，實杭州」餘杭丞如筠之女，因君贈宣城太君；君著作之長子也。氣端而和，心清而廣，進以恭儉自處，退」以虚澹自居。獨享年不淑，年四十有六。君夫人方氏，其先河南人。漢有洛陽令儲，其遠祖也。夫人」曾祖諱履寧，仕爲和州司馬；祖諱初，仕爲杭州録事參軍；父諱竚，仕爲温州安固令。夫人安固」之長女也。年十八而歸君，事舅姑盡孝敬，奉君如嚴賓，凡衣裳牢醴，非目視手治者不以進。當寒」苦時，樂之如無所不足；及處榮顯，又若固有之真婦之賢者也。而亦享年不淑，年三十九。生男子五人：」曰珦、曰璠、曰璟、曰璋、曰瑱。珦已昇明經第，方礪修文行，卓然有繼君之志。女子三人尚幼。夫人以」君殁之年夏五月乙酉，先君去世，其殯未啓而君從之。今將以冬十一月庚午同葬于河南之平」樂鄉北邙原祔君先妣之兆，禮也。非銘其墓則無以贊其幽以充孝子之心，實曰吾君之僚也，」曷敢以辭。遂爲之銘。銘曰：」
丘居者易爲堂，澤居者易爲沼。卿子公孫之爲人，方圓自巧孰是孤生，有若夫子。不漸不膏，不蔭不」倚，生以道終，名以行始，嗚呼！後之人無室其毀。」

（録自《芒洛冢墓遺文五編》卷六）

大中〇六一

【蓋】失。

【誌文】

有唐大中五年歲次辛未十月己亥朔十五」日癸丑，妣太原王氏以疾終於東都，春」秋六十三。先時當元和中，」父兼御史大夫自魏覲闕，從環衛出刺」四郡，迄今五十年矣，然而未常不以仁義恭」愿推導之。由是淑德嘉行，既發不掩。有子四」人，長男曰寄，次男曰實。寄前任汴州司馬兼」殿中侍御史，實開成中守左驍衛騎曹參軍」分司東都，卒於官。長女不育，次女七歲，卒於京兆里。妣其年十一月二日葬於東都河南」縣平洛鄉張陽村。嗚呼！於春秋隱公三年書」曰夏四月辛卯君氏卒。君氏者何？魯隱公母」也。以殿中之賢而無隱公之褒，可乎？銘曰：」
寥寥元精，拆爲世機，玄化出入，」死生以之。百川東波，白日西馳，」孰謂彭殤，不同斯悲？」

（周紹良藏拓本　河南千唐誌齋藏石）

大中〇六二

【蓋】失。

【誌文】

唐故朝議郎行内侍省宮闈局丞員外置同正員上柱國同府君墓誌　内供奉三教講論引駕賜紫大德沙門清瀾撰并書」

府君諱國政，其先同州馮翊縣人也。曾祖淘廓、祖嘉俊、父義興，」皆榮列盛時，繁而不叙。生全孝勤，長乃忠懇，登省歷節，功」行遐聞。君賞緑衣，臣請佐料。洎大和元年，聞捷背」叛，奉詔討逆，剋果天心，領軍馬萬餘，收郡寨十」所，宮闈局丞，功賴加此，榮賞莊宅。委定清强，十九餘年，」監儲億萬。身忽縈疾，私第養醫。嗚呼！神藥無效，生涯」有終，大中五年十一月一日，殁於來庭里之私第，行年六」十有五。夫人何氏，琴瑟韻乖，陟臺止望。男宣徽承」旨朝請將行内侍省掖庭局宮教博士員外置同正員」、上柱國曰景信，哀過曾子，淚逾高柴，顧子建昌眄妻鄧」氏慟會啓親卜謨遷奉，以六年正月十二日葬于萬年縣泥」川鄉陳村之北也。清瀾生沐眷私，殁戀無替，奉兄爲」詞，援筆銘曰：

馮翊哲人，忠孝兩新，歷勤公節，緑綬監珍。奉詔討」逆，剋靜邊塵，宮闈是奬，監守歲頻。染疾私第，虚然息」神，孝男哀竭，禮奉先身。冀佳城兮千載，希門閥萬春。」

大中六年二月十二日建。

買孫家莊下東北上地壹段，柒畝半餘壹拾肆步。東韓家西吕將軍南自至北至道。内置營一所，管地一畝半餘十五步，都計錢一百一十三貫三百五十文。」

（北京圖書館藏拓本）

大中〇六三

【蓋】 失。

【誌文】

唐故將仕郎守江陵府江陵縣尉清河崔公合祔墓誌銘并序　堂姪通議大夫前守宋州刺史上柱國倬撰」周封尚父於齊爲太公，其後穆伯以讓國之後，食邑於崔，因爲崔氏。漢高」帝封伯基爲東萊侯，居東武城，始稱清河。至後魏七兵尚書、文貞公諱休，」公七代祖也，始稱大房。皇刑部尚書、東都留守、贈太子太保忠公諱」隱甫，公祖也；弈代濟美，詳於史册。公皇考諱涣，忠公第九」子，官至南和縣令。公南和第五子，諱芑，字浚源。性弘曠安適，無所崇」尚，紛華不撓，處艱若夷，浩然之氣，充於襟抱。弱冠以族望門緒爲士友推」援，邦計鐵官，更選迭署。夔之雲安，饒之永平，華之永豐，楚之寶應，洎于洛、」汴、荆、襄、滑、鄆，皆會府用能之地，公歷爲之佐，或專其任。以無害爲心，」以坦懷接物，牆仞不峻而吏不敢踰，笞罰不加而事不愆素。故僅□□□」繼居職秩，釋褐授太常寺太祝、容州經略判官，調補越州會稽縣尉，轉試」太子通事舍人，兗海團練推官，後復授江陵府江陵縣尉。有子曰偁、曰偕，」其幼字者曰鄱、曰鄒、曰儒、曰歸。女嫁滎陽鄭坦。公娶滎陽鄭氏，試大」理評事愔之女也。生二女，長嫁南陽張渾之，次嫁趙郡李存範，其未丱者」曰盈，曰粗，曰住，曰通。公自罷職汶上，疾歸洛下，以大中五年六月

□」日終于東都教業里，年六十四。嗚呼哀哉！孤藐無檐石之儲，哭踴無□楮」之地，終踐素履，唯留清風，嗚呼哀哉！公不慕榮進之途，不飭治生之」具，委運叶道，居常晏如。所得禄廪，與親舊欵叙平生，接致情愛，每春物輝」茂，秋景澄爽，輒列饌舉酒，熙熙陶陶。進藜羹若五鼎之珍，視黄□同九命」之貴，可謂保全性而順乎天理者也。以明年二月十七日窆于河南縣平」樂鄉杜翟村，祔鄭夫人之塋，禮也。偁等竭力，必誠盡哀敬，□節□□，」林下之契，追感深仁，謹備徽猷，誌于泉路。銘曰：」

古聖人言，立德者昌，有道無時，其後必揚。叔父之美，百禄且將，□何不淑，不顯其光。委順棲遲，任時行藏，垂慶于後，有六男子，孝思□□□」門可俟，念彼孝思，期厚其祉，洛北邙陽，九原故里。」□之宅之，永於斯矣。

堂姪儒林郎守河南府法曹參軍校書。」

（周紹良藏拓本　河南千唐誌齋藏石）

大中〇六四

【蓋】失。

【誌文】

唐故朝請大夫尚書刑部郎中上柱國范陽盧府君墓誌銘并序　翰林學士朝散大夫守中書舍人上柱國畢諴撰」

有唐刑部郎中盧君諱就，字子業，范陽人也。今淮南李公有盛名懿德，光耀」當代，天下士大夫無華素皆出其門。公善品人才，無不壹盡其能。」君即公之甥也。君自長慶、大和間，嘗從李公左右，未曾一日異處。公」曰：今朝廷選舉雖根本兩漢，以廉茂爲事，而風俗不甚厚，不如兩漢時。夫所謂」廉茂者，吾盡閱之矣，貞質而不華，靜專而無悶，資之以孝義，餙之以文章，無如」吾甥也。君以是日知名，舉進士聯不中第，窮愁憤發，激成志業。盧氏自北魏」著爲望姓，從高祖曾祖諸父兄弟時所謂清名者，相繼在朝，因緣表裏，二臺兩」掖，盧氏之親過半。君力行苦學，常與後門諸生道義來往，慷慨有大志，以自」致爲樂。當是時，勢利相聯，翕爲交友，車輿酒食，日與遊戲。以君李氏甥族顯」朝列，又聲名籍甚，皆欲契交分，借其資以爲羽翼。君是非行止，灼然維困，於」事不易其操。大和六年進士及第，試正字，佐鹽鐵。府君少小通經術，壯年爲」文賦，未嘗習吏事。及在職，剖析秋毫，如素學焉。開成初，自襄陽從事拜鄠縣尉，」校理中秘書，無幾，居父喪去官。開成末，李公任宰相，以盧氏甥有嫌，不得爲」御史拾遺，旬月除廣文館博士。會昌初，刑部侍郎弘宣出爲東川節度使，即」君之從高祖兄也，奏假殿中侍御史，充支使。盧公移鎮易、定，改侍御史，充觀察」判官，又轉檢校户部員外郎，充節度判官。未周歲，入爲侍御史，推吳湘冤事甚」直，遷比部員外，由比部爲度支外郎。會天子赫怒党羌，未暇調食，卒徵天下」兵屯于□上，君佐大計，理出入。大中五年正月，宰相□其能，請爲刑部郎中。」朝廷方用之，不幸有疾，四月六日，終於上都宣平里，年五十八。盧氏歷兩漢魏」晉，軒冕相襲，至元魏以來，代居山東，號爲名家。曾祖緬，終安定郡別駕；祖」溥，海州朐山縣尉；父倕，檢校著作郎兼同州司馬贈司封郎中。君娶滎陽」鄭氏，先君而歿。有男一人曰扃，始成童；又別男四人，女三人。長曰喬，賢而有」文學，始應進士，已知名，次曰憲，曰重，曰陵。長女嫁趙郡李義挹，尋終；兩人皆小。」以大中六年二月二十三日歸葬洛陽縣平陰鄉成村。余與君早結交友之」分，又同時登第，喬以爲盡父之道無如余也，遂請銘其事於墓云：」

氣根于元，精泊于玄，寄形曰靈，不久而旋。復精惟天，復形惟泉，洛水之東，嵩山」之西。音先。改邑爲野，圯原爲川，于以志之，永千萬年。」

長男孤子喬泣血書。」

（周紹良藏拓本　河南千唐誌齋藏石）

大中〇六五

【蓋】　失。

【誌文】

唐故樂安孫廿九女墓誌」

廿九女姓孫氏，其先武水人。曾王父嘉之，皇」宋州司馬贈秘書監；祖遘，左補闕內供奉；父」起，滑州白馬縣令贈尚書工部侍郎；外王父」宣，楚丘尉，爲李氏之冠族。廿九女即」工部府君第三女。貞元丙子生於郢州之官」舍。及長，女工孝道，與閨門之教，靡不生知。方」務擇歸，不幸遇疾，以長慶三年五月十日終」於鄭州之別墅，權厝所居之南。舊銘云：玉已」摧，蘭已萎，鄭之南兮魂權依，遇年有力當西歸，誓昭昭兮吾不欺。垂卅載，至大中六年五」月廿四日，方遷祔于洛陽北陶村之」大塋，從先志也。東接先府君先夫人」松櫝，北聯竇氏姊。臨窆以舊誌文字填滅」不可識，第卅四兄守給事中賜紫金魚袋景商」書于貞石，但紀年月，追慟平昔，不更重銘。」

（周紹良藏拓本）

大中〇六六

【蓋】失。

【誌文】

唐故隴西董氏内表弟墓誌銘并序　外兄魯郡鄒敦愿述」

董氏，其先隴西人也。當春秋孔聖有歎古之良史也，即狐公之」遠祖哉！襲于漢相垂帷，三餘名遂，史册列傳，無代不書，略而引」之，不復廣述。曾祖芳，祖彦璧，考諱悦，并有令名於當時，」其行狀人物，備乎家傳，不可覶縷而鐫。先舅母廣平宋氏，出」自二男，弟處其季也。弟諱惟靖，字安衆，立性恬和，爲人謙退，交」不獲雜，用晦而明，運泉貨以樂業子孫，崇釋宗以益景福，天胡」不憖，年始知非有七歲染疾，蒼而卒終，嗚呼！貞元十二齡丙子」歲踵困敦生於江陽縣仁風里之私第，大中六稔壬申歲當涒」灘殞于江都縣贊賢里之寢舍也。娶樂安任氏，幼有婦德之□」長，繼移天之義，晝哭聲咽，灑淚漣洏。鞠育四男，並天假秀異。長」曰宗奭，恭事伯父，掌握格律，舉直措諸，巨細無私，繄之是賴；亞」男曰宗英，次男曰宗璵，季子曰宗興，并幹父之用譽。長兄□」惟竦，顯居要職，管内都勾，友于急難，如鶺鴒之孤翥，原野飛□，」血淚潸然，以營葬事。宗奭等罹此苴疚，悶絶哀號，恭承饗□，」朝晡無闕。於其年六月十九日克堋于先考塋側域内，以□」神魂焉。嗚呼！内外兄弟，能有幾人，先後之間，余亦相次，恐他

□」地變，拉淚直鐫其銘曰：
嗚呼董弟，先聖枝裔，洎襲于唐，甲子相繼。不聞久□，」忽訃斯斃，蕚蕚正華，霜凋其棣。暐暐强柯，痛爾先□，」余忝内外，豈不悲涕。永捐骨肉，長乖人世，龜筮兹□，」祔就玄瘞。舊列松櫝，新墳創製，四子號天，泉扃永□。」

（周紹良藏拓本）

大中〇六七

【蓋】失。

【誌文】
大唐魏博節度别奏劉公故太原郭氏夫人墓誌銘并序」
夫人太原盛族，遠祖因官，遷居於大名，今爲魏」郡人也。三代祖并轅門上將，名冠古今，勳業俱」高，不可具載。父君佐使宅親事兵馬使押衙；」以弓裘飾身，文武不墜，守忠事上，信義居懷，」可謂丈夫矣。夫人即押衙之長女也。以初」笄而歸於劉公。在家而令淑有聞，出嫁」而四德克備。吁！上天難問，修短不容，不幸」以大中六年五月十二日終於府元城縣」慕化坊之私宅也，享年廿五矣。嗚呼！」父母腸斷，良人痛心，生死路殊，龜筮」叶吉，以其年閏七月九日遷柩於府西」南五里貴鄉縣王趙村祔先塋，禮也。慮」丘壟之更變，故刊貞石爲銘。其詞曰：」
婉娩柔儀，言容和茂，婦德可觀，進退可度。」上天不均，掩同薤露，大魏西南，良玉瘞土，」萬古千秋，永扃幽户。」

（録自《京畿冢墓遺文》卷下）

大中〇六八

【蓋】　失。

【誌文】

唐故滎陽縣君鄭夫人墓誌銘并序　親表姪朝議郎前行河南府功曹參軍上柱國范陽盧壺撰」

有唐大中四年十月十三日，故光禄卿致仕賜紫金魚袋博陵崔」府君諱廷夫人滎陽縣君鄭氏終於東都從善里第，享壽六十五。」從夫卌年，自移天至於就木，令德藹然，無諸訕議，即賢行懿烈，舉一」可以知十矣。夫人祖明，皇遂州别駕；父液，皇梓州新津縣令。夫人」即長官第三女。以其明敏超越，故得歸于當時才人大卿府君，生於茂族，依於相門。貞元初，名昇太常；元和中，位陪省署。」憲宗皇帝嘉其人物，重其皇華，遂假旌旄，錫金紫，銜命吊祭於樂浪」國。雖泛滄溟，叱馭而往，朝廷以爲難，實由夫人以事君之理助」焉。往返三歲，貽憂六親。夫人自始去至於言旋，蓬首濡瞼，堅意空門，」求福祐以助行，果安逸而速返。旌旆既至，大卿府君謂中外曰：」立吾家由吾内子加敬，敢不等於恭姜輩。爾後大卿累遷官秩，夫」人隨其位封邑，朝於興慶宫，榮耀士林，亦難儔比。長慶二年，」大卿薨於位，夫人痛切未亡，勉於從子，食貧晝哭，垂二十年。嗚呼！子」又先殁，夫人悲不勝情，有孫三人，咸幼而未立，賴夫人勤於撫訓，力」致宦名，逮至成人，皆甚孝謹。即大卿昔日稱立吾家由吾内子，信」有徵矣。嗚呼哀哉！

脩短有數，膏肓難逃，遽謝昭時，不享遐福，何神理」謬歟？嗣孫慶之，稱家營奉；孝孫鐵師，毀瘠主喪。以大中六年閏七」月廿日，歸祔於河南縣梓澤鄉杜村大卿府君真宅，遵周公之制」緩葬，以力褊故也。壺大父相國恭公，即大卿元舅，姓雖分其崔」盧，情頗逾於骨肉。家法有教，世代相傳，懿範可誇於古今，纂」揚敢效其删削。不媿荒拙，謹而爲銘。銘曰：」恭惟夫人，令德日新，志切承家，義重如賓。位果配於九列，」行復貫於六親。榮封本郡，貴爲縣君，閨門娣姒，曷可比倫。」痛風儀之已往，思贊詠於明神，嗚呼壠樹，永保千春。」

（北京圖書館藏拓本）

大中〇六九

【蓋】失。

【誌文】

唐故河東節度押衙銀青光禄大夫前朗州司馬檢校國子祭酒兼監察御史上柱國馮府君墓誌銘并序　李胤文」

天傾乾門三光就，地墊坤維百川注，蟾滿則虧，烏正則昳，」人生傾墊，虧昳間焉。能反是，苟樂其存，善其殁，則顔不夭，」跖不壽，君即得其存殁也。姓馮氏，諱審中，字堯夫，源至長，」故得略。曾泰，任邠州司士參軍；祖係，任銀州撫寧縣令；父」浼，任鴻臚寺丞。七子，君數四。家本鉅萬，不以資貨繫滯。」以入仕之門，不文即武；立身之道，非官即職。故年十二，授」興寧陵丞，尋遷朗州司馬，俄授河東武幕，因駔騎獻討黨」羌捷書，恩加監察御史。爲官清，效職平，恤下明，奉」上貞，章章於朋執之口。嗚呼！疾未甚奄，以大中六年七月九」日，終于河東旅舍，享年卌三稔矣。娶劉氏，有子曰善郎，九」歲。本使户部尚書李公悼穆子之逝異國，屍可歸；傷凌統」之終吾家，駒猶在。乃賴金二十萬，俾裨將馮繼章監柩于」上都。即以其秋八月三日，葬于長安縣高陽原邇」先人之塋，禮也。次兄前號士曹履仁，懼陵谷遷變，託胤叙」存殁之志。胤常揖府君之風概，故詞不讓，文不」飾。銘曰：」試望秦原，新闢泉門，于嗟馮君兮此閟精魂，妻」子號擗兮天道寧論。㬥弟茹泣兮夫何足」言，噫嘻吁！未結草於陣，曷報主君之厚恩？」

（北京圖書館藏拓本）

大中〇七〇

【蓋】　失。

【誌文】

唐故清河張府君墓誌銘」

府君諱再清，字洪英，清河郡人也。家承冠蓋，累代勳□□門」從宦當以其子孫後□爲鈞府盡縣望仙□、夙梁□也。曾祖諱哲，」祖諱興，考諱□，公即□□長□也。公清才雅亮，信義資身，孝悌」□□遠邇欽恭。郡（約泐五字。）保（約泐四字。）居焉□縱逸長矜放過」□詠新詩，訪（中泐字不可計。）迎賓，每吐飧而待友，歡娛」朝夕，兔伏園林，富（約泐五字。）不□去大中五年六月十八日，不幸寢疾，」告終□平山（泐字不計。）春

□□十有五。吩曦！平空仙行修□有□□彰」(泐字不計。)哀慟親知□伍(下缺三字。)」□冠履之歲□□彥□太(泐字不計。)圖像息□六□(下缺二字。)」崇施自公死歿(泐字不計。)無窮痛傷親戚□」公巾櫛燕□□□始(泐字不計。)麾□綢繆始終」永備，公當成立。(泐字不計。)濟共許經幹人推白」自府委感(泐字不計。)人日(約泐七字。)行不登接惓及□」東門□齊(泐字不計。)姓高宋與□□足」失儔也。有女四(泐字不計。)劉氏」□女十二娘定於隴西董氏，次女十三娘□於(泐字不計。)十日十四娘適於廣」平程(泐字不計。)其大中六年十月廿四日卜□於縣」西北(泐字不計。)山□更改年鈞推於(泐字不計。)曰□□□張□兮名不朽」(上泐。)有(中泐。)道無□兮人所傳」(上泐。)兮(中泐。)志氣兮身早□」(上泐。)兮閑(中泐。)平生萬古兮對□□」(上泐。)物兮(下泐。)」

（周紹良藏拓本）

大中〇七一

【蓋】失。

【誌文】

唐茅山燕洞宮大洞錬師彭城劉氏墓誌銘并序」

錬師道名致柔，臨淮郡人也，不知其氏族所興。和順在中，光英發外，婉嫕有度，柔」明好仁。中年於茅山燕洞宮傳上清法籙。悅詩書之義理，造次不渝；寶老氏之慈」儉，珍華不御。言行無玷，淑慎其身，四十一年于茲矣。余三册正司，五秉旄鉞，棨戟」在户，輅車及門，出入寵光，無不盡見，艱難危苦，亦已備嘗。幼女乘龍，一男應宿，人」世之美，無所缺焉；修短之間，奚足爲恨。屬久嬰沉痼，彌曠六年，以余南遷，不忍言」別，綿歷萬里，寒暑再朞，輿嶠拖舟，涉海居陋，無名醫上藥可以盡年，無香稻嘉蔬」可以充膳，毒暑晝爍，瘴氣夜侵，纔及三時，遂至危亟。以己巳歲八月二十一日終」於海南旅舍，享年六十有二。嗚呼哀哉！有子三人，有女二人，聰敏早成，零落過半。」中子前尚書比部郎渾，獨侍板輿，常居我後，自母委頓，夙夜焦勞，衣不解帶，言發」流涕，其執喪也，加於人一等，可以知慈訓孝思之所至也。幼子燁、鉅，同感顧復之」恩，難申欲報之德，朝夕孺慕，余心所哀。以某年某月某日返葬于洛陽榆林近二」男一女之墓。余性直盜憎，位高寇至，道不能枉，世所不容，愧負淑人，爲余傷壽，瞑」目何報，寄懷斯文。銘曰：」

清泉一源，秀木孤根，惟子素行，不生朱門。操比松桂，粹如瑤琨，不扶自直，不琢自」温。七子均養，人靡間言，百口無怨，加之以恩。生我三子，態羆慶蕃；育我二女，素絢」是敦。既畢婚嫁，亦已抱孫。念子之德，衆姜莫援，誕於高族，可法後昆。昔我降秩，退」居林園，平泉秋日，坐待朝暾。西嶺高眺，南榮負暄，自茲而往，惆悵山樊。巖銷寒桂，」澗歇芳蓀，捨我而去，傷心詎論！天池南極，誰與招魂？芒山北阜，將託高原，空留片」石，千古常存。」

第四男燁記

大中戊辰歲冬十一月，燁獲罪竄于蒙州立山縣，支離顧復，戀切蓼莪，欲報」之恩，昊天罔極，己巳歲冬十月十六日貶所奄承凶訃，茹毒迷仆，豈復念生，」匍匐詣桂管廉察使張鷺請解官奔訃，竟爲抑塞，荏苒經時，罪逆釁深，仍鍾」酷罰，呼天不聞，叩心無益，抱痛負冤，塊然骨立。陰陽致寇，棣萼盡凋，藐爾殘」生寄命頃刻。殆及再朞，乃蒙恩宥，命燁奉帷裳還祔先兆。燁」輿曳就途，飲泣前進，壬申歲春三月，扶護帷裳，陪先公旌旐發崖州，」崎嶇川陸，備嘗險艱，首涉三時，途經萬里，其年十月方達洛陽。十二月癸酉遷」祔，禮也。嗚呼天乎！爗迫於譴逐，不能終養，敂勞莫報，巨痛終天，有生至哀，瞑」目已矣。」

先衛公自製誌文，爗詳記日月，編之于後，蓋審於行事，不敢誣也。謹言。」

（周紹良藏拓本　河南千唐誌齋藏石）

大中〇七二

【蓋】失。

【誌文】

故萬夫人墓誌」

有唐大中六年龍集壬申十二」月十三日豫章郡萬夫人終于」揚州江都來鳳之里，年卅九。爰自」笄年，歸于鬬氏之室，育三男」三女。長子公慶，次曰公閔，幼曰」公聞。卜其宅兆，即以當月廿四」日窆于揚子縣界江濱鄉白杜」村。其地東西十丈，南北十五丈。」刻字于墓，庶乎後迷，萬古千」秋，永爲後記。」

（録自《續語堂碑録》）

大中〇七三

【蓋】失。

【誌文】

唐潁州潁上縣令李府君墓誌銘并序　宣武軍節度副使朝議郎檢校尚書兵部郎中兼御史中丞柱國賜緋魚袋薛眈撰」

大中六年八月廿一日，潁州潁上縣令隴西李公諱公度，字鼎臣，終於官舍，」壽六十九。其孤前吉州新淦尉述等，護喪歸于舊里，命幼弟成墳于東」周，哭告内丈眈曰：卜用明歲正月十八日，窆於河南府河南縣金谷鄉焦古」里先塋之右，墓宜有誌，豈他人可以詳先君之德之行。予固不讓，」遂文曰：公始自提孩，即知孝友，嗜讀書，攻篇章。烈考密縣令諱暵，愛於諸子」之中，欲其速仕也，故不敢以文進用。貞元初，皇親陪位，制賜出身，歷尉宋」之楚丘，汝之郟城襄城，洛之陽翟，皆以調授焉，未嘗干進。罷即還於郟」城別業，與諸弟姪家居食蔬相煦，不交外物。故僚友以義洽，鄉閭以誠」著，君子敬之，小人畏之。其佐邑克振官業，所至稱辦，必有去思。其爲宰」未及再朞，流庸皆復，污萊盡闢，大率以謹默清慎自持其身，居家治」官一用此道，可謂無愧於禄仕，有志於名教者矣。夫人滎陽鄭氏；次子用」文，前信州參軍；逌，吏部常選；子女適壽州文學姚約。祖友諒，皇石州刺」史；曾祖守慎，皇汾州長史。嗚呼！代言仙者絶榮棄俗，灰土五常，乃可以」長生。而士大夫揖讓於俎豆之間，進退於禮樂之内，兢惕不暇，固甚相遠，」姑克無咎以逸終世，即壽與夭一也，曷足校哉！今公男有官，女有歸，未嘗」罹憂患，以畢其天年，庶可無恨於泉下矣。其銘曰：」

瀍水北，邙之陽，君今歸，夜何長！」謂不年，壽而康，謂不遭，綬非黄。」魂何依？豈飛揚，哭爲銘，安所忘！」

（周紹良藏拓本　河南千唐誌齋藏石）

大中〇七四

【蓋】 失。

【誌文】

□□皇城(下缺)」

公諱元晟,字長仁,平原安德人也。曾祖諱玉,祖諱□,烈考諱□」其先晉大夫趙夙之後,夙伐耿,拔其城,遂□□□□□□□□□□□」感軍井,應若神會;又東光侯純果毅武勇,誓師□□□□□□□□」等賊,世祖嘉之,封高陽侯;洪族名流,顯于史□□□□□□簡□」公即其裔也。烈考騎都尉獨稟河嶽之靈傑,□□□□□□□□□」籌之術,得韓白奇政之謀,律曆氣候之變,風角鳥情之機,動若□□應」如影響。故成德軍節度使相國王公倚重,是以能事奏聞,授寧遠將」軍、守左武衛翊府中郎將、員外置同正員騎都尉。夫人沛郡夏侯氏」生公。公性稟寬厚,行惟敏克,幹蠱□□□恭之敬,未嘗有渝,庭訓」之誡也。及罷騎都尉之釁,公攀□□□毀瘠過制,營大事畢,以河」間多患,乃扶侍太夫人及攜室家兒女子西就京洛,權居于河南平」陰。或從容江表,或受職京都,雖周游南□□嘗有虧於晨昏甘旨也。」親戚稱其孝愛,閭里慕其仁德。奈何夢齡不永,纔逾知命之年,隙駟難」留,已契佳城之兆,忽嬰風疾,綿歷三祀,藥石針艾,方伎百術,莫之能療。」會昌二年十一月十日終于平陰臨闤里,行年五十有一。太夫人哀慟,」泣血悲傷,垂白之年,痛劇覆巢,號咽穹蒼之訴。公娶弘農楊氏,育一」男二女。男鴻,將仕郎、前守衛州衛縣尉。長女適譙郡曹氏,幼女在室。於戲!」天道難問,孰分禍福之端;命運有期，寧測壽殤之理。雖太公耆耋，顏子少」夭，古今齊置，同歸一揆，凡百親知，莫不痛惜而悼，三良之嘆也。嗣子鴻哀」毀過禮，卜兆有期，以大中七年四月十三日葬于平陰板城鄉茹固里」祔葬廣武原，禮也。慮年代移革，陵谷遷變，式刊貞石，永傳不朽。銘曰：」

門膺積祚，氏基晉趙，克擅清猷，才宏標表。公其嗣續，」明德唯紹，允暢嘉謀，風篁月沼。其一。」猗歟哲人，孝和允克，温恭無犯，廉深不忒。天不憖祐，」中年殪仆，慈母耆頤，晨昏悲塞。其二。」實敦令譽，雅望清哲，容衛若存，芳猷未歇。風燭難駐，」電光遄滅，刻石瑩扉，永昭徽烈。其三。」

（周紹良藏拓本）

大中〇七五

【蓋】　大唐故盧夫人墓誌銘

【誌文】

唐東都留守宴設使朝散大夫檢校太子中允上」柱國朱敬之亡妻范陽盧夫人墓誌銘并序」

夫人姓盧諱子玉，厥先范陽人也。昔因仕孟津，其來積」代，故成桑梓于河陽焉。烈考稹，試宣州司馬，娶吳興」姚氏女，生夫人。夫人幼而明敏，柔邕婉娩，能尚孝敬之」道，常慰慈心，莫不克於組紝，復繡繢之奇。故年自十七，」歸于朱氏，禮睦偕著，進退無虧，致俾家肥内正，實中」饋貞吉，事舅姑苟有三善，今則可略而言矣。其一」也：冬温暑清，晨興宵寐。其二也：有疾必嘗藥專侍，憂不」頃離。其三也：精乎珍饌，能調烹飪。有斯三者，可不謂令」婦孝婦哉？加以恭順娣姒，謙敬親疏，育下寬平，寡言務」簡，其於四德之懿，而又備焉。奈何年當蕣淑，夫貴榮班，」奄同逝水之嗟，豈異巫雲而謝。嗚呼！以大中六年太歲」壬申十一月有八日寢疾，終于脩善里之私第，時年卅。」爰以明年癸酉歲四月十有三日葬于河南縣平樂鄉」杜翟村從先舅之塋，禮也。有子二人：長曰君爽，行」業優茂；次曰善慶，溫美如珪。嗚呼！孝如此，賢如斯，故刊」貞礩，實録于茲。銘曰：」

盧氏之女，朱公之妻，有四德矣，又三善兮。」獨鶴哀唳，孤鸞悲棲，白露若淚，緑草如袿。」邙山壘壘，野雲淒淒，萬古何在，唯餘誌䃜。」

（周紹良藏拓本　開封博物館藏石）

大中〇七六

【蓋】　失。

【誌文】

唐大中七年六月廿七日，前」監察御史歸仁晦故兒母支」氏卒。予以開成元年納支氏」以備紉針之役，由是育五男」二女。二子少女不幸早世。予」□以禮娶鄭夫人，而支氏以」□乞歸養於其父母家，至是」□卒。其次子貽溫、貽謀、貽訓，」以母子之私情，痛所生之□」篤，泣請禮送，以寵其終。以其」年七月一日瘞于鳳栖原云。」

（周紹良藏拓本）

大中〇七七

【蓋】 失。

【誌文】

范陽盧鄯幼女姚婆，年八歲，生而穎悟，」髫而秀妙，纔能言而知孝道，纔能行而服」規繩，纔能誦而諷女儀，纔能持而秉鍼組，動」有理致，婉而聽順，衣服飲食，生知禮讓，先意」承志，不學而能。常期長成，必有操行，芳譽」流于親戚之間；何圖玉樹先秋，蕣華早落，」敏而不壽，痛可言耶？以大中六年十月三日」夭于襄州官舍。以明年七月十三日葬于鄭州」滎澤縣廣武原祔」叔祖贈給事中府君之松檟，冀冥寞之内，」魂而知歸，以其封樹不廣，懼年代不遠，而丘壠」夷平，聊刊片石，以叙其年月與事實，冀千」載之後，不至湮沉耳。唐大中七年七月十三」日前檢校禮部員外郎盧鄯記。」

（録自《中州冢墓遺文》）

大中〇七八

【蓋】 失。

【誌文】

唐故東都留守散兵馬使銀青光禄大夫檢校秘書監試左金吾衛長史上柱國魏府君墓誌銘并序　鄉貢進士夏侯湘撰」

君諱弘章，字廣文，鉅鹿曲陽人也。曾諱峻川，高不仕，耄齡歿」世；祖諱叔元，終留守右屯營軍押衙。公自弱冠之初，以精儒」學，壯志操心，乃投文筆，從事轅門，授子弟之職。日趨公庭，禮」貌謙恭，衆流推美，自碁迨末，凡三十載矣，遷崇者一十五階，」實爲務劇位卑。方議敷奏退務季弟，有若知終，後患來思，治」理咸畢。以大中七年四月九日遘疾而終，享年五十有一。長子」璩，次子珙，次子球，次子璠，夫人常氏，與其孤奉其喪以其年」七月廿日歸窆於河南縣平樂鄉北邙之原也。公孝德純深，」令名克備，軍府偕欽，世人並美。良田百頃，甘果千株，男女六」人，二玉四珠。甲第華堂不能久居，長懸弓劍，永棄琴書，想音」塵之已隔，悲途路而俄殊。夫人河内郡常氏，族望素高，代爲」名家，年始笄冠，嬪于公室，内勤傅訓，外睦六親，恭温朝夕，禮」義不越。嗣子璩年始成立，孝養承色，方將竭力，爲公所棄。恐」田成江海，水變峰丘，紀公美德，石函其由，嗚呼哀哉！乃爲銘」曰：」

文武英靈，禮樂嚴式，年始知命，位列武職。百祥未降，」大夜何逼？慶貽後嗣，道配前德。北邙之原，大谷之東，」山横腹内，地厚掌中。玉案前高，乾崗後隆，神居千年，」福延祀宗。荒原大野，慘悽窮巒，墳連卷栢，隧接□□。」隴昏藏日，松深叢寒，餘芳惟洌，秋菊春蘭。」

（周紹良藏拓本　河南千唐誌齋藏石）

大中〇七九

【蓋】失。

【誌文】

唐故鄆州壽張縣尉李君墓誌銘并序　外兄孤子高璩撰」

公諱珪，字三復，其先帝顓頊之後。唐堯虞夏之際，代爲理官。殷末有」理徵得罪於紂，逃難於伊侯之墟，食李得全，因姓李氏。至裔孫仲翔」爲漢將軍，討逐叛虜，死事於隴西狄道，子孫因家焉，迨今爲隴西人」也。枝聯萼綴，代不絶書。曾祖并，皇太府少卿；祖宣，皇吉」州刺史；烈考敬彝，皇隨州刺史。」憲皇朝，鼓經笥，揮筆陣，掇取一第，易於反掌。其後佐侯府，登」王廷，藹然聲芳，布在臺閣，治郡如治家，故衢人、閬人、隋人仰其蘇活，」如沐膏雨。嗚呼！隨州府君負廊廟之才，無廊廟之位，所宜將垂景」福，鍾慶厥後。始娶范陽盧夫人，再娶清河崔夫人，皆無子。雖伯」道無兒，頗闕承家之望；而毋衈爲嗣，雅當獲寶之祥。公幼而聰敏，不待」師訓，洎伏膺周公孔子之道，頗能研窮奥旨，扶剔深義，必期克荷崇構，」以光德門。何一命纔霑，而兩楹興歎，天之福善，豈其謬歟！以大中七年」春，調補鄆州壽張縣尉，未及之官，以其年五月十五日卒於東都毓財」里之私第，享年三十五。以其年七月廿日權窆於河南縣平洛鄉朱陽」里。有子曰高兒，次曰師師，次曰中兒，次曰松兒。太夫人痛惜哀憫，有加」常等。璩於公外兄也，方當危瘵之日，全忘筆硯之功，奉」命紀述，無所辭讓，但直書其事，用虞陵谷之變而已。銘曰：」

隴右冠族，枝派綿遠，宜生哲士，傳芳詞菀。子有節操，可動人倫，」以勤志學，以孝事親。將繼鳳毛，未伸驥足，如何長夜，遽轉風燭。」玄堂已啓，丹旐云歸，刻於貞石，用播清輝。」

堂弟衎書」

（周紹良藏拓本　河南千唐誌齋藏石）

大中〇八〇

【蓋】失。

【誌文】

唐故汴州雍丘縣尉清河崔府君夫人范陽盧氏合祔墓誌銘兼序　堂猶子儒林郎監察御史裏行元範撰」

夫人盧姓，范陽涿人也。其先以食邑爲氏，軒裳人物，奕世隆盛，自東漢侍中」植而降，名傳於國史者凡十代。侍中之五世孫曰偃，曰勗，後代以所居南北」分稱，而偃爲北□續其□□昏媾，風範尤爲修顯，即夫人十二代祖也。盧氏」與崔王等五姓聯於天下，而夫人之家，又一宗之冠焉。故論道德，辨族氏」者，必以爲稱者。曾大父□讓，皇大理司直，大父宏，絳州曲沃丞，咸有休」德，皆屈下位。烈考專，合□二州刺史，文學政事，動可師法。夫人即夔州」之次女，生二十有二年歸于我伯父雍丘府君，逮事皇姑，克盡誠孝，協」睦友娣，慈撫卑幼，以齊莊奉祭祀，以柔謙洽姻黨。吾家族大禮肅，而」夫人處之，無不得其所焉，可謂婦德之高標，母儀之令範矣。伯父諱樅，字」茂卿，始□家以孝友謹飾，推美於搢紳間，及筮仕，復用忠恪敏濟，自取名譽，」故夔州器夫人之行□賢以媲焉，凡展如賓之敬，荷從爵之貴者，十」有八祀。府君以寶曆之始，再從調於天官，得汴之雍丘尉，未及任所，捐館」於東周舊里。夫人銜未亡之感，攜挈幼稚，卜居于鄭之別邑，攻苦食淡，以」成家業，勸僮僕以藝植，訓子弟以詩禮，劬勞儉剋，僅三十載，建今大中七年」春，次子同靖始以門蔭調尉汝之梁縣，乞假迎侍，板輿隨征，晨夕膳羞，益」用豐潔。三子承顏於膝下，羣寮拜慶於門首，士林之內，咸所榮慕。而風嬰氣」疾，至是寢極，名醫上藥，茫然莫救。以六月廿一日告終于臨汝郡權居之第，」享年六十七。嗚呼哀哉！同靖等號奉輴輿，言還洛汭，問於蓍龜，得其年八」月二十六日甲申之吉，遂合祔于洛陽縣平陰鄉陶村北原雍丘府君之」玄堂，禮也。夫人載誕五男二女，男之長曰朱義，冠歲而終；其次早夭；次同」靖、同佑、同映，并咨禀訓導，端莊有守，茹荼之痛，禮加常等。長女適滎陽鄭裔」貞，不幸短折；裔貞愿敦舊好，故復以其季妻焉。同靖等以元範卑幼之列，特」沐仁愛，俾述盛德，以銘幽宮，辭不獲命，執筆增愧，其詞曰：」炎帝之胤，太公之孫。姓以邑著，望以道尊。侍中之後，世載其美。施及夫人，」鍾厥繁祉。婦德可師，母儀可宗。其既□其報宜豐。從爵之慶，不逾再命。以子」之貴，止于一尉。禍福倚伏，孰究其端？萬化同盡，夫又何言！祔用周禮，地遷邙麓。永閟容範，空流懿淑。

猶子居中書兼篆蓋。」

（河南千唐誌齋藏石）

大中〇八一

【蓋】失。

【誌文】

唐故清河郡張府君夫人安定郡胡氏合祔墓誌銘并序　劉伸撰

府君諱君平，字君平，其先燕國公，纂集羣書，家有鳩金，復撰才命論，教流天下，分派周室，即是公之苗裔宗枝矣。公本深州饒陽縣之人也，別業樂亭，積有餘載。曾頲，皇朝任絳州長史；祖徽，高尚不仕；

考承泰。頃以城戍艱虞，此城被幽州攻圍，公負倜儻之材，輸誠展效。去元和四年，授成德軍節度使牒，補充十將，兼充樂壽鎮遏都知兵馬使苑公押衙。公君平將子之子，赳赳軍前，干城之志，信義立身，孤標作操，東西欽企，南北共談，辯説□□迺文迺武，孝悌成家，垂訓禮樂，克著始終，可以龜鏡焉。公寢疾，享年三十有六，以大和八年八月廿日終於市坊私第也。嗚呼！良才斯傾，哲人其殞，銜哀有餘，可謂珠沉洛浦，寶劍一缺，促我遐壽，孀居洞房，遲遲飲恨，葛藟無託。夫人久嬰瘥瘵，醫疹無痊。夫人以大中六年正月十五日殁於私舍。夫人春秋卌有九。女師娘子，年齒初笄，髫齔總立，春花欲發，秋葉已彫，割慈母之恩憐，痛膝下之瘖瘵。皇天不祐，夭折妙年。小娘子年一十有九，以大中三年四月四日殂矣。新婦天水趙氏，纔入貴門，積善無瑕，苗而不秀，遂埋紅粉，傷瘞九泉。新婦年廿有二，以大中四年六月十一日喪矣，皆附塋安厝。可惜可惜！孰謂痛哉！實謂悲哉！嗣子弁，號叫攀慕，糜潰骨體，可以曾參同年而語哉。遂乃庀冢修葬，合祔元扃，禮周終竟，南枕漳水，北望燕幽，巍屹墳封，雙靈再合。卜取大中七年十月四日窆於縣城之東南三里故塋域殯焉，禮也。所慮年代深邃，陵谷變移，勒石記之，千載無朽。其詞曰：

燕公之孫，苗裔深根，常爲儕□，變作弔賓。空留七德兮千載，書劍舊跡兮生塵。夫人令德，合巹同牢，哀兮白駒兮西懸，奈何松栢兮蒼蒼。

（録自《古誌石華》卷二十）

大中〇八二

【蓋】　失。

【誌文】

前忠武軍節度押衙兼馬軍左廂都兵馬使子城都虞候銀青光禄大夫檢校太子詹事兼監察御史上柱國平原華公妻清河張夫人墓誌銘并序　東平吕慎徽撰　昌黎韓師復書」

夫人姓張氏，孟津人也。漢留侯之後，因十一代祖攀爲北燕兵部」尚書，尚書之孫起，博究圖緯，誦書萬卷，隋累徵不起，大業末，隱」於成皋，太宗佳其至，擢爲上公，後封爲河内伯，其子孫」遂居焉。曾祖上元縣尉諱陽，祖六合縣主簿諱諶，皆賢直廉政，名」振當時。父前晉州諸事押衙、銀青光禄大夫、檢校太子賓客諱」重掉，幼而修文，長而博覽，知薄宦以難進，遂奮身以從武，累歷」戎要，權政必聞。夫人即賓客之長女也。夫人令德淑儀，發於」神姿，溱首蛾眉，抑惟天與。事舅姑盡其敬，與娣姒致其睦，」茂行充乎内則，懿聲溢於外姻。而又謙光庶類，降心細物，巧手」經之，衆莫驚視，凡婦人之能事，而夫人莫不備焉。婦道温恭，習」大家之儀；訓子過庭，修女史之行。華公本江西之人也，因許昌」罷職，夫人乃告公曰：君有江之舊親，何不因暇而尋覲乎？公忻」焉而應之曰然。遂與之俱遊。夫人素有宿疾，及到水鄉，土地卑濕，舊疴」旋發，旬月而迴至宿之虹縣，遂逝于舟中，享年卅四。有子二人，長曰舟郎，年」九歲；幼曰巧巧，六歲；女金娘，年十三。嗚呼！夫喪賢室，家亡淑人，稚子始丱，女」未及適，嗚呼！天道輔仁，人道與順，眷茲七德，壽逾三旬，何哉？報應之理，豈食」其言？倏短之限，將俟歸於命也。哀哉！以大中七年十月十三日窆於河南府洛陽」縣清風鄉大陽村，禮也。公感其貞順之操，愍兒女之過傷，遂抑哀蔬食，」營謀葬事，仍託直書，以紀貞石。銘曰：」令淑其德，桃李其容，宜享偕老，胡寧鞠凶？朝槿飛陌，春蘿墜松，」夫傷子慟，捨此何從？邙山之陽，帝域之東，千歲已後，魂兮嗑封！」

（周紹良藏拓本　河南千唐誌齋藏石）

大中〇八三

【蓋】失。

【誌文】

唐故滎陽鄭夫人墓誌銘并序　給事郎守國子監國子助教盧知宗撰并書」

夫人知宗室也，姓鄭氏，字子章，今刑部尚書滎陽公之次女也。公名朗，」太夫人范陽盧氏范陽郡君，知宗從祖姑也。故澤州刺史頊，是」夫人外王父。夫人曾大父諱諒，皇朝任魏郡冠氏主簿，贈右僕射；王父」諱珣瑜，皇朝吏部尚書、同中書門下平章事、贈太師；弈世光明，夾輔」皇室，族望冠冕，揭如崐嵩，維姬與姜，實曰盧鄭，歷二千祀，代爲婚姻。夫人」柔德克明，玉堅蘭茂，生十有四年，滎陽公及余姑乃謀正衣花，奉」我齋祭。愚時參京兆府軍事。夫人行高圖史，言合典經，法度德容，出於」天假。況内外華族，生長侯門，必能柔順謙光，降心及物，對綺羅珠玉，不忘」澣濯之衣；奉蠲潔恭勤，克被蘋蘩之禮。本爲令女，今號賢妻，誠則」□晉是宜，愚多愧色。自納幣洎于今十年矣，生子三人，女二人。長曰小夏，次曰」震兒，不幸後夫人之喪十有九日夭失；　次曰繼兒，女曰上客。　大中七年十」月二十五日育上客之妹，未名，浹月遘病。　滎陽公以名德司邦計，望冠公」卿，天下良砭善藥，靡不畢致。　公晝夜視病于知宗氏。　公屬念彌切，復見醫甚臻而疹益固，化夫人宅心於空門，號曰悟玄，望滋景福矣。　又至於」卜筮祈禱，雖愚之伯氏季氏洎于族姻儓隸，奔走于九達之衢以求之，駱驛相」屬，矧愚之躬哉！天乎天乎！愚之不淑，而夫人之不壽也。　夙心未展，幽贊遽」乖，豈料仁賢，奄先風燭。　其年歲在癸酉十二月二十四日，終于上都長興里」第，享年二十三。　自始疾至于候息，神魄嚴整，不殊平生。　明年正月二十四日己」酉，知宗載夫人喪東歸，二月五日至于洛師，二十九日剋葬于河南縣金」谷鄉焦古村，祔于大塋之東北一百八十四步。　嗚呼！世以嬰孺之無」恃也，必曰傅母保之，不若繼之之慈也。　而自中古已來，天下人之子酷於繼者」日有之，而未聞酷於乳母矣。　知宗始過二毛，既切潘生之悼；永思同穴，敢忘詩」人之言。　夫人之將瞑也，知宗實酹于前，泣以自誓，夫人聞之矣。　」夫人德門懿範，及愚家世，詡贊聖明，蓋國有史家有諜，故」吞哀搦管，其能盡文，遂銘于埏曰：」

鳳翼孤兮皇影沉，常娥西墮玄泉深。　杳然光景不可尋，瑤瑟絃」絶無和音。　臨穴呼天隳人心，愚狂魂斷藏衣衾。　涕橫交頤情不禁，」十年松柏長森森。

（北京圖書館藏拓本　開封博物館藏石）

大中〇八四

【蓋】　失。

【誌文】

唐故監察御史河南府登封縣令吴興沈公墓誌　仲兄前淮南營田巡官文林郎試大理評事中黄撰」

故西臺監察御史登封縣令吴興沈公没于少室之東，嵩山之下，其仲兄中黄自淮楚至，號泣於前曰：余」得書石以表哀憤。　公諱師黄，字希徒，吴興武康人也。　曾祖虬之，澧州司馬；　祖迪，太子通事舍人；」父竦，大理正贈左庶子。　先夫人滎陽鄭氏，封陽武縣太君。　公即庶子第四子也。　童髫以孝睦於家，弱」冠而文章知外，堅心介節，人皆歛翼。　始詣京兆府求薦，薦居上等，送入儀曹。　是時文行清價，開路獨出，擢」進士高第，兩就宏詞，爲力者所爭，然所試文書，人皆念録，授太子正字。　盧司空鈞重其名，請爲從事，同」去南海，賓席三年，事皆決請。　嘗戲曰：　沈書記不面貨舶之風，無嗽貪泉之水。　府罷，唯葛衣藤屨，輕裝而」歸。　轉鄠縣尉，爲本府主試，曰：　令吾擇才一日之足，何繫乎月耶？首送十人，八人登第，六人重科，置府無之。」王相國起鎮南鄭，自相府已下，清舉名人，相國從容言曰：　余心繫一人，未嘗展用，今首奏吴興耳。　授監察」裏行判觀察事。　事無不問，言無不從。　因告兄中黄曰：　古人云：　士爲知己者死。　某於太原公得死所矣。　三年」歸臺，臺望峭冷，奸豪懼之。　及將轉殿中，老吏多計，構惑司長，出爲潁陽、登封二縣令。　離縣還政，無不隨車」灑泣，問安惜去。　晚歲好修生之理，採栢而食，膚肌毛髮，自覺馨緑，然而不能除去舊疾。　疾成不昏，如寐而」往，年六十三，冤哉天乎，奪我弟矣！　冤哉神乎，害我賢矣！　以大中八年歲在甲戌二月丙寅日也。　公娶鴻」臚少卿隴西應之女，勳德之家，清節自處。　有一子曰州來，年十五，性用端謹，能誦莊老五經書，中外異之；」一女曰澧子。　以其年八月十八日庚午歸葬河南府河南縣平樂鄉張楊里先塋禮也。　嗚呼哀哉！」公平生用心，起孝立義，余於序後重寄言之。昔我先祖墳地，河南諸孫漂盪，遂絶省到，蒿棘枯翳，久經」歲月。公垂泣剪除，載申奠酹，植松樹栢，兆域惟新。庚午歲，公自長安龍首之東，啓祔上路，千里冰」霜，來歸我祖，以復四十七年之顧命也。昔我先人，文業廣大，未及纂修，架閣塵絲，筐緗散委。」公年十六，悽感不食，旌别條章，如珠排貫，作家集二十卷。昔我先夫人嘗患氣衝，積歲不除，醫工多視，」方藥無力。公孝心懇至，神明照通，遇異人蘇仲應授藥服之，三十年之憂一旦全去。昔我諸兄諸弟」同受慈憐，先夫人於公别加勸誘，食必促節，夜必延燈。公嘗感思，昊天何報。其後果先登第，迎」侍版輿，引領力途，出離郊野。郊野沉困二十五年，及朝序初班，王命封贈，今冬官尚書河東柳公，」天下之名書也，請書陽武縣封邑告身，珠鈿錦繡，裝麗錯落，鄉里榮之。先夫人拜封喜曰：吾得報矣。」昔我凋零，近屬貧遠兄弟，乖張南北，書問阻通。公番禺從人，竭心撫救，男得婦娉，女得嫁資，時序往來，」各安其業。昔我少孤無依，家計流宕，二妹成長，浩然無歸。公初成名，先議配屬，其於裝飾服玩從御」之輩，皆無闕恨。得太原王存白、河東柳從直，皆文章清名之士也。昔我母兄之長，同歷苦辛，諸弟勵」學；各就微志，公嘗歎憤，唯兄獨無。及嶺南從命，萬里來帆，束身而登，指顧皆得，攝樂昌曲江縣令，食」肉躍馬，大展笑言，昔之衡門，與此遠矣。昔我渭溪之居，磬懸蓬室，公奔迫蹇乘，乞假於人，藍谷登坂」之糧，渭水泛舟之粟，救焚是急，如雨澤枯，然在屢空之中，霜露多感，修潔祀事，即如禄食，陳飾之精，器用」□□□□序迴環，無失清薦。昔我骨肉同居，少長滿座，或去都邑，或在蠻荆，逢歲災荒，米物翔貴，公來」□□□□□外言，但具牛車，載出郊郭，洛邑山甸，物産常豐，泓澄深溝，脱過平地，再活羣小，重全我家。」□□□□□有此義勇，叙言將畢，壽禄未光，命也何言，天亦無告，生而不恨，没則無冤，斯乃君子之道盡□」余得哀詞之

銘曰：

君子之道，德幾爲名，非此而貴，浮雲其生。懿哉哲士，天縱孤貞，義形於色，孝思惟誠。「□臺之書，田單之評，二文振價，飛耀天京。蓮府綺煥，霜臺峥嶸，風姿玉韻，名譽金聲。「□鑒如鏡，擢秀開映，虚心契道，用晦潛明。天命不移，誰取誰捨，棠花朝落，逝川東瀉。「藹藹北山，青青松檟，瓊珮舊封，繡衣新野。秉直道孤，幽贊無祐，鳳凰在笯，麒麟歸狩。「已乎已乎，荒郊一子，哀别泉門，悲風斷雁。悽咽重雲，碧石一片兮，掩其血，誌其文。」

仲弟登仕郎守河南府洛陽縣尉佐黄書」

（周紹良藏拓本　河南千唐誌齋藏石）

大中〇八五

【蓋】失。

【誌文】有重刻本，異同附校注。

南陽葉公逆修墓誌銘并序　鄉貢進士東海麋簡譔　故巫州刺史孫高師立書（以上十字原刻無。）

唐越州上虞縣寶泉鄉處士葉再榮，南陽人也，其先盛族，以晉時過江，即□「□睦郡烏龍山管壽昌縣仁風鄉。大曆二年，從宦下車，自晉抵越，（以上三十二字重刻無。）具載圖譜，「削繁不書。曾祖諱金，（重刻此字不可辨。）祖諱銀，（重刻作金。）皇考諱珪，皆務本樂道，林園避時，高尚不仕。□「□人滎陽鄭氏，環公之女也。（以上十二字重刻無。）公娶（重刻有夫人字。）童氏，長（重刻作生。）五男四女：長曰常倩，次曰常春，「曰常乂，曰常邁，曰浩然，（重刻三日字上皆有次字。）長女適童氏，次女歸樓氏，次女（重刻事字。）有趙氏，次女求氏。（重刻作當室。）公」立性端直，居家孝慈，名行衆推，郡邑景仰，謹身節用，訓子業農。智自心生，惠」從目巧，歲獲地利，日資天年，造作改張，成樹邸店，輕財好施，崇善敬空，閭井」通和，親朋恭順。每與食以救饑餒，解衣以濟單寒，信義在躬，謙讓行已，大易」所貴，知存亡得喪，其唯聖人乎？大雅美其有初有終，乃爲君子也，遂得□□（重刻作遂於□内。）」語妻孥曰：人生必有滅，有來必有往，吾欲逆修墓塋齋七，身後無擾，爾意何」如？妻孥變色相顧，叶順無違。以開成四（重刻作會昌元）年七月廿四（重刻作十八。）日卜宅吉兆，選地得寶」泉鄉孝敬里新成村預造墳墓合祔，并全先備夫妻同穴之義，運數將盡，以」□□□年甲戌八月廿壬申日（重作刻以咸通二年十月廿一鎸記日。）歸葬此原。生前有言，誡諸子曰：常倩等儉省隨時，無妄破費，」慎勿奢僭，益後子孫，莫惑交親，宜守志行，喪祭依禮，無忤我情。雲來之孫，永」不可忘（重刻下有固字。）託麇秀才文字爲我銘云。簡依命牽拙其辭于後。」

知存亡兮其唯聖人？知得喪兮固非凡身。成家基矣心因力因，有初」終兮易形爲神。墳兮壟兮厚其塵，松兮栢兮無爲薪。石兮字兮唯其」真，德兮兮千萬春。」

清河張太安鎸（六字原刻無。）

（録自《越中金石記》卷一）

大中〇八六

【蓋】失。

【誌文】

唐故彭城郡洪府君夫人張氏墓誌銘并序」

夫人張氏，其先清河郡人也。高曾近祖，賁」□丘園。夫人門傳素清，閨闈禮則，三從」禮備，四德有聞，六行光著，蕣華冠於朝」日，瓊度比於秋霜，自笄之年，歸于洪氏，」奉事舅姑，兢兢之禮，孝敬於夫，如同」賓友，内外和顔，順柔親族。何期府君早」逝，已經廿九載。夫人即以大中八年，歲」次甲戌，七月廿六日，終于揚州江都縣贊賢」里河界之私第，春秋七十有二。男曰抗，」承家孝行，禮義立身，凡與人交，久而」益敬。遇遭哀苦，匍匐心腸，號天泣血，」即以當年十一月四日安厝于江陽縣」郡城之東嘉寧鄉五乍村，啓故先殁」府君之塋，同歸合祔，並棺千載。古樹」松風，月照泉臺，日歸西海，刻石紀墳，乃」爲銘曰：」

壠樹風悲，愁雲月苦，一閉泉門，宛然今古。」

（周紹良藏拓本）

大中〇八七

【蓋】　失。

【誌文】

唐故南陽張府君兼故夫人彭城劉氏合祔墓誌銘并序」

公諱談英，字談英，其先南陽郡人也。公性唯温克，謙恭爲情，承家孝」悌，以襲先志，執敬親戚，敦故交知，播大名於京輦，揚佳譽於海隅，嵯峨獨」□光臨遐邇，奇藝絶倫，孰可儔匹。公即漢代將軍子房宗胤也。曾祖恪，承務」郎試左武衛兵曹參軍；祖務朝，試奉禮郎；聰敏頗著，經史精博，而乃不幸，」凶禍忽臨，傾心居喪，萬事毀然，孝自天生，順從心出，披髮跣足，廬於墓側，晨」夜哀號，而皆泣血。翔禽□集，彩雲遽見，諸侯奏聞，方有敕下。豈期天只」假孝悌，不降之永年，不盡始終，忽歸逝水。墳墓儼然，松柏森勁，慶流子孫，萬」古名存。考元超，試銀青光禄大夫檢校太子詹事，誓居退靜，不趨名禄，以丘園」之保身，養性全真。公即奉禮郎之孫，太子詹事之子也。公肅奉嚴訓，禮讓彌」恭。嗚呼！昊天不吊，忽降鞠凶，大中七年九月廿九日終于歸政鄉平陽里之私第也，」享年九十。公有子五人：長曰弘晟，趨庭之禮有餘，紹家風之不墜，天不慭遺，」殲其賢良，不終喪禮，公後而逝；仲曰弘亮；次曰弘政；次曰弘貞；次曰弘昌，先公」而卒。弘亮等俱懷欒棘之心，罔極在兹，共營喪事，諸禮精備。公有女二人，」并早適事人矣。公有孝孫君素，即弘晟之長子也，性情宛順，心義丈夫，氣量」崢嶸，推幹能之俱濟，佐諸大阮，每事周畢。公故夫人彭城劉氏，」淑慎遠聞，壼則尤著，素有嬿婉之儀，勤修中饋之政，全其婦道，守敬閨禮，六親瞻仰，里閈遵承，蓬首潔心，誓守共」姜之志。嗚呼！昊蒼不惠，降此災戾，大中八年正月十三日亡以大中」八年十一月廿一日祔葬于兵曹府君先塋，禮者。恐年代逾」遠，陵谷變移，固刊貞珉爲誌爾。銘曰：」

承家孝悌，世襲無虧，名傳海内，萬里光輝。」簪纓紫綬，累代曾爲，晦路閑居，養性全儀。」哀哉夫人！漢帝宗枝，窈窕淑德，可爲人師。」今祔先塋，玄堂同歸，千年萬載，永保無移。」

（周紹良藏拓本）

大中〇八八

【蓋】 失。

【誌文】

唐故國子助教范陽盧公墓誌銘并序　外兄儒林郎前守鄭州原武縣令鄭勃撰」

君諱當，字讓之，范陽人也。高祖諱寰，臨汝郡長史；曾祖諱政，太子中允；」祖諱瑾，尚書屯田員外郎河中少尹；考諱寓，試大理評事、嶺南節度推」官。君廷評公之幼子也。外族隴西李氏，中書侍郎平章事諱揆，君之」曾王父；杭州刺史諱幼公，君之王父；中外炳焕簪纓赫弈，官閥俱美，」莫之與京。君立身端謹，早習文史，年十六，經明擢第，調補汝州臨汝尉。」年幼秩卑，能振官業，籍籍之譽，喧于洛師。今夏州節度使鄭常侍助□」刺臨淮也，以君才識高遠，人情暢洽，首辟從事，奏授太常寺協律郎，□」理之方，溢於人口。鄭公内喜，深謂得賢。府罷從調，補國學助教，膠庠之」任，君實宜之。生徒懽然，知所歸向。曾未半歲，績已顯揚，方期長材展榱」棟之用，驥足騁千里之逸，豈云暫嬰疾恙，遽告凶災，以大中八年十月」十三日終于京兆府萬年縣宣平里之私第，春秋卅有三。其明年二月」十一日，歸葬河南府洛陽縣平陰鄉，附于先塋，禮也。嗚呼！君學藝修立，操」履端潔，不鼓虚美，不交雜賓，事親以孝，奉長以悌，族姻之内，靡不稱」歎。而年纔壯室，禄未光大，如此而已，福善何乖。夫人滎陽鄭氏，今潞州」節度使禮部尚書鄭公涓之女，實秦晉疋敵，潘楊世親，賢明淑哲，宜配」令德。有子男二人，女一人，年皆幼孺，方在懷抱。君伯兄回，銜涕相告，見」託爲文。勃與君内外弟兄，情好斯厚，雖年齒相遠，而出處靡乖，誠非」肩隨之徒，每同攜手之侶。輒陳所履，用彰盛德，握管悲慟，彌切酸辛。銘」曰：
族高鼎甲，質秀瓊玉，學行偕茂，宜履高躅。年纔壯室，倏而歸全，春」木方苞，飛霜遽先。叫叫慈親，」哀哀孀婦，冤聲一發，淚拉行路。天不可問，」理亦難知，淑慎付性，凶災隨之。嗟哉盧君，行美齡促，顏冉之夭，非德不」足。玉折蘭萎，人倫之哀，數不可違，徒生者悲！」
表甥盧岫書」
（周紹良藏拓本　河南千唐誌齋藏石）

大中〇八九

【蓋】　失。

【誌文】

大唐易州遂城故鎮遏散副將雲麾將軍左金吾衛大將軍天水趙府君故董氏王氏二夫人合祔墓銘并序」
公諱建遂，即簡公後裔也。以枝葉繁芳，子孫浩天，至於流迸，然別」葉上谷，今爲易州遂城縣人。公魁梧可觀，百行可遵，鶴立轅門，」有扶危致事之功，確無儔矣。曾諱詵；祖諱寫，易州孔」目官；處公直，文武俱，若紀盡善，文繁不書。夫人董氏，雅有」高行，動合經禮，閨範母儀，今古無疋。天何惜壽，餘慶禍侵，」以開成元年，嘗先風燭，享年卌有一。有子三人：長曰德行；」次曰德榮；季曰德獻；俱纔年壯，孝悌傳稱，衣彩晨昏，承」順懷橘。太原王氏禮適君子，有訓誨之猷，倏爾纏哀，膏肓」難餌。以大中六年九月而歸正寢，享年卌有五，權厝於」斯，良月也。今以大中九年春二月十七日遷祔於州東南五里」舊墳，禮也。嗚呼！府君六十有一，與夫人等冥冥」大夜，寂寂長空，異穀生居，歿葬同穴。嗣子德行能長於」家治，嗚咽喪親，忘軀殞地，罄生業就百金，力備喪」事，然知孝行情切。孝子重慮曠代遷更，不以小人知少，」命筆紀之。詞曰：」

咨嗟夫人，德行難羣，今祔幽緒，慟泣泉門。」副使邃德，人倫規則，以道懷賢，唯公一焉。」何期形影，洎此變遷，永傷乎！墳土於燕。」

（周紹良藏拓本）

大中〇九〇

【蓋】　失。

【誌文】

□□□□□使持節曹州諸軍事守曹州刺史賜紫金魚袋清河崔府君墓誌銘并序　從祖兄正議大夫守太子賓客分司東都上柱國清河郡開國公食邑二千户賜紫魚袋干撰」

府君諱翬，字遐舉，清河東武城人，炎帝之後。太公封于齊，厥後世秉齊政，至穆伯食邑于崔，子孫因氏焉。秦司徒府君諱」庭，長子諱伯基，封東萊侯。至漢桓帝時，改東萊爲清河郡，則清河博陵始分之祖也；元魏樂安太守府君諱寅，則分房之」先也。自樂安府君而下至鄭州府君，凡八代，代承冢嫡，家風宣媾，四海推爲上門，顯焯於國史家諜，故不詳舉。曾祖」府君諱同敬宗皇帝廟諱，皇鄭州長史，贈鄭州刺史；歷佐七郡，皆著聲績，清約之範，傳於閨門。祖府君諱□，」皇懷州刺史檢校左庶子，贈司空；睦

愛之道，士林推仰，匡濟大略，當時無倫。烈考府君諱税，皇大理評事充南昌軍」副使；量爲江湖，才實
舟檝，得鍾張之楷法，有鮑謝之章句，名尊壽促，器業不展，宜鍾大慶，光于後嗣。君即評事府君」之元
子。年在童丱，累丁家艱，哭泣之哀，傷感行路。祗奉長屬，敬慎無違；撫養諸弟，恩勤切至。端默自
處，守道專學，敦尚」禮教，全忘名利。從祖兄中書公誨以宗門顯揚之義，當年進取之事，乃以明經隨
貢，一舉上第，釋褐河中府參軍」事。歲滿，調左衛兵曹，轉河南縣尉。霜鋒水鑑，投刃皆虛；玉韻松
標，風塵自遠。無何，尹長侵辱僚吏，漸及同列，君抗論不」納，遂請長告，時論企重，仰之彌高。尋爲鄭
之滎澤宰，推公平廉正之心，行清靜簡易之道，均征賦之勞逸，絶貴倖之庇託。」一邑康泰，四鄰歌謡。
縣在古城，垣墉缺壞，庫獄防守，吏胥告勞。乃請於州使，伺以閑隙，搜聚稍羡，兼備糗糧。因其子來，
厚」償塘直，板築樂就，程功倍多，雲矗石堅，旬日而畢，氓庶感悦，至今懷思。相國杜公嘗領邦計，欲大
革前弊，自立新規，精」擇高名之士以主屬院，奏君試秘書郎兼殿中侍御史知西川院事。既至，以公勤
致榷課，以潔白束奸吏，三川比校，□」績特殊。當時西川節度使故相國李公，風望峭峻，不接後來，重
君清直，敬持加等。終以貨財之地，非其所好，固辭獲免。」今唐州尚書鄭公初拜尹京，志在求理，飽君
才實，奏充京兆司録。浩穰之地，綱轄爲難，至則糺逖奸贓，不避强禦，朞月之」政，京畿變風。由是遷
奉先令。奉陵之邑，半是豪家，水旱曾愆，民尚流散。君下車之後，招俫撫綏，抑其兼并，卹彼惸弱，」蓁
莽開闢，流傭盡歸，吏不敢欺，人自樂業。受代之日，計課殊尤，縣吏請於君曰：自明府清理，一境阜
安，闢田增户，前後」罕匹。請以數實，申於上司，考校最績，合在異等。君顧而問曰：如是率則府司免
加率額否？吏曰：雖有所加，蓋是定制。」君不欲以私己之利，移患於民，乃抑而不舉。聞者歎服，其

道愈明。遂居于鄭之別墅，屏絶人事，澹然忘懷。未幾徵拜侍」御史。孤標峻望，霜署風生。時有驛使吏卒侵擾郵亭，本縣令長重加笞撻，禁衛上訴，稱是軍人。君實本推訪，知假託，執」政，憲長咸欲徇從，君移時抗論，堅執不變。縣宰既免濫責，公亦旬月受代。奉職不苟，公議多之。居未旬朔，詔除倉」部員外郎。時有功勳之胤，初領節鎮，闕庭慮撫理未洽，乃慎選省郎，置之貳職，軍府動靜，一以繫之。詔除檢校大理」少卿攝御史中丞，充義昌軍節度副使，仍賜銀龜朱紱。君克己危行，知無不言，事有未當，必歸於理，輯睦康泰，繄君賴」焉。又轉檢校左庶子兼御史中丞，仍加金章紫綬。公議以倅理殊績，合加寵異，詔徵膳部郎中，復歸南宮。時仲弟罕」任諫議大夫，季弟準任主客郎中，接武彤庭，聯曹粉署，中外榮觀，搢紳傾慕。君深於理人之術，思展才用，堅請外郡，乃」除曹州刺史。入境之化，人歌來暮。此郡俸給，號爲優豐，及到請受，亦與鄰并相類。問於主吏，何以致然？對曰：素例合補。署」隨從將校凡六十員，職之卑高，唯所制置。君以不可爲法，請于廉使。廉使以成例既久，重難改更。君乃減舊之半，仍」立定制。廉慎之道，遠邇咸伏。其陰德□施及物者多韜晦不耀，難以備舉。竟乖顯報，神豈惑耶？以大中八年十月既望□」疾，醫禱無應，至十一月十二日告終於濟陰之官舍，享齡六十有八。郡人悲號，如喪親屬；士友聞者，相吊於途，咸曰人倫」其瘁乎？君出於王太原上族，外祖蒙，蘇州録事參軍。夫人滎陽鄭氏，洺州司兵參軍叔向之孫，大理評事遘之第二女，」德禮明淑，聞於姻黨。生一子崇，前右清道率府倉曹參軍。孝謹誠厚，可以保家。崇娶范陽盧氏女，父審矩，前陽翟令，惟□」吾宗與王鄭盧皆山東鼎族，宦媾之盛，時無與倫。別女一人，適今揚州支使殿中侍御史李嶧，早逝。諸孫四人。君天與」明哲，生知孝敬，動必由禮，出言有章，澄澹端潔之性，不學而至；回邪非僻之惑，無自而入。

竦善如不及，嫉惡如己事。六姻」九族，師法敬憚。入踐臺閣，出居岳牧，昆弟聯行，朱紫焜耀；賢妻令子，福禄周備。雖壽不充德，位不充量，於君爲不足，他」人爲榮備矣。孤子崇，以其年十二月二日，號奉轜輿，歸于洛師。仲弟給事中罕，聞疾上陳，馳驅不及，哀覩於鄭之東」郊，行哭泣血，護歸舊里。季弟荆南節度副使兼中丞準，請於府主，單騎北馳，聞□訃於宛葉間，哀斷手足，躬奉窀穸。」即以明年乙亥二月庚戌朔廿三日壬申，附葬于洛陽縣平陰鄉陶村之原，附於□先府君塋之東次，禮也。罕等以干紀」年相鄰，習尚相近，舉親之道，得展周行。狀陳行實，請誌幽壤，衰病多苦，久癈屬文，泣撰貞石，粗書往事。銘曰：」

粒食厥初，實爲炎皇，投釣維師，翼周興王。讓國居崔，族氏乃光，降及漢魏，雕龍文章。桓改郡封，元分二房，姻媾鼎甲，軒□」焜煌。洎于巨唐，代顯忠良，出踐垣翰，入居巖廊。四十代間，史諜昭彰，古人有言，必齊之姜，顯允吾宗，羽翼鸞凰。」穆穆府君，孝友貞方，簡諒公廉，門風載揚，嘗宰于滎，畝有栖糧；筦于蜀都，吏絶奸臟。乃轄神州，甸服靖康；乃撫陵邑，□」無豪强。執簡霜臺，風生紀綱；應宿南宮，價重含香。貳職戎軒，威謀允臧，牧彼濟陰，膏雨豐穰。總厥懿美，宜乎熾昌，昊天□」□，降此禍殃。郡邑哀慟，士林淒涼。孝子孀妻，號奉帷裳，令弟偕來，備物主張。附于邙原，先櫝蒼蒼，勒石厚地，千秋□□。」

再從外甥文林郎□京兆府同官縣尉鄭湛□」

（北京圖書館藏拓本）

大中〇九一

【蓋】 失。

【誌文】

唐故潁州潁上縣令李府君夫人滎陽鄭氏合祔玄堂誌」

孤子述罪釁無狀，不孝不死，以大中八年歲次甲戌，十一月壬午」朔，廿二日癸卯，鍾我」先妣太夫人滎陽鄭氏酷罰於汝州郟城縣大名里之私第，享」年六十有四。述等既不能自絶，杖而後起，即與弟逢□□泣」血號天，營奉祔禮，以大中九年□□十七日，合祔于河南」府河南縣金谷鄉焦古里之南原」先府君舊塋。既而日月有期，將營虞事，家途罄匱，□□重□，」猶是稱財，叶曰僉中禮經。述等釁孽所嬰，當大中六年八月下□□□」□考之憂，苟延餘息，纔終禮制，奉養太夫人未幾，其年冬十一月□□」崩禍再鍾艱罰。嗚呼！壽不稱德，天何闇乎？太夫人諱瑄，其先祖」於周得姓，述以不見譜籍，莫究其裔，但略而記焉。其祖諱寰，下知官序；」烈考杭州唐山縣令府君諱弘敏，早精儒業，以明經上第，釋褐補蘇州華」亭尉，次任宣州宣城尉，皆著□邑之能，旋授唐山令，議獄守調，咸稱其理。及」生太夫人，幼懷柔克，德茂笄年，以貞元中歸于我」先府君。婦道貞淑，奉事先祖母，敬奉亭帷，虔供盥饋，凡四十年矣，」發言知教，聞善必遷，琴瑟既調，未嘗越禮。故閨門之内，令譽夙彰。嘗」慕釋理，耽讀典墳，每獲精義，未嘗不執卷以召諸幼而教導之，孜孜誨」諭，唯曰不足，即可知其訓方也。有弟曰嵎，少耽經史，長而能文，舉進士高第，」歷名使幕楊州大都府參軍； 堂叔碣，亦以進士擢第，殿中侍御史，累佐盛府；」並爲時彦，必振大名。長男述，次男逢，次曰逍，一女適姚氏。其官序名姓已具」先府君舊誌，此不重載。恐年代綿邈，陵谷將改，遂泣血銜哀，誌于」貞石，垂白後昆云爾。」

（周紹良藏拓本　河南千唐誌齋藏石）

大中〇九二

【蓋】　失。

【誌文】

唐故鄉貢進士孫府君墓誌　父前試大理評事兼監察御史孫向譔」

府君諱俪，字可器，河南鞏人也。其先蓋自齊大夫受姓，自」齊入于國，家凡系祖，莫不以文德顯耀當世，洎」高祖諱嘉之，爲秘書監；曾王父諱邁，歷左補闕内供奉；」大王父諱起，滑州白馬縣令贈尚書工部侍郎；祖妣夫人隴」西李氏，封隴西郡君，生姑適崔氏，生景商；祖妣夫人」河東裴氏，封河東郡君，生向，即府君之父焉，娶夫人隴」西李氏，君即魯出焉，其先亦今之士流矣。伯舉進士第，累」任尚書刑部侍郎。君性本純孝，與妹峴相愛，及諸兄姊，洎」于諸親，咸冤惜之。嗜參閔夷齊之行，惡貪躍倖佞之風。繇」君幼而有□□□□姑崔氏，伯刑部常撫而善之，雖始」與舉明經第，實冀策進士，雖疾而卷靡釋于左右，雖疴而」禮不□于心，以大中九年四月廿四日謝于東都河南縣」敦化里之别第，春秋十有九焉。嗚呼！爾疾在洛，吾去于城，」爾疾告亟，吾道愔程，及門心落，入室禍驚，忍死待吾至爾没，」爾恨緘泉，吾冤病骨。爾之行之才可以榮，可以壽，何圖蘭方罄而」霜萎，樹方高而風摧，宅兆有時，以其年閏四月廿四日窆于東都洛陽」縣北邙原陶村里祖妣河東郡君夫人塋之東七步，在兄荆之墓南」數步焉，用先塋禮也。父向，泣血譔銘，用誌于墓銘曰：」爰芳□兮霜摧，□長逝兮莫迴。嗚呼！錫其行而不錫其壽兮」□何深，□善固天罰兮驪珠浦沉。君小字曰欣兒。」

（河南千唐誌齋藏石）

大中〇九三

【蓋】 唐故殿中少監苗公銘

【誌文】

唐故朝議郎守殿中少監兼通事舍人知館事上柱國賜紫金魚袋苗公墓誌銘　姪朝議郎行尚書司勳員外郎充集賢殿直學士柱國恪撰　姪奉議郎行河南府河南縣尉博書」

公諱弘本，字天錫，其先命氏於楚，後徙晉，而又因官於壺關，遂爲上黨人。曾大」父諱延嗣，登制舉科，官至中書舍人、桂管採訪使，大父諱含液，進士策名，」官至尚書祠部員外郎；先考諱稷，官至少府少監、贈工部尚書。尚書既孤，爲從」父太師所愛，因命爲己子。故尚書入仕稱宰相子，其甲籍蔭胄遂繼太師，是以公」弟兄今稱曾祖殆庶，汝陰郡太守贈太師；祖晉卿，太保贈太師焉。公少謹厚，沉深寡」言語，不妄嬉喜，亦未嘗輕慍忿。讀周易得其大意，迫于生活，計不得卒業，浮江湖」乞食，雖布襦芒屩，人遇之必以禮，亡禮雖累金重帛，公亦輒辭去之。後遊京」師，遇元兄爲謁者，通籍殿庭；兼官秩高，將辭去職，因薦公入焉，由是得兼京」兆醴泉丞，遷太子贊善大夫，賜緋衣，副新羅使立其嗣，將命至其國，使病死，公」專其禮，上下之分，皎然無違，夷人祇畏而且歡戴不足。使還，遷殿中少監，賜金」紫，轉將作，復爲殿中少監，三遷職皆如故。其寮有侍親無聞者，公立疏其事，詣」丞相上之。丞相或假借欲蓋其事，公固爭。人皆曰：苗公遇人苦樂相謝外，往往移」日不能吐一語，及其疾邪秉義，則向丞相爭事如數豎子，信其仁而能勇也。公」每奉諸昆諸姊及孤甥遺姪衣服百須，必先身而經紀之，雖遠不差寒暑。朝」暇則迎親交酌酒譃笑，陶然不厭，莫省家之有亡，故終之日，族親寮舊爲之」殮，賣車馬以爲葬。娶於嚴氏夫人，早亡。有子四人：曰知微、九臯、定郎、舶主。以」大中乙亥歲三月六日終於靜恭里第，凡春秋五十九，得其年閏四月廿五日歸」葬於洛陽城北。苗氏自公五代祖已下，咸葬於洛陽，獨太師以勳籍高，詔留」葬於長安城東，太師之子之孫因而從焉。公之先尚書顧言曰：太師子我，德實」厚焉。我生平時不可背惠。及其終也，則必使我復其本。遂歸葬於洛陽，附桂管」祠部之封焉。公今又窆之於其左右。將葬，知微使僮質來告曰：先公之命，以誌爲」託。恪拜授命，哭而誌之，已而又銘之。銘曰：」

由我者行，不由我者命，我行無違，我命難知，嗚呼已而。」惟洛之陰，惟邙之南，子涇反。祖考是歸，公其安之。」

（周紹良藏拓本　河南千唐誌齋藏石）

大中〇九四

【蓋】 失。

【誌文】

唐故江夏李氏室女墓誌銘并叙 從祖兄鄉貢進士駉撰并書」

有唐大中歲在乙亥五月戊申朔，三十日丁丑，江夏」李氏室女遇疾夭於洛京建春里之別墅，享二十六」年。曾祖暄，皇起居舍人贈刑部尚書；」祖鄆，皇殿中侍御史東都留守判官；父損，皇」宿州蘄縣令。女即蘄縣公之長女也。公雅性澹」薄簡易，無婚宦之情，故終不娶。女出如夫人郭氏。生」而明慧，長而孝敬。丁蘄縣公之喪，哀毁過節，故特」爲季父今贊善大夫、叔母盧氏夫人之所鍾愛，承」顔就問，率無違越。顧謂諸女曰：孝敬柔和之道，當如」是焉，宜膺介祉，以享眉壽。天不與善，遘斯夭折，嗚呼」哀哉！踰月十三日，龜筮告叶，葬於河南府河南縣金」谷鄉之原從先塋，順也。叔父既哭之哀，且曰：吾家」道素空，不及早嬪于大族以顯其懿範，故其追痛之」大，倍于常理也。乃命猶子鄉貢進士駉曰：汝爲誌。所」不敢辭而銘曰：」

何生之淑？何夭之促？冉冉云暮，滔滔去速。悲何爲兮？」頴若石火，迅同風燭，茝蘭方茂，窀穸俄卜。傷何爲兮？」閱水於川，鍛魂於木，賢愚共盡，今古相續。哀何爲兮？」洛水邙山，先塋高躅，聊紀令淑，以虞陵谷。痛何爲兮？」

（周紹良藏拓本 河南千唐誌齋藏石）

* 大中〇九五（與殘誌〇一七重出，此當存）

【蓋】失。

【誌文】

唐前試大理評事兼監察御史孫公亡妻隴西李氏墓誌銘并序　再從姪孫前鳳翔節度掌書記試秘書省校書郎紓撰」

祖母夫人姓李氏，其先隴西人也。系于皇族，即大鄭王」之後。烈祖暄，皇朝台州刺史；父叔康，前任杭州臨」安縣令；皆自修勵，爲宗室令人。外祖博陵崔稜，」皇朝户部侍郎、鳳翔節度使。夫人年甫初笄，作配」君子，言容禮法，本於生知，婦道母儀，不假師訓，奉上盡孝」敬之道，接下極慈惠之仁，儀形六姻，佩服四德，衿鞶之慶，」宜享永年。無何，寒暑愆和，以至寢疾，藥石無效，沉痾莫」痊。生也有涯，古來共恨，遂以大唐乙亥歲六月十六日」終于東都敦化里之私第，春秋廿四。即以其年七月廿五」日歸窆于河南縣平樂鄉，祔于先塋，禮也。男□，前鄉」貢明經，先夫人數月而卒；女峴娘，沉瘵之中，鍾此」禍酷，號天叩地，如不勝喪。紓奉卅五叔翁之命，俾述」徽懿，粗紀中外官氏，勒于貞石云。銘曰：」

婦道巽順，母儀高令，恭惟夫人，執德不競。居佩圖史，動」脩箴規，周旋服禮，莫不令儀。謂天福善，永吉終吉，一旦愆」和，遂至寢疾。爰憑藥餌，亦虔禱乞，神理無徵，奄歸巨室。」瞻彼崇邙，松檟蒼蒼，爰卜宅兆，平樂之鄉。前列高阜，」旁臨古崗，伏惟尊靈，安此玄堂。嗚呼哀哉！」

再從姪孫鄉貢進士繇書并篆。」

（周紹良藏拓本　河南千唐誌齋藏石）

大中〇九六

【蓋】　唐故太原王太師墓誌

【誌文】

唐故成德軍節度鎮冀深趙等州觀察處置等使光禄大夫檢校司徒兼太傅同中書門下平章事兼鎮州大都督府長史駙馬都尉上柱國太原郡開國公食邑二千户食實封二百户贈太師王公墓誌銘并序　故吏節度掌書記承議郎監察御史裏行賞紫金魚袋黄建撰　故吏節度推官文林郎試大理評事兼監察御史賞緋銀魚袋眭察書并篆」

維大中八年，歲次甲戌，十二月乙卯，禍興方國，咎見大梁，實分陝上台太原王公薨於位，嗚呼哀哉！間歲，地」侯見與次，而不肯移諸他，謂百王萬代之歸一也。及飛上府變，震駭宸聰，袝機移刻，即日」皇帝輟參，國喪公師，寰海訃吊，若風馳星奔之速，雲蒙雨墮之慘。于時大君詔憫，同軌移傷。夫公侯之位，內」外具瞻，非人傑命代之才，安可以金堅而嶽固。公諱元逵，字茂遠，其先晉陽人也。嘗聞本大末豐，泉深流」廣，則千尋建木，萬里洪河，爲之體狀，其可以諛聞囊智，而欲談天斡地者也。昔在高辛，帝嚳以基德，姬文續興，而」侈大雲孫，子晉脱屣上登，仰仙域之難窮，謂胄嗣以命氏，綿歷秦漢，魏晉已還，至于江表，代續其美也。惟」皇家建中際，值天步艱難，則族祖忠烈公立匡靖之業，又其著也。曾祖末怛活，贈左散騎常侍；祖昇朝，贈」禮部尚書，累贈太師；禰庭湊，皇成德軍節度，鎮冀、深、趙等州觀察處置等使，金紫光禄大夫，檢校司徒兼太」子太傅，上柱國，太原郡開國公，食邑二千户，贈太尉，累贈太師。勳殊祚異，德高慶遠。公即贈太師之次子。」不好弄於弱歲，負夙成於冠前。所資禀者生知，履行者絶侶。自是公侯之器，巖廊之質，附之如愛景，仰之比嵩華。」常嗟輔弼之功，不及湯禹，雖韓、彭、蕭、曹，咸同自鄶。至若四部古書，千慮機盡，伸帙如舊習，舉意是新規。堂堂焉畜」大和之樂，瀉中古之禮，非常談可涯壼奥，能從宗廟社稷之事，聞名於上，詢謨僉同。首授太子中允兼」殿中侍御史，充成德軍節度、中軍兵馬使，賜紫金魚袋。允屬中權，謀無遺策，日騰徽譽，歲課多功，十載六遷，貂蟬」冠首。以先兄謝世，改職副持節。既承繼胤，思主大宗，驅除浮爲之詞，不來關耳；剗斥荒唐之俗，慮傾吾心。」使宿素整其威容，純誠攝於鑒在。方將養志，悉展副車，而禍集邦家，先太師薨背。既溢米而銜血，固毁瘁」以易容，修之古人，皆爲生孝。奏章纔上，星命爰敷，制以從權，變資金革，天高而日號無逮，敕整以朔換」須承。於是割誠真，就睿想，起復定遠將軍，守左金吾衛大將軍，員外置同正員，檢校工部尚書兼鎮州大都督」府長史，御史大夫，充成德軍節度，鎮冀、深、趙等州觀察處置等使。開成初，詔加右僕射。其十二月，詔雖金」革以從權，每戀棘而在疚，旋畢三年之制，宜加七命之榮，可銀青光禄大夫。自是襲承渥澤，禮命踰常。明年，」詔將中築館之榮，爰得當仁之配。廣凱處奉車之貴，張敖列諸侯之尊。王姬之車，絮輪而三周錦步；傅粉之」珮，璋瑲以兩倚紱衡。由是躡天衢，附戚里，宣揚聖化，覆燾恩威，四履休和，比鄰樂易。間有潞人小子，」敢肆猖狂，承命招討，不時功就，連時天德，台衮以登。據將相之崇，而柔心俯僂；抑王侯之重，以折節羈」萍。彼蒼不傭，降禍何速，以大中八年十二月四日棄邦國萬人而薨背，時年卌有三，處職位者卅一祀。兼居亞相之」重，偏歷省閣之尊，訃問登聞，宸扆歎駭，輟衙撤膳，遽遣綏懷。贈從最上之恩，禮有特加之數。將作監、檢校右散」騎常侍李文舉承命，虞部郎中韓瞻爲之介，其明歲二月乙卯，册贈太師；三月一日，給事中張毅夫、副使右補闕裴衡，」成禮於次，所謂遵典故而旌大臣也。公有人表之狀，物外之識，注五河而吐論，今無其當；戢三教以定情，古不」見匹。蘊是碩德，不享遐齡，祇應冥符傳慶貽厥有子三人，貞玉比德，位職已高乎岳牧，訓齊之無輟晨昏，孝友自」天，賓實不假。伯曰紹鼎，起復成德軍節度，鎮冀、深、趙等州觀察處置等使，雲麾將軍，守左金吾衛大將軍員外置」同正員，檢校兵部尚書兼鎮州大都督府長史，御史大夫；王次曰紹烈，右散騎常侍，趙州刺史；季曰紹懿，御史中」丞，深州刺史。先德之象，折於三身；玄黄之難，俱以一貫。夫人壽安公主，以禮將儀範，孰敢書比，國」之大事，卜於守龜，得兆袝塋，筮從叶吉，大中九年八月十四日庚寅，定封於鎮府壽陽崗，從先限禮也。」岸谷之虞，有自來矣，雖書芳竹帛，靡誌於幽扃，謹撰銘詞，紀於厚地。

長淮比宗，高辛自祖。滔滔順流，大啓吾户。曾贈散騎，金吾御侮，列祖太師，名先禮部。」於惟皇考，司徒太傅。垣翰大邦，開國上柱。累贈太師，列聖崇樹。鴻勛盛業，資於數主。」粤惟間生，當五百年。輔弼皇明，績用古先。所謂舟楫，利濟大川。山澤出雲，有開必前。」代爲唐虞，聖實堯舜。啓沃穌會，君臣考順。桑林絶禱，土膏時潤。鼓腹繫壤，孰知斯訓？」君非風力，則是伊皐。軒轅姚姒，膺時弭勞。節宣叔衡，繩准卑高。委棄珠玉，珍卓土毛。」變戾爲華，使邪復正。安可進道，危能畢命。兩河坐鎮，萬里不競，實曰長城，秉國之柄。」常山臨代，有實不窺。前席禮士，中立持危。悉心富人，盡力邊陲。

天鑒孔明，禍自何伊。」勳業既高，傳慶宜遠。琳琅積笥，芝蘭盈苑。□棄家邦，固遺修短。國史令範，稱書無算。」有司告備，龜筮叶同。同盟畢會，禮在方中。舉狀餘德，擬諸不窮。永閟泉門，後天地終。」

（録自《考古與文物》一九八三年一期劉友恒等《唐成德軍節度使王元逵墓清理簡報》）

大中〇九七

【蓋】失。

【誌文】

唐故朝散大夫使持節丹州諸軍事守丹州刺史充本州防禦使上柱國弘農楊公墓誌銘并序　前防禦判官登仕郎前守太原府祁縣尉劉旭撰　處士烏次安書」

公諱乾光，字耀卿，其先弘農人也。漢太尉秉仁毓德，其後必昌，逮乎有唐，綿」歷千祀，榮名顯位，聿臻懿裔。曾祖璡，密州司馬，贈太子太傅；祖休明，河西伊庭」節度使，贈司空；考焠，安州刺史。公安州之次子也，絳郡李氏之出，明州刺」史李峑，則其外祖也。公情田遼敻，襟靈舒和，志端慤而氛濁之不可入，性雅」逸而約束之不能拘，遇人必聳之以通善，爲政每加之以寬恕，文學奧敏，詞華縟」麗，臨事能斷，直而無撓，深信釋氏因果之説，嘗以施惠增修爲意，介然操履，唯道」是從。寶曆二年春，自前試太常寺奉禮郎授左司禦兵曹參軍充天平節度推官，」居幕下不數月，府主司徒烏公，多其才器，命爲懿親，旋屬司徒公薨」變，競有他議，公機謀撫馭，致之以寧。丞相晉公録其茂績，以聞於」上，召拜河南府鄏師尉，遷試大理評事攝監察御史、靈武節度巡官，轉監察御史」裏行、鄜坊觀察判官。連帥史公以州府繁務，委公總之，而紀綱條貫，彝倫」順叙。府罷，除宋城令，不之任，旋改殿中侍御史内供奉、邠寧慶觀察判官，」遷伊陽」令。由伊陽拜文州刺史，轉戎州經略使。大中六年五月授丹州防使。其年冬，蕃寇」侵掠，傷害居人，公累表奏請兵士，討伐奸黨，人户却復，鄉里城邑，獲保無虞，」實公之全才智用也。以寇盜攻劫之後，村廬罄空，秋夏徵科，税無所出。」公逕詣使府，申訴於廉問隴西公，乞免賦斂之事。夫涉歷山坂，衝冒霜雪，憂人誠」疾恙旋鍾，大中七年冬十月十有六日，啓手足于州之正寢，享年六十。夫人張掖」郡君烏氏，天平節度使贈太尉重胤之令女也，蘭儀懿範，芬馥閨壼，有男子二人：」長曰曹；其嗣曰魯；女四人：一女適隴西李僧元；三女未笄。其孤魯號奉輤裧，歸于」洛城，以九年八月廿四日卜葬於河南縣平樂鄉邙原，蓋從權也，未克祔就」先府君之塋域。旭求名上國，累歲未偶，蒙公惠愛，邀在門館，」每垂念及菲薄，常許提攜。嗚呼！良牧既殁，孰不悲思，況旭獲承眷憐，」哀慟何極！其孤以旭嘗辱公之知，遣叙述公文行官業。旭才力褊」淺，而不能贊稱公之盛美，但紀其事實，而誌其墓焉。嗚呼哀哉！銘曰：」

公之性兮不惑，公之心兮無營，文章之旨兮風雅，」惠化之均兮廉平。位不顯兮已矣，逝波注兮杳冥，」石之貞兮斯在，銘于墓兮千齡。」

（周紹良藏拓本　河南千唐誌齋藏石）

大中〇九八

【誌文】

大唐涿州范陽縣主簿蘭陵蕭公夫人侯氏墓誌銘　奉禮郎前石州軍事判官劉召□

夫人侯氏，其先苗裔夏后，胤封于侯國，因以爲姓。其後轉上谷，子孫仕于幽薊，遂世爲家焉。皇曾祖諱惟謙，寧武軍使、金紫光禄大夫、檢校國子祭酒、兼侍御史。皇祖諱紹宗，使持節瀛州諸軍事，守瀛州刺史，充本州營田防禦等使，太子左贊善大夫，兼御史中丞。皇考諱証，登仕郎攝涿州固安縣令。夫人爰自乳育，稟性靈然，漸期總髦，省觀竺峽，欲飾花笄之歲覯彼蘭陵之言，琴瑟用張，雨結榮遠。其蕭公皇曾祖諱敬從，靈州節度從事、試大理評事。皇祖諱仲堪，蔡州郾城縣鎮遏兵馬使、金紫光禄大夫、檢校太子賓客兼殿中侍御史。皇考諱德源，河東節度押衙野牧使、左右廂軍使、銀青光禄大夫、檢校太子賓客兼殿中侍御史。夫人禮適異族，共巢鸞鳳，保守彌年。孰謂纓疾俄臨，征醫莫效，去大中九年四月廿六日終于私第，享年廿四。吁哉！芳容先穴，精魂乃遺。扶護何□，□□中外。遂以其年十月九日，殯于幽州幽都縣西界三里仵原，禮也。銘曰：

佳麗傷殁兮天説何依，雖得禮兮看夫可歸。衷無嗣兮與世人違，疑從神仙兮去流迴別。胡取長夜兮永期星月，杳杳冥冥兮荒郊悽切。

（録自《考古》一九八〇年第六期）

大中〇九九

【蓋】唐安定張氏亡女墓銘

【誌文】

唐安定張氏亡女墓誌銘并序　父勤撰　仲弟存休書」

我之得姓，系自安定，有女曰嬰，皇司封郎中湖」州刺史府君諱士階之孫，侍御史内供奉勤之女。嬰生」於素儒，幼合禮範，故吾先小君隴西李夫人撫」之等己子。明遵訓教，動不逾矩，親授纂組，若無遺功。自」齔及笄，未嘗一夕違動息。大中七年冬十月，吾分務」銅鹽，祇役吴苑，方擇良匹，期之有歸，得舊姻武陽李持，」議畢而九年二月。天禍我家，將返故里，吾泣奉」先旨，持愿遵前期，遂以從祖伯□川太守第卜日禮」定，指途赴調，以就和鳴。天未與壽，是歲秋七月十四日，」蒼卒遘疾，奄終于孟州河陰縣之别墅，甲子二十二春」矣。嗚呼！吾方茹毒偷生，將畢太事，嬰忽罹禍，更」興兼哀，天之匪忱，艱亦極矣！嫡母太原王夫人」哭之慟，而舉必豐禮。粤以十月廿六日，獲從」先祖妣之轜車，歸葬於洛陽金谷原舊塋之隅，禮」也。傷哉！既孕于世，期乎有家，中奪斯愿，靡所愬耶？然則」從葬古原，塗芻備禮，伯父叔父，慈親季」母，咸果臨穴，亦没無恨矣。吾含悲灑毫，以誌墓隧曰：」

誕既有地，慶宜移天，何彼零露，□乎華鉛。」桂凋于蘭，玉沉于泉，歸之弊廬，噫千萬年。」

（北京圖書館藏拓本　開封博物館藏石）

大中一〇〇

【蓋】失。

【誌文】

唐故盧氏夫人墓誌銘　外孫鄉貢進士鄭嗣恭撰」

誌所以紀年月也，銘所以讚德行也，故請述作者若不以文業光稱，則以能」彰美叙事者爲之。嗣恭外孫也，誠乃謏學不足以文爲，其於述婦道之節」行，事姑之仁孝，式足以詳備，固不敢違命。」夫人滎陽鄭氏，其先周之分姓，當厲王垂統天下，將封建子弟，蕃屏王室，而桓」公友封於鄭，其後子孫，氏爲鄭焉。十二代祖曄，事魏爲汝陰太守，至十一祖兄弟」七人，分爲七房，而歸藏公乃第五房也。襲冠冕，修婚姻，至今爲天下最。」夫人即歸藏公之後，曾祖昭遠，仕至坊州長史；祖昇，越州長史；父僎，宣州溧陽縣尉。」夫人生于崔氏，亦蟬聯之盛族。及既笄之年，適嗣恭」外祖范楊盧公諱子謩，蓋門地之相稱，重疊之舊姻，不幸未期歲而」外祖先往，後四月，生嗣恭」尊夫人徵。夫人哀伉儷之年，誓心守節，撫育稚女，虔奉」先姑，夙興夜寐，以成婦道。而」外祖先君蚤尉於河南府之伊闕，秩未滿而身没，家貧子幼，歸祔未及，因」權厝於伊闕之山莊。洎姑將亡之夕，召」夫人謂言：儻姑之疋得歸故鄉，乃新婦之大孝，亡魂之無恨。其後當昏」不寐，當食不味，辛勤啓舉，來歸故里，竟合葬於鄉原，契」先姑之厥旨。夫人享年五十五，以大中八年八月廿七日没於廬州巢縣槖」皐村。明年乙亥歲十一月十五日，歸葬於鄭州滎陽縣檀山崗盧氏之先塋，禮也。其」銘曰：」

節義貞固兮等于松筠，德行芬馥兮比于蘭薰。」婦道有儀兮襲彼家門，令嗣不續兮悲無子孫。」檀山峩峩兮帶滎川，白楊蕭蕭兮葬營魂。」春秋祭祀兮託孤女，千齡萬代兮歸先墳。」

（周紹良藏拓本）

大中一〇一

【蓋】失。

【誌文】

唐故陸氏劉夫人墓誌銘并序

夫人彭城郡人也。父峰，皆詞林學趨官迹立，笄年禮聘，適于陸門，盥帨鷄鳴，嚴勤婦節。大期俄届，嗚呼！於大中九年七月□日寢疾，終於華亭邑内之私室也，芳年卌有七。以其十二月一日葬於縣東三里買宋氏地之新塋，禮也。有子三人：長度、次夫師、□師雖以幼童，哀訴過禮。恐代異時移，故刊貞石。銘曰：

夫人劉氏，簪纓之女，節婦義夫，早聞令譽。隙光西邁，逝水東流，佳城一閉，萬古千秋。

（録自《古刻叢鈔》）

大中一〇二

【蓋】失。

【誌文】

唐故朝議郎檢校尚書户部郎中兼襄州别駕上柱國韓昶自爲墓誌銘并序」

昌黎韓昶，字存之，傳在國史，生徐之符離，小名曰符。幼而就學，性寡」言笑，不爲兒戲，不能闇記書，至年長不能通誦得三五百字，爲同學」所笑。至六七歲，未解把筆書字。即是性好文字，出言成文，不同他人」所爲。張籍奇之，爲授詩，時年十餘歲，日通一卷，籍大奇之，試授詩，童」皆不及之。能以所聞，曲問其義，籍往往不能答。受詩未通兩三卷，便」自爲詩。及年十一二，樊宗師大奇之。宗師文學爲人之師，文體與常」人不同，昶讀慕之。一旦爲文，宗師大奇。其文中字或出於經史之外，」樊讀不能通。稍長，愛進士及第，見進士所爲之文與樊不同，遂改體」就之，欲中其彙。年至二十五，及第釋褐，柳公公綽鎮邠辟之，試」弘文館校書郎。相國竇公易直辟爲襄州從事，校書如前。旋除」高陵尉集賢殿校理，又遷度支監察，拜左拾遺。好直言，一日上疏或」過二三，文字之體，與同官異。文宗皇帝大用其言。不通人事，氣直不樂者，或終年不與之語。因與」俗乖，不得官。相國牛公僧儒鎮襄陽，以殿中加支使，旋拜祕書」省著作郎，遷國子博士。因久寄襄陽，以禄養爲便，除别駕檢校」禮部郎中。丁難服除，再授襄陽别駕、檢校户部郎中。大中九年」六月三日寢疾，八日終于任，年五十七。其年十二月十五日葬孟州」河陽縣尹村。娶京兆韋放女，有男五人：曰緯，前復州參軍；次曰」縮，曰緄，曰綺，曰紞，舉進士。女四人：曰茱，曰谿，曰當，曰著，在室。」曾祖叡素，朝散大夫、桂州長史；祖仲卿，祕書省祕書郎，贈尚」書左僕射；父愈，吏部侍郎贈禮部尚書謚曰文公。銘曰：」

噫韓子！噫韓子！世以昧昧爲賢而白黑分，」衆以委委爲道而曲直辨。生有志而巫不能就，」豈命也夫！豈命也夫！」

孤子□書并篆。」

（周紹良藏拓本）

＊ 大中一〇三（與殘誌〇一六重出，此當存）

【蓋】失。

【誌文】

有唐故下邳郡林夫人墓誌并序　河南褚符撰

夫人林氏，其先下邳郡人也。曾祖□，皇任廣州參軍；祖景師，□任潮州刺史；父□，性貞介，薄禄爵，甘退□，身□不束於名宦，鄉里咸謂之高明靜□士者。夫人則府君之仲女也。未笄而柔和冰潔，既聘而德行蘭馥，由親族□鄉黨□例以□約也。不逾□而閩中大族富春孫氏子以□斧□□作□□婦執勞媒□節以□□谿是□夫人□得以信之禮得以配之□孫未朞而鄰箴里感州□縣嚮俾□慈□仁柔繩□□標□□□□□有男二人：曰愿，曰鄉。愿業開元禮，未冠赴舉人比，孺悲拜□□出□申□月行次□嶺，忽然中疾，顔子不壽，□□悲也。□總□□□□□□□□□□□□□□知之文行爲時哲周歎翔翥翼鸞鶚交彩仁□誼如□□□真夫人之令子女三人，長曰大元娘，適太原王氏；仲□□□□□而卒；季曰□娘，適潁川陳氏；懿哉三女，□□□□□□□□□□□□□□□之□夫人之□鳳池鄉黨之□□□□□□是以大中七年十二月二十三日□時□於□□□□□□□□□得年四十八歲，以大中九年十二月十□日□□□孝□鄉□□□□□□□□□□□□□□□□□□□□□□念男女之□□□□□□□□□□□□□□□□□□□述。銘曰：

烏翻兔奔，□破林昏，□□□□□□□□□□□□□□爲根，□□□歎，維人可□猗歟夫人，婦道□□

母儀□□□□□□男貞女孝，惟順之方，□□□□□□不□□□□□□□□□□墳峨峨，於山之旁，懿德美行，不隨魂揚。高山有碣，雕琢無妨，□□□□□□之用藏。墳摧世更，陵谷改張，此石若出，斯文更昌。

（録自《八瓊室金石補正》卷七十五）

大中一〇四

【蓋】失。

【誌文】

唐故劉氏太原縣君霍夫人墓誌銘并序　朝散大夫前守彭王府諮議參軍上柱國周遇撰」

天地之大德曰生，剛柔之毓質曰性，盛衰相攻，存亡凌替，理達希夷之旨，竟歸終」極之原。至若生有令淑而顯茂，則紀述而銘焉。有唐故銀青光禄大夫、行内侍省内寺」伯致仕、彭城郡開國劉公夫人霍氏，世系文之韶也，當周之興，封建子弟，因而」氏焉。其後代變時移，今爲京兆居人也。皇父晟，將仕郎守家令寺藏署丞。公孝」履資身，恪勤莅事，歷官秩而益著勤瘁之名，奉春儲而出納之功無恡。」幸以慶鍾德門，是生愛女，夫人即丞公之長女也。」夫人幼聞詩禮，早肅端姿，齋潔持心，温柔飾性，霜松比操，寒竹孤貞，閨門悦懌之」儀，晨昏問安之禮，皆主之矣。榛栗告脩，將移他族，遂適」彭城公。百兩之後，一與之齊，嚴奉舅姑，敬恭戚族，服澣濯之衣，儉而達禮；遵婉娩之」教，婦道日新。飾其德而不飾其容，嚴其家而不嚴其身，名同夫貴，德與家崇，寵錫」降封太原華邑。昔公謂曰：我以代傳鐘鼎，門蔭蟬聯，先開府秉左廣之權，吾令弟統右護之帥。朱紫赫弈，棣萼鱗敷者四人，而悉忠於」國，孝於家，學大戴禮，諷毛氏詩，堅白自持，秋毫無隱，功備史册，銘在景彝。戒滿盈而慕冲謙，」棄軒冕而好踈逸，功與名皆全矣；而思内則雍穆，吾心至矣。夫人結褵作配卅三年，履正居中，其」道益彰。洎浙右歸闕，累移星歲，頤攝乖宜，寢成沉痼，」夫人侍執湯藥，饁奉飲膳，所舉者無不親嘗，不顧寒暄，不離座隅，日月迭居，近于二載。夫人自此憂悉，亦」已成疾。先常侍奄從薨逝，祭祀蒸嘗，不失如莊之敬。至於卜遠之日，疾將就枕。諸孤曰違」裕若是，豈在力任。夫人曰：吾逝生死同塵，何愛身命！一閉泉壤，永爲終天，但無虧於節義，豈」望苟自偷安。踊哭而往，畢遂其志。爾來日遘綿惙，針醫不減，遽至彌留，以大中九年十一月十八」日終于來庭里之私第，享年五十七。嗚呼！人之所貴者福與壽，積善既昧於徵應，隟光難」駐其簷楹，青春路遥，白日將謝。粧樓儼設，玉匣漸見其塵封；輕影忽飛，夜臺已知其息處。」有子三人，嗣曰復禮，威遠軍監軍使行内侍省内僕局丞賜緋魚袋，仲曰全禮，内侍省内府局丞」充内養；季曰伸禮；皆才聞五美，學贍三冬，孝敬承家，忠貞蘊志，總戎而理遵約法，專對而辯」注懸河。自鍾艱疢，茹毒銜哀，泣血絶漿，罔顧晨夕。因心之孝，冀報其劬勞；思養之情，徒」悲於風樹。以明年正月廿九日，祔葬于萬年縣龍首鄉先常侍塋西，禮也。遇奉命叙述，敬爲銘曰：」夫人懿德，藴其明識，端姿潔朗，惠質柔直。工脩内範，容無外飾，玉鏡孤光，珉瑶潤色。」問名成禮，作合君子，四德道隆，九族稱美。門崇鼎列，功高嶽峙，澤及華封，輝光青史。」雲路碧落，霜折瓊枝，其往如慕，其返如疑。龍首之堈，滻川之湄，魂遊九原，與公同歸。」

（周紹良藏拓本）

大中一〇五

【蓋】 失。

【誌文】

唐故朝議郎河南府壽安縣令賜緋魚袋渤海高府君墓誌銘并序　第七弟宣武軍節度掌書記將仕郎試太常寺協律郎湜撰」

府君諱瀚，字子至，渤海蓨人也。高氏之先，系自姜姓。太公既受封于齊，其後支庶」別食高邑，子孫因而氏焉。皇宋州寧陵縣令、贈尚書禮部侍郎諱鄭賓府君之」曾孫，皇試右衛録事參軍攝監察御史贈司空諱去疾府君之孫，皇同州」刺史、兼御史中丞、贈兵部尚書諱釴府君之長子。外曾祖皇尚書户部郎中、贈」中書舍人諱騰，外祖皇陜州夏縣令諱濬。府君幼聰晤，弱歲嗜學，未冠，文」章詞賦筆札咸不工自能。仲父夏口府君特器異之。二十從鄉賦，凡六就春官」試，屬時宰有薄進士者，尤恚公卿子弟用是進，亟言於武宗皇帝，主司惴不敢第。」時季父奉常府君在朝，旦夕將大用，府君意上暨執政者或不悦此，因」捨去篚仕，起家拜秘書省校書郎。故相國江州李公在相位，一見深國士之遇，由」本官奏直史館，轉京兆府興平縣尉，史職仍舊，直筆書事，無所畏避。無何，拜監察御」史。相國節制庸蜀，時已失勢，開府之日，士或不愿召。府君感知委質，慷慨請行，」奏授殿中侍御史内供奉、掌節度書記。相國廉問湘中，復以本官奏充觀察支使。」府罷，故致政少傅盧公方鎮荆門，辟署節度判官，歲滿，轉侍御史内供奉。今秘」監楊公代鎮，復以本官奏充舊職，轉檢校尚書刑部員外郎、兼侍御史。無幾，奏爲節」度副使，賜朱紱銀章。歷從四府，咸著可稱之績。府除，拜殿中侍御史。官業振舉，栢署｣風生，尋出爲河南府壽安縣令，未數月而善政聞。府君風神美秀，識用精敏，動皆｣由禮，至必有立，士君子咸以遠大期之。嗚呼！與善無徵，降年不永，以大中十年四月｣七日暴終于任，春秋三十有八。即以其年五月二十四日祔葬于河南縣平樂鄉百｣樂村次司空府君塋東北一百一十步。夫人博陵崔氏，皇太原府榆次縣尉，贈｣太子少保諱貞固之孫，皇兖海觀察使，贈禮部尚書諱戎之女。稟訓令門，克修婦｣道。女字小晉，男曰衍兒，雖在童丱，皆有至性。府君長諸叔季早承仲父季父｣奬誨，奉常府君常以門户爲寄，由是熟前脩懿範，每率勵羣弟，嗣守素風，期｣家聲之不墜，緊府君而是賴。不謂上天不造，賦兹短曆，彼蒼邈矣，其由問諸？嗚呼｣痛哉！府君與湜夙遭憫凶，幼失怙恃，形影相吊，以及成立。顧終鮮之歎每興，｣奚莫贖之慼遽迫，泣盡繼血，控告無從，痛甚罔寘，哭以書石。銘曰：｣

静專動直志邁倫，負才藏器卑未伸，期躋高位舒生人。｣憤靡遐紀怨窮旻，孤苦零丁生不辰，銜哀欲訴敻無因。｣邛阜舊阡，松楸序次，虔占祔厝，筮言攸利，｣啓室遷神，幽隧永閟。天乎痛哉！｣

（録自《芒洛冢墓遺文五編》卷六）

大中一〇六

【蓋】　失。

【誌文】

□□大夫行太子左庶子分司東都上柱國范陽盧府君墓誌銘

□□□□□范陽郡人也。其先齊太公之□□□□□□□□□□□至□□□□□□十四代□□□□
□□後四世至□爲□□□□□□自□□□□□□□□□□□□□□氏□□□皇朝尚書刑部員外
郎諱莊道，□□□□□□□□□□□□□□□□□□甲□山□□□洎公之伯仲，頡頏清朝，□□□□
□□□□□□□□□□□□□□□□□□□□□□□□祖諱炅，宣州宣城縣令，贈太子左庶子□□
大夫□□□□□事□□□□□□□□□□□□□□尚書先夫人□□徐氏追□□□□太夫人外王
父諱□□□□□□□□□□□□□□□□□□□□□□□□□□□□□□□□□□□□進士□
□□□□□□□□□太子正字，秩滿，攝度支巡官。是歲京師大旱，□□□□□□□□□□□東□
□□□□□□□□□郎奏公充考試官，以通□□□□□□□□□□□□□□□□□□□□□□
□其人。先是他邑有殺人亡命者，□□□□□□□□□因拘累□□自□□□□□□□有日矣。府
尹以公清白□事命往□□公悉□□□公求證驗，深□□□果□□□□□□□即于公之陰德，無以過
也。由是遷□□□大□□□公□□制□□□□□□□改監察御史裏行府□知鹽鐵揚州院事，轉殿中
侍御史□□京兆府功曹掾，典貢籍於神州，第名爲轉春官□時爲得人。故相國崔公諱鄲，以□□□
辟爲觀察判官□□侍御史內供奉□□□□累□□府，惕厲當官，從容□贊，□□□□□□□□
朝□□□□□□□□□□□憲府風望尤□□按大獄，摘發奸□□□□□□□□□判刺史□□□□
者□□□□深刻訊公□奏之，公曰：□間周理之戈□□□□□□□□道延光之□□□□□□□及
害功也□□□□□□□屈□□多□□刑□□□□萬年縣令□□□□□□□之地□□得中□□
□□抑豪□□□□□□授京兆少尹武宗□□□□□□□公□□□道□□□使公爲副焉□□

陵下□□□□從□□□□而□□□□□□□□□□□□□□□□司業分教東□□□□□□任太常□□□□務凡□□□□□□七十有三其轉原□用公□□□不爲□□□□□□□家□□□□□□位意以□□□□殆七八年，豈□□□嗚呼！以大中九年七月十五日歸全於□□□□里之私第。其明年，歲在丙子四月十三日□□□□□氏縣之□□□□□□□□先府君之塋，禮也。夫人清河郡君崔氏，□□□□□度己□□□□□□□□之士女□人□長適河南福昌縣丞□□□□□□□□□□□□□□□□□□□□□□□：訓當必光其門□□□□公□□之□□過於□□□之□□□□□□□□□俾□□□□退不得□銘卓行□不得辭。銘曰：

郁郁盧氏，□□□□□重□□□□□門傳祖訓，家□□□□生□□濟其□芳□□□承□□□□□□薦能拔義，□□□□□□蔚矣□□□□仕□□人□奄忽□□夙昔□徽，□□□□□□□□□及葬山□□□□□□□雲愁，九泉之上兮樹老松楸，千載可存兮□□□□。

（録自《古誌石華》卷二十）

大中一〇七

【蓋】失。

【誌文】唐故中散大夫祕書監致仕上柱國賜紫金魚袋贈左散騎常侍東平吕府君墓誌銘并序　長男焕譔　第四男炫書」

先府君諱讓，字遜叔，其先炎帝之胤也。名德繼承，載在國史；冑緒綿遠，詳於家諜。曾祖諱崇嗣，以經」術聞，徵授祕書郎，不就。顯祖諱延之，越州刺史、浙江東道節度使。皇考諱渭，禮部侍郎、湖南觀察」使。皇妣河東郡夫人柳氏。外祖識，屯田郎中、集賢殿學士；名高四海。府君七歲在潭州，七日」之内，繼失怙恃，號慕如成人。伯兄故衡州刺史與仲兄等所不忍視。既祥，念春秋左氏傳，日五百字。」衡州伯父撫其首曰：聰明厚重，吾家之寶也。親授文章意氣，經傳宗旨，志學之歲，著婁納言墓表、衡州合」江亭記。伯父見而驚曰：佐王之才也。風清月朗，必具酒饌，資談論，未嘗不以生人爲先，社稷次之之」義應對。聲譽日在於王公大人之口，若洪瀾東注，勢不可遏。故柳州刺史柳公宗元爲序餞別，具道所」以然者。十八，經伯父哀苦，涕慕成疾，逾歲而平。初從鄉賦，韓吏部、皇甫郎中、張司業方閑宴，見公賈」珠賦云：洞庭方員七百里，其瀾浸日月，土出金入之之句，環目驚視，不浹辰傳乎萬人。二十三，進士上第，」解褐祕書省校書郎，以支使佐故相國彭原李公程於鄂岳。歲餘入奏，相國崔公植以公文章名」重，欲特以右拾遺、史館修譔授公，公以年少謙辭，即日除藍田縣尉。邠峷高公霞寓以勳業臨邊，欲」重府幕，强公爲書記，改監察御史裏行，轉殿中侍御史，賜緋魚袋。府罷，除三原縣令，改檢校尚書倉部」員外郎、兼侍御史，以留守判官佐相國彭原公於北都，轉檢校都官郎中。府換，隨表赴闕，授海州刺」史。罷郡西歸，時彭原公鎮大梁，以軍司馬留公，改檢校祕書少監、兼御史中丞。未半歲，彭原公」再領河中，公職如故。其冬奏錫金紫。纔出强仕，極命服之貴，時論榮美。洎彭原公南鎮峴首，亦」請公從。府罷，除膳部郎中，改萬年縣令。疾免。既平，爲司農少卿轉、大理少卿，遷右庶子。公佐」三府，倅三鎮，皆以重德大度，儀刑賓階，三原劇邑，多豪强，公春秋三十有三，人以爲難。既下車，杖桀」黠者一，他皆屏束。大旱環都，公精誠祈禱，獨注甘澤。大京兆劉公栖楚手札稱美。東海遠皇都三」千餘里，承平不軌之後，人多不知法制，州無律令，無紫極宮。公下車則命備寫而創置之，揭以碑」銘，連境知教。去豪右，卹惸獨，收葬枯骨一萬餘所，招復流庸五千餘户。未數月報政，周歲乞留，清在人謡，」著于州狀。賓客因遠而至，日月相屬。公理務之暇，接以和顔，間以酒饌，博弈詩句，靡不盡其歡心。賚」行悉以俸錢，唯恐不至汙俗，軍士咸知雍容，里社小兒亦能吟詠，化之所至也，于今稱焉。在郎署每」欲直疏時病，潤色王言，竟不遇。至公退，歎古道萬年。承浩大之内，自三署已下，悉資以細。故公一」切不應。故給事中李公中敏言於衆曰：諒直不回，才大用小，惜乎哉！兩貳鄉寺，不以冗屑而忘勤恪。中」庶舊官，拜命之日，涕感樂居浩然，不復以得失爲念。時故相國趙國李公德裕以公孤介，欲」授文柄者數矣，寒苦道藝之士，引領而望。公常語小子等曰：吾始以生物爲己任，不幸多疾，今雖未」老，意緒已索然矣。自爾杜門，唯以經典爲娱。繇是爲德王傅，因中書叱閻者，降太子洗馬分司東都，復爲」濮王傅，改祕書監致仕。大中九年十月廿四日，棄養于歸仁里之私第，享年六十三，輟朝一日，贈左」散騎常侍，賻一月俸。粤以十年四月十三日龜筮叶吉，歸祔于洛陽邙山清風原大塋，禮也。嗚呼酷」哉！公自志學，以至於宦達，未嘗語利，濟窮卹孤，雖日散百金無悔。兩院世母豆盧氏杜氏姑，奉鄰色」養。賓倅六府，宰二邑，刺一州，在朝行十餘歲，分洛八載，未嘗捨書而不校勘。嗚呼痛哉！文翁之教化，班」馬之文學，荀黄之德量，羊公仁愛，山公儉節，不掌乎綸綍文柄，不顯乎相印將壇，不至乎遐視永年，天」乎天乎！不知所以然而然也。其餘非小子所宜擬議。公夫人隴西縣君李氏，外王父桂府觀察」使、宗正卿、魏國公扞泣訓諸子，稱家卒事。公五子，長曰焕，抱病無□，永負慈訓，長號向天，涙盡繼」血；次曰熀，前鄉貢進士，克嗣門業，能成家道；次曰煜，曰炫，修文紹進，已獲時譽；季曰烜，不幸染勞疾，先」公十有二旬而夭。女四人，二人早亡，二人在室。嗣子熀等恭以前訓，不假詞於人，泣以焕無以報」罔極之恩，推爲譔述，執筆涙血，敬爲銘曰：」

太嶽之後，四履之大，我公纘承兮！祖考積德，兄弟傳芳，我公紹修兮。」不躋三事，不享眉壽，神理胡昧兮。清風之原，松檟凌寒，子孫式瞻兮。」

（北京圖書館藏拓本）

大中一〇八

【蓋】失。

【誌文】

唐滎陽鄭氏女墓誌銘并序」

工部尚書、同中書門下平章事鄭朗第五女字子容，」皇魏郡冠氏縣主簿贈司徒諱諒，子容太王父也；」皇吏部尚書、同中書門下平章事、贈太師諱珣瑜，子容」王父也；録除弄印之任，蒙遷調鼎之位，慶襲台衮，翊贊」聖朝，祇敬惕懼，若負芒刺。子容幼禀慧悟，克著孝敬，每□」柔淑之儀，洞覿閑和之性，令女之則，有若生知。余念以禕。」其笄年尚俾歡於膝下，方垂許嫁之纓，未及結褵之誡，春」秋十七，以大中六年五月四日遘疾，終于上都宣平第。嗚」呼□□□而罹殃，蘭方茂而云刈，雖修短之數必定，而鍾」愛之□無已。傷懷茹歎，悲咽填膺。向以未遇通年，從權於」三峰別墅。星霜屢變，于兹五載矣。子容幼妹者纔晬而未」名，以會昌二年三月八日嬰疾不瘳，竟夭兹第，遂權厝于」城東。今值□歲，龜筮叶吉，以十年四月廿五日並歸葬于」河南府河陰縣板城鄉蘇樓村廣武原祔于」大塋，禮也。□之伯仲姊妹，數年之中棄養而去者五人，余」與若母夫人郡君但有割奪之哀，莫獲劬勞之報，理固難」遣，天胡不仁？何乃宗門之益昌，瑶姿之不壽耶？銜哀搦」管，抆淚緘詞。銘曰：」婉娩淑德，綽約芳年，謂享壽禄，永保蘭荃。遽同朝露，俄□」逝川，玉藏重壤，花悴荒埏。世代顯榮，冠蓋赫奕，□□」夙彰，嘉聲□績。痛彼瓊瑶，處此幽宅，用紀清暉，刻□□□」

（録自《中州冢墓遺文》）

大中一〇九

【蓋】　唐江州尋陽丞支公墓

【誌文】

唐故江州尋陽縣丞支公墓誌銘并序　前鄉貢進士朱賀撰」

公諱光，字平，其先瑯耶人。後趙司空始安郡公曰雄七世孫也。永嘉」之亂，衣冠違難，鱗萃江表，時則支氏浮江南遷，其後派别脈分，因居吴」郡屬邑曰嘉禾里，其俗敦儒復禮，孝敬廉義，蓋美其風而遂家焉。孟子」曰：修天爵而人爵從之。信然也。公幼而聰温，長而鋭達，行著鄉族，惠及孤惸，」遊傲於林澤，嘯詠乎墳籍，高尚之旨，有足多也。公其修天爵乎？王父元亨，」皇普安郡司馬；父敏，皇攝廣州司馬，娶趙氏。公即司馬之元子。始以調補九」江郡尋陽縣丞，莅官以文學緣飾，退居以清素檢束，詳承宰政以敷降羣吏，」修舉曹務以儀表同寮，故上得以和其令，而下無敢越於扃。乾之九三曰：履重剛之」險而副理之序位，無乃象乎？其爲主任非易易也，而公處之，妙得其所，公其得人」爵乎？大曆七年六月十二日，年六十一而終，葬嘉興縣學秀村。嗚呼！德茂而天禄」不顯，行高而享年不永，當儲鴻垂休，鍾慶嗣胤。娶吳興沈氏，生累贈隨州刺史、」殿中監諱成，成生鴻臚卿致仕諱竦，其終始考績，詳載於神道碑與玄官之銘，」即今壽州刺史令狐公爲之文也。初，鴻臚公以讓爵諧志，將營菟裘，覓周漢舊」邦，悦邙鞏固秀，爰顧嗣子訥曰：如我死則必葬我於邙山之下。申命之曰：吾思得」陪祖禰壤兆之後，汝當上遷五世，從窆於斯，而爲支氏阡也。孝嗣泣奉遺告，自」吳護靈輴來葬於河南縣平樂邙山原，不敢違先戒也。用大中十年五月十八」日，從兆吉也。銜哀備物，儉而中禮，必誠必信，而無悔焉。支氏子孝敬有」歟哉！噫！樂立陵遷祖宗非古也，而禮有從權之制焉。賀當同邑居，」年祀間遠，遺芳餘烈，傳聞於長老間。曾孫亦奉公緒之録，泣拜」請銘，辭不聽從，遂誌泉户。銘曰：」殁吳之鄉葬江瀣兮，五葉之蕃遷洛汭兮；奕世載德光傳繼兮，」子有好爵孫有位兮。原高壤厚禎祥會兮，龜兆叶從昌後系兮；」馬鬣相望得其制兮，既固且深千萬歲兮。」

（周紹良藏拓本　河南千唐誌齋藏石）

大中一一〇

【蓋】失。

【誌文】

唐故贈隨州刺史太子少詹事殿中監支公墓誌銘并序　前鄉貢進士朱賀撰」

後趙司空始安郡公曰雄，瑯耶人也。植德播仁，休有烈光，是乃慶屬祥延而生」我公，於司空爲來孫。公諱成字良器，世家江左間，繼別爲宗，爰以從宦，奠厥攸」居於嘉禾縣。曾祖元亨，皇普安郡司馬；祖敏字不機，皇攝廣州司馬；父光字平，」皇江州尋陽縣丞。公洞曉歸藏連山書，明通左氏傳，守道篋高人之躅，理産傳」陶朱之術，深居高視，葆和樂天，優遊江山，窮討勝槩，每有會意，欣然忘返。以仁」信爲己任，貞正爲永圖。雄雄然以義勇服貪猛，恂恂然以德禮接善良。冠昏喪」祭，必賙其用，膢臘筵聚，齒坐高處其上，酒闌樂徹，談孝慈貞，敬禍福倚敗，驅引」經傳，考驗古昔，以扶證其理，較然滿聽，若醇醪之酣人，猶雲開而瞥天。虛往實」還，一座傾伏。其或豐宴高會，而公不剋預臨，其家愧羞，徹席無光輝。公嘗曰：我」重世邁種，德服前修，行炳乎鄉黨，義睦乎宗親，援給危窶，而無所徼望。且聞陰」德粗修，陽授禎福，後世其昌乎？不發於子，必顯於孫也。公復得孫吴兵法，晝誦」宵繹，究辨奇正，誓挺私心，以身許國。建中末，皇都不寧，翠華近幸，而公奮」不顧命，戡難于奉天，爰以功賞累贈隨州刺史、太子少詹事、殿中監，享年六十」二，元和十三年六月二日卒，葬嘉興縣永樂鄉。夫人顧氏，追封吴縣太君，春秋」五十四，貞元廿年四月十六日終于舊里進思第。匡夫以道，訓子以仁，婦德母」儀，處中正色。繼室曹氏封譙郡夫人，享年六十五，開成元年四月四日卒于揚」州，權殯于江都邑之偏。太君生子三人：長曰靖，皇攝沂州司馬；次子竦，皇任雲、」瀘、齊、光、邢五州刺史，鄆王傅，鴻臚卿致仕；次子曾，歿登州長史。鴻臚公茂績懿」行，今壽春郡太守令狐公揭其碑，誌其墓，事備乎詞。嗚呼！乃必發於子者也。公」之孫見存十二人，司馬公子曰叔陽，前任池州至德令，考等第一；鴻臚公子曰訥、」誨，莅官有聞；讓、訢，通經得第，讓應超絶科，訢暨詡、謙，文學奇贍，舉進士；諺、諗，補」太廟齋郎；長史公子曰孺復，前舒州懷寧主簿；康、奎，皆謹承其家。嗚呼！荐有顯於孫者」也。初，鴻臚公致政之歲，居于東周，仰嵩邙之奇峻，濯伊洛之清深，顧謂令嗣曰：我樂於斯，死當」葬我，因是亦奉遷祖禰於吾兆之前，庶隆阜崇崗，可以永固。訥等茹哀泣血，自吴奉輤而至，以大中十年五」月十八日葬於河南府河南縣平樂鄉北邙原，遵先旨也。稱家有亡，禮無不備，從宜之權，諒有通制。訢以賀幸由」文進，見託論譔，藏於幽陰，用識陵谷。既接仁里，嘗款德藩，故支氏之墓，宜爲誌焉無讓。銘曰：」

嵩高洛清兮信爲美，土固泉深兮諒無圮。誰議遷神兮緊令子，謀及孝孫兮汝遜吾旨。」泣護惟裳兮越江汜，穆卜邙原兮託靈址，龜從筮吉兮啓蒿里，若堂若斧兮於萬祀。」

（周紹良藏拓本　河南千唐誌齋藏石）

大中一一一

【蓋】鄂州司士支公墓誌

【誌文】

唐故鄂州司士參軍支府君墓誌銘并序　將仕郎守監察御史丁居立纂」

夷齊隱而周祚隆，顔閔窮而孔門立，才不爲命伍，道不與時遷，空流烱光，昭在簪組，」孰若天意，矧可度思。公諱叔向，字子正，其先瑯耶人，居雲陽，晉末崩離，遁累葉」於江表，後趙司空雄，正其來裔。高祖敏，皇攝廣州司馬；曾祖光，皇江州尋陽丞；」王父成，累贈太子少詹事、殿中監；顯考竦，歷典雲、瀘、齊、光、邢五州刺史，東朝親」王傅，鴻臚卿；致功行政術，聲動寰區，具著今壽春太守令狐公玄堂文。先妣」夫人汝南譚氏，繼親崔氏，封清河郡夫人。公即鴻臚卿之仲子。天與温恭，少而」明敏，得事親之業，敦友悌之風。儼器局而瑚璉自高，珽堅貞而霜霰彌茂。入曾」參之室者，咸愿爲人子；登伯禽之堂者，咸愿爲人兄。固可興宗祧，勗州里，豈唯」拘經教變牙鄉而已哉。過弱冠蔭補盛唐主簿。謙茂廉介，能幹其扃，枳棘之」歎，充塞當時。屬大夫迭守遐陬，志切温清，爰解印綬，萬里歸寧。杖忠信而江」峽底平，資孝友而宗族龜鏡。嘗以興復之操，激于秀孟之間，探史修文，婆」娑一紀，再調授鄂州司士。抑揚三語，規矩六曹，按獄劾贓，咸得其理。廉使尚書」京兆公慤，深疇才能，幾至前席，假手宰蒲圻縣。平豪右兼并之家，均租賦」孤窮之籍，宣愷悌教，爲屬邑則，欲真其任，懇讓于輩流。韋公待之，又加一第，得」人斯重，付以外臺，正法度計帑藏之財，緝網條雪狴牢之滯，立去弊條目一」十件，于今武昌行之，衆謂得先卿爲政之妙。嗚呼！樹德而天不與壽，匡時而」禄不待年，春秋卅七，一夕暝于江夏之官舍。公娶滎陽鄭氏。鴻萊蒸嘗之道，聞」於内族。稚女掾娘，嬰男騂兒、湘兒皆乳哺。禀天聰之性。公兄弟十二人：裕、防、訽」早世，訥、誨、讓、訢、詡、謙、諺、諗，咸角善行孝，文章耻名不顯於昭代，公卿上列」無不推輓應薦。公以龜筮未從，藁葬於淮濡三載，丘隴無封樹之固，沮澤多」霜露之悲，諸所不書，應在昭感。弟訥第八人以大中十年五月十八日乘」先卿歸旐，啓舉高祖暨公及子齊六代廿五喪同卜宅於河南府河南縣平」樂鄉北邙原，從祔葬，禮也。可以爲鼎族士行之最，蓋元昆之流道休乎。居立」與公仲氏有石席之誓，因得詳熟支氏之光烈，請銘隧石，徒愧延陵。銘曰：

生世幾何？人情自多，不捨晝夜，同歸逝波。洛煙沉沉，嵩峰峩峩，」遠出江湄，高祔銅駞。公禀靈源，斑生良器，天不壽仁？顔胡賫志。」家實流芳，身惟喻義，長想清風，永錫爾類。」

（録自《芒洛冢墓遺文續編》下）

大中一一二

【蓋】 失。

【誌文】

唐故鄉貢三傳支府君墓誌銘　朝議郎守蘇州録事參軍滕綬譔」

公名詢，字子孚，小名溪郎。高祖敏，皇攝廣州司馬；曾祖」光，皇江州尋陽丞；祖成，皇贈殿中監；父諱竦，皇任雲、瀘、」齊、光、邢五郡刺史，鄆王傅，鴻臚卿致仕；先妣夫人汝南」譚氏，繼夫人清河崔氏，封清河郡夫人。公有兄弟十一人，」三人早夭，皆有名聞，八人在世。公年十七，以會昌二年八月」三日終于瀘州，旅櫬沿巴蜀江至揚州，藁殯于江都邑」之偏。公之遠祖本京兆雲陽人，其先瑯耶也。因晉末亂」離，避禍於東吴，邇來數百年矣。今乘先君子鴻臚公」申命嗣子卜宅於周郊，以大中十年五月十八日，自揚」州遷兆，同六世祖禰歸于河南府河南縣北邙山之陽」也。公以□飢抱寒，苦心焦思，聚螢求學，倚馬爲文，崇業」肥家，行貫鄉族，通經應薦，必究根源，勵節事親，孝聞中」外。奄登長夜，情實痛乎聯荆；鍾彼在原，徒有留於餘慶。」不與者壽，豈伊賢人；改舊丹書，再新玄壤。銘曰：」

積善得名，期乎壽考，孰不長生，顔惟早夭。」霜落寒枝，風摧秋草，舊穴如溝，新塋天造。」遺芳未泯，令德如在，手足望斷，心目鍾愛。」永配蒸嘗，用光遠大，希公至靈，無遠不屆。」

（北京圖書館藏拓本）

大中一一三

【蓋】 支氏小娘子墓

【誌文】

唐故鴻臚卿致仕支公小娘子墓誌銘　從表生前鄉貢進士陳晝撰」

昔蔡琰父邕夜鼓琴，忽弦斷，姬時年六歲，曰：此是第二弦。邕曰：」偶中耳。琰曰：吴札觀之，知興亡之國；師曠吹律，識南風之所自。」由此言之，何足不知也。今小娘子字子璋，小號復娘，享年十九，」以大中七年九月十二日殁於東都永泰里。高祖敏，皇攝廣州」司馬。曾祖光，皇江州尋陽丞。祖成，累贈殿中監。嚴考竦，故鴻臚」大卿致仕。母清河崔氏，封清河郡夫人。有兄弟十二人，四人早亡，」八人在世。有同出女弟一人小字慶娘子。所謂文姬之盛美者，蓋」同小娘子之顯號也。懷春之女，合配於公侯；詠雪之仙，未偶於」箕帚。得聞中之秀，有林下之風，唯憂國危，所慮家喪。每喜諸兄」筆硯，居然才人；但奉慈母顔容，益彰孝烈。豈料過隙，遽終笄年。」先卿鍾愛以忘生，夫人纏念欲没地。兄訥、誨、讓、訢、弟詡、謙、讚、諗，」銜哀茹恤，行路驚嗟，將叫天而不聞，空泣血以何補。久困沙壤，」爰歸帝鄉，從先大夫於九原，與諸祖禰同一域。春草碧色，」玄堂清虚，魂之舊游，今閟此地。以大中十年五月十八日自揚」州啓葬於河南府河南縣平樂鄉北邙山原也。銘曰：」

蓬宮令人，授天至和，退符陰則，動合陽波。」暫化閨闈，不結絲蘿。千秋萬歲兮無日可忘，」百年一夢兮有命如何？氣摧靈魄，風凄薤歌。」平生永訣，舉族悲多，遥瞻金谷，長鎮銅駞。」

（周紹良藏拓本）

大中一一四

【蓋】　支氏孫女子墓

【誌文】

唐故鴻臚卿致仕支公孫女墓誌銘　鄉貢進士豆盧洮撰」

小娘子是大卿之嫡孫女也，字子珪，小號令令，享年十」十七，以大中四年十一月二十七日，終于光州」郡齋。父諱叔防，皇澤州端氏令；母濟陽蔡氏。無」□葉之苗裔，有仁叔之八人。且支氏之族，自道林」以來，抱德全真，或詩酒自娱，或琴書取逸，晉漢」趙魏，英賢繼踵，俱抗浮雲之志，秉高尚之節，抑詳史諜，故不復序。如小娘子，天假儀質，神授聰」明，妙盡女工，學奥文士。天邊霞散，掌上珠沉，方」及穠華，奄至彫落。以其久滯殯於揚州江都邑」之偏。今乘王父鴻臚公引旐，同祖禰祔葬于河」南府河南縣平樂鄉北邙原也。銘曰：」

洛陽之北山古崗，卧驎文鳳深可藏，」中有叔質居玄堂，宜爾英鶵在帝鄉。」寒泉一閉鎖白日，窆棺玄夜堪斷腸，」皇天知兮秋復春，爾之諸阮兮空自傷。」

（北京圖書館藏拓本）

大中一一五

【蓋】失。

【誌文】

唐故萬年縣尉直弘文館李君墓誌銘　再從叔朝議郎行殿中侍御史分司東都庾撰并書

古人以生有淑德，歿及後嗣，故曰積善餘慶，虔旨斯言。庾季父程，當□」長慶寶曆之間，謀謨於廟堂之上，輔弼皇化，紀在圖諜，出領巨藩，」洪大懿績，於家孝理，於國盡忠，當是時，功德貌具，與裴晉公齊名，人到于」今稱之，晝即其孫也。爲兒童時，愛玩筆硯，纔年十二三，通兩經書，就試春官，帖」義如格，遂擢第焉。色無纖介喜，白於師曰：某於禮部見進士者所試藝亦可以」效之，愿求古文換其業，且三數年，冀其有得。師奇其言，徧告諸長，及聞於」翁，翁時爲尚書左僕射，愛尚其志，撫背以勉之，且戒曰：文宜根六籍，賦不事巧，」爾鷄鳴而起，孜孜不墮，業三年有成。晝乃積學基身，含章雅質，不四三年，文成」大軸，賦亦瀏亮，未貢舉，爲時輩所瞻待，洎即試於春官，名聲大振，巉然鋒見。年」廿九，登上第。其明年冬，以博學宏詞科爲敕頭，又明年春，授祕書省校」書郎，今中山鄭公涯爲山南西道節度，時以君座主孫熟聞其理行」愿，置於賓筵，奏章請試本官充職。未幾，丁家禍，持喪於洛汭，至性毁哀，爲」親族敬。三年服除，大梁率劉公八座辟爲掌書記，改試協律郎，每成奏記，」公曰愈我頭風。宰相崔公器之。大中八年，擢授萬年尉直弘文館，方將清」選，以列朝班，公議叶諧，諫憲爲望。晝立性綿密，雅尚詞章，常所著文成廿」卷，自目爲金門小集。無何，嗜酎飲，人有挈瓶就之者，必對酌吟笑，百無所係，素」業蕩空，亦不爲念也。九年冬，一旦被瘡痏，雖甚痛而酌醴不輟，竟殞芳年。嗚呼！」埋玉沉珠，殲良共歎，以吾季父之德，爾宜享遐齡，紹繼光業，今也」若此，其如命何！曾祖鶤，尚書虞部員外贈司徒；王父東都留守檢校司徒贈太」保；皇考廓，徐州節度使，以仁惠誠信，均一戎行，有大刀長戟之衆，換直於衙日，」冀羣恩不喜平施之化，乘酒而訾訾，勢不克弭，遂避之，朝廷以失守連爲」澧唐典午。君乃長子也，娶韋氏女爲婦，婦即伯舅玫之子，今牧坊州。太夫人念」其孝敬，哭慟傷心，撫視稚孫，若不勝苦。有子男六人，女二人。其季男曰八翁山，」韋氏出。君字貞曜，享年卅八，嗚呼惜哉！大中十年夏六月，將葬於先人」之殯側，其弟弘舉、玄玉等泣以請銘，予與弘文同道者嘗有阮巷之懽，遂覼縷」官序，以述其三代，固非文也，强爲銘以識之。銘曰：」

顔子不天年，仲尼爲之慟，吾家千里駒，悲哉遽大夢。」嗚呼將窆，風淒蒿壠，下安玉堂，銘于幽塚。」

（周紹良藏拓本）

大中一一六

【蓋】　失。

【誌文】

唐故平陽賈君墓銘　清和張弘慶撰」

於戲！生死者世之常，通興塞亦人之常，聖賢所不能免，」矧吾徒耶？公姓賈氏，諱從贊，長沙傅誼之裔孫，曾祖，」祖千秋，父政，高蹈不仕，居貧樂道，愛山親水，以寬襟抱。公」與元昆皆稚齒自河内侍板輿于洛，旨甘膝下，色養庭」闈，仁孝之稱，洽聞我里。居家肅穆，莫得而儔。予貧且賤，」魯而愚，公不我棄，妻予元女廿年矣。婦道盡於舅姑，坤」德竭于君子，期君偕老，榮樂等臧。天乎不惠，奄忽夜泉，」卧漳濱之夕，三歷星霜；望物藥之瘳，分毫莫效。以大中」十年二月十五日終于洛陽縣敦厚里第，甲子五十五。」以其年七月一日北邙原河南縣平樂鄉杜翟村葬先」府君兆次。公三男二女，皆予外孫也。長女年已笄，方擇」吉士而議嫁適。長男閏郎，次曰石老，季曰宜郎，年相上」下，未能履事，必冀教之以義方，似續君之規矩。季女麗麗」始四歲。予恭之姻，得之善否，紀公所履，媿而銘云：」南瞻洛汭兮，北枕邙山；中有松喬兮，葬君其間。」長夜兮杳杳，逝水兮潺潺。噫自兹而長往，竟天」地而不還。想賢愚之一致，徒臨風而涕潸。」

（周紹良藏拓本　開封博物館藏石）

大中一一七

【蓋】失。

【誌文】

唐故梁國劉府君墓銘有序　姨兄鄉貢進士楊詣纂并書」

府君諱珵，字美玉，梁郡人。陶唐氏既衰，其後有劉累學擾龍于」孔甲，因而氏焉。分派延蔓，析望多所，洎大漢以降，迄于」巨唐，代有名流，而綿綿不絕，備彰宗系，故删而不文。」曾祖晃，皇江陵府司録參軍；祖俛，皇滑州胙城」縣丞；烈考諱賁，皇祕書郎貶官，累遷澧州員外司户。」祕書娶博陵郡崔氏夫人，即吾姨也。早有三子，君居」次焉。先人禀氣勁挺，臨文益振平聲，奮筆殿廷，衆鋒咸挫。」雖以直窒仕，而以名垂芳，果有令襲，式昭德門也。君秉心孝」友，植性聰穎，遜志於文囿，屏蹟於衡茅。其有擲地之奇音，掞天」之藻思，抑亦神衛，何能若是。噫！夫有卓異文行，縱横智謀，卒若」夫控弦而不得抨，玉韞匵而不得發，七札之勢，積于彀中；連城」之輝，掩于泉下。斯則厄于司命而奪遐齡也。粤以大中十年八」月十三日，啓手足于陽翟縣之居第，以其年十月十二日歸葬」洛陽平洛鄉王寇村，祔先塋，禮也。享年廿有四。有子一」人，出于側室，亦良器之璞，幼而未勝縗裳焉。外祖周楨，」皇右補闕史館修撰。仲父二人在他方而不克喪事。余與」君姻親中有斷金之契，奚半途而相捨也？小子素懵文理，何足」以叙君之才之美。辭不獲而悲覗操觚，刊諸方珉，以虞谷變。銘曰：」

南臨巨洛，北附太行，祖先松櫝，在乎中央。秋原鬱鬱，」煙樹蒼蒼，謀龜謀筮，亦既允臧。玉碎其美，蘭謝其芳，」何爲人瑞？何爲國香？劍藏獄下，戢耀潛光，孰占牛斗，」萬古茫茫。」

（北京圖書館藏拓本）

大中一一八

【蓋】失。

【誌文】

唐故淄州高宛縣令張公墓誌銘　弟鄉貢進士安節譔」

公諱茂弘，字　，燉煌人也。肇自軒皇，逮于周季，命氏於晉，實曰張侯。洎」漢常山，封邑於趙，趙王五代孫以直詞忤旨，授謫燉煌，遂爲縣人焉。」十三代祖湛，仕後魏博士，用儒術高行，爲時宗師。曾祖景，皇京兆」府新豐縣丞，贈吏部郎中；祖載，皇成都府雙流縣尉；父正禮，」皇睦州桐廬縣丞；皆以積習素風，恭執儒行，故歷世無違德。公即」桐廬君之長嫡。幼失怙恃，沉陷叛境，慤慎自居，於明何損。後以道上」聞，表授鄆州盧縣尉。莅官有業，秉用無私，才高位卑，任志而已。由是罷」秩之後，不從調集。洎大和初，令仲以雄才博識，播譽當時，中鵠高」科，益大名稱。勉公從調，得補禪丞於宋之單父，其輔理之道益至」於前時矣。後累授長山高宛令。蘊抱沖和之器，遵服道義之源，舉意無」傷，發言有則，移是道以宰臨偏邑，則愛物施爲之德可知也。不幸嬰」恙，退居自頤，潛伏故林，終焉於是。嗚呼！天之抑善，而位不稱德。昔子産」之遺愛，今得聞於高宛矣。時大中九年之六月廿三日也。享年七十三。」以明年十月十五日，歸祔于洛陽縣清風鄉郭村，禮也。公器識」淳茂，性志深冲，以醴自怡，不好聲樂，故常以罇酒置之座隅，興至舉觴，」陶然自得。爲族宗長，接下以禮，家範遺文，舉意斯在。道之至也，德之」盛也，痛夫！代祚衰薄，同氣凋零，數年之間，繼承摧慕，興言拊膺，」何痛如之！夫人河東薛氏，諱夷吾。有子二人：長曰辛六，次曰辛七；女三」人，長適渤海高郃，次適隴西李昌胤，幼未及時；他子三人，曰鄒客，曰」繼繼，曰進兒；女二人，皆承訓導，率保遺風。安節幸嘗屬詞，敢紀」遺美，刊諸貞石，以貽令嗣。銘曰：」

系德基兮源流斯濬，保孝友兮代嗣惟慎。施子公兮克修，紀令」名兮不泯。嗚呼！屺之南兮洛之陽，歸旐翩翩兮松柏蒼蒼。」

（北京圖書館藏拓本）

大中一一九

【蓋】 李府君墓誌

【誌文】

唐故振武節度隨軍登仕郎試左武衛兵曹參軍上柱國李府君墓誌銘并序　撰并書底篆蓋節度要籍張元贇

公諱，其先隴西郡人也。源流出於姜姓，夏禹之苗裔，漢大將軍安之後。曾諱共華，曾任亳州司馬；祖諱榮晧，曾任斌寧衙前兵馬使、銀青光禄大夫檢校太子詹事上柱國李公籌謀勳績，銘於鼎彝，威振蕃夷，名光竹帛，公即是府君之第六子也。公在提孩，嶷然秀發，至於禮義忠孝明慜，生而知之。年及弱冠，投筆從戎，去寶曆初，都護張公司空以公夙藴幹能，恪勤奉職，補署散驅使官。至大和中，節度使李公僕射補充正驅使官。後去開成三年，中都護劉太保改署節度要籍，迄今累至隨軍之職。歷職歲久，累任年深，不可具載。公即志性沉厚，襟懷怛夷，忠孝洽於友朋，勇毅彰於軍府，接下以禮，居上而寬。元戎以軍中宿舊，早著能名，嘗以嘉歎其德而貴不登於大用，壽不及於期頤，則天之高神之明，胡爲職哉？以大中十年二月中不幸寢疾，終於振武軍杜母理之私第也，享年五十一。知與不知，無不驚歎。嗚呼！閱水有涯，梁木其壞，俄歸大夜，奄謝明時。夫人劉氏，父諱倫，曾任振武節度衙前討擊副使適之長女，温惠慈和，親族仰則，耽服浣濯，勤儉理家。有子三人：長曰敬釗，受職節度子弟；次曰敬儒；幼曰敬初；在家兹教，未職宦於公門。嗣子等夙稟庭闈之訓，早彰孝弟之風。有女一人未出於適。哀茹荼，毀瘠過禮義，龜筮叶吉，痛封樹之有期，即以其年十月廿四日殯於軍城正西三里平原，之禮也。嗣子等感先父之舊眷見命，乃爲銘曰：

天文著象，人文可觀，龍鶻豈易，麟角成難。陰泛慘色，颯颯悲寒，哀人旦哭，感動山川。千秋萬歲，蒼茫古原，輤車送往，何時復還？

（周紹良藏拓本）

大中一二〇

【蓋】 唐故天平軍節度贈兵部尚書樂安孫府君墓誌銘

【誌文】

唐故天平軍節度鄆曹濮等州觀察處置等使朝請大夫檢校禮部尚書使持節鄆州諸軍事兼鄆州刺史御史大夫上柱國賜紫金魚袋贈兵部尚書孫府君墓誌銘并序　翰林學士承旨通議大夫户部侍郎知制誥上護軍賜紫金魚袋蔣伸撰」

公諱景商，字安詩，樂安人也。其先陳大夫田完之後。完之玄孫曰書，爲齊大夫，伐樂安有功，」封樂安，賜姓孫氏。及晉，有長秋卿曰顗，顗五代孫惠蔚，後魏光禄大夫。兆名蔚，以儒學文章」恒召論講，增名之惠。六代祖諱孝敏，隋爲晉陽令兵部尚書，以忠正翼時，唐追封晉陽公。曾」王父諱嘉之，天册中，昇進士拔萃二科，有大名於天下，而官止宋州司馬。王父諱遘，年未弱」冠，兩登制策殊等，至左補闕。父諱起，有才不展，終滑州白馬縣令。故稱孫氏爲學家。公白」馬府君之第二子。母夫人隴西李氏，姑臧上族也。公幼奇卓，動舉與凡兒異，稍長，力文學。讀書見古人闓才振節以輔時，必深揣權，且有以自練。其志性端介，寡與人交。大和二年，清河崔公鄲下擢進士甲科，赴諸侯之辟于蜀西川、于荆，于越，凡所從悉當時名公，公亦以國士之道居于其府。御史丞得其名奏爲監察，歷殿中侍御史，益有名。入尚書省爲度支員外郎。丁繼母裴夫人憂，毀逾於禮。卒喪，除刑部員外郎，轉度支郎中。時宰相李德裕專國柄，忿公不依己，黜爲温州刺史，移滁州刺史。理二郡，以慈煦弱，以嚴御豪，其他施設，皆可稱紀。今上即位徵爲刑部兵部郎中，遷諫議大夫。居數月，疏四五上，皆政之失而除授之乖忝者。大中五年，今西川白丞相爲京西北招討，都統諸軍以討叛羌，奏公爲行軍司馬，授左庶子兼御史中丞，賜紫金魚袋，并授余招討副使。時党羌仍歲擾邊，上怒，命宰相出征，當時議者以士羸食窘，遽難收功，然其勢峻嚴，不可争止。公佐理之外，與余從容講畫，掇取精理，懇貢其説。白丞相納其言，奏罷討，以恩信撫馭，不日寧格徵拜給事中。半歲，爲京兆尹，一持正道，豪人望風斂束。視案牘靡晝夜。試問其官理要目，屈指歷歷如手持文。居二年，政以清，遷刑部侍郎。風望愈美。條上當司要事餘十件，詔悉可之。出拜天平軍節度鄆曹濮觀察等使檢校禮部尚書兼御史大夫。鄆自七八年亟發戍邊士，軍儲寢闕，人業寢困。公至未旬歲，而廩溢帑豐，編人温飽。於其時，搢紳間推天下在顯位而宜持相柄者，公首在其數。年六十四，以大中十年八月廿二日薨于鎮。善人驚惜，連口悼嗟。上素知其人，軫動且久，不視朝一日，贈兵部尚書，賻祭如常禮。即以其年十月廿七日祔先塋，葬于河南府河南縣平樂鄉杜郭村。夫人河南于氏潁川縣君，宣歙觀察使敖之女。淑哲稱於家。有子七人：曰備，曰侑，曰伉，曰俀，曰伾，皆于之出也；小男曰儼，曰攸；並專謹力學。備有文，已二擧進士；伉，右千牛備身；伾，僕寺進馬。女子子五人，上三人，于之出。長嫁南陽張雲，雲文敏之士，第進士，今爲集賢校理；四女未笄。公深理道，在劇權時緑衣吏抱牘羣來，叢立於前，」公對賓笑語，剸決各到精理，不見停筆。爲人潔靜自處，不事剋飾，不馳名聲，而全德令問，自然」而至。不爲請謁，不希貴顯，而高爵清秩，亦隨而至。然不得一日相吾君，以恢至理，斯則爲恨。性」孝友，奉孀姊頗盡節。居大官，服物無華飾，率常以退休爲念。將葬，其舊吏持狀來云，前有命請」余爲文誌於墓。余重悲酸，且以相得卅年，晚歲益密，即問諳熟，他不我先，吏來宜也。銘曰：」德也强固，才也恢弘，曷與其資，不畢其能，慶宜永流，子孫繩繩。　長子備書。」

（周紹良藏拓本）

大中一二一

【蓋】失。

【誌文】

唐故鄭府君墓誌銘并序

公諱恕己，字恕己，貫屬滎陽郡。公侯之家，衣冠之叙，頃屬□涉艱阻，安史亂常，士庶流離，失其本末，或遁世山谷，或浪跡他邦，乃事農桑，便爲井邑，亦未隳元本哉！自曾高至于祖考，繼業於定州，今家爲中山人也。曾王父諱璀；祖王父諱璘；父已，道高不侍，性慕山泉，盤石鈎磯，是爲取適，蘭芳芝木，以代生涯，志於琴書，流輩懸邈。公早經離亂，遁世潛名，每思瞻家，或親播植，上承貴地，下引芳苗，綿綿將勳，重重組綬，嬰然繼月，方藥不及。以大中五年九月廿八日，終于趙母鄉之私第。故夫人平盧邵氏，殁於庭室，六載于玆。一女一男，婚嫁皆畢，晦朔不乖於羞膳，旦夕常候於温清，天也云亡，同歸泉户　以大中十年十一月九日合祔於莊西南一里平原，之禮也。嗣子係敷，獨恨血濺棺側，視之者淚流沾袂，聞之者情愴傷神。日不駐於西陵，生期何促；殁若逝川東注，魂返無期。劬勞之愛空深，昊天之恩何報。罄家徒之財貨，猶未申哀；飾金翠之彫華，徒爲翫目。是以命工刻石，恐地久天長，金石難期，乃爲銘曰：

一去冥冥長夜臺，扃門一閉更無開。兩劍雙兮一時殁，孤子哭兮淚漼漼。千言百種命無天，長短難知一事玄，花落得春開有日，人隨流水不歸年。

（周紹良藏拓本）

大中一二二

【蓋】失。

【誌文】

唐故潁川陳夫人墓誌銘并序　文林郎前守蘇州海鹽縣主簿王頊撰」

夫人潁川郡人也。其源流枝裔，系在家諜，故可得而略焉。曾祖遠，」皇左千牛衛長史；祖琚，皇中州羅山縣尉；考脩，皇宣州旌德縣」尉。五代祖以文學中策，累資爲長洲令，其後子孫因家吴郡。夫人」旌德君之仲女也。外祖順陽范公詢，始以孝廉入仕，多赴公侯延辟，」爲巡察之職，季年終于丹徒令。其外族親戚，世多卿相，爲侯伯者不」可勝紀。夫人少習詩禮，長善筆札，自孩提至笄年，不履堂閾。其於」針刀之工，罔不盡妙。予嚮其清規，飽其懿淑，遂因親友傳導，愿委禽」焉。及拜其室，觀其德，果叶所聞。爾後琴瑟韻合，閨門道光，將期覩子」孫之盛，保松筠之壽。何期暫嬰微疾，以至殂逝。孝敬抑聞之古人曰：皇天」無親，惟德是輔。且夫人事親盡孝，可侔於曾閔，事夫執敬，有類於」綦姜。孝敬之道既備，可謂全其德也，奈何不享其壽，棄予先逝？則天」道輔德之言，曷足憑乎？然夫人在家有金玉之豐，爲婦享禄秩之」盛，則平生之分，亦無恨矣。所痛者：以予天年未盡，不得與良人偕死，」故於九原之東，虚其左室，俟予啓手足之晨，從夫人祔於此也。冀」泉壤再合，神魂相依。夫人歸予八年，生子二人，長曰嚴七，幼曰印」兒，俱嬰孩；然居喪號慟，皆過毁瘠。女二人亦幼稚，晨暮哭泣，如成人」焉。夫人年廿五，大中十年二月廿一日寢疾，終于海鹽縣之公署。」以其年十一月廿一日葬於蘇州長洲縣餘杭鄉石瀆南館墅村之」原，禮也。嗚呼！男未辨方，女猶總角，一旦棄去，俾誰字之？嗟乎！日月有」時，痛傷無已，銜哀識石，以虞變遷。銘曰：」

於戲良人，道光母儀，事上以敬，撫下惟慈。温恭可範，」閨門有規，何圖不壽，泉路永辭。楚玉沉素，妍芳墜枝，」皇天何罪，遘我孤危。慟哭繐帳，生平莫追，流水凝咽，」松風助悲。彭殤兮同趨此道，泉壤兮與卿之期。」

（録自《吴中冢墓遺文》）

大中一二三

【蓋】失。

【誌文】

大唐康公夫人墓誌銘并序」

公諱叔卿，其先衛人也。夫人清河傅氏，其先清河人也。」公幼而有禮，長而謙和，修身慎行，與物無爭。何圖」天授之仁而不與之壽，何不幸與！以寶曆二年三月十」四日因寢疾終于家，享年卌有五。其年遂遷窆于」淄川縣萬年鄉之西北三里孝水之西原，從吉兆也。」夫人令淑容範，宋子河鯉，六禮貞吉，享年六十有八，」以大中元年六月一日遘疾彌流，遂終焉，權殯于堂。」以大中十年十一月二十五日遂遷祔于塋兆。有子」一人，早亡；有女三人：長適屈氏，次適張氏，而承其」家焉；幼適王氏。皆撫擗號訴，哀毀過情，遂召」良工，刻石染翰，乃爲銘曰：」

其一：寬弘德禮，謙和淑人，改過不悋，」慎行修身。其二：夫人賢懷，孝敬邕睦，和柔四鄰，」欽承九族。其三：盛德風猷，名芳不朽，貞石誌之，」天長地久。」

（周紹良藏拓本）

大中一二四

【蓋】 唐故滎陽鄭夫人墓誌

【誌文】

唐故秘書郎兼河中府寶鼎縣令趙郡李府君夫人滎陽鄭氏墓誌銘并序　親外生朝議郎守京兆府好畤縣丞上柱國裴瓚謹纂」

夫人滎陽鄭氏，諱秀實，北祖之洪胤，門高閥閱，百氏難倫。自周封鄭」桓，因而爲氏，緇衣之什，見美武公，緜歷漢魏，迄于隋唐，蟬聯」其間，軌冕不絶，昌熾鼎盛，光耀搢紳。曾王父諱老萊，皇進士及第，」累官至遂寧郡守；烈祖諱叔則，河南尹、户部侍郎、東都留守。顯考諱」約，河南府洛陽縣主簿；德高位卑，實辜人望，娶范陽盧氏，生夫人。夫」人誕于德門，幼稟義訓，年十九，歸于趙郡府君。婉娩柔惠，作範閨闈，」四德備全，六姻歸美，佐理家肥，克昌令嗣。有四男四女，長曰處仁，前」鄭州原武縣丞；次曰郇，終涪州録事參軍；三曰崇前懷州獲嘉縣尉；」四曰敬思前楚州文學；咸孝敬愷悌，居喪有聞。長女適博陵崔候，次」女適河東裴積，次適太原王玹，小適今沂州刺史韋譕，奉慈顔之明」訓，皆克配君子。秘書府君懷明略，生盛時，位不充量，先于」夫人而歿，夫人稱未亡人凡四十三年，孀獨潔立，訓導諸孤，訖有」成立，男有官，女有歸，婦道母儀之事，光輝備矣。夫人聰識明敏，」尤精魯宣父之經誥，善衛夫人之華翰，明左氏之傳，貫遷固之書，下」及諸史，無不該覽，今古倫比，罕其朋儔。享年七十三，以大中十年八」月十二日寢疾，終于河陰縣里第。以其年十一月廿七日歸祔于河」南縣伊汭鄉中梁村秘書寶鼎府君之藏，禮也。瓚感渭陽之恩，詳」其徽猷，條其懿美，導孤表之哀託，俾瓚書其事，辭不獲免，故銜涕執」管，終始紀述，遂爲銘曰：」

深蘭之馨，良玉之貞，門風禮樂，源濬流清。藹藹盛族，」受姓于滎，雖有百氏，莫之與京。婦道已光，母儀克明，」纍纍嗣子，哀哀孝誠。愿紀其德，終天無傾，千秋萬歲，」永播令名。」

（録自《芒洛冢墓遺文》卷中）

大中一二五

【蓋】失拓。

【誌文】文字載於孫瑝墓誌蓋背。據之定葬日。

□□□□樂安公墓者，可稱大手筆也。雖」□□□婉淑備德，附以不朽，然而摭述芳規，密行」□□□□于骨肉乎？家君夫人居」□□□□　兄娩乳，喪者四人，獨生姊大省」□□□□□　鍾愛，爰在幼稚，禮若生知，每問安」□□□□□不近席，雖果栗片段微物，不曰取不□□□。自余而下，皆鄰年也。當騃稚而競强勝，悉」姑□之雖有驕縱横干，莫變怡色。自適」孫氏十五年，無一日反目近妬，熊均養庶子，過己」出焉。其專蘋藻，幹中饋，□□慈下，雅合所宜，親族之有疏賤，與在家之抱沉瘵者，而務先給卹以臨」視之。頃歲以家君鎮邊方，而飦蔬涕祝法筵下，一日」悦覩幡上神指曰：九日而改。其期果移旆邠郊。」至□寢疾彌留，尚轉眄力吐□庭闈戀數字。其孝」動神祇，没身不替，仁賢廉敬也如此。噫！天之賦」余姊以純德而獨奪其壽者何也？

抑古所謂爲仁」而身不享福者，其必鍾慶後嗣耶？余爲弟不肖干」名，屢軫仁姊心，今徒抆涕銜酸略紀」懿美之一二，附刻誌云。」

鄉貢進士李就述。」

（周紹良藏拓本　河南千唐誌齋藏石）

大中一二六

【蓋】　失。

【誌文】

故京兆韋氏室女都娘子墓誌銘并叙」

女有四德，士含百行，世之能全者鮮矣。既能全□」而不能顯之，昭昭之道，余所惑焉。有唐韋氏女□」字都師，逍遥公之九代孫。大王父晏給事□。」王父著，右衛胄曹。顯考塤，明州刺史、御」史中丞，生於太原温氏，太夫人黎國公」之後也。外王父造，禮部尚書贈司徒。都師即」中丞之長女也。幼有令淑，頗聞於中表，既而果承」叔舅廬州刺史璋之知念，既獲因依，方求良地以」託焉，無何屬舅罷郡歸洛，路由□陽，大中十年」六月廿五日，維舟水次，無疾而□於舟中，骨肉號」痛，行路興嘆，共悲全德而不能顯□也。其年十二」月十三日，歸祔于先塋。嗚呼！閨房之□難寫」他人。長兄承範鯁咽叙述，以誌□墓。銘曰：」

爾有淑德，合顯名儒。爾有令儀，合□安圖。何芬芳」之遽泯，而婦道之云孤。莫測世化，空嘆塵

□。日月」是便，歸窆洛都。陵谷之變兮昔賢共虞，紀德紀地」兮含悲以書。」

（河南千唐誌齋藏石）

大中一二七

【蓋】 唐故扶風馬府君墓銘

【誌文】

唐故興元府南鄭縣丞扶風馬府君墓誌銘并序　鄉貢進士蕭鼎纂」

夫德足以潤身，材足以利物，是宜享大禄壽而膺乎時用。於戲！我」公居直不回，凛性冲和，此所謂具有材德者也。豈天弗能全福於」善人乎？兹所以起多恨於親朋也。公諱攸，字化居。」曾祖燧，唐司徒兼侍中北平郡王，贈太師，謚莊武公；祖暢，」皇銀青光禄大夫右金吾將軍西平郡王，贈太子少傅；父繼」祖，皇朝議大夫、殿中少監扶風縣開國男食邑三百户。公年」十二，釋褐參岳王府軍事，再任總監丞，」二居散曹，不足以舒其器」用，後任河南府鞏縣丞，」勤乎厥署，勞必在公，果爲尹長盧公貞之」知，會河南尉洛陽尉闕，是委公假之，兼領戎務。明以燭奸，區」區而赴於知也。復任南鄭縣，亦辨厥曹。又梁帥鄭公涯以」公在京洛馳吏政，亦委以戎曹，兇人斂手，猾吏脅肩。時梁之屬郡」也，屢有冤獄，皆公之覆鞫，利必抉其樞，智必賾其細，皆積歲」之滯者，一日而盡其狀。秩罷不克歸，乃寓居於府城。公好讀」書，無不該覽。善攻詩，頗有古人風調，而深居守淡，脱去人事，如是」者五歲矣。而又梁之屬縣闕宰，梁之士庶咸曰：非公不可理。」果有公牒來簡。公牢讓不及，乃領其邑事。始末四旬，遘疾復」歸私第，得二日而終，即大中八年正月廿八日也。公年卌九。」有子一人曰橈，少好學，已能詩。卓然自持，豈不爲慶嗣乎？有女二」人未笄，而已知柔克之道也。以大中十一年二月廿二日葬于河」南府鞏縣孝義鄉北訾村東原，禮也。銘曰：」

於戲馬公！敏默居中，實以道而自守，奚斯秩而遽終？有德而」壽不永，有材而位不隆，俾賢人君子，起恨無窮。」

（録自《中州冢墓遺文補》）

大中一二八

【蓋】失。

【誌文】

有唐盧氏故崔夫人墓銘并序　劍南西川節度判官朝議郎檢校尚書駕部郎中兼侍御史柱國賜緋魚袋盧緘撰」

亡室夫人，其先受封清河，官婚門範，爲中夏甲姓，圖諜搢紳，共詳之矣。夫人之號，近世通稱，今於叙」述，豈可獨讓。曾祖諱朝，皇懷州刺史，贈秘書監；祖諱積，皇檢校尚書、金部郎中、兼侍」御史，贈太尉；」考，丞相、檢校尚書右僕射、兼吏部尚書、清河郡開國公，贈司空諱羣；世德高風，扇於當代。外王」父隴西李府君諱霸，皇潤州丹徒尉。崔李姻榮，源緒脩正，」相國忠行，焕乎烈光。隴西李夫人生女子子者五人，夫人即其季也。夫人聰懿朗悟，」又居其季。相國隴西李夫人特加愛異，以其厚於情敬，早有識裁。相國每書其事，密以「藏之曰：後爲賢女也必矣。既笄，遭李夫人之感，哀制外除，次當有適，選求配偶，志傾中外。時緘「眇末幽陋，樹立無涯。相國眷深外屬，許以姻好。旋而相君下世，夫人在家，諸父□姻，「愿即前志，當大和甲寅歲之除日，獲親迎於長安長興里夫人之私第。明晨拜親賓於上日，時「緘隨計有司，困於都輦，夫人即安寠貧，勉以成事。後數歲，緘登進士第，補官麟閣，佐戎商州「防禦使，授涇陽尉，爲版圖巡職，奏許昌荆南記室從事官，轉協律評事，再爲使銜御史，升朝拜殿「中侍御史，轉侍御史、尚書都官外郎。其在都官，以兄疾奔歸洛汭，詔罷朝籍。歲月推遷；「蹇滯屯塞，干於夫人之情慮者，豈可一二勝道哉！浮世忽焉，唯覬偕老。夫人自失恃怙，歸「于吾門，祗奉蒸嘗，睦友娣姒，由中履順，德禮無違。至於霜露感懷，終身慘怛，每及先相國「先夫人之忌，聲淚哀迸，不能自禁。親戚有來弔者，或及門不忍而去。夫人當大和中歲，累喪諸姊，「憔悴傷感，殆將不支。後鄭氏姊歿，夫人時在商於，聞喪之辰，悲恚久絶，血泣面牆，勺飲不入於「口者七日。來年，緘罷使歸京，夫人聞其還也，望鄉而哭，悽憤衝抑，連晝夜而不可解者，累旬易「月。緘由是知夫人之成疾於此矣。未半歲果驗，其毒風已中，牽引支體，步履日艱，漸染嬰纏，七「稔於此。逮去歲冬杪。緘以屏黜憂虞，羈遊於外，不得與夫人安處相守，致使羸苦益加，仍遘癘「疫，即以二月五日捐館于親仁里第。既歛之夕，凡周於身，與其申情展愛者，畢有倫理，俾授與緘以「成其志焉。夫人習禮言詩，尤專論語，崇奉釋教，深味佛經，誦讀講磨，咸得要妙。洞知聲律，不「學而能，筆札雅琴，皆所盡善。其識密意周，條理通貫者如此。閨闈禮範，播美六姻，嗚呼！不登壽榮，終「於憂慼，豈分之所賦當止於此耶？由緘之才薄行違，而有累於賢淑者耶？竟何問也。夫人生於「元和之壬辰歲，没於大中之丁丑歲，歸於緘者廿有四年，生男子三，今其存者一；女子子一。男曰芻，及冠未仕；女曰荃，許嫁未行。緘於夫人既没之二十日，方授相國巨鹿魏公蜀川奏署之命。又二十有二日當三月既望之二日也，乃與其二子家人護夫人之喪東歸洛邑，即其年夏四月戊辰廿有七日甲午，權窆于河南府河南縣平樂鄉杜翟原，便也。更俟吉歲，歸祔先塋。喪至自西，凡家之長幼，洎夫人季弟渾與内外親族，莫不盡哀襄事，以展送終。緘抆涕含酸，書其大略，以納於墓。夫人歸誠慈氏，託志空門，將終加號曰上乘，庶幽明之有憑，其護佑也。銘曰：蒼茫之間，倏忽今昔，既合又散，纔歡已慼。嗚呼夫人，焜耀門姻，華宗慶胤，教義攸遵。婉娩容止，葳蕤禮道，幽蘭播芳，瑞玉凝操。宜家訓子，主饋饌賓，盡偕往志，咸契昔人。祇事蘋藻，頤情琴瑟，清心潔誠，靜莊齋慄。恒久之道，懽愛曷窮，言雖在耳，跡已皆空。嗚呼夫人，德善何陳，同歸草露，永去恩親。華容既翳，大夜無春，猶瞻先墓，松櫝爲鄰。更俟貞吉，歸祔他辰，嗚呼夫人，安兹宅兆，鑒此誠勤。

季弟承議郎行河南府兵曹參軍渾書

（周紹良藏拓本　河南千唐誌齋藏石）

大中一二九

【蓋】失。

【誌文】

故幽州大都督府兵曹參軍陳君墓誌銘并序　幽州押奚契丹兩蕃副使中散大夫檢校秘書少監攝御史大

夫上柱國賜紫金魚袋漁陽李儉撰」
皇唐甲子四周，歲在丁丑，夏四月甲戌，陳君没於府城之肅慎里。越」日景申晦，葬于幽都縣禮賢鄉之
平原。惟君孝達於神祇，悌流於鄉黨，」信稱於朋執，業著於官曹，惠施於危亡，文形於述作，自束髮至
啓手足，」言絶浮僞，行無玷缺，爲學不倦，濟物不匱，皆章灼炳焕，不可備舉，其迥」出人者，今得書之。
執親之喪，頭蓬不櫛，面垢不靧，負土成墳，必自己力，」殘形埏隧之間，寄命晷刻之際，泣盡繼血，五周
天星，府縣旌表，簪裾高」尚，雖從仕進，抱終身之慼焉，蓋人之難能。後有從事韋雍死於亂鋒，琴」瑟併
命，老母弱子，拘諸佛寺，音信不通，樵蘇不爨，君與其弟遊，□若己」咎，瘞其遺骸，慰其穉耋，晝乞州
里，夜餉饔飧，進恐吏訶，退憂室□，後」詔訪遺類，官給葬事，亡者免餧於烏鳶，存者復歸於鄉井，名教
感其仁，」豪傑尚其義，此又難之尤者。繇是休聞善價，汪洋郁烈，翔于道路，動于」公卿，於是羣賢推
轂，元侯授簡，年過强仕，方從命官，釋褐授檀州」參軍，非其志也。俄改幽州安次主簿，管護軍表疏，府
換署府兵曹，滿□」重假前任，職業聿修，聲華日美，方期大用，遽蹉修途，春秋五十有八。」府主痛惜，
聞于上公，賵賻有加，軫悼踰等。平生交友，如斷手足，□」與扶服，禮如朞功，寧止慟於寢門而已。君
諱立行，字晞顔。昔周武封」帝舜之後於陳國，縣於楚，派支于燕，代爲薊人。祖輝父從，皆養志含
貞，」學而不仕。娶河東柳楚女，有男子女子各一人，并在孩孺。長兄良□□」其葬事。君之伉儷，韋氏
之出，韋氏又予之出也。本矜慎配，遽此嫠□，」撫存悼亡，刻石納隧。銘曰：」
烏虖陳君人之良，錯綜四科及五常，孝既至兮節既彰，名聲著兮道益」光。神默默兮天茫茫，宜福而壽
反禍殃，妻弱子幼兮行路咸傷，一閉佳」城兮地久天長。」

前攝涿州范陽縣丞節度要籍賞緋于全益書」

（周紹良藏拓本）

大中一三〇

唐姚夫人權葬石表

【蓋】先妣姚夫人權葬石表

【誌文】

姚爲得姓，其源神靈，爲帝孝友，綿綿爵土，弗絶其後，有左武衛將軍以城抗賊，戰於雲中而死，諱節，生秘書郎，救其姊喪，因溺死汴渠，諱憬，生饒州長史諱洽，是爲皇考也。太夫人歸劉氏，生一子，始稚孺，坐於膝，手持孝經，點句以教之，既長，掾揳不縱戲惰，令從師學古文，既壯，爲達者所稱，以其往往天得近蹊絶迹。太夫人喜曰：吾之子斯足矣，萬鍾豈厭吾心乎？所謂無能則憐之是也。蜕不天，進士及第，初從壽州賓幣，遇其守黜戾無足倚，未五月，自引去。其後選補校書郎，不得視朝夕，未踰月，又罷去。自從宦與丐遊，未嘗逾三時，雖苛癢食齊，皆在其側。所悔者受禄未嘗得半年，月費未嘗滿二萬，故生不得極煎和脩隨之養，華缛園第之娱，不孝不敬，罪死宜天不赦。今者助教於大學，校理於集賢，又魘於寒饑，故儀衛不周，衣廞儉薄，欲終大事，所未成也。且蜕猶爲羈也，今故穿土周棺，丘封四尺，同於葬□。至於飾棺以輤，器用不就，表其權焉。庶先公之祀，若不即滅，委質負擔，得有積資，當廣墳杵，以衍其阡，克從祔禮，雖其刺耆，不敢避也。大中十一年二月甲午，棄其孤於長安宣平里之寓舍，五月庚申，權奉於城南畢原，春秋七十二。孤蜕，不獲即死，歲時躬奉常事。無旁親，諸孫幼，復起自省具。或曰須銘，乃號而記方石，以表墓，亦不銘也。

將仕郎秘書省正字李坤書

（録自《關中金石文字存逸考》卷四）

大中一三一

【蓋】失。

【誌文】

唐故鄉貢進士隴西李君墓誌銘　親兄天平軍節度使朝請大夫檢校兵部尚書兼御史大夫賜紫金魚袋業撰」

大唐景皇帝第七子禕，豁達大度，器量恢弘，元皇帝相埒，封郇王。」君諱眈，字遐威，景皇帝七代孫。大父授許州長史，時禄山將强兵圍許州，食」竭兵盡，逾月城陷，冒敵而歿，贈太子僕。嗣金吾將軍、壽州刺史、左散騎」常侍，博覽羣書，明天人之術，著大勳績，時莫能京，深爲忌前，不獲大用。及至」謝代之日，知者聞者，鄉風哀慟。妣河内常氏，自後魏以來，衣纓輝耀，」及國朝總統登顯於位廿餘人，左羽林軍使元楷即其曾祖也。有子十」三人，六人早亡。次兄存穆，佐鄜州除校書郎，文行煇焕，才智若泉，斟之」無窮，不受薦舉，調授興平尉，羽翎方伸，遽罹禍故。次兄權，洞達武」經，讀春秋得古人深旨，拜涇州節度使，威懾犬戎，邊人是歸，練卒飫馬，」唯期奉國，朝廷重僚，號曰長城，天奪其用，無疾暴薨，三軍百姓，」悲同父母，天子爲之廢朝，州人爲之道哭。次兄存質，深沉博」識，好謀而成，統士徂征，莫不剋中，去聲。有古將之風，爲時所推，官至御史」大夫、汾州長史。次兄業，材用最卑，籍其基勢，爲天子倚用，五秉戎旃，首忝夏臺，轉岐隴，歷太原，移白馬，今秉天平軍節度使。次兄存實，膳部」員外郎、揚州左司馬；弟櫝，侍御史；皆宰畿邑，用平一之心，如秤理人，籍籍」聲華，官未稱實。君即當院第十二子也，以長倫排次第第八。君生十三年，遭罹」大禍，兄長撫念，情過深慈，唯吾獨行櫝楚，束汝稚心，兩經既就，深解五」言詩，朋儕稱揚，共名小謝。時太常博士權安當代儒宗，朝野師歸，後進集」門，仰旨嵩高，有文者幸獲一謁，深熟朋友莫不改觀焉。唯汝吐一詞，呈一句，皆」吟詠無厭。當謂詩人曰：可範可規。嗚呼！權公無何頤衛失度，抱疾而歿，由此籍」籍人知，五上禮闈，桂枝未折。嗚呼！天不憖遺，積善無徵，冀其一鳴，終當戢翼。」以忠信仁義旨甘鍊師，不倦是著，恭承兄長，怡怡謹和，弟妹之間，」撫愛尤切。嗚呼！天爵不享，有材莫伸，壽考是乖，天錫以朴，愛悛硾琢，使」器未成，含恨下泉，不振於時，不榮聖代。嗚呼！有女兩人：長辛辛，次」迎兒，淑善有聞，女儀自得，皆近及事。大族高門，竟來祈好，俟其吉士，以卜良」期。無子，取弟櫝一子承嗣，幼稚在學。兄業才拙悲多，敘寫難具，記之陵谷，」或可誌焉。取大中十一年歲次丁丑五月丁酉朔，廿四日庚申，卜兆吉辰，自京兆新店歸祔」大塋邙山之右。其銘曰：」

和璧出世，刖足方售，麟非其時，尚罹其咎。孔明五原，天無以祐，小謝風調，」聲芳宇宙。月桂在握，力不能狩，晝夜不息，經史踐蹂。唯吾與汝，爲兄爲友，」追想話言，何日而究。嗚呼哀哉！嗚呼哀哉！」

（周紹良藏拓本　河南千唐誌齋藏石）

大中一三二

【蓋】大唐故魯氏墓誌之銘

【誌文】

魯氏子謙墓誌銘并序　隴西李惲撰　表丈翰林待詔張宗厚篆蓋

謙字益之，魯氏第二子。祖諱弘，樂道不仕；父諱璠，能醫，京中醫人最得其上。謙天錫其性，不食酒肉，年七歲，好讀詩書，旰食忘寢，勤學不輟，師喻以文義，皆記之心腑。未逾十五，孝經、論語、尚書、爾雅、周易皆長念，禮記帖盡通。又爲文章，格韻清峻，罕有其儔者。學鍾、王、歐、褚之書，並得妙絶。大中十一年四月十日父亡，泣血盡哀，因而有疾。至六月廿一日，終於西市錦行里之私第，壽齡十八矣。母馬氏，兩目流血，號叫心摧。叔父璨、兄諗等痛切肝腸，悲傷手足，即以其月廿八日，葬於長安縣胡趙村德義里之先塋也。予教諭儒道，豈忍爲文，直述其事，乃爲銘曰：

噫！有德兮壽合長，十八年兮何以亡？神理窈兮無處問，徒使人兮怨穹蒼。

兄諗書，　從叔魯球刻字。

（録自《陝西金石志》補遺上）

大中一三三

【蓋】失。

【誌文】

唐故權知沂州長史銀青光禄大夫檢校太子賓客兼殿中御史潁川郡陳公墓誌」

公諱諭，字子明，其先潁川郡人也。曾祖易州」刺史兼御史大夫；祖妣汧國夫人上谷張氏；」祖楚，河陽軍節度使、檢校左僕射、兼御史大夫，」贈太子太保；妣清河張氏；父賞，義武軍節」度使、檢校右僕射兼御史大夫，贈太子少保；」妣辛氏；繼親封太原郡夫人王氏。公即第二子也。」公自沂州考滿，赴京論官，不幸寢疾，大中十年」三月四日終于上都私第，享年卌三。娶上黨」苗氏，生子三人：長子劉九，次子潁郎、迎官，皆」總幼稚；女四人在室，未及笄年。以大中十一年」八月六日葬于河南府河南縣金谷鄉張村」全原里，祔先塋，禮也。」

（周紹良藏拓本　河南千唐誌齋藏石）

大中一三四

【蓋】　失。

【誌文】

唐故衡州耒陽縣尉隴西李府君墓誌銘　鄉貢進士鄭希範譔」

君諱述，字好古，隴西成紀人。六代祖諱奉慈，皇唐封渤海郡王；」曾祖友諒，石州刺史；祖映，河南府密縣令。密縣生君先府君諱」公度。潁州潁上縣令，代爲著族，官德相繼，紛綸懿行，濟世不泯。」君即潁上府君之長子也。解褐爲衡州耒陽縣尉。弱齡入仕，而」有老成之風，端謹廉平，聞於里閈，雖不孜孜於講學，而謙和敦」雅，視童孺必有莊敬禮讓之容，即又何謝於腹藏經笥者焉。乃」受於天資，懔於沖和也。大中十一年五月廿九日遘疾，殁于汝州」郟城縣私第，享年四十四。娶汝墳掾高徵女，有嗣二人：男字耇」兒，女曰解五，皆嬰兒騃稚也。其弟信州參軍用文、葉縣尉逌，」友于之道，寔可暉映於士林，痛手足之折，相視慟哭，以其年」八月十四日，用文奉兄之喪歸葬河南府河南縣金谷鄉焦古」里，祔于先府君塋下。嗚呼！壽不齊仁，禄不及行，徵之前古，而亦」多焉。希範與耒陽爲内外之昆，而情好隆厚，且異他族，揮涕」實録，而無文焉。且慮陵谷變遷，而名跡不墜，乃爲銘曰：」邙山之陽兮天地之中，君歸故封兮永侍霜風。」梧楸蕭蕭兮其恨何窮，清神宅此兮幽泉幾重？」煢煢孤婦號蒼穹，君隨零露竟何從？」

（周紹良藏拓本　河南千唐誌齋藏石）

大中一三五

【蓋】失。

【誌文】

唐故邵州鄭使君墓誌有銘　朝散大夫守□王傅分司東都上柱國魏郡開國公食邑一千户賜紫金魚袋王式纂

使君貞元辛未年生，大中景子年殁，十一月□□也。明年十一月廿六日，歸葬于萬安□南之舊塋，縣曰河南，鄉曰伊汭。其孤前荆山尉褒泣血云：昔周宣王少弟友于鄭，□六世爲□韓所滅。其後以國爲氏，由隋佐命元勳沛國公諱譯，至使君十一世。使君之曾王父，開元聞人，用前進士科，官至遂寧守，諱老萊。王□以健筆奇畫，意氣名節，交馬北平燧、李中書泌、張徐州建封，掌北平書記十年，戕櫢冠諸府，得兼御史丞，副守北都，入爲司業少僕，亦刺絳州，諱叔規。烈考嘗繼伯父留守公，以蔭補千牛，好學善屬詞，歷守漳、邵、□、夔、淄五州，諱紳。留守公諱叔則，建中貞元之偉人也。使君即淄州之長子，諱琉，字君巖。少以幹蠱聞，亦慕意氣然諾。始佐齊棣二州軍事，人謂忠於所奉後爲汜水丞，從事金河，得監察裏行、殿中内供奉。府移盟津，遷侍御史，爲營田副使，知懷州事，賜五品服章。盟人逐其帥，獨有守心。職罷就常薦，歷太子中允、鳳翔少尹，改榮州，轉邵州。滿秩卧病，終於滎澤之别墅。朝散大夫其散官也。上柱國其勳官也。前娶安平崔氏，後娶晉陽王氏。褒即其元子，貢、褒、齊皆其子也。長女嫁蓨人高輦，次女嫁杜陵人韋敬師，次嫁素昌人李孟賓，五女未笄，有欲出俗奉玄元教者式。使君之外第而又褒之舅也，故來請銘。進士塤，使君之從父弟也，爲書而刻諸石云：

邵州歸窆，萬安之下，禮薄物備，蒭童陶馬，外弟傅王，强爲銘者。

（録自《芒洛冢墓遺文補遺》）

大中一三六

【蓋】失。

【誌文】

唐故泗州司倉參軍彭城劉府君夫人吴郡張氏墓誌銘并序　嗣子航撰」

航號天泣血，再拜退，則握筆直書而言云： 先妣夫人即」府君親舅之女，得姓曰張，望出吳郡，和州刺史無釋之曾孫，大理評」事誠之孫，河南府王屋縣丞平仲之女也。 外范陽盧氏，祖擢，處州縉」雲縣令。 夫人少以女工婦容，六親推許，稼穡之苦，生而知之。 年」十八，歸于劉氏之室。 府君幼失二親，天付至性，海內無立錐之」處，中腸懷遷祔之憂。 佐縣建昌，乃爲初任。 夫人一心輔助，」唯儉唯勤，書再考而方遇通年，發篋囊而事無不備。 府君遂請」假，兩處啓護，來往六千，假滿事終，官將迎替。 夫人又以家」道未立，彌更苦心，減口食而添聚歸粮，服浣濯而不辭暗弊。 自江西」還家，遭外祖憂，旋居祖母服，居喪之禮，過於毁瘠，雖赤子叫啼，當此」而不能顧也。 所謂在家爲孝女，從夫爲幹婦。 至若事君子之道，又盡」善焉： 豐於禮而常行謙順，儉於用而仁義不虧。 寒往暑來，廿更易，而」未嘗頃刻之間小有其不得所也。 年卌八，府君傾背，兒女成就」者其數四焉。 皇天不仁，自十年來，相次凋落，唯航無堪，孑然獨在，賴」亡弟有子一人名曰有，有引而進修，望其成立，至於爲母之德，言不」勝哀，貯在血誠，不勞文字。 四年前，因小妹亡喪，發一聲而半身不收，」服藥灸燒，皆無功效。 今年歲初，忽似中惡，久而復蘇。 此來連綿不離」床枕，而嘗留遺命曰： 吾年過歲制，病在膏肓，餘氣幸存，思有誠約。 況」吾心崇釋教，深達苦空，人之死生，豈殊蟬蛻。 汝當節去哀情，無令害」己，儉薄營葬，勿遺妨生。 有此處分者，豈止於再三焉。 大中十一年七」月七日，終于洛陽城私第，享年六十六。 即以其年十一月廿六日窆」於河南府河南縣金谷鄉尹村，合祔先塋，禮也。 航學微才劣，又」在荒殘，欲述天高，且無指喻，輒附哀情，謹爲銘曰：」

陶母孟母兮垂名千古，堂上令德兮空變于土； 恨爲子而不能隆震兮恨無已時。 想慈顏而泣血漣如兮不可復覩。」

（周紹良藏拓本　河南千唐誌齋藏石）

大中一三七

【蓋】失。

【誌文】

唐故河南府河南縣令賜緋魚袋弘農楊公墓誌銘并序　朝議大夫守左諫議大夫上柱國李紡撰」大中十二年正月二日，河南縣令弘農楊□□□□□善里之私第，享年五」十七。首之以年，次之以日月，常也。直書官位□□□□□今言之則遽也悲也，」然公平生所□自於天性者，□□揚歷又安得不徐言乎？」公諱□字松年，弘農人，著於圖諜，源流可徵。國朝秘書監博物之五代孫」□□□□□括，皇鍾離令。祖稷，皇鄉貢進士。考茂卿，皇進士及第、監」察裏行，名震於時，不幸□難，護喪之禮，公能獨出古□雖出死入生之□□」時安寧也。往時侍御史隴西李□已具論之矣，三年之□□□儉，家世進士，□」可不承始自鄉薦，便歸人望，數年而得之甲科也。其文好古，其書以詩，自得於」天，不□□轍，時輩之中，所謂拔乎其萃也，其自負之心又愈於此矣。有集卅卷，」名□□集，則其後可知也。學深左傳，尤博史書，百家諸子，咸在於口，儒流碩學，」莫不謂公爲濟時之器。及從時解褐，初授崇文館校書，次任廣文館助校，次」授大理評事，充兖海觀察推官，又奏監察裏行。□職於平盧節度，歲滿□□□」中侍御史充嶺南節度使掌記，所至禆補，正道斯行，還歸上京，□州□□□□」朝，一爲著作郎，一爲國子博士，由是列兩轉班行，擢授河南縣令。故事有以□」姓入軍便爲軍吏者，上官特庇，牧宰不能追之。公下車搜訪，悉補鄉□□□」朝廷大仰正直，上曰：古之能官，何以過也。賜緋魚袋以□□□□」夫人滎陽鄭氏，故殿中侍御史，鹽□推官博古之女，和柔淑德，□□□闈□□」公十八年終。公無何，屬居大憂，□□不入於口，自衷之性豈遠，天□□□□」救也。踰年之後，竟不勝喪，遺命二子曰：吾已□□□宜承□祖□□□□」望於□□□珪次子□其皆意承，且文公有□□之□無□□矣。有女□□長」適鄉貢進士河東裴雲，次適鄉貢進士隴西李受，次□河南縣尉趙郡李輶□」□□公之知，有過其分。凡公之喪，盡得匍匐□，以其年二月廿一日與嗣子」□□葬□公於河南縣平樂鄉杜郭里也。□則輌之親□□於□□早有契約」□□□□□近多有所同，凶□既來，有□□禮，居□得□□□□□」始□其功，終録其義，魂氣既□□□下乎，援曾氏之□□□□□□曰」□□□□陽□之裔，河南之原，顔□之子，閔□之孫，其誰似之？□□□□□□」□□□□□□孰致攀援，嗚呼哀哉，松年□（下泐，末行倒刻，已泐，存公墓之誌等數字）」

（河南千唐誌齋藏石）

大中一三八

【蓋】失。

【誌文】

唐故宣州宣城縣府范陽盧府君并夫人博陵郡崔氏墓誌銘并序　文林郎前行池州青陽縣尉鄭球撰」

府君諱宏，字子器，其先保姓受氏，世爲茂族，簡削所載，不」書此矣。曾祖哀，終河南府士曹掾；祖政，終太子中允、贈汝」州刺史；先府君璠，貞元四年進士擢第，累參中外，終假侍」御史出歸州牧。府君即第二子也。俎豆幼戲，禮樂中修，解」褐參山陽軍事，再歷宣城尉。雖踠足卑秩，羈屑簿書，皆雅」有能名，克修官業。後累從知己，委跡銅鹽，籠墟絡野之謨，」煑海即山之書，識其所處，乘不著聞。噫！士師卑秩，不遇兮」無傷，陋巷高閑，克終兮何盛！以大中十一年七月九日奄」疾終于蘇州嘉興縣禮賢鄉學秀里，享年六十三。夫人崔」氏，即故工部尚書贈兵部尚書授之女也。早叶鳴兆，適于」府君，貞順温柔，淑德兼備。與府君皆簪以範族，冕以傳家。」一男曰仲舉；一女曰住子，早逝；別子一人曰仲連，皆方成」立，忽無常聲，泣血號天，備全孝道。夫人早以寢疾，後府君」明年四月一日終于所第，享年六有六。嗚呼！梧謝桐凋，影」何相繼；鳳飛凰去，心若有期。不孤遊岱之魂，空歎逝川之」水。嗣子仲連等以先塋東洛，拘忌陰陽，用卜他年，護其歸」旐。今以大中十二年二月二十七日權窆于嘉興縣禮賢鄉學秀里禮也。海傾山泐，用旌銘誌，乃爲銘曰：

軒兮冕兮承家，德兮義兮垂訓，心志擲兮銅鹽，所業勞兮州郡。」賢哉知命，執此爲鏡，安棲卑秩，不撓其性。」令始令終，古人何竟。鳳影繼去，瑟聲俱絶，」昔慶移天，今榮同穴，永歎行人，悲風嗚咽。」

（周紹良藏拓本　河南千唐誌齋藏石）

大中一三九

【蓋】失。

【誌文】

唐故滎陽鄭府君夫人博陵崔氏合祔墓誌銘并序　給事郎試太常寺奉禮郎攝衛州司法參軍秦貫譔」

鄭之先自周皇封舅之地，因而氏焉。別派五流，深源一至，是以滎陽」之望，得爲首冠，其下公侯接武，台衡繼迹，雕軒繡軸之榮，羽蓋朱幡」之盛，由魯史記迄于大唐春秋，實鄭氏爲衣冠之泉藪也。」高祖世斌，皇左司郎中，磁、隰二州刺史，新鄭縣開國男，食邑三百」户；曾祖玄嘉，皇新都長水縣令，襲封新鄭縣開國男；祖有常，」皇吏部常選，襲爵新鄭縣開國男；烈考琛賢，皇衛州昌樂、朝城」莘縣令。府君諱遇，字　，皇試太常寺協律郎。文業著」於當時，禮義飾於儒行，少有倜儻之志，長負環奇之名，不苟譽以求」容，每親仁以竭愛。爲中外模範，爲友朋宗師。樂善孜孜，不愠知鮮，量」涵江瀆，氣合風雲，今之古人，」人雖上士，神不優德，配壽胡差，先」夫人之亡蓋世一霜也。享年六十。夫人博陵崔氏。令門清族，慶」餘承善，四德兼備，六親雍和，仁讓得於天真，慈惠立於素尚。母儀内」則，動静可師；禮行師風，進止成法。雖婕妤女史，大家經教，承之於諷」習，推之於行源者，亦異代殊人，其歸一也。未亡之歎，孀齡杳然，玉没」何先，蘭凋遽至，以大中九年正月十七日病終於淇隩之私第，享年」七十有六。以大中十二年二月廿七日合祔於先塋之側。其鄉里」原隰之號，載於舊記，此闕而不書。女一人，適范陽盧損之；嗣子六人，」長曰頊，攝汲縣丞知縣事，早亡；次曰珮，早亡；次曰瑾；次曰玘；次曰璿；」次曰琬；或繼以遺芳，克修至行，銜哀茹毒，追攀罔極。將營護窆，泣」告於業文者，爲之銘云：」

仕門雙美兮令德咸芳，甲族齊盛兮英華克彰。允文武兮」書劍名揚，藴儀度兮閨門譽長。珠沉玉没兮人誰靡傷，」桂殞蘭凋兮共泣摧香。垂脩名兮允謂不亡，傳盛事兮多」載彌光。聽悲風兮松韻連崗，刻貞石兮永志玄堂。」

（周紹良藏拓本）

大中一四〇

【蓋】失。

【誌文】

唐故承奉郎守大理司直沈府君墓誌銘　季弟兗海節度判官登仕郎侍御史内供奉佐黃撰」

沈氏之先，左傳詳矣。杜元凱釋曰：沈子國今汝南平輿沈亭是也。及秦之」逞，漢之戎，皆有名德，焕乎史氏。後裔雲委，軒裳繼代，文章人物，江左一家。」六代祖客卿，儒林之宗，爲五禮博士，具載陳書。博士生澄，隱會稽山，詔」書五徵不起，封唐高士。高祖諱子山，國子博士；曾祖諱虬之，澧州司馬；」祖諱迪，太子通事舍人；皇考諱竦，大理正贈左庶子；妣滎陽鄭夫人封」陽武縣君。公即庶子府君第三子也。諱中黃，字中美，本吴興人，生長秦」雍。童蒙聰悟，幼而能文，弱冠已後，窮經造聖，如抱飢渴，晝不問膳，夕不□席，」莫顧寒暑，以竟寸陰。古人有聚螢映雪緝柳編蒲者，不足以儔矣。如此積廿」年，故諷六籍如貫珠，話青史如指掌，文章一百首，考試三百場，爲解言上下」各十九章，設賓主問答，析辨名理，不容秋毫，則揚子解嘲、士衡連珠未足比」也。解言既行於世，聲光震耀，卿士拭目，鄉薦神州，名在殊等，貢於有司，第登」甲科。宗伯高公鍇疏青蒲曰：沈某所試琴瑟合奏賦，有似文選、雪賦、月賦。」臣與第三人。文藻之價，摇動内外。今禮部侍郎李公潘深知之，嘗謂人曰：」沈生詞筆乃河圖洛書耳。初以家寄荆楚，求授江陵參軍事，後補右廣掾。」散騎鄭公祇德出刺山陽，持檄就門，辟爲從事，奏授廷評。纔及朞歲，丁」先夫人憂，既除喪，復補大理司直。議讞之能，達于相府，未暇考績，旋嬰痼」疾，荼爾三年，奄然一旦，終于長安延康里，享年六十有七。時大中十二年歲」次戊寅二月九日也。嗚呼哀哉！公文學概代，不偶於時，歿于下位，得非天」命，士林聞者，痛悼垂涕。夫人東平呂氏，父温，衡州刺史，時爲名人，文集」行世。嗣子栖重、栖遠、栖懿，皆聰敏有文，年未及冠；女一人，未笄。夫人携諸」孤，奉護靈車，其年四月十五日歸葬河南府河南縣平樂鄉張楊里祔」先塋之後，禮也。佐黄手足驚斷，銜哀茹痛，既備章識，刻石銘之。其辭曰：」

金天之裔，瓜瓞後世，有美一人，如蘭如蕙。學滋炙輠，文瀉懸河，」爭枚竟柔，七啓九歌。孟軻揚雄，憤憤悱悱，顔冉窮凶，莫究終理。」琴瑟金奏，解言玉聲，蓬門捽茹，徒耀其名。清洛無波，邙山疊秀，」翠栢煙凝，佳城玉甃。蓍龜叶吉，雨霽風生，何陵何谷，深閟清貞。」

姪鄉貢進士州來書。」

（周紹良藏拓本　河南千唐誌齋藏石）

大中一四一

【蓋】王氏夫人墓記

【誌文】

唐故朝議大夫前行幽州大都督府録事參軍幽州節度押衙使持節薊州諸軍事守薊州刺史靜塞軍營田等

使銀青光禄大夫檢校國子祭酒兼侍御史上柱國吴郡陸府君故夫人王氏墓誌銘并序　宣德郎試太常寺奉禮郎前攝幽州良鄉縣尉劉曾撰」

夫人王氏，其先周靈王太子晉之裔也。其後門襲簪鼎，世傳勳閥，有若陵佐於漢，翦輔於」秦。經綸之績，著自當時；締構之功，載之前史。曾祖諱收；祖諱晏，皇朝請大夫、試太子率」更令、行梁州興元府司録參軍；考諱璡，朝散大夫、試太子洗馬、行瀛州河間縣令；咸以執心亮直，」秉志不回，廉素奉公，勞勤幹職。雖陳球理繁陽異政，孔奮緝姑藏獨安，無以過矣。夫人志」恭儉，性明敏，温惠謹敬，謙柔惠和，工容無謝於左嬪，德禮匪慚於衛女，以初笄之歲，歸於幽州」節度押衙、使持節薊州諸軍事守薊州刺史、靜塞軍營田等使、銀青光大夫、檢校國」子祭酒、兼侍御史、上柱國吴郡陸公曰峴。名重位高，才雄望峻，奉法有謇諤之節矣。俾」郡寮整肅，餘吏畏威，總八縣綱條，分一州符竹。以元和九年四月二十六日遘疾，終於肅慎坊」私第，享年四十八。以其年七月十四日與先夫人雍氏遷祔於薊城北歸仁鄉劉村之原，禮也。」夫人自以府君捐背，四十餘年，以灰心蓬首之容，棄紈綺花鈿之飾，斷機訓子，翦髮奉賓，」德容誠比於軻親，禮教實方於陶母。以會昌二年八月十日寢疾，終於涿州范陽縣永福鄉元」村里之私第，享年六十七。有子二人：長曰偘，前幽州良鄉縣令、幽州節度押衙、銀青光禄大夫、檢校」太子賓客、兼監察御史、上柱國；次曰供，前攝涿州范陽縣尉、攝幽州潞縣尉、宣德郎、試太常寺奉」禮郎；並以志稟端良，才膺濟用，懷儆恪之勤志，抱忠貞之信誠。女一人，適故幽府户曹參軍承」議郎、試太常寺奉禮郎彭城劉公可觀。夫人自以災從二豎，疾起膏肓，識楚祝無徵，知秦醫」不及，顧謂二子曰：吾聞魂飛長夜，幽没豈殊冥；魂歸九泉，萬里無異壤。必葬我於府君之塋側。」偘等泣奉遺旨，以十二年戊寅歲夏五月六日遷窆於府君之塋兆之坤維禮也。尚恐松楸」夐朽，陵岸崩夷，敬述斯文，式揚令範。銘曰：」

懿哉夫人明且哲，白玉貞兮久彌潔。蘭忽萎兮芳遽歇，青松摧兮女蘿折。薤」歌奏兮轉悽切，幽魂没兮歸異穴。萬古千秋此塋闕，桑河有水空嗚咽。」

（周紹良藏拓本）

大中一四二

【蓋】失。

【誌文】

唐故泉州仙遊縣長官張府君及鉅鹿魏氏夫人祔葬墓誌　猶子留守都防禦要籍將仕郎試太常寺奉禮郎漢璋撰上」

燉煌張氏將祔葬其先於河南府河南縣平樂鄉王寇村之原，凡」葬必誌其墓，懼陵谷之變也。後代相習，撰録其行，以文於石。惟小子」不造，始生而奉命出嗣」諸父之後，未幾而孤，又漂在異縣，公之喪不果奔命。歲月不」久，不敢以其所不知託文於他人也，故止於録其系緒，謹其日時，以」爲誌而已。漢常山王耳，吾宗之始祖也；後魏太常博士湛，」公之十代祖也。父載，皇城都府雙流縣尉諱梁，娶河南元氏，」公其長子也。世代相丞。考諱進，字正德，一子爲命，一命爲杭」州於潛縣尉，又命爲睦州桐廬縣丞，」三命泉州仙遊縣長官，兼學究」周易。東都德懋坊僦舍，享年八十八。常對百僚，朱紫來賓，上知天聞，」下著柔和。運命至大中十二年五月廿日，歿於易。夫人鉅鹿魏」氏，天平大雅之女，以大中五年六月十八日，先公而殁。嗚呼！公在」家以孝友聞，居官以清慎著。夫人奉姑丞訓，柔順和敬之德，咸出」人表，而皆命之淑，禄之不豐，天無顯報，神無顯示，其至此。葬于」州之邙山南原，祔葬北約一里，是先塋也，終於旅□也。有子二」人，幼子先亡；有女三人，一曰王，二曰李，三曰未笄女最幼。號奉帷裳。」翱受命于元龜未剋，故知君也備。翱謹孝而文，積善者其復可待。崩」號乞文，誌其石藏於隧路。後丞一日，天水趙氏之人只，已燈裹無光，」任運八載，受命不長，見與心傷，麻衣素裳，念君先亡。公之不留一言，」交他後人難語。其銘曰：

布車出洛，哀哀孝子，泣盡血兮哭無聲。于」至年歲在戊寅七月庚甲朔白露後廿五日甲申，嗣子漢璋奉公及」夫人之喪，合祔於河南縣平樂鄉王寇村之原，從龜筮之言也。嗚呼！」公之孝友忠恕之德，享重名於慈惠之道，彰令譽於姻族，而禄與壽皆」不稱也。如此豈報施之理獨不集吾先哉？漢璋銜哀祗事，謹其年月日時以志于名。」

（北京圖書館藏拓本）

大中一四三

【蓋】失。

【誌文】

唐故太原王府君夫人韋氏墓誌銘并序　堂弟宣德郎守都水使者元實撰」

余京兆人也，自劉累之後爲韋氏。八世祖鄖國公諱孝寬。韋氏」有九派，余實鄖公之孫，夫人於余即堂姊。」大王父諱昭訓，皇太子僕；王父諱光憲，皇光禄卿；」父諱賡，皇京兆府萬年縣主簿。夫人幼失所恃，養于」季父諱庸，皇黔南觀察使。及笄，從季父爲揚子令，歸於太原王脩」本，以明敏孝愛，慈仁敦睦，婦德婦工，爲王氏之族貴重。無何，王府君抱」疾，越□年，藥餌飲食，盡粧奩篋笥之有無，以冀疾愈。脩短之數有涯，療」治之術無朕，俄罹晝哭之痛，屬纊猶能言，顧謂夫人曰：甃其第，將我」歸于洛師，啓遷我祖父伯仲女兄女弟凡七穴。夫人曰：未亡之人，何」生生爲。一如王府君之顧命。由是士林以爲節婦。夫之族無家可歸，歸」於季父母弟之黨，享年五十六，卒于咸陽縣令之公署。卒之年」丁丑中秋之五日，葬之年戊寅中秋之十四日，祔于夫之塋兆，禮也。有」女一人，適趙氏；有子一人曰金兒，孝養之道有父風，能以士行。遵庭誨」遣女奴來請誌墓文於堂弟都水使者元實，元實家傳孝友，骨肉」無等差。廝役之徒，雖幾年，不能分辨其親與疏。執筆之際，痛哀彌」極，銜悲叙述，固無文焉。其詞曰：」

温潤如玉，和惠如春，爲婦貞節，代先斯人。」生于名族，適事賢德，夫宦不顯，子無家克。」曷彼昊穹，與善不終，使無福壽，生有困窮。」丹兆東指，零丁一子，人誰無悲，悲哀及此。」

姪男鄉貢進士郜書。

（北京圖書館藏拓本）

大中一四四

【蓋】失。

【誌文】

唐故博陵崔府君墓誌銘并序　兄朝議郎前行少府監丞上柱國彥佐撰　弟朝請郎前行河南府鞏縣丞彥冠書」

君諱彥温，字德昌，博陵人也。宗系蟬聯，歷代輝焯，自後魏至」我唐，官婚人物，首冠他族，載在史冊，可得而詳。曾祖育，宰江陰，」有政，化及疲人。祖孚，皇湖州長城縣令，贈官至户部侍郎。父弘」禮，皇東都留守、檢校尚書左僕射、贈司空。君即司空第四子。」在幼之年，聰晤穎秀；及冠之後，倜儻奇特。洎讀書業文，流輩宗」仰，而雅尚閑放，不憙薄宦。年俯廿，鳳翔節度使陳公知之，奏授」試衛佐，充節度推官，君謝而不就，每負凌雲之氣，常抗志思立」大節，家有金帛，無所顧惜，悉與朋友共之，以輕財重義爲事。由」是數年間，家徒壁立，人見之不堪其憂，而君怡怡然不改其樂，」識者皆壯其志業，謂大位大權，爵禄榮顯，可俯拾而取。無何遘」疾，逾月而殛。時不我與，以大中十一年六月八日終于東都宣」教里之第，春秋卅三。嗚呼！遇與不遇，命也。自古聖賢由其病諸。」有自僮孺無金拖紫，禄萬鍾而至於耆頤者，何哉？而君操執行」義，藏蓄器用，有志未伸，一旦與煙藹同盡，又何哉？嗚呼！天極高」而嚴尊，權不俤下，自古悲之者多矣，余何敢焉，凡在知識，爲之」出涕，況分形共氣，奪其手足耶？冤憤填膺，號慟無訴，即以明年」十月廿六日葬于洛陽縣清風鄉之北原，祔先塋也。有子」二人：長曰賡，次曰庠，皆謹厚習儒，賡茹荼泣血，力奉大事，予遂」□京灑涕以誌之。乃爲銘曰：」

天之於人，唯善是親。君之操履，唯善唯仁。宜壽而夭，宜屈」而伸。已矣而去，命也何云？骨肉存殁兮痛極天倫，歸祔」先塋兮爰及吉辰。唯清音兮不泯，安玄堂兮永寧。」

（河南千唐誌齋藏石）

大中一四五

【蓋】大唐故路府君墓誌銘

【誌文】

府君享年六十有七

大唐故河南府倉曹參軍路府君墓誌　將仕郎守秘書省正字辛裕撰

路氏之先，出自炎帝。其後黃帝封支子于潞；子嬰兒，連姻霸國。魯」宣之代，嬰兒歸晉，子孫因以爲氏。至漢有路博德，爲伏波將軍，食」邑清水。魏時清水屬陽平，遂爲平人。綿歷數百載，軒冕相系，于後」至府君。曾王父府君諱悰，仕唐爲朝散大夫、華州鄭縣令。悰生滁」州清流令府君，諱南金。南金生試右衛兵曹參軍府君，諱頊。府君」即兵曹之元子，諱復源，字孟堅。早以蔭第入仕，授左春坊内直局」丞。秩滿，遷右領衛録事參軍；以莅事無闕，遷京兆府富平縣主簿。」秩滿，遷衛尉寺主簿，掌戎曹甲庫，以勞績遷河南府倉曹參軍。府」君幼失怙恃，立身孝謹，友愛于同氣，敦睦于親族。喜愠之情，不形」顏色；是非之理，不發于言詞。*莅官五任，其道一致。昆弟六人，皆歷」官叙，雖不列顯位，士族之道，亦可尚□。府君娶京兆韋氏，即故鄜」州三川縣令、贈給事中府君之長女。□續無系，有女三人。長曰修」娘，適宣州南陵尉劉逵，嬰疾早夭。次曰卿娘，適光州仙居令李稜。」幼曰烏娘，適宣州旌德尉王景玄。皆承夫人之内訓，令淑彰于」六親。夫人歸路氏逾三十八載，俾家道有立，婚嫁無失，實」夫人婦道之德。不幸府君宿抱沉疾，以大中十二年八月十六日」終于河南官舍。夫人銜哀護喪，以其年十一月二十一日歸祔」先塋，禮也。裕，韋氏之懿親，奉夫人命，請書其事，不敢飾讓，有愧」無文。詞曰：伊族之分，封由失祚。去周歸晉，因氏爲路。歷覽前」史，軒冕相顧。德慶未泯，子孫有緒。逮于府君，仁孝是務。克享壽」禄，孰爲非遇。皇都之左，白鹿之阡。卜宅云吉，禮物備全。玄堂永」閉，流千萬年。

宣議郎守太子司議郎韋擇書」

（録自《西安郊區隋唐墓》）

大中一四六

【蓋】 失。

【誌文】

唐故福州侯官縣丞湯府君墓誌銘并序　鄉貢進士林珽述

湯有大德於天下，戴之如日，仰之如春。其後也：君諱華，字知新。曾祖備，祖賓，考嵒，皆簪組相繼，官烈當時，頗有功於國，以載於譜諜，此略而不書。公幼耽墳籍，將欲振於時，立大來之器，以晨昏是切，仕不擇禄，釋褐衡州參軍。珪璋美璞，州縣良才，記室之芳，秩罷猶在。再調授福州侯官丞，兼總感德場，人不告勞，征賦皆集，□馴雉之化，致象雷之聲，謀而有方，簡以莅事，授亮而庶務皆決，正色而羣吏瞻風。公之器用，未盡弘遠，秩滿寓居南方，以土風有殊，瘴癘所染，沉痼既構，夭壽不遐，以大中十一年六月五日終于嶺中連江邑之客第，春秋五十八。道路民慟，風雲助悲，先權殯于竹林原。夫人瑯耶郡王氏，故衡陽縣明宰之女。以禮節奉君子，以慈和訓閨門。感形影之未亡，歎梧桐之半死，望故鄉以泣血，泛滄溟以護喪，蓬首逝波，没身徇義，艱險不憚，旌旐之情，今古罕及。男二人：長曰宗鉉，次曰宗鎬；女五人；咸匍匐觸地，哀號訴天。以日月有時，窀穸斯議，以大中十二年十一月廿八日歸葬于明州鄮縣龍山鄉江上里庚向之原，禮也。銘曰：

脩與短兮胡可知？聖與賢兮莫能窺。器未展兮誠足悲，存者有恨兮淚如絲。哭丹旐兮一家隨，風九原兮滿松枝。

（録自《金石萃編》卷一百十七據《古誌石華》補字）

大中一四七

【蓋】 失。

【誌文】

唐湖州□□□□□□□故夫人墓誌銘并序　鄉貢進士李翺書

夫人金氏，諱淑□，京兆人也。幼有容止，長能柔順，姆教婉娩，織紝組紃，克脩女事，秉箕執箒，婦道□□。始其笄年，佩玉待禮，時處士馮君名湍，長樂人也，世代儒雅，弓裘靡湮知名是空，高尚不仕，聞夫人令淑，以羊雁娶焉。且其閥望齊徽，姻榮并曜，變彼慶善，宜其室家，鸞鳴鳳和，塤箎□叶，敬脩賓饋，然薦鹽梅，謹侍舅姑，謙恭娣姒，肅□閨壼，舉宗偁嘉，訓育兒女，咸就婚適。冀之偕壽，殁而同塋，無何，天道疏鑒，殞兹令德，夫人以大中十二年四月十四日逝於□□鄉周章里私第，享齡六十有九。所育兒女六人：長曰亮，仲曰集，季曰彦，竟能仁孝温清，罔違恂恂，里閭孰不欽仰。女三人：二歸沈氏，一適陸門。夫人棄背之辰，遠近奔格，擗踊□慟，泣血絶漿，鄰里哀之，共脩縻飼□于人生浮□諭之日及旞。以年十二月十日宅兆叶吉，乃遷柩窆於縣西北盱婁山馮氏祖墓，祔於先舅姑塋域東南隅，禮也。至孝亮等慮時移世變，丘墟或湮，俾刻貞石，藏銘玄宫。銘曰：

賢哉夫人，從德終身，肅肅容儀，譽美親鄰。俄然□□奄謝青春，卜宅安厝，餘溪石濱。鬱鬱佳城，依依□□□□百歲，冥寞孤墳。

（録自《古刻叢鈔》）

大中一四八

【蓋】唐故太原郡王府君墓誌之銘

【誌文】

唐故湖南監軍使正議大夫行内侍省内寺伯太原縣開國男食邑三百户賜緋魚袋太原郡王府君墓誌銘并序」 朝議郎試左武衛率府兵曹參軍陳竦撰」 登仕郎守歙州休寧縣主簿直翰林院史頎書并篆」

府君諱公素，字全白，京兆高陵人也。其出自并州太守通之後裔，因官南北，遂以」家焉。曾祖諱簡，祖諱瑶，并志樂雲水，高尚不仕；父諱進，皇奉天定難功臣」雲麾將軍昭武校尉守右翊衛府中郎將上柱國。公貌瓌偉，性特達，志耽經史，博綜羣」書，一覽無遺，五行俱下。秉貞節之志，寒暑無移；挺松筠之操，嚴霜見質。卓爾不羣，」迥然孤立，可謂五百之間生，千載之一遇矣。廣陵潛龍，歷選嘉哲，公」得其人，遂應清問。永貞末，隨駕宣徽，其年賜緑授内侍省掖庭局監」作、上護軍。四年賜緋魚袋内府局令，歷弓箭右神策都判官，尋拜十六宅使。長慶」二祀，伏以兇渠作孽，常山寇興，戎馬生郊，戈鋋襲野，壺關路絶，薊北雲屯。」聖皇赫怒，大黜天兵，十道齊師，戮力併鋭，遽命公充深州行營監軍使。且賊勢憑」陵，重圍四合，公乃弛萬計之長策，展百勝之籌謀，布油設弩，突壘攻營，統領大衆，」以至下博。堅守方定，鴻霈旋臨，滌蕩兇首，命公赴闕，察以敷條，嘉歎」良深，爰遷品秩，遂拜殿前高品，旋加宣徽供奉官，復加正議大夫授内寺伯，除湖南」監軍。到郡纔方二稔，綏撫多方，民狎吏安，兵士緝穆，皇風遠布，襲此嘉」猷，賞爵崇勳，以明，不昧天恩。授封太原縣開國男，食邑三百户。九年，准」詔赴闕，征帆越鏡，纔届荆門，風水是虞。洎染疾瘵療，方杖策履，步經巡顧，眄山原，」喟然有感曰：伯玉知非，如晦惜老，莊子悲羊，吾何已夫！遂請罷官，税車休息，凡歷」時景廿餘載。於戲！神不祐善，疾疹所鍾，沉歷綿痾，以大中十一年十二月廿九日」終于大寧里私第，享年七十有一。嗚呼！將臨往也，不昧生言，訓子承家，誡於儉約，」斯爲永固，無惑前辭，覩之涕零，孰不哀痛。夫人樂安縣君高氏，曹謝同儔，芳蘭比」德，蓬披殞毀，戚滅心糜。有子六人：長曰惟昌，早亡；次曰惟昪，任武德都判官掖庭局」監作；次曰惟乂，大中十三年亡；次曰惟質，早亡；次曰惟實，上柱國；季曰惟贊，任」牛羊判官内僕局丞。有女二人：長適段氏，次適劉門。弟兄皆以孝悌承家，恭勤」王室，奉先之教，書銘紳心。以大中十三年歲次己卯四月丁亥朔十四日庚子，葬」于京兆府萬年縣灞城鄉招賢里西崗。懼陵阜之頹隳，歲月歸遠，謹勒斯石，以」爲之記。銘曰：

堂堂壞貌，烈烈貞臣，佐國承命，于斯一人。宣命四朝，光臨九有，荒服咸若，蠻夷稽首。」威儀肅肅，明貌瓌瓌，處之有道，求福不回。骨鯁忠亮，蓋世貞姿，比肩衛霍，翊輔堯時。」其德可尊，其仁可長，出入丹墀，孰不欽仰。助漢滅兇，從魯下遼，重圍既適，萬歲唐堯。」大道有晦，我亦隨潮，寄没同蜕，松檟蕭蕭。

玉册官陳從諫刻字。」

（周紹良藏拓本）

大中一四九

【蓋】　失。

【誌文】

唐故太原郡王夫人墓誌」

王夫人去大中十二年九月廿七日」終于河陽縣懷信坊之私第，享年」六十有六。有嗣子三人，長曰鉥，婚鄭」氏；次曰練；次曰壽。夫人有愛女三人，長」曰廿八娘，適事隴西李氏，去大中七年六」月十九日不幸終于李氏之門；次曰」卅娘；次曰卅一娘。」即已大中十三年歲次己卯四月丁」亥朔廿三日己酉合祔於孟州河」陽縣豐平鄉趙村，啓張府君」之幽室，禮也。」

（周紹良藏拓本）

大中一五〇

【蓋】失。

【誌文】

唐故上都唐安寺外臨壇律大德比丘尼廣惠塔銘并序　令狐專撰上」

維像教東度，秘疊南翻，玄元云吾師竺乾，宣尼稱西方有聖，厥後感夢孝」明，漸于中國，菩提達摩降及大照禪師，七葉相承，謂之七祖，心印傳示，爲」最上乘。羣生以癡蓋愛網纏覆身宅，不以慧炬燭之，慈航濟之，即皆蹈昏」溺之中，迷方便之路矣。嗚呼！文殊戾止，金粟來儀，窮象譯之微言，罄龍宮」之奥典，即我唐安大德其人也。大德諱廣惠，俗姓韋氏，漢」丞相之遺祉，周司空之遠孫，地承華緒，門籍清流，靈根夙殖，道性天授。積」金翠之莫飾，視葷腴而不味。於是分瓶灌頂，染法壞衣，奉乾越之真諦，識楞」伽之要義。賓波羅窟，深入禪菁；阿耨達池，恒藏戒水。傍灑甘露，俛導蒙塵。」運智慧之妙，其動也雲舒曾漢；了般若之性，其息也月鑒澄泉。帝□緇徒，」皆以宗師敬受初法，」我皇十年，以名臘隆抗，充外臨壇大德。德彌高而身彌遜，聲愈廣而志愈沖，」負笈執經，扣鶴林者請益如市；無明有漏，傳心印者皆脱其網。豈謂毗城示」老，雪山現疾，雖菩薩之善本生没是常；而金剛之威力堅持不壞，以大中十」三年夏五月廿六日寂然入滅，報齡五十七，僧臘卅八。弟子性通等號奉」衣履，如將復生。以其年六月十八日幢蓋香花，遷座於韋曲之右。於戲！如來」留影之壁，石室空存；舍利全身之函，珠臺永閟。專微眇凡品，因緣甚親，嘗蒙」引諭人天，粗探真覺。承筵作禮，肩繞玉之師子；出囂入淨，同生火之蓮花。」追荷法誘，爰薦菲詞，慚非陸氏之雄文，終謝蔡侯之健筆。銘曰：」四流易染，萬類難化，世同驚飈，色如奔馬。非習調御，孰明般若？非習能仁，寧」有喜捨？生既不有，滅亦不空，無去無來，大觀體同。至寶深藏，慧光不息，松」塔新成兮秦山北，後天地不泯者惟」師之德。

孔□□書」

（周紹良藏拓本）

大中一五一

【蓋】失。

【誌文】

唐故京兆韋夫人墓誌銘并序　前河東節度推官試秘書省校書郎孫徽撰」

夫人姓韋氏，其先京兆人也。係祖于顓頊氏之後，洎漢魏迭遷，分族爲東西」眷，蕃衍盛大，於隋朝尤熾靡焉。曾祖府君諱藩周，皇朝滑州韋城縣尉；」曾祖妣安平李夫人；大父府君諱僾，皇朝贈秘書少監；祖妣范陽縣」太君盧夫人；烈考府君諱行貫，皇朝尚書左司郎中；猗歟猗歟，閥閱」門華，軒裳茂緒，官婚禮樂，蔚爲儀則。郎中府君娶太原王夫人，錫胤煥」炳，時推勢族。夫人即郎中府君第三女也。粹含明晤，柔資淑哲，動協禮」法，不虧教誡。年踰笄，委跡予耦，雍容婦道，周旋嬪則，事長存敬，撫弱」于慈，適達中規，限程古制。其外能以居貞自嗜，固節有立，矩道彌厲，執性不」回，督馭僚僕能以毅訓，咨之悼耄，樂而愛焉。予嘗竊曰：柔和婉嫕，明順膚敏，」諒從天假矣。則又何執性固節督馭毅訓能兼之耶？噫！束身冕旒者，苟生於」一代，稟是操，亦足爲貞獨之士矣，矧閫帷之内，能剸是心哉。復以情向淡薄，」不務華祇，佩服圖史外，居常則以如來教自克。余亦每私謂曰：能聲梵誥，不」輟於晨暮，足以資予偕克矣，寧止身分耶？嗟乎！風露遘疾，積成沉痼，鍼石藥」餌，畢集其體，洎天星一周矣，曾不能少損。一日忽起西昇，心冀攻乎良術，遂適京師，館于仲兄之私室。嗚呼！醫工無補，勿藥不瘳，寇毒陰陽，遂至加極。」以大中十三年六月七日終于上都新昌里之別第，享年三十一。有女一人」曰雍兒，歲未及丱，惠利不羣，夫人以是而注念加篤。噫！余游鱗失瀨，矯翼」忘林，想舊愛之同塗，成新悲之異世，寃腸璽束，憤臆鋒交，一慟徒興，百生莫」贖。嗟夫！日月有期，龜筮叶吉，即以其年八月廿日歸窆于河南縣杜翟村平」樂鄉，祔大塋，禮也。嗚呼！夫人淑德，柔儀形于六姻矣，若質乎陋見，焉能」盡于筆端哉！識其要者，用紀年月云爾。揮涕勒石，不勝其情。銘曰：」

璿源瑞激，靈派芳流。德容淑質，鍾此垂休。禮著柔賢，詩稱令哲，孰能兼美，」資之閥閱。承顔婦道，撫幼母儀，纖程古制，動協中規。積善之家，期」天報施，於此何盭，促齡蕣悴。叢蘭敗蕚，水鏡埋塵，虞泉一閉，濛汜不春。東洛」旅環，北邙蹲峙，揮涕勒石，哀不勝既。金飆淅淅，清芬悠悠，隴樹蕭索，鬱千」萬秋。」

第廿叔鄉貢進士孫綵書并篆蓋。」

（録自《芒洛冢墓遺文》卷中）

大中一五二

【蓋】　失。

【誌文】

大唐故河南府鞏洛府折衝騎都尉吴郡張府君墓誌銘并序」

大中十三年八月二日，鞏洛折衝府君卒于河南縣富教」里之私第，元嗣晉卿哀慟久已，請小生誌焉，固辭不獲已，」今直寫其事而誌之。府君姓張氏，諱昱，族望吴郡，今則」饒州餘干人也。祖諱湜，父諱若虚，並逍遥養賢，高尚不」仕，積德成慶，果有鞏洛折衝之嗣焉。鞏洛公禀氣風儒，賢」和正直，交遊匪雜，舉措合規，理宜壽考遐延，永保休吉。時」遇炎涼不節，疾恙萌生，藥石無徵，旋遘兹釁，享年八十一。」嗚呼！期百年則匪及，過八十亦可謂上壽焉。公前娶東海」郡徐氏夫人，去大和八年正月九日終于陳州宛丘縣之」私第，權厝于揚州江陽縣府城之南。今以年月非宜，未獲」遷祔。孀居夫人天水郡趙氏，晝哭摧慟，哀感姻親。公有子」四人：長曰晉卿，前任和州歷陽縣丞；次曰晉扶，早亡；三曰」晉詞；四曰晉瑜；有女二人：小者早亡，長女適于彭城劉氏；」並乃哀摧過禮，泣血絶漿，思訓誨以無聞，痛上堂兮」不見。營備葬事，罄竭有無，則以其年冬十月三日葬于河」南縣平洛鄉杜郭村之原，禮也。尚慮陵谷遷變，人世不恒，」託貞石以題芳，庶永代之無朽。銘曰：」

雍雍府君，風資挺特，秉直居心，動合禮則。其行也迺淳迺和，」其儀也匪僭匪忒。邙山之陽，洛水之北，卜兆龍崗，飾崇兆域。瞻松櫝兮觸目心摧，仰神道兮千秋永畢。」

（周紹良藏拓本　河南千唐誌齋藏石）

大中一五三

【蓋】失。

【誌文】

故忠武軍節度兵馬使朝請郎試左金吾衛兵曹參軍上柱國朱公墓誌　文林郎試太常寺協律郎宋玕撰」

有唐垂理天下二百卅四　曆大中歲庚午夏六月十一日，忠武軍節度兵」馬使朱公時卒矣。嗚呼！□之者輟社，知之者絶絃，是以賢哉斯人，若平生」之好，爲歿後之傷。玕濫學儒門，切慕仁里，將綴其事實，因而以叙之。」公諱萱，字元茂，其先出於吳郡，公即淮海之人也。曾祖諱賓，祖諱遷，」先君諱惟。前代標其素行，後來襲其清風，閑居究老聃五千之經，處士修仲尼」三百之禮，信有譽於鄉曲，福將及其子孫。公性剛毅，心特達，早從職於鹽鐵」之務，嘗奉公於府庫之司，善計絲毫，成資億兆。又居行列之首，亦專饋運之先。」在今之徒，莫能繼踵，平昔之業，因由累功。迺復志樂轅門，藝合軍府，佐元戎靜」其藩鎮，事方伯美於黔黎，雖未親隨征軒，效其驅殿，或若屢從使」騎，知其否臧。奈何懷雄略，期報國，而未就甄昇；韞多謀以成名，而久嬰」沉痼？彼昊穹不憖，遺□良士，始春秋五十三，」云亡于揚州之邑海陵之第。」夫人弘農楊氏，對孤影恨絲蘿無託，處空閨悲琴瑟何乖？晝哭其禮可知，朝」奠而情罔極。□之賢者，曷以出其右哉？有一子曰敬存，以其繼續於先，將」承衲禘于後。有三□長許嫁東莞臧氏，次適太原郭氏，季許從隴西李氏，皆孝」聞于閫，順以歸人。公卜葬以其年秋九月八日壬午于邑之西原白路里之禮也。」慮其地或爲崗峻，爲溟以深，耕之以夷，居之以聚，將期永歲，斯以誌之。固命」余，以厚贈多慙，□者之所作，不文不飾，無以加之，置諸埏隧而已矣。詞云：」噫於戲！偉哉淑人，揚名于淮泗，晦迹于江濱，遐邇嚮其德，疏昵依於仁。」積貨以豐屋，脩辭以潤身。其生也顯于其榮，其没也歸于其真。惜哉弓」劍墜于泉壤，悲夫金玉瘞于荆榛。刻茲石將爲不朽，以傳乎萬古」千春。 夫人弘農楊氏以大中十三年十月八日合祔府君之塋禮也。」

（周紹良藏拓本）

大中一五四

【蓋】 大唐故范陽郡盧府君墓誌銘

【誌文】

唐信州玉山縣令范陽盧府君墓誌銘并叙 內表兄將仕郎守滄州司法參軍鄭慤撰」

府君范陽人也，諱公則，字子真。曾祖允載，瀛州平舒令賜緋魚袋；祖」休彩，舒州司馬賜緋魚袋；父清，吉州太和令賜緋魚袋。君齋郎出身，」解褐夔州雲安尉，轉襄州文學。時屬仕故相奇章牛公，頻委之刑獄。」君不施鞭捶而實得其情，公深器焉。罷秩之後，累攝諸司，涖官守事，」終始如一。而公嘗語曰：余即再踐中書，必狀公能聞於」天子，以爲自代之賢也。不幸相府將薨，而君選授江陵府公安主簿，」府主鄭公尚，相府知見，嘗以不決之務，輒狀君理焉。兩遷承乏，事皆」至當。君以子幼，數請還舊第。君憙客，交親滿室，有酒，賓客醉之，有肉，」賓客飽之，未嘗私室一飯也。又選授信州玉山縣令，州將以吏理有」方，三申上考，廉使皆奏，而成方赴常調，遂遘氣疾，君春秋甲子十有」一焉，以大中十三年己卯歲夏四月癸巳七日終于襄陽故里。嗚呼！」君立性唯仁，志樂修善，得色空之妙理，常讀佛經，識究竟之真原，不」忍損生命爲念。孝乃敦於親族，義常著於交友，必誠必信，可大可久，」孰謂上天福善，神監昭然，何乃良木亟壞，哲人云須惜哉！往古流今，」物無不盡，賢亦終焉！愚亦終焉！覩斯事惑，余欲無言。君前夫人太」原王氏，膳部員外池州刺史傅之之女。未逾一紀，夫人云亡，權葬襄」陽鳳林關南。有子男一人曰肱，年未弱冠，志勤修舉，有望鱗成；一女」適太原郭愿符，現任左金吾衛録事參軍。君又娶夫人姑藏李氏，撫」州臨川縣令夔之女焉，有女一人，年未十歲，哀號過禮，亦天然也。其」年冬十月十二日甲午，卜地縣東故里大堤之南，臨漢水之西，復啓」王氏之櫬歸此而合附焉。銘曰：」務善崇德，高明柔克，蒞官輔政，沉潛剛克。」唯孝唯仁，是效是則，貽厥孫模，垂世之式。」

南陽張甫鐫」

（周紹良藏拓本）

大中一五五

【蓋】失。

【誌文】

□□□蓋府君墓誌銘并序」
府君諱紹，其先裔」□□清河郡人也。祖諱振，父諱周，并高尚不仕，晦跡林」□。府君即胤息也。禮樂立身，識略挺異，爲士叶四科之」□，爲人蘊六藝之才，奉橘安親，推梨守義。加以夙慕玄」門，素敦孝行，誰謂淑人君子，胡不萬年？以大中十三年四月十」四日終于河陰縣三山鄉蘇固之私第，享年卌有三。賢妻」彭城郡劉氏。結怨朝悲，唅啼夕泣，抱孤男以氣咽，携幼女以傷嗟。」粉黛匪施，雲鬟不整。有男一人，曰徐九；有女二：一曰惠娘，二曰妙」娘；并仰天號叫，擗地糜軀，恨髫角之年，遽罹荼毒；毁齒」之歲，鍾此禍殃。思侍養長乖，痛尊顔永隔。有弟一人曰制」文，手足義重，同氣情深，嗟棣萼無依，一荆先朽，遂擇」即以其年歲次己卯十月癸未朔十八日庚子，卜地于當縣」歸德鄉張董營附於先塋，備禮殯也。恐山成巨壑，水」變爲田，故刻石以旌。銘曰：」
卓哉君子，識略殊常，懷才抱志，氣宇昂藏。」黄天不傭，降此禍殃，四憐悲感，閭里哀傷。」卜乎勝地，廣武之陽，松聲颸颸，古栢蒼蒼。」妻孥號慟，胸填氣咽，一瘗泉臺，千秋永别。」

（周紹良藏拓本　開封博物館藏石）

大中一五六

【蓋】失。

【誌文】
唐故鄭州原武縣尉贈尚書工部員外郎丁府君河南于夫人封河南郡太君合祔墓誌銘并序」

府公諱佑，字玄成，其先濟陽人。曾祖江州潯縣令諱稜；」祖常州録事參軍諱道；父朝散大夫、鄜王友諱山童。」伏以襟懷廓落，智識周通，學總九流，文偕二雅，早」從鄉薦，譽動京師，志輕一名，歸修百行。爾後室多孀」幼，産乏立錐，竟從宦途，俯就尉秩，蓋古之才屈於位」者，今於府公見。貞元中，攝掾蜀州。至十七年十二月」廿日，終於官舍，享年五十三，權窆晉原縣。府公娶」河南于夫人，以太和七年七月二日終於鄧州南陽縣」私第，享年六十五，權窆湑水里。至大中十三年十月廿」七日，□蜀及宛，遷祔於河南府河南縣平樂鄉伯樂」村。嗣子五人：曰居約，鄉貢進士；次居□□鄉貢進士；」次居周，嶺南節度判官、侍御史，皆相次捐背；次居」立，尚書户部員外郎、集賢直學士；季居重，從事」淄青太子校書。居立號天罔極，泣血敘銘曰：」

積德累仁，孰測深廣？逍遥自怡，復誰能象？」才高位卑，天兮何枉？金沙混跡，隨流何往？」夫人令淑，以柔爲剛，慈愛及下，用晦而彰。」共歸幽域，啓自遐方，永安宅兆，地久天長。」

（周紹良藏拓本　河南千唐誌齋藏石）

大中一五七

【蓋】　故滎陽鄭夫人墓誌銘

【誌文】

大唐趙郡李燁亡妻滎陽鄭氏墓誌并銘

昔后稷肇祀，即家于邰；桓公勤王，始國于鄭。子孫繁衍，公侯繼踵，具於史諜家譜，此可略焉。夫人諱珍，字玄之，滎陽之滎澤人也，世稱北祖焉。家傳孝悌，世襲軒裳，族爲甲望，當今之最。祖諱汶，皇監察御史宣武軍節度掌書記賜緋魚袋；祖妣清河崔氏，皇秘書監諱謙之長女；考諱鈛，皇舒州太湖縣令；太夫人范陽盧氏，皇大理寺評事諱幼安之女；中外炳焕，鬱爲時宗；閨門雍和，士林取則。夫人以開成庚申歲八月望歸于予家，洎于大中乙亥歲五月晦，蓋五百五十二旬也。綽夫人性惟天縱，夙禀義方，静乃淵默，動有常則，言貌視聽，皆可法焉；行止進退，無非禮教。焉賢人君子之儀表也。當予家之盛，逮事先公，僮僮首飾，祁祁忘疲，婉娩敬從，友穆娣姒，居無出梱之言，動無驕惰之色。至于中饋，賓敬惟謹。及爆家罹時綱，播遷嶺外，涉歷危苦，未嘗倦容。予鍾鞠凶，聞訃貶所，夫人號慟將絶，哀感中外。予衣服外除，再抵荒外，歲時祀事，夫人皆躬自預焉。予長兄故尚書比部郎鍾念少子曰瓌，顧其靡識，危惙之際，令予子之。夫人鞠育勤到，至愛由衷，恩過所出，可以觀其内則矣。嗚呼！曾靡螽斯之慶，俄軫捐館之悲，大中九年乙亥歲五月廿九日丙子遘疾，終于蒙州之旅舍，享年廿九。嗚呼哀哉！以予方嬰譴謫，子始孩提，無人護喪，權殯于蒙州紫極宫南，期予恩貸，自營葬事。歲月彌遠，歸日難期，粤以大中十三年歲次己卯十二月十五日，祔葬于河南府洛陽縣金谷鄉先兆，禮也。有子二人：曰莊士、曰莊彦，匍匐孺慕，予不忍焉。竄逐荒外，杜絶交親，搦管銜悲，强爲銘曰：

履帝武敏，時維姜嫄，瓜瓞既漸，本支實繁。氏炳緇衣，世載朱軒，赫赫茂族，輝輝盛門。婚宦之最，忠孝之敦，戎車掌記，湖邑理煩。草檄之妙，鳳騰彩翻，製錦之工，雉馴郛園。慶積于世，澤流後昆，篤生淑人，松茂玉温。歸于予室，接卑奉尊。曲盡禮敬，人無間言，夜川潛徙，藏舟詎存。劍龍冰隱，常娥月奔，清洛北阜，邙山故原。税駕幽室，永閟營魂，聊銘片石，具美難論。

（北京圖書館藏拓本）

大中一五八

【蓋】失。

【誌文】

唐故鄉貢進士燉煌張府君墓銘并序　前齊州軍事判官試太常寺協律郎李倣撰」

府君諱審文，字子遠，其先漢相鄭侯之苗胤也。曾祖聿，恒」王府參軍；祖泳，殿中侍御史，贈將作監；命氏封錫，弈葉流」源，業本儒家，入事軒冕，或以武著績，代有其賢。父經，磊落」高節，倜儻宏才，歷典馬邑、咸寧、漢源三郡，名德繼世，官業」冠時，所至之邦，皆立殊政。其後如簧構瑕，薏苡生謗，詞不」自明，左遷泉州掾，因疾薨於所任。府君則咸寧太守第」二子也。爰自嶺表，扈從歸洛，湖山數千里，號慟不絶聲，一」止一行，未嘗虧於喪禮。其率性也，介特不羣；其節義也，冠」絶古今。爲親懿之所仰重，爲交朋之所敬承，嗚呼！行也如」此，壽何則爾？天不福善，寢疾成災，大中十三年十月十八」日不禄於尊賢里私第，享年三十二。婚夫人太原王氏，純」柔敏惠，操履端潔，令名淑德，爲姻娭所推。有子二人：伯曰」戣，仲曰戎；女子二人；僮孺之年，哀毁過禮，行路之所傷感」也。兄審理，以龜筮叶吉，卜兆有期，用其年十一月二十一」日，葬於河南縣平樂鄉朱陽里大塋之左。於戲！委質歸真，誠大道之順；而聲沉影滅，亦生人之悲。倣以中外知舊，熟」其行節，見託銘誌，敢具實録。銘曰：」
郁郁芳猷，名節聿修，文行孝德，人之莫儔。遺芳兮千萬秋，貞石未泐，令問長留。」
兄審理書并篆。」

（周紹良藏拓本　河南千唐誌齋藏石）

大中一五九

【蓋】失。

【誌文】

唐故隴西郡李府君墓誌銘并序」

李氏府君諱元，系本懷州脩武縣孝廉鄉范客村人也。」大門諱譚，三代松柏而彼葬焉。府君内藴文儒，」隱而不事，躬耕自墾，以樂明時。或心遊□豫，指」雲山以是其家；或慕幽奇，踞泉石以樂其性。垂鈎洲」渚，吟詩於釣臺之前；待客斯筵，投轄於池亭之内。」去甚去泰，實謂賢乎哉！府君春秋七十有九，」年前九月廿六日，遘疾於家，痛瘏輻輳，乃命子」撫曰：吾少趨庭，觀其志而立思，没觀其行。言尚未」竟，奄息終于共城私第。未遂安厝，權櫬於堂，」烏呼！雲迷朗月，風折瓊枝，如逝水兮東傾，同夕陽」兮西謝。夫人清河張氏，蓬首呼天，豈寧膏沐。且桑」田尚變，身不化歟，誠謂志哉。嗣子有五：長曰文叙，次曰」慶宗、文繼、慶洪、慶詮，并祗奉庭訓，盡以孝誠，撫膺」而荒迷在兹，擗踴而卒身厚地。遂宅兆良日，於大中十三」年十二月十五日卜塋扶護於公子山東南五里高原，禮也。」恐年代浸遠，陵谷潰移，遂刊銘文，刻于斯石。詞云：」
抵系廣翁兮散滿煙霞，府君蔓延兮枝葉芬葩。一。」内藴文儒兮發言道合，□□無聞兮百川海納。二。斯」哲人兮有始有終，標墳闕兮松栢之中。」

（録自《中州冢墓遺文補》）

大中一六〇

【蓋】失。

【誌文】

唐故留守李大使夫人曲氏墓誌銘并序　朝議郎使持節鄧州諸軍事守鄧州刺史柱國賜緋魚袋魏鏕撰」夫人姓曲氏，號麗卿，美容德，善詞旨。其先祖環赫有武功，世爲」大官。及笄之年，初嫁劉僕射昌裔之幼子曰紓，生一女，適裴」氏之子，未詳其官秩存亡，故闕而不書。紓爲貴公子，無所愛惜，」迫於太夫人之命，不得已禮娶他室，遂厚遺金玉繒綵玩用」臧獲，數盈百萬，俾歸於李大使士素之室，生四女二男。男從」約，效職轅門，弓裘不墜，爲東都留守衙前虞候。長女纔適人而」歿，幼子早世，次女嫁許玟，二年而逝，生一男，小字耐重。□季女」號雲卿，善音律，妙歌舞，詞巧春林之鸎，容麗秋江之月。家洛橋」之北，秋水泛漲，領女奴輩數人，徐步金堤，閑觀雪浪，裾服綽約，」豔態横逸，洛陽令魏鏕鳴騶呵道，目逆而送之，俾媒妁導意於」夫人，夫人曰，某有幼女，善事貴人，不求財聘之厚，唯愿歸依得」地。洛陽宰大嘉其誠意，喜而納之，寵以玉容，貯於金屋。朞年果」産一男，小字曰路人。及遷南陽郡太守，挈而隨之，益加專房之」寵。又有夢熊之兆，夫人知之，以書戲曰：金扇兩重，玉顔雙美，」唯俟分娩之月，不憚省親之勞。居無何，得寒熱之疾，伏枕兩月，」迎醫萬方，從初至重日，誡其子及家人輩曰：慎無報吾女。吾女」性和孝，必驚奔請視吾疾。吾疾不瘳，兼病吾女。由是寢疾累月，」路遥莫聞，迨困亟之際，尚口占其書，訓女深切，俾老于魏，用達」其身。言訖奄然。大中十三年十月十八日，殁于東都銅駞里之」私第，享年五十有九。以其年十二月十五日，葬於河南府河南縣」平□□寇村，禮也。鑣念其子而憐其母，乃執管憫然而爲銘曰：」夫人德容，蘭馥華穠，□如秋月，茂若春松。」適劉以色，歸李兼德，女既□孫，男亦效職。」年雖不長，福亦無疆，歸寢巨室，何恨何傷？」

（北京圖書館藏拓本）

大中一六一

【蓋】大唐故韋夫人墓誌銘

【誌文】

唐河南府洛陽縣尉孫嗣初妻京兆韋夫人墓誌銘并序　三從姪前京兆府渭南縣尉充集賢校理紓撰」

夫人姓韋氏，京兆杜陵人也。其先顓頊之後，至東西漢晉魏梁隋，洎于鉅唐，弈」葉相傳，軒裳襲慶，官婚之盛，當今罕倫，姻黨輝華，爲時茂族。曾祖府君諱咸，」皇朝尚書司勳郎中；大父府君諱覃，皇朝長安縣令盧楚等州刺史；」列考府君諱本仁，皇越州録事參軍潤州延陵縣令。延陵府君娶天水閻」氏，外祖諱濟美，皇朝浙東觀察使太子少保，夫人則閻太夫人愛」女也。夫人少丁延陵府君喪禍，茹荼泣血，幾不勝哀。太夫人娛育撫」念，事事加等，亦以夫人性惟慈孝，太夫人尤所屬念，思得良匹，以付託焉。前後」選採皆不合太夫人深意，年十七，歸于樂安孫嗣初，凡所資裝，靡不贍備。及來」孫氏，婦道益周，事上以敬，撫下以慈，動循儀矩，盡合禮經，和睦温謙，倏二十九載。」大中十年，余叔父嗣初爲今少府李監任亳州刺史日，辟爲團練判官，因來譙」郡，遂此違侍，每想」尊顔，則移時慘愴，未常旬月不修狀候太夫人尊體。性專於釋氏，行坐諷念，未」曾稍倦，唯思再侍膝下，重歡」慈顔，用此祈求，斯愿畢矣。大中十三年十二月廿一日得疾，廿六日終于東都履」信坊私第。嗚呼！天之報施，神之響答，一何遼哉？有姊一人，適敬氏；有弟一人名逢，」侍奉太夫人。有子六人：長曰鄭九，前宋州穀孰尉；次曰阿陁，次曰吴門，次」曰海客，次曰彭壽，次曰羣兒，或修進士業，或在齠齓年。有女五人：長適京兆韋璉，」見應進士舉；其他四人悉皆幼弱。鄭九等至性自天，孝思過禮，哀號摧毁，感動里」閭。遂以大中十四年二月廿七日權厝于河南府河南縣平樂鄉杜翟村，蓋以年」月不便，未剋歸祔。嗚呼！嗣初叔自遭凶釁，情緒怳然，晝夜悲號，殆無生意，撫」其孤藐，强爲開顔。紓叔姪之中，過承慈愛，俾其叙述，豈敢固辭，執筆銜悲，倍深惻」怛。銘曰：

韋氏之先，軒冕蟬聯，生此令哲，襲慶德門。椽衣内則，幼禀矩儀，組」紃女工，有若生知。逮茲從人，温和謙粹，以正婦道，以承家事。柔而有立，周而必備，」二十九載，始終一致。嗚呼！寒暑遘疾，纔未經旬，芳歲忽凋，幽泉永淪。嗚呼！窀穸之」事，日月有時，龜筮叶吉，權窆於斯。嗚戲！明靈幽音蹔閉歸，祔之期以」俟通歲。

哀子鄭九扶力書。」

（周紹良藏拓本　開封博物館藏石）

大中一六二

【蓋】 失。

【誌文】

唐故軍器使内寺伯賜紫金魚袋贈内常侍袁公夫人太原郡夫人王氏墓誌銘并序　銀青光禄大夫檢校太子賓客兼監察御史王孟諸撰」

夫舉族稱官，蓋製作之常意，況王氏承帝王之後，派分貴仕，代亦」衆矣，斯皆增輝圖諜，稱望天下。若乃復序述祖宗之盛德，謂悠悠」繁詞，故略而不書也。夫人襄陽人也，性禀專貞，早貪詩禮，閑柔淑」慎，叶窈窕之風規；纂組女工，得家人之深旨。軍器常侍，先娶潁」川禄氏，數奇不偶，夫人禄氏早亡。軍器常侍時護漢南，鼓盆歌」罷，曰：粢祀之職，禮不可虧，潔以蘋蘩，必資中饋，由是思鵲巢之共」理，詠鷄鳴以求賢，慕王氏奕世之宗，以夫人繼室。夫人承訓結褵，」移天配德，克崇婦道，懿績可嘉，閨門之美，實光彤管。軍器常侍」自漢南更命荆門，歲滿入覲，復領軍器使。奈何天不福善，偕」老愿乖，軍器常侍尋卧疾薨於私第。夫人居喪晝哭，髧髮誓志，」動循法則，不尚繁華，言必洽於族姻，喜怒不形於色，栖心像外，宏譽」宜家，其仁賢體度，蓋爲外戚之表儀矣。將及魚軒荷寵，照示懿」圖，麟角功高，隙駒難駐，嗚呼！徽音潛翳，閱水興悲，賦命有涯，奄隨」川逝，以大中十四年春正月十一日終於長安縣修德里，享年卅」有五。以其年四月五日窆於萬年縣灞陵之原，鄰軍器常侍之」塋，禮也。嗣子五人，或腰金備寵，近侍丹墀；或朱紱青袍，皆宣」翊贊。德門之盛，世莫能儔，而復泣血銜哀，俾述遺範，言必實録，託」而用文，誌而銘曰：」

青門道兮國之傍，素滻北兮龍之鄉，紛旟旐兮引靈襄，」泉路永兮歌白楊。生何促兮死何長？音容寂兮雲泱泱，」唯有松楸樹，悲風起夕陽。」

（周紹良藏拓本）

大中一六三

【蓋】失。

【誌文】

唐故前左武衛兵曹樂安孫府君墓誌銘并序　第十四姪前京兆府渭南縣尉充集賢校理紓撰」

府君諱筥字秘典，其先即吴大夫孫武孫書是也。爾後分爲數」派，居吴者爲富春氏，居宋者爲樂安氏，府君即樂安氏也。」曾祖府君諱逖，皇朝刑部侍郎謚文公；大父府君諱宿，」皇朝中書舍人、華州刺史；烈考府君諱公器，皇朝邕管經」略招討等使、御史中丞，贈司空；邕管府君娶河東裴氏。」府君即裴太夫人第七子也。府君少孤，又多疾疹，詩書禮樂，」僅乎生知。逮于中年，心力減耗，後以蔭第再調，遂授東宫衛佐。」雖有官叙，常求分司，冀遂便安，以就頤養。大中十四年春，東都」閑居，抱恙累月，凡所醫藥，靡不徵求，僅于十旬，燭火相守，神理」茫昧，以至彌留。屬纊之時，顧猶子曰：吾平生雖不享高位重禄，」然爰自齠年，以至白髮，常荷覆育，每獲安逸，未嘗一日不飽」食暖衣，天之所鍾亦謂至矣。今則瞑然枕上，豈有慊耶？爾輩無」至悽慟，過有悲苦。言訖，以其年三月廿日終于會節里之私第，」享年七十三。以其年五月十一日猶子景蒙、景章等」護奉歸窆于河南府河南縣杜郭村祔于大塋，禮也。猶子紓奉諸兄之命，令紀年月，銜哀執筆，殆不勝情。」銘曰：」

噫歟府君，傲然居世，冠冕榮華，未嘗流睇。高位卑秩，盡歸」泉原，府君處心，不爲物牽。生也有涯，歸于下土，安此幽穸，以」永終譽。」

（録自《芒洛冢墓遺文》卷中）

大中一六四

【蓋】失。

【誌文】

唐故京兆韋府君夫人高陽齊氏墓誌銘并序　季弟鄉貢進士孝曾撰」

有唐大中十四年八月十八日，韋公夫人高陽齊氏終于洛都建」春里私第，享年五十九。其年孟冬二十一日，合葬于平陰鄉積潤」村之原，禮也。齊神農後，承姜分吕，代有勳名，具詳史諜，事繁而不」書。曾祖餘敬，皇朝朝散大夫、滄州清池縣令、贈秘書監；祖玘，」皇朝銀青光禄大夫、尚書工部郎中、贈太傅；烈考哭，皇朝朝議」大夫、衛尉少卿。夫人字孝明，即少卿先府君長女也。及生失」所恃，未齠齓而識度不常，韋氏先姑憐而重之，視遇猶女。」姑小子曰素，美秀而文，姑常撫夫人首曰：笄無他從，必爲我」季婦。及終又言。洎先君由刑部郎中出刺鄱陽郡，召孤甥而遵」遺旨焉。居七年，韋公舉進士，不得第，才貌期乎一戰，衆冤之，往往」亦自惋，及冬而歿。先君憫夫人少孀，荐痛韋甥遄逝，夫人」懼增其悲，雖哀纏於內，每侍左右，未嘗慘於色。及再罹大禍，」幾至毀滅，常以室妹三人爲心，故强食終喪，教主女弟皆得成家」嫠居將四十年，而端嚴自飾，爲宗族之規範焉。有二子：長曰阿改，」次曰齊五，皆齒未小學，相繼而夭，列于墓之坤維焉。蒼蒼既遠，」福善難明，莫報伯姊之慈，徒深仲由之苦，銜哀屑涕，紀述多」遺。銘曰：」惟仁者壽，夫子格言，禍兮福倚，老氏攸傳。猗歟」我姊，德茂道全，既嫠既獨，宜膺永年。何未及歲制，而奄隨化遷？九」宗哀恨，罔究儒玄，夏日冬夜，皆成大暮，歸于其居，北山同圓。」

（周紹良藏拓本　河南千唐誌齋藏石）

大中一六五

【蓋】失。

【誌文】

唐故鄉貢進士滎陽鄭府君墓銘并叙　仲兄前鄉貢明經迪撰」

公諱堡，字子固，其先滎陽人也。曾祖之」秀，皇昇州司功參軍；祖脩，皇辰州」録事參軍；父質，皇殿中侍御史知福」先院。公即福先之幼子也。公性惠」敏，幼好詩書，至於時事，皆自生知。噫！天不」福善，遽罹禍罰，以大中十四年九月廿七」日寢疾，終于東都德懋里之私第，享年廿」五。公無嗣，以猶子小温繼紹于後，以其」年十月廿一日權窆于河南府洛陽縣平」陰鄉成村，禮也。傷哉哲人，寔有天聰，嗟乎奇玉，」不遇良工。親朋有恨，幽壤寧通。」古木瀟瀟，洛水潺潺，銜寃冥寞，」千年萬年。」

（周紹良藏拓本　開封博物館藏石）

唐代墓誌彙編

咸通

咸通〇〇一

【蓋】 失。

【誌文】

唐故宣州宣城縣尉范陽盧府君并夫人博陵崔氏墓誌銘并序　從重表姪宣義郎前行宣州涇縣尉鄭融撰」

府君諱宏，字子器，其先世爲茂族，不具此矣。曾祖」寰，皇臨汝長史；祖政，皇太子中允；考璠，進士擢第，」終歸州牧。府君即第二子也。俎豆幼戲，禮樂中修，」累從知己，委跡銅鹽。自後調授宣城尉。噫！士師卑」秩，不遇兮無傷；高閉陋巷，克終兮何盛。以大中十」二年七月九日寢疾，終于蘇州嘉興縣之私第，享」年六十三。夫人即故兵部尚書授之女也。早叶鳴」兆，適于府君，貞順温柔，淑德兼備。生一女曰住子，」早逝；一男曰社，別子曰楞。夫人夙遘疾，後府君明」年四月一日終于所止，享年卅六。嗚呼！梧樹桐彫，」影何相繼？不孤遊岱之槐，空歎逝川之水。嗣子楞」等，比以年月未利，權卜嘉興，今將通吉，歸□先」塋，以咸通二載三月廿八日，合祔于洛陽縣平□」鄉，禮也。山傾海泐，用旌銘誌。乃爲銘曰：」

軒兮冕兮承家，德兮義兮垂訓。」賢才知命，執此爲鏡，令始令終，古人何」竟！昔慶移天，今榮同穴，永歎行人，悲風嗚咽。」

（周紹良藏拓本）

咸通〇〇二

【蓋】失。

【誌文】

唐隴西李氏長女墓誌銘并序　長兄鄉貢進士夢龜奉處分撰并書」

隴西李氏女，唐郇王禕八代孫。」曾祖文通，皇檢校右散騎常侍、兼御史大夫、壽」州刺史，贈兵部尚書；祖業，皇檢校兵部」尚書、鄆州節度使，贈右僕射；父鈞，前任京」兆府鄠縣令。小女招兒，天生聰惠，不幸遘疾，纔」逾一旬，以咸通二年三月二日終于河南府洛」陽縣履道坊之私第，時年十五，以其年四月二日葬于河南縣金谷鄉北邙原之先塋，」禮也。於戲！若在夢中，焉遲速之不等？俱生水上，」奚滅没之異同？惜以初笄，未聞爲婦之道；痛其」長逝，寧慰慈愛之心。將掩夜臺，有虞陵谷，刊諸」貞石，以作銘云：」

灼灼桃夭，方春始華，風雨其晦，」遽委泥沙。颭颭悲風，蕭蕭瓏樹，」夜臺一閉，金石永固。儻魂靈兮有知，」歎修短於泉路！」

（周紹良藏拓本　河南千唐誌齋藏石）

咸通〇〇三

【蓋】　失。

【誌文】

唐故太中大夫行中書舍人裴公夫人彭氏墓誌　長子蟾撰」

夫文武之道，未墜於地，大凡建勳伐之家，多有後慶，挺生」夫人，賢淑以慶，門族在隴西，彭氏亦爲顯姓，柄節方面，功書圖史。惟」夫人一家而已。曾祖光耀，任金吾大將軍、隴右節度使，贈兵部尚書；祖」膺，任天德軍使兼御史中丞；父詵，爲河東右職兼殿中侍御史，」夫人即侍御府君次女。自幼日失蔭，爲祖母所慈養，明慧淑敏間出也，」女工之事天授也。時宗族間聞夫人年尚幼，而所立皆超異，所尚」皆高絜，所學皆容易，所見皆深遠，所解皆精微，無不歎羨。蟾嘗因晨夕」承奉慈顏，誡勵之外，因言曰：我承祖母嚴訓如此，得人如是，稱我善」耶？今敢不條列敬述焉。洎昔歸于」先公，幹家道以嚴以肅，奉祭祀以勤以敬，迨今四十年，六姻九族，咸共」稱美。及蟾等遭罹偏罰；夫人哀毀過禮，號慕不絶，制終之外，往」往慟哭又如初焉。以是累歲常結積氣，宿成疾恙，以咸通二年正月廿」七日終於上都開化里之私第，春秋六十有一。以其年四月廿八日歸葬」于東都河南府河南縣平樂鄉尚店村瀍澗里伯樂焉邙山之北原。」夫人雖嘗有所苦，而無疾色，心力神用，未嘗減耗，悟真如理性，虔奉內」教，晨朝清淨，轉讀諷念諸經及真言，常滿千百遍，如此爲志，未嘗暫捨」一時之功也。且恭敬供養心又倍於是，常有愿曰：我一日身後，莫令受」他罪，勿爲人所憂覺也。及終之日，果如是愿。蟾殘骸餘喘，待盡朝夕，扶」力握管，言詞迷謬。敬爲銘曰：

賢明淑順，夫人之德，上下咸悦，姻親歎息。孤遺二子，」號天泣滴，止哭握管，固無文飾。洛水之湄，邙山之側，」玄堂已啓，慈顏永隔。銘存貞石，歲千萬億。」

（周紹良藏拓本　河南千唐誌齋藏石）

咸通〇〇四

【蓋】　唐博陵崔氏亡女墓銘

【誌文】

唐博陵崔氏殤亡女墓銘」

咸通二年五月十日，尚書屯田」郎中崔顏失愛女都都，傷痛之」懷，抑不能已。以其幼知孝讓，天」資婉嫕，女工之暇，尤嗜詩典。生」十六年，暴疾而逝。悲夫！」星郎以日月未吉，權卜葬京兆」府萬年縣洪固鄉南李尹村，因」刻石以誌其處。乃銘之曰：」

穠爾姿，風而逝，權安斯，」非久窆。」

（北京圖書館藏拓本）

咸通〇〇五

【蓋】失。

【誌文】

唐泗州下邳縣尉鄭君故夫人清河崔氏墓誌銘并序　季弟鄉貢進士瓌撰」

夫人諱琪，字潤之，其先清河東武城人也。代以禮樂婚媾爲山東之盛」族，其門閥胄緒，凡士大夫皆習熟之，故可略也。曾祖諱朝，皇任懷州刺」史，累贈司空；祖諱稅，皇南昌軍副使、試大理評事，累贈工部侍郎；」烈考諱章，皇秘書省秘書郎；皆以德行文學有重價於當世，而不享眉壽，」不登顯位。抱致君匡俗之略，屈而不伸；藴棟梁舟檝之材，卷而不用。至今」名識之士，咸慊歎焉。夫人即我先府君之長女也。先妣范陽盧氏，」外祖諱士瓊，皇河南府司録參軍，贈工部郎中。夫人始自齠歲，有敏惠」之風，迨于笄年，成婉淑之德，奉尊上必盡孝敬，撫卑幼乃竭慈仁。至於」刀尺組紃之工，皆自得於懸解，而臻於妙絶，故中表之内，莫不歸仰焉。」開成中，先府君棄養於故相國伯父履道之里第，夫人號慕罔極，」殆不勝喪。既而與諸弟妹同侍先夫人膝下，承順之道，曲盡其意，孝」愛之性，出於至誠。先夫人亦撫念有加，每爲選求良匹，以大中三年夏」四月歸于鄭氏。鄭君端莊雅厚，果爲賢士，副我令淑，成其嘉猷。」夫人自歸鄭族，承奉先姑，勤敬不虧，益著婦道。無何，災癘所侵，腰膝成」疹，羸綿枕席，涉曆歲時，竟以咸通元年正月廿七日終于河南府長水縣」之里第，享年四十六。以明年夏五月十七日歸葬於河南縣梓澤鄉續村」鄭氏之先塋，禮也。夫人生一子一女，男曰剛兒，年始十二，風格秀異，」有成人之志；女曰張七，生三歲而夭；别子一人曰掌兒，别女二人曰染娘，」曰欣子，咸知鞠育之恩，盡極哀號之痛。將葬之日，鄭君泣告於」夫人之弟瓌曰：今有勒石述德行寘於幽墜以虞陵谷之變者，而夫人」之懿範盛德，子其詳熟之，子爲我誌其文。瓌實荒淺，素非所業，又懼」時日之已至，且牢讓之不獲，銜冤摭實，粗舉其略。銘曰：

藹藹貞姿，彬彬令族，婦道恭嚴，女儀雍穆。宜荷休祥，」宜膺景福，及此短齡，翻悲風燭。羸羸嗣子，哀哀良人，」痛既切於五内，贖何啻於百身。刻貞珉於泉户，表令範於千春。」

（周紹良藏拓本　河南千唐誌齋藏石）

咸通〇〇六

【蓋】失。

【誌文】

唐故宋州碭山縣令滎陽鄭府君故范陽盧氏夫人墓誌銘并序」

維唐故滎陽鄭府君，故范陽盧氏夫人之先宗，其源深，其派遠，門籍冠於」人倫，名流顯於時望，故時所謂河岳英秀，珪璋令族也。府君諱紀，字龜年，官」至宋州碭山縣令。會昌元年十一月廿一日，薨於河南府長水縣之故居。府君」先代官冕名諱德風之事，已備形于前誌，此不復叙述。夫人皇考諱士閎，」建中之際，以秀才升第，位至使府監察。夫人有二子，長曰總，奏授泗州下邳」縣尉，娶清河崔」氏；次子曰特，經明登第，選授許州郾城縣主簿，亦娶清河崔氏。夫人華宗胄胤，德門懿賢，自歸于鄭門，閨閫内則，可貽厥孫謀矣。噫！」天下福善，哲人其萎，享壽六十六，以大唐大中十四年二月九日即世於次子」特蒞仕之官舍。長新婦疾恙不瘳，以大中十四年孟春月夭喪于長水縣之」舊宅。府君先即世於夫人，迄今廿一載，會昌二年冬十月，已歸殯于河南」府河南縣新澤鄉續村北邙原。今二子以恃怙之靡及，咸茹荼泣血，卜擇」良辰，以咸通二年夏五月廿三日，備𠷎奉轝，合祔于邙山之故原」先塋，禮也。嗚呼！夫歸大夜，誰之不然；從儉得禮，士之罕有。令子簿公，以愚」短久叙中外，契分頗殊，長跪號泣，請述其誌。小子昧淺之徒，固非作者，慮」以人事靡常，聊爲叙記，刻兹貞石，用虞陵谷耳。銘曰：

懿哉貞媛，歸乎賢彦，四德無虧，九族欽羨。炳炳鄭子，」嶽嶽名人，冠時重器，首出常倫。于嗟德門，道逾千祀，」運既不亨，命亦云否。孰言積善，合符天理，儻天理兮可憑，」愿子孫兮襲祉。」

咸通二年二月八日從表姪前攝許州郾城縣令登仕郎試太常寺協律郎崔居晦撰。」

（周紹良藏拓本　河南千唐誌齋藏石）

咸通〇〇七

【蓋】失。

【誌文】

唐故鄭州陽武縣尉張府君墓誌銘并序　處士劉徵撰并書」

公諱勍，字子剛，南陽人也。咸通二年五月廿四日暴終于」新鄭縣官舍，春秋五十有五。曾祖諱逵，皇涿州范陽縣尉；」祖諱行恪，皇左威衛倉曹參軍；父諱閏之，皇太常」寺奉禮郎。公即奉禮府君之長子也。會昌元年，學究出身，調」授洪州建昌縣尉，三考在邑，知縣一年，皆有能政，次授鄭州陽」武縣尉，主陽武橋倉務，兼知捕賊，皆著善名，幹蠱克修，」譽流郡邑。秩滿爲知音推薦，攝新鄭縣尉，用能也。縣之重」事，公皆總焉。莅事凡卌五日，日有其能。太守鄭公嘉其」清廉，郡糺韋公惜其强幹，公勤儉在公，潔矩自立，況克」□睦親，秉信施惠，世所難及。噫！命不偶時，名未顯達，神理」難問，降此鞠凶。嗚呼哀哉！以其年八月七日歸葬于河南府」洛陽縣平陰鄉王和村里祔先府君之塋禮也。夫人彭城劉」氏，涇原節度使左僕射昌之孫，處士襄之女。夫人壼儀□」範，淑德聿修，九禮端□，承家可則，銜哀茹毒，誓雪冤□，」未之遂也。哀哉哀哉！有子二人：長曰超，小曰皚，皆勤□□；女曰橋，□」歲矣。徵即夫人之宗兄也，通家二年，情同骨肉，是□□斯□辭而□□」免，遂爲銘曰：

何爲而生？有形有聲，何爲而□，□窮無□，已不能」壽，福何所起？積善而喪，禍何所始？噫□□君之仁□□之治理。」□千□□是神道如有□□于後□□嗚呼□不可言，故爲君而已矣！」

（周紹良藏拓本　河南千唐誌齋藏石）

咸通〇〇八

【蓋】失。

【誌文】

唐故金城郡申府君并夫人吴興郡施氏墓誌銘并序」

府君周尚父太公之近族，漢丞相嘉之茂葉，代歷」簪裾，故略而不載於文也。」考諱珍，皇任戡黎府折衝；府君諱胤，即折衝之嗣子。性」慕釋道之二宗，處世翛然，不以浮名是貴。累代松櫝，悉在上黨」西申村西青崗之下。頃以令子職在臨洺，遂易居山東，經餘廿載，常以參問禪律爲邑會之長。令子孝行同於伯瑜，」不忍改先父之遺跡，今即於金剛邑院西南去縣約五里創修」塋闕，備周之禮焉。府君享年七十六，去大中十四年十二」月九日終於臨洺縣里仁坊之私第。夫人吴興郡施氏，享」年七十四，去咸通二年八月四日終於私第。有女一人，適太」原王氏；有子一人，名弘泰，見充臨洺軍資庫押官。嗣子」哀慟穹旻，獨居喪側，號咽朝夕，殞而復蘇。抑哀順變，知」禮難踰，召青烏筮吉，即取咸通二年十月九日窀穸之禮也。」仍慮谷變山夷，淖濘爲虞，故刊貞石，請文而誌之。嗚呼！銘曰：」

金城府君，遵敬道釋；吴興夫人，懿恭壼則。眷姻談美，」僚友稱德，送終盈路兮悲復歎，孝嗣哀深兮淚雙滴。」

（周紹良藏拓本）

咸通〇〇九

【蓋】失。

【誌文】

唐故長殤男子韓勒潭墓誌　朝議郎前隨州刺史賜緋魚袋韓乂譔」

嗚呼！秀而不實者，吾家之勒」潭乎？七歲無童心，十七通五」經，十九以咸通二年四月十」日不幸短命死矣，今也則亡，」吾自此知擠乎溝壑矣！嗚呼」哀哉！以其年十月廿一日葬」于洛陽縣成村之東原，哀哉！」

（北京圖書館藏拓本）

咸通〇一〇

【蓋】失。

【誌文】

唐故東都留守防禦都押衙兼都虞候正議大夫檢校太子賓客」南陽張府君夫人河南鞏氏墓誌銘并序

前進士陳汀撰」

夫人諱內範，字守規，其先張掖人也。與周同姓，食菜於鞏，因爲氏焉。歷」代時有顯人。隋國子學生寧上書征遼，仕至右候護軍郎將；迨于」皇朝，右可上柱國封淮陽郡開國公食邑二千户，至武德五年，拜虞州」刺史，即夫人六代祖也。曾祖玄敏，性惟神授，學自生知，十二神童登科，」十四拜韓王府祭酒，歷仕至賀州司馬；祖弘武，克紹家風，力窮儒典，時值」羯胡構禍，大君蒙塵，因懷毅勇之心，不固經明之節，投筆從軍，輸」忠捍患，終衛州別駕；祖禮，天滋至道，素抱玄風，讀易見損益之情，退」潛養浩然之氣。夫人即處士第四女也。年二十一歸于」府君。夫其慈惠和順，忠信脩睦，行有法度，動合禮經，嚴恪以理家人，嫺」瑟以弘君子。若乃宗廟哀敬仁孝也，娣姒祇和謙順也，蠲潔酒食婦」儀也，黼黻玄黃女工也。弘比四德，而務六親，肇帨以文之，雜珮以發之，」猗可以作範母儀，昭宣壼則。至於訓子以睦，教女以順，愛下以慈，與」人以讓，外以贊府君之德，内以彰中饋之政，日聞其進，未見其退。嗚呼！」氣散形存，數盡物故，以金火初交，病連心腹，蓋寢疾四日，殁于上善里」之私第，享年七十。禮曰：大德必有其壽矣。七十亦非不壽也。長子暐，應」進士舉，有名節，攻古律詩，頗爲時賢之所推重。十上已過於孫弘，一」枝尚懸於郄氏。古人有言曰：樹欲靜其風不止，子欲養其親不待，豈」虚言哉！次子楠，孝悌力田，鄉閭所重，皆依三從之規，光著二難之號，」以咸通二年十一月二日歸葬于河南縣平洛鄉杜郭村祔先」府君之墓，禮也。銘曰：

古往今來兮死之與生，賢愚一貫兮天地之情，鑽鑢起兮金玉何」何堅？斧斤用兮松柏何貞？夫人之德兮孰云其短？夫人之德兮」孰云不馨？而暐也：壯而未室，强而不榮，叫天天亦不聞其響，叩地地」□不聞其聲，邙原壠樹空鬱鬱，千秋萬古魂冥冥。」

（周紹良藏拓本　河南千唐誌齋藏石）

咸通〇一一

【蓋】失。

【誌文】

唐故楊秀士墓銘并序　親叔鄂岳等州都團練判官試大理評事壇撰并書」

秀士諱皓，小字肩目，生于吾家十九年而終。吾家東漢太尉震」之後，清業素風，炯灼前史。洎」我先公皇京兆尹贈户部尚書諱虞卿，生我仲兄知言，京兆」府司録、賜緋魚袋；仲兄生秀士，實元子也。秀士厥出母」姓李氏，自奉難兄箕帚，職業修舉，二十餘年間，昌我猶子之」黨，以是爾爲子之意，孝友恭順，居然懿才。仲兄佐滄幕凡六」年，時予昆弟方榮色養。仲兄雖縻職戎府，常以違遠，不」遑局署，凝寒烈暑，奔走道路間。其留滄諸姪僅十輩，爾能謹生」沽業，肅廝役曹，寸寸規繩，克奉仲兄之令，復馳雁信魚音，以」代晨昏之戀，曾不暫闕，吾黨每加嘆之。不幸嚮者予與」仲兄同罹難釁，時仲兄自滄海驟赴京師，不暇更目緣愛。」既而骨肉十人，迨僕使三十口，越數千里，節用約費，不傷一物，」復還鄉關，皆秀士之力也。無何，暴嬰時疫，以大中十二年三」月十五日暝目於上都靜恭里之私第，卜令時陪于」尚書之位，越數周星，至咸通二年十一月十四日，歸窆河南縣」尹村祔先塋，禮也。嗟乎！霜萎茂葉，火爍繁陰，菌脆蘭傷，今古」同歎。然用秀士表之者，以爾文鋒向鋭，合擅時科，殁而稱焉，」恨不及此耳。

銘曰：

革之英，其生也薰然；玉之潔，其産也瑩然。薰然瑩然，」宜茂宜堅。神消骨謝，厚壤新阡，鏤石旌美，」寫恨在焉。嗚呼惜哉！」

（周紹良藏拓本　河南千唐誌齋藏石）

咸通〇一二

【蓋】失。

【誌文】

唐故扶風馬公故夫人太原王氏合祔墓誌銘并序」

公諱惟良，其先扶風郡人也。代繼簪裾，軒冕承」襲，名標書策，此故不述。公生而敏哲，性全沖粹，樂道閑居，優游不仕。豈意穹蒼不祐，以」大中二年十月五日遘疾，終于私第，享年七十五。」夫人太原王氏，性本令儀，温柔守則，閨範素彰，風」儀不易。何圖忽爾霑恙，掩至潛靈，咸通二年」八月十五日終殁於世，春秋七十有七。有子二人：長」曰季寬，任平盧軍節度副將，疾能孝敬，互有」才能；次曰季昌。忽鍾天禍，絶漿茹荼。女二人，長適」徐氏，次適王氏，并哀號殞絶，慟哭無時。至咸通三」年正月七日，祔葬於青州城西南約七里高元，」禮也。恐陵谷之遷，故刊貞石，以爲銘曰：」懿哉府君，德重人倫，不苟名利，豈貪財珍。」夫人之美，不墜採蘋，昭彰令德，和合六親。」天不憖遺，俱喪哲人，葬之龍福，榮顯千春。」

（周紹良藏拓本）

咸通〇一三

【蓋】失。

【誌文】

唐故節度副將渤海郡吴府君墓誌銘并序　試太常寺奉禮郎李庠撰」

府君諱清，字行旻，渤海郡人也。其先顓頊之後，軒冕承襲，」具載國史，不可繁述。祖諱京，不仕；考諱玉，任節度十將、試殿」中監，府君即公之季子也。少禀剛操，職立轅門，累任奬擢，綿」歷征伐，臨事有勇，斷無頗，茂分義以輕財，惡回邪而攘臂，於」軍郡之有譽，爲時輩所推，暨乎休名理家，□□□寬然，自怡其」性。不幸倏忽霑恙，艱釁所鍾，□禱無徵□□□□，於戲！春」去秋來，光華不駐，去咸通二年七月十二日□于上□私舍，享齡七」十。嗚呼！彼蒼不慭，喪我哲人，梁木其摧，荆岫玉□，□□波□匣劍峪」殞，長星□行路之□，□閭里之□□□府□□□□，□前賢也。夫人」盧氏，良家之□□成性，素範□凝唯德六親□功德訓示孤幼控□□」貞，豈虧孟氏，□不□□巢之□□遭天□□□喪盡家財，以營」大事。有子三人：孟曰君卞，仲曰君愛，季曰君緒，并聰敏好學，博雅温恭，」孝悌承家，頗聞貞慎，攀號晝夜，泣血絶漿，人子之道備矣。卜咸通」三年正月十二日，葬于青州北海郡西南三里永固鄉之平原，禮也。慮年」代深久，陵谷變移，乃刊貞石，紀之不朽。銘曰：

卓哉府君，允信允□，」名列郡邑，德重人倫，志德節義，忠孝立身。嗚呼哀哉！掩□□□，魂有終始，古往今來，平原之地，龍臨之崗，一代標紀。」

（古文獻研究室藏拓本）

咸通〇一四

【蓋】失。

【誌文】

唐范陽盧夫人墓誌銘　夫朝議郎行起居郎李璋撰」

帝十七葉，年號咸通，以二載九月廿有七日，夫人疾殁于上都永崇里所從李氏之私」第，享年卌一。粤以明年正月十六日，歸葬于河南府洛陽縣平陰鄉成村，祔于李氏之」先塋，禮也。有六男子二女：男長曰道扶，前河南府兵曹；嗣子陞，習進士業；皆可以禮襲」家風，德傳外氏，餘皆幼；次小字閔九，次曰小閔，次曰夏兒，次曰烏八，皆敏惠可愛。長女令」兒，年十八，天與柔明，工惠皆至，先夫人一年而夭；次女小盧，未笄，志性過人，肖似」夫人之氣。咸能茹毒興哀，柴立不□。大凡爲文爲志，紀述淑美，莫不盛揚平昔之事，以虞陵」谷之變，俾後人覩之而瞻敬。其有不臻夫德稱者，亦必模寫前規，以圖遠大。至天下人視文」而疑者過半，蓋不以實然故絶。今璋盡非文飾，直舉夫人之德可以垂範者書之，庶不」慚於直筆。夫人年十九，歸今起居郎李璋。璋，趙郡贊皇人，元和中」相國、累檢校司空、興元節度、贈太傅諱絳謚貞公之季子。璋時應進士，未第，文鈍時蹇，」八上十年，方登一第，綿歷年歲，若澀寒餒。夫人晏然，如在飽足。家則夫人有葛覃」勤儉之德也；夫人多男子，無忌嫉，則夫人有螽斯之德也；居常有節，動循禮則，是」夫人有敬姜之美也；言必從，詞必順，夫人得和鳴之慶也。而又發言必恨不得逮事」舅姑，往往興嘆，移時不改。璋或履事之未當，夫人必曲以他喻而成之，冀終歸美，竟不」拂其意。至于食飲，必伺其所尚而羞之；或事礙未就，必移時輟飡，終不下節。愧以不才之資，」過承舉案之敬，自顧懦質，何以克當？如此不懈者廿三年，每晨暮相會，列兒女於前，爲他族」所羨者累年，一時之盛，世罕臻此。至于撫育諸孤，不間己子，未嘗以兼味而自充，務存均養」之義。至得歿世之後，諸姪諸女聚哭無游聲，向非後已，豈若是乎！洎夫人諸父諸兄，若」弟若姪，莫不加常禮以待遇，故仁孝敬順之德，浹乎内外，至于六姻，李氏之黨，欽若龜鏡。況」璋庸拙魯鈍，方倚爲援，一旦摧落，如刳其心，剔去腸胃，叫之無聲，應人如癡且狂耳。噫！天賦」此性，又賦其全德，曷不福以壽耶？是瑩澈真正太甚而不得久處耶？將分限有涯而駐不得」耶？惑之甚也。夫人九代祖諱與高祖神堯皇帝同。後魏左僕射，以小字陽烏，今稱閥閲者多以陽烏房」爲上；曾祖諱光懿，滑州衛南縣令；祖諱渚，門下省城門郎。父匡伯，河南府洛陽縣丞，」丞即璋之親舅也。以宿敦世親，許垂婚媾，謬奬魏舒之賢，遂申戴侯之睠，既榮舊好，」克修前德，相期遠大，未虞促齡，命也不淑，云如之何！前去後來，終期一穴，視其便房，可以」滅恨，吞聲握筆，遂乃銘云：」

盛德之後，正人之子，天賦婉嫕，能貞所履。既從李氏，生多令嗣，有女天然，」宛其肖類。夫人之仁，和合六姻，爲龜爲鏡，道契明神。余昔未立，寒凍苦澀，」夫人怡然，如在素習。俾余有成，實猶緩急。俄登上第，從事四府，和鳴在行，」婉順相補。洎昇朝序，」三通金籍，實賴明德，有以贊益。方圖出刺，稍豐所資，」何圖促齡，莫我相依。骨肉失援，親姻淚垂。邙山蒼蒼，鑿隧爲堂，上列勁栢，」中施便房。我來豈遠，神胡過傷，握管收涕，紀蘭之芳。刻于貞石，冀千載之」不忘。」

（周紹良藏拓本　河南千唐誌齋藏石）

咸通〇一五

【蓋】失。

【誌文】

唐故懷州録事參軍清河崔府君後夫人范陽盧氏墓誌銘并序　猶子朝議郎守尚書刑部郎中賜紫金魚袋峴撰」

盧氏之先，出於齊高子之族，因邑命氏，代爲齊人，至漢末徙於涿郡，遂爲涿之」范陽人，歷魏晉其宗始分爲南北，其婚閥著高於搢紳者，唯北宗焉。」夫人居北宗爲大房，懷州府君即大房之出也。夫人諱　　，字　　，」曾祖景明，王屋令；曾妣清河崔氏；祖澤，殿中侍御史華州判官；祖妣滎」陽鄭氏，故刑部侍郎少微之女也。父倓，陜州夏縣尉；妣鄭氏，少微之孫，」大理正朝之女；洪源茂本，儲靈炳華，是生仁懿，用表羣胄。既笄而歸我」季父懷州府君，柔儀順則，克叶于箴訓，生男子一人，女子三人。及懷州即」世，未終喪，而一男子曰鎮，纔五齡而夭；三女子皆稚齒。嫠處丘園，饘粥是乏，雅」達釋氏，當窮酷而無尤怨，課勵傭僕，盡力田業，姻戚時助，農桑稍收，恬然委遇，」殆絶愠喜，嗟乎其至德哉！懷州有別子肇，夫人慈撫而勤教之，肇亦能」立，用叔祖故懷州刺史贈秘書監府君之蔭，累調補澠池尉。娶故禮部尚書」致仕范陽盧公載之女，有二孫，長曰騏驤，幼曰張三。肇甚愿而幹，盧氏婦婉而」明，騏驤與張也咸慧，每晨午昏夕，肇在側，婦在於堂廉，孫弄於左右，怡怡焉有」家肥之樂，蓋本由於弘德而致也。元女適故集賢校理范陽盧公亮，早殁；次」女適故大學助教隴西李充，少女適前雅州刺史范陽盧審矩，無匪姻族，僉得」其人，美哉！夫人以嘗困於平陰舊墅，厭不欲還，謂澠池貨通而物饒，爲生易」給，乃卜築於東郭，肇歲滿，因留居焉。不幸肇短促，婦孫承養，夫人寧之，而孫」之禄亦上。及大中十三年冬十二月戊戌，奄捐館于澠池之第，享春秋六十有」九。稔歷辰巳，陰陽家謂之不通，故不克葬。元改咸通之三年，歲在壬午，既大□，」乃克葬。正月辛卯，騏驤徒經杖護舉裳帷，以丁酉歸窆于洛陽平陰鄉陶村」之北原懷州府君幽壟之東南五步。懷州之葬，前滎陽鄭夫人合祔之，周」制也；今夫人之葬，則同其兆異其穴，示不相黷，永康神人，我崔氏之家範也。」君子曰禮哉！乃爲銘曰：

自昔盧宗，代甲山東。南分少替，北派彌隆。善慶之鍾，」茂此柔德。繼配于賢，緯有儀則。慈厚仁純，嘗安苦辛。」喪子有子，乃婦乃孫。隟駒馳兮時倏忽，移敬養兮森備物。」星再迴兮始通吉，依故塋兮異泉室。」

親外姪孫鄉貢進士盧濬書并篆。」

（河南千唐誌齋藏石）

咸通〇一六

【蓋】 失。

【誌文】

唐故郴縣尉趙郡李君墓誌銘并序　從弟鄉貢進士濬撰」

維大中十四年歲次庚辰夏六月庚辰朔廿六日乙巳，故郴縣尉趙郡李君享年」三十有五，以疾終於縣之官舍。明年夏四月，孤子莊士以使來告，請誌於濬。獨念」與君生平交厚，故援翰無辭焉。君諱燁，字季常，趙郡贊皇人也。」曾祖諱栖筠，皇任御史大夫、京畿觀察使，謚文獻公；祖諱吉甫，皇任中書侍」郎平章事，謚曰忠公；烈考諱德裕，皇任特進、太子少保、衛國公，贈尚書左」僕射。自文獻至衛公三代，功業行事，顯於國史，今略不書。君」衛公第五子也。生而特禀粹異，不類諸嬰兒，故尤所鍾愛，一寢一食，未嘗輒遠」公之左右。纔十數歲，能通魯史。與所授經老儒相評旨義，儒不能屈。會昌中，」衛公自淮海入相，君已及弱冠，而謹畏自律，雖親黨門客，罕相面焉。屬姻族間」有以利禄託爲致薦，將以重賂之，答曰：吾爲丞相子，非敢語事之私也。而又嚴奉」導訓，未嘗頃刻敢怠。子之所言，非我能及。繇是知者益器重之。始自浙西廉帥□」公商辟從事，授校書郎，俄轉伊闕尉、河南士曹。及衛公平迴紇，夷上黨，」上寵以殊功，册拜太尉。特詔授君集賢殿校理。未幾，汴帥僕射盧公鈞辟」奏上僚，兼錫章綬。昆弟二人，朱衣牙簡，侍公之前，士林榮之。大中初，」公三被讒逐，君亦謫尉蒙山，十有餘載，旋丁大艱，號哭北嚮，請歸護伊洛。會」先帝與丞相論兵食制置西邊事，時有以公前在相位事奏，上頗然」之，因詔下許歸葬。君躬護顯考及昆弟亡姊凡六喪，洎僕馭輩有死」於海上者，皆輂其柩悉還。親屬之家，誠節昭感，若有所衛。今皇帝嗣位之」歲，御丹鳳肆赦，詔移郴縣尉。自春離桂林，道中得瘴病，日減眠食，就枕千五百」刻，將瞑之夕，遺誡二子，手疏數幅，且曰：必以餘貲厚於孀嫂孤女，爾輩無倫之。噫！」君之仁孝著矣，行義彰矣，而福報冥昧，天乎何哉？以咸通三年正月廿八日，卜葬」於河南縣金谷鄉張村先塋，禮也。夫人滎陽鄭氏，前君七年殁於蒙州。長子」莊士，次子莊彦，女曰懸黎，尚幼。嗚呼！良友已逝，吾道可嗟，爰寫悲腸，銘于貞石。」銘曰：」

積善者慶，基德者昌，顯矣三世，光于我唐。衛國之盛，功焕巖廊，」慶鍾令嗣，爰生季常。名以孝彰，節因否顯，匪時昇沉，在我舒卷。」執戟位卑，長沙道蹇，嗚呼哲人，與古何遠？孑孑丹旐，自南言歸，」一慟莫及。隕涕霑衣。冥寞誰愬？霄漢長違，徒嗟刻石，永閟泉扉。」

（北京圖書館藏拓本）

咸通〇一七

【蓋】唐故太原王氏女墓銘

【誌文】

王氏殤女墓銘」
王氏殤女其名容，名由儀範三德」充。誦詩閲史慕古風，卑盈樂善正」養蒙。是宜百祥期無窮，奈何美疹」剿其躬？芳年奄謝午咸通，秀夏二」十三遘凶，翌月十八即幽宫。壽逾」既笄三而終，晉陽之胄冠諸宗。」厥考長仁命不融，外族清河武城」東，中外輝焯爲世雄，今已矣夫石」窌封。仲文刻銘藏户中，以紓臨穴嫂哀恫，古往今來萬化同，高高誰」爲問圓穹？姑安是兮龜筮從，竢吉」良兮從乃公。」

（周紹良藏拓本　開封博物館藏石）

咸通〇一八

【蓋】失。

【誌文】

唐咸通元年閏拾月」拾伍日，」富春郡孫夫人從」夫王氏之任潮州程」鄉縣令。時」夫人遘疾，終于官舍，」享年四十七歲。卜兆」未利，權設殯筵。洎叁」年，歲次壬午玖月拾」捌日，啓葬於廣州南」海縣四望亭後崗。慮」陵谷變遷，刻石紀爾。」

（周紹良藏拓本）

咸通〇一九

【蓋】大唐故崔夫人墓誌銘

【誌文】

唐朝散大夫攝邕州長史兼監察御史上柱國瑯耶王公夫人崔氏墓誌銘并序　將仕郎守祕書省正字田石撰」

夫人清河崔氏，第廿六，簪組蟬聯，時爲名族。曾祖諱微，皇檢校」駕部員外郎；祖諱勉，皇侍御史；父敬章，見任隨州録事參軍；先」妣太原王氏；繼親太原王氏。有四弟二妹，冠笄莘莘。夫人之」長姑魯國太夫人，歸于先舅鴻臚卿、贈工部尚書，有肅」雍之德，聞于親姻；采蘋藻之敬，垂範宗族。夫人幼而慧淑，長有」姑風。長史公稟先訓，奉慈旨，大中舊曆之十四年冬十月，」自西秦結褵于東平焉。公身計屢空，託跡恩諾，纔及廟見，携家」邕南，方克從知，遽屬蠻亂，提挈華幼，梯航嶺隅，將期溫嶠之歡，」幾同李廣之數。火雲夜鑠，黑霧朝翻，瘴毒外侵，愁腸暗結，旋罹」憂繫，遂嬰沉痾，膏肓之二豎深藏，肺腑之五神皆索，人生鉅痛，」天道何窮！咸通二年秋九月，受歲卅一，逝於桂林之旅次。三年」十月八日，歸祔于河南府河南縣平樂鄉杜翟村先舅尚書」大域東北原，禮也。哀乎哀乎！誌時與地云爾。

銘曰：」

梵傳苦空，不生不滅，塵界多幻，有脩有折。」夫人貞姿，族茂奇節，匹媲未幾，伉儷斯絶。」生而不偶，没而稱賢，本欣嘉壻，始託良緣。」澣濯之儉，輔佐之先，泛浮行遠，光陰坐煎。」罰踰弱質，殃移所天，命盡桂嶺，魂歸洛川。」三女非孕，再朞誰專？義那身世，晞露嬋娟。」鸞疑影斷，鳳彩還仙，肉骨甚痛，嗚呼已焉！」

（周紹良藏拓本　開封博物館藏石）

咸通〇二〇

【蓋】 支氏女鍊師墓

【誌文】

唐鴻臚卿致仕贈工部尚書琅耶支公長女鍊師墓誌銘并序　季弟朝議郎權知司農寺丞兼度支延資庫給官謨纂」

師姊第卅二，法號志堅，小字新娘子。曾祖諱平，皇江州潯陽丞；祖諱成，皇」太子少詹事贈殿中監；顯考諱　，皇鴻臚卿致仕贈工部尚書；先妣汝南」譚氏，追封汝南縣太君；繼親清河崔氏，封魯國太夫人；長兄裕，早世；防，終」澤州端氏令；愛弟向，終鄂州司士；詢、謙，少亡；訥，誨、謨、詳、讓、訢、諺，迭居官秩，」咸在班朝。永惟尊靈，天植懿德，不恃不怙，再罹憫凶，惟孝惟慈，性能均」壹。稚齒抱幽憂之疾，九歲奉浮圖之教，潔行晨夕，不居伽藍。或骨肉間有」痾恙災咎，南北支離，未嘗不繫月長齋，剋日持念，孝悌之至，通於神明。年」十八，鍾汝南太君艱疚，居喪之禮，至性過人，柴毀偷生，感動頑豔，江塞」浮泛，温清無違，訓勉諸弟，唯恐不立。好古慕謝女之學，擇鄰遵孟母之」規，雖指臂不施，而心力俱盡。中塗佛難，易服玄門，自大中七載，因鄂州房」傾落之際，託其主孤，猶女孀婦，不離瞬息。今天子之明年，訥兄蒙」授藤州牧，傳聞土宜，不異淮浙，嘉蔬香稻，粗可充腸，愿執卑弟奉養之勤，」得中令姊慰心之道，假路東洛，扶侍南州。到官逾旬，旋屬蠻擾，方安」藤水，忽改富陽，日夕有徵發饋漕之勞，食膳厥甘辛豐脆之美。因涵癘氣，」奄然終夭，端坐寄辭，沉守無撓，春秋五十，咸通二年九月十二日没于富」州之公舍，嗚呼哀哉！冥理茫昧，積德者不壽，至仁者不華，謨詳忝官，未遂迎覲，」寸心莫報，上清所臨，出富至伊，引旐歸祔；以三年十月八日葬于河南」府河南縣平樂鄉杜翟村陪大塋西北原，禮也。時謨縻職國庫，乞假東」歸，卜宅附棺，庶必情信，刀腸刻石，拉血濡毫，臨壙籲天，哀音永訣，文不足」以達志，禮有防陵谷之變而已。其銘云：

昭昭彼蒼，隱見微遠，忽忽」浮生，孰明舒卷？常聞輔德，何期罰善，金堅玉貞，鶴去松偃。」難言者命，莫問者天，乳哺驚疾，身世纏綿。釋氏禀教，玄元養」賢，口持經律，心遊法田。我性不動，我形屬遷，纔及中歲，未」爲得年。奄化桂嶠，安靈邙阡，嵩雲自東，洛波居前。壽堂斯鐍，」幽魂歸仙，剜身斷手，摧裂銘焉。」

（周紹良藏拓本　河南千唐誌齋藏石）

咸通〇二一

【蓋】失。

【誌文】

唐故處州刺史趙府君墓誌　兄中大夫守衢州刺史璘撰」

君諱璜，字祥牙，其先自秦滅同姓，降居天水，在漢號六郡良家，魏晉分裂之後，」世仕北朝，軒冕相繼。九代祖静，封晉陵公于元魏；八代祖鑒，襲爵于高」齊。國朝已來，位卑而儒風，婚媾不替。五代祖諱仁泰，邢州南和令；」高王父諱慎己，相州内黄主簿；曾王父諱駉，大明帝時制舉，自」同州韓城令，擢拜京兆府士曹，轉河陰令，再遷扶風郡長史。王父諱涉，進」士擢第，累佐藩府，至朝散大夫檢校著作郎兼侍御史；先君諱伉，自建中」至元和，伯仲五人，登進士第，時號卓絶。雖弈葉文學政事相續，而士大夫最」以孝友稱。先君韋氏之出，堂舅蘇州刺史應物，道義相契，篇什相知，」舅甥之善，近世少比。佐鹽鐵府，官至監察御史裏行。大中末，再贈尚書吏部郎」中。君生三歲而孤，與兄璘弟珪，年齒相差，蒙先夫人柳氏嚴教慈育。雖漂」寓江漢，而克嗣素風，嗜學工文，才調清逸，童年便富知己。以兄蹇鈍名場，十年」旅食京國，能自晦跡，竭奉色志，不羞低屈。以致甘安，使余竟紹家聲，叨忝」名宦，皆君之力也。開成三年，禮部侍郎高公鍇奬拔孤進，君與再從兄璉同時」登進士第，余是時亦以前進士吏部考判高等，士族榮之。其後釁罰待盡，泣」泣相視。會昌末，始選授祕書省校書郎。宰相有以辭華上聞者，特除鄠縣」尉。尚書韋公損節度武昌，奏監察、殿中二御史，皆掌書記。府罷，歷京兆府户曹」大理正祕書丞，階至朝散大夫。余幽拙無堪，猶竊臺閣末秩，而君才厄於命，仕」循常資，竟不得高步清級，爲公心者所歎。及刺縉雲也，余前此自祠部郎守信」安，浙河之東，封疆鄰接，雖非顯達，稍慰孤悴。涖事半歲，天禍吾門，以咸通三年」四月十一日，遭大病于郡廨，享年五十九。嗚呼！惟我兩弟，實金實玉，季既夭於貢」士，仲又纔及專城。顧余庸虚，爲時所薄，齒髪衰矣，手足斷矣，神慮耗矣，榮華息」矣，天乎天乎！何私何偏！吾生又幾何於此世也？君之室上邽縣君蘇氏，丞相」貞公五代孫，城門郎佐之孫，祕書省校書郎巢之女，丞相襄武公李」公之外孫。才於成家，仁於撫下。生子曰輻，自嬰抱端介不羣，雖未及冠歲，尅有」遠大之望。二女未從人。是歲十月景申十四日，以君歸葬河南縣平樂鄉伯樂原。」君之著述及詩，余當力自編次，今略掇官昏行事，抱痛志諸石，哀病不能成文。」

□□君書。」

（北京圖書館藏拓本　開封博物館藏石）

咸通〇二二

【蓋】失。

【誌文】

唐故嚴公墓誌銘并序　京兆杜巖奉命撰」

公諱篝，滑州粗城縣人也，望本南陽新野郡。公從職之初，」爲滑州討擊使，次爲宣州同前職，又楚州衙前兵馬使，」又定州衙前兵馬使，又荆南同節度副使專知將務兼監察」御史；父諱公度，皇滑州都押衙兼兩厢都虞候；母王氏；」祖諱彩，皇任懷州河内縣令；祖母盧氏；曾祖父母職諱並」不記憶。長男老師，前河東節度驅使官；次曰小師；幼曰太師，愛女」卅娘，適京兆杜氏。早聘雁門龐氏夫人，于今卅五年矣。公累」經任使，早趨戎行，首職滑臺，次及苑陵、山陽、中山、荆門，皆顯名」跡。爰自奇才薿崇，德譽美聳，儕流可歎，周遊從宦，得語元戎。」公亨年五十二，云殁于江陵府，啓護歸于洛師，俄歷歲時。伏念」龐氏夫人哀慟傷懷，愍血霑袂，垂言於長男老師曰：可謂眷言」從子之議。遂卜葬於東都河南府河南縣平洛鄉杜翟村。斯者匡」持喪事，啓兆邙山，亦自我老師竭哀戚之至，致之厚葬，訖于千」古者也。銘曰：

馮翊嚴公，卓哉人質，瓌瑋奇恣，貌聳神逸。才不可量，」能不可比，崢嶸氣槩，慷慨真實。凝重鏘鏘，磊落鬱鬱，」早踐轅門，加以憲秩。欽崇徽猷，歸敬如一，事莫能興，」渺邈難述。惻然成言，將爲歲聿，刊石瘞斯，千秋永畢。」

時咸通三年歲次壬午十月丙申朔廿六日辛酉。」

（周紹良藏拓本　河南千唐誌齋藏石）

咸通〇二三

【蓋】失。

【誌文】

渤海李氏一娘子墓誌銘并序　鄉貢進士張之美撰」

一娘子姓李氏，京兆鄠縣人。元和中，以柔順著」于鄉里，故從于我陝州士曹韋公。公宰相家，」門大族盛，中功期功逾百人。李氏承奉周旋，莫」不得其中道，皆慰悦焉。三子，長曰思道，明經及」第，初任汝州參軍，再任陝州靈寶尉；次崇，亦以」明經入仕，釋褐參河南府軍事；次思謙，未任；皆」承積慶，早有令名，清直當官，顯赫於世。一女」適張氏，生三女：長曰部，次曰菩，幼曰小菩，皆之」美從父妹。咸通初，以崇守官獲俸，故自靈寶」遷居洛中。至三年十一月廿三日，以微疾告謝」於東都尊賢里之私第。春秋六十六。韋氏家世」儉約，思道等不敢隳紊，即以其年十二月廿六」日祔葬於大塋河南府洛陽縣清風鄉郭村，」禮也。銘曰：」

伊西洛北，安穩善地，青松危墳，羅列布置。李氏」冥宅，此焉永閟。母以子貴，春秋之志。」

（周紹良藏拓本　河南千唐誌齋藏石）

咸通〇二四

【蓋】失。

【誌文】

唐故揚州揚子縣主簿范陽盧公墓誌銘并序　鄉貢進士鄭瑝撰」

公諱耜，范陽人，南祖大房。高祖刑部郎中，曾祖衢刺史、禮部郎中，祖　」中祖良金，朝散大夫、潞州録事參軍、賜緋魚袋，父軫，朝散大夫、絳州别」駕、上柱國、賜緋魚袋。公即題輿之胄緒也。自幼學之年，志尚墳素，暨」弱冠之後，恭守名節，及長克紹家聲，禀然義行，可以取之於鄉黨，」陟之於廊巖。時光不淹，騰趠路阻。公知性命必然之懸定，顯」榮不可以强圖，俯就屑寮，抑循仕體，有以見賢達知命之」術也。然而栖鸞於枳，一何恨哉？自淮揚告休，丹漬寓里。弟」長卿，前硤州夷陵縣令；弟齊卿，前河南府密縣尉；弟章，」以文行孤介，不俟俗競，故得會形影之地，洽壎篪之歡。悲」夫！不吊自天，善人何酷？以大中十四年八月十二日捐館」于河内之西吴里之别墅也，享年六十八。公從老友居心，」仲季之次，皆先婚援，而後議身。方欲妙選承祧，特申内助，」而事竟不遂。有庶嗣曰胡郎，女二人，長以求聘之賢，禮力未」就；次女適滎陽鄭宸夫，亦公之意焉。胡郎敬遵遺旨，」兼俟仲父之命，以咸通三年歲次壬午（下空一行。）」

嗚呼增悲，天道何欺？冤彼令人，有志無時。寂寞前猷，」悽傷幼嗣，率儉稱家，遠歸桑梓。三弟一身，友愛相俟，」哀割斷鴻，行路掩泗。滎原古陌，慘旐悠悠，徒驚逝水，」遽失藏舟。黄泉易閉，白日難留，長鑱陰石，用紀千秋。」

（録自《中州冢墓遺文補》）

咸通〇二五

【蓋】 失。

【誌文】

范陽盧氏室女墓銘有叙 鄉貢進士崔褧纂

皇唐咸通癸未歲正月廿八日，范陽盧氏女以疾夭于東都懷仁里，享齡廿六。越月廿七日，將葬於洛陽縣平陰鄉北陶村之原，其兄潛承母夫人之命，乞銘于崔子，且曰：吾妹以慧悟之姿，發齠齓之歲，幽閑窈窕，克協於詩禮，蘋蘩簒組，不資於傅姆，既笄年，以成德宜象，服於侯門，景命不融，短期斯及。先是，太夫人疾痛在躬，星霜亟變，至於起居之節，寒燠之宜，必能先意承順，動無違者。勞心以遘恙，勤力以彫年，不其孝者歟？烏呼！挺是純懿，天則不與其壽，付是淑質，天則隨降其酷，竟何爲哉？蒼蒼茫茫，宜不可問也。自大父而上，皆彰灼世系，標映圖諜，故得略而不書。父諱戎，皇朝邠寧節度推官兼監察御史。今所歸葬，實先君之墓次。銘曰：

蘭芳菊秀兮鬱有華姿，霜彫雹碎兮飄零若斯，昆弟悲涼兮寃纏母慈，秀而不實兮古則有之。可奈何？烏戲！

（録自《安徽通志金石古物考稿》二）

咸通〇二六

【蓋】失。

【誌文】

唐故盧府君墓誌銘并序

君諱榮，望本幽州范陽郡。盧氏之先人，自承神農皇帝之苗裔，太公之胤緒，因齊丁公之夫人生一子□□盧字分明，至晉之代，盧雄爲尚書，出遊南郊之上，見清河崔皓之墳，化作一宅，盧雄至宿□日，出門迴顧始見，方知是墓。其妻後至三年外，送一孩子與盧雄，封左丞相。此是鬼子盧得姓盧處。祖聞□□名令德，無憑可書。翁諱希，高道不仕，節義共推，文武允誠，孝□惟美，進退有度，動静合儀怡厥遠彰，可爲子孫之高範也。府君有□□忠信，克己從人，怡然養神，縱心樂道，於咸通四年三月九日然即世。嗟呼！天命不祐，誠可悲也。享齡八十。夫人徵族彭城劉氏。淑德清閑，母儀肅著，爲嬪有典，爲婦遠彰，訓子擇鄰，□庭問禮。育子三：孟曰公政，中曰公誼，季曰公佐。并以痛此罹禍，切骨傷心，攀慕何偕，血霑郊草，劬勞仰謝，用答懃成。筌其年三月廿三日乙酉合祔於郡壘西北三百步平原新塋而禮也。其土實，其崗壯，其林茂，其草肥，其形端，其塋麗，四神俱□，萬古之塋，咸備斯也。孝等皆以絶漿泣血，心已痛然，□高掩墓，鬻軀孝友，逾於董蔡，以兹表德，誰可逮諸！屠裂五情，仰□無訴，今敢□誠上告，罄家奉塋。恐年代將遠，陵谷有遷，乃述斯文，以□銘：

厚地玄堂啓，良辰厝至靈，愁雲昏冪冪，苦霧□□□。逝水沉仁傑，高天隕德星，會稽臨岸塚，玉□□□銘。

孫男福和、福受、敢郎、十五。

（録自《汾陽縣金石類編》卷二）

咸通〇二七

【蓋】　唐故廣平程府君墓銘

【誌文】

唐故集賢直院官榮王府長史程公墓誌銘并叙　鄉貢進士温憲撰　男進思書　男再思篆蓋」

程氏之先，出自伯休甫，其後程嬰，春秋時存趙孤，以節義稱，故奕世有令聞。」公諱修已，字景立。曾祖仁福，左金吾衛將軍；祖鳳，婺州文學；父儀，蘇州醫博士。」公幼而專固，通左氏春秋，舉孝廉，來京師，遊公卿名人間，能言齊梁故實，而於」六法特異稟天錫，自顧陸以來，敻絶獨出，唯公一人而已。大和中，陳丞相」言公於昭獻，因授浮梁尉，賜緋魚袋，直集賢殿，累遷至太子中舍。凡七」爲王府長史。趙郡李弘慶有盛名，嘗有鬭雞，擊其對傷首，異日，公圖其勝者，」而其對因壞籠怒出，擊傷其畫。李撫掌大駭。昭獻常所幸犬名盧兒，一旦」有弊蓋之歎，上命公圖其形，宫中畎犬見者皆俯伏。上寵禮特厚，」留於秘院，凡九年。問民間事，公封口不對，唯取内府法書名畫日夕指擿利」病。上又令作竹障數十幅，既成，因自爲詩，命翰林學士陳夷行等和之，盛」傳於世。公於草隸亦精絶，章陵玉册及懿安太后謚册，皆公之書也。」丞相衛國公聞有客藏右軍書帖三幅，衛公購以千金，因持以示公。公」曰：此修已紿彼而爲，非真也。因以水濡紙抉起，果有公之姓字。其爲桃杏百」卉蜂蝶蟬雀，造物者不能爭其妙於其際，仍備盡法則，筆不妄下。世人有得」公片迹者，其緘寶躭玩，千萬古昔。公嘗云：周侈傷其峻（周昉。），張鮮累其澹，（張太府萱。）盡」之其唯韓乎？又曰：吴怪逸玄通，陳象似幽悉，楊若痿人强起（庭光。），許若市中鬻食（琨。）。」性夷雅疏澹，白皙美風姿，趙郡李遠見之，以爲沈約謝眺之流。大中初，詞人李」商隱每從公遊，以爲清言玄味，可雪緇垢。憲嚴君有盛名於世，亦朝」夕與公申莫逆之契，高遊勝引，非公不得預其伍。公又爲昭獻」畫毛詩疏圖，藏于内府。以咸通四年二月一日遘疾，殁于昭國里第，享年□十」九。先娶葉氏，有子三人：長曰進思，鄜州甘泉主簿；次曰退思，品致尤高妙，與」公迹殆相亂；又其次曰再思，於小學所不通，工篆籀，其爲狀澹古遒健。後娶石」氏，有女二人，長適滑州韋城縣尉景紹；一女幼。石氏亦先公而亡，以其年四」月十七日葬于京兆府萬年縣姜尹村。憲嘗爲詠蛺蝶詩，公稱其句，因作竹」映杏花，畫三蝶相從，以寫其思。其孤以憲辱公之眄，遂泣血請銘，銘曰：」五曜垂晶，羣山降靈，鍾兹間氣，瑞我昌庭。遇物生象，乘機肖形，」情通肹蠁，思入微冥。顧陸遺縱，曹張舊轍，芳塵寂寥，妙迹蕪絶。」故事空存，神毫永輟，千齡萬祀，慘澹夷滅。」

（周紹良藏拓本）

咸通〇二八

【蓋】失。

【誌文】

唐故揚州海陵縣丞張府君墓誌銘并序　朝請郎前行孟州濟源縣丞李瓌撰」

君諱觀，字利賓，常山人也。軒轅建國，弦弧受氏，或才稱三佐，或位處帝師。留侯以五代相韓，安」世以七葉榮漢，時稱盛族，代有英賢，令德餘芳，襲于今矣！君則西漢常山王耳之後，五」世祖謙，皇青州刺史、涼國公；高祖脅知，皇夏官郎中、襲涼國公；曾祖父相皇揚州海陵縣令；祖」成則，皇萊州録事參軍、贈諫議大夫；父佃，皇大理評事；自青牧至廷評，皆廣度大節，高格直」躬，爲搢紳所尚。妣東平吕氏。君廷評之嫡長，親伯公儒，皇秘書少監，行冠人倫，德推朝野，才」高嶽峻，聚學泉深，貞元廿一年擢上第於進士科，揚歷中外，美譽夙彰，僉曰才學高潔，令」嗣襲其性，公清涖事，猶子得其風。由是孜孜爲理，克嗣家聲，撫幼卹孤，咸得其所。開成四年黔」南廉使諱沼，君之宗也，以行義超擢，奏奉禮郎，充巡官，曾無厚己之心，頗著佐賢之美。會」昌二年，以使銜旨授左監門衛録事參軍，施董録而有方，臨扃鍵而無闕。大中六年，再調」授揚州海陵縣丞。節使以替貳抑精通，兼職採能效，大中七祀，相國杜公委總陵亭場務，操斷」逾年，頗更積弊，俾其曹吏鄉里咸暢，公清之長，囷倉帑藏，皆無逋闕之非。君其行其德，其」孝其義，非小才能紀矣。早娶親舅城門郎復之長女，生一子，不育。吕夫人令淑有聞，不幸早世。」會昌二年，再娶隴西李氏，即高宗皇帝六代孫。元舅彦回，襲封嗣澤王。生一男瑜，年及弱冠，已」有宦序；二女，長未及笄，次尚齠齓。別子一人，君之長男；別女二人，一人適河間劉佩，一人適河南」房勳。咸通壬午歲復調，明年，授蘇州海鹽縣令。吁！未及宣政一謝，疾釁脛瘫逾月，求理」良藥名醫，知無不作，福不與善，斯禍返遘，咸通癸未歲三月廿九日，啓手足于京兆靖安里」隴西妻族之第，享年六十有一。以年不便氏，卜得其年四月廿三日權厝于河南府河南縣金」谷鄉泉源里。其子瑜，泣血號跪曰：請以先人之行，盡于舅之文。瓌□□□親懿分殊，不」愧無鄙，用紀時祀，揮灑興悲，□□

□終，不盡□君之美。銘曰：」
孰君之履，慕君之風，行爲□比，福何□□。」惟君盛族，惟余之親，文靡可採，□□□□。」嗚呼天道，善何不福？偉矣賢士，隟駒何速？」握管酸辛，嘆惟□□，刻辭□□，□標泉谷。」

（河南千唐誌齋藏石）

咸通〇二九

【蓋】失。

【誌文】

□□□□□□□□□□墓銘并序　舅朝議郎前守河南少尹賜緋魚袋崔碣撰并書」

世之言胄緒者，皆以後魏爲肇啓，殊不知必宋之子，必齊之姜，詩人之詞已著；姬姓日也，異姓月也，呂□」之夢可徵。所以綱紀大倫，燮和至化，若星辰之昭宣天道，山川之經界地理。故詁訓以關雎爲正始，春秋」以怨偶誡禍亂，前稱秦晉之疋，後有王滿之殫，錙銖可評，雲涯斯隔。近代稱李河内、盧河間爲門户之標，」□人物之津梁。隴西李夫人即河内公禧之六代孫也。曾祖貽謀，右清道録事參軍；祖協，婺州録事參軍；」□文冏，大理評事襄州節度推官；皆以清簡自持，繁熾爲誡，守先賢止足之分，追往哲舒卷之懷，道畏□」□，身榮天爵，故名□西土而□□□□。夫人故涇州從事盧端公逢時之妻，碣伯姊之女也。端公之道」德門地，備于鄭中丞之前誌，今不□書。夫人外六代祖尊諱玄暐，特進中書令封博陵郡王。匡周之」勳，安劉之業，銘于鐘鼎，載在册書。外五代祖尊諱璩，禮部侍郎博陵郡公。與道士司馬公子微、趙」公貞固、盧公藏用爲莫逆之交，才識文學，俱推第一，語在陳公子昂集序。高王父尊諱渙，門下侍郎」平章事贈右僕射。位卑赴調之日，吏部嚴公挺之别設高榻于千百人中，延公就坐，試彝鐏銘。曰：以」公清廟之器，故爲篇目。及居相位，果以斥逐奸臣，出守遠郡，事在國史及廣人物志。曾王父尊諱」縱，太常卿、贈吏部尚書。賊泚之亂，天子蒙塵，説懷光之兵，解奉天之急，兩爲御史大夫，皆留軌範，爲」朝典刑，事在德宗實録。王父尊諱元加，睦州刺史、贈工部尚書，未申經濟，獨存志行，號天叩」地，攀恨何及。崔氏之姻□□□□者十一世，校之他門，未見其比。至于軒冕中外，文學勳德，光乎竹」帛，被于邦家，固非私門之敢□有。夫人承内□□積善之慶，爲閨閫命世之賢，言必析微，動皆舉正，不俟」姆訓，自然老成，怡聲于問□□□□侍膳藹有□稱，籍甚六親，遂致名賢，來求邦媛，范陽氏如泉派分，如」山競秀，定其優劣，或得而言。僕射李公□、司徒鄭公餘慶，門望孤絶，流品標極，皆我之自出，故迥拔諸宗，」決以擲盧，豈俟呼白。及鳴珮辭家，□□拜慶，候寒燠起居之節，奉蘋藻滌濯之勞，夫之宗姻，盡其愛敬，下」及童孺，皆感能賢，禮經内則之章，我乃備有其行。洎從宦于飛，職修中饋，具賓客之饔飧，追耕耨之饁餉，」雖冀缺之家，梁鴻之室，莫余及也。訓子之義，必先禮教，得孟母三徙之旨，故中第于羲文；勵班氏七篇之」誡，故作嬪爲令婦。及其哀當晝哭，身稱未亡，專政于家，律下有則，峭潔規矩，財成物務，古稱敬姜，吾無媿」也。嗟乎！造化無全功，書傳無求備，卦有損益，象有虧盈，雖門風家聲，烜赫鄉曲，而康寧壽考，嗇于冥數，豈」物理然乎？抑天所命也？抱疾累年，板輿就養，以咸通四年三月三日謝世于河東府之官舍，春秋五十一。」以其年五月廿九日，歸葬于河南府河南縣伊汭鄉尹樊里端公之塋，柱史後也，用周道焉。一子曰勉，幼」而自立，少登學科，名譽克宣，躬問乃至。

河東劉公，國之賢諸侯也，慕其行義，兩有嘉招，豈同一紙之」書，再展初筵之禮。二女素禀家風，早嚴閨訓，本乎孝愛，資以肅雍，式是母儀，克光婦道。長女適鄭中丞處」誨，司徒公之孫也；次女適前考功鄭員外延休，今相國公涯之子也。二壻門閥人才，如揭日月，懸于太清，」焜燿八紘，瞻仰萬類，他難得而形似。若非夫人之積德累行，家至户就，豈能致名臣賢士慕羶就燥而至」哉？碣幼失怙恃，鞠育于姊，耨以櫛沐，溉以羹飤，不凋不枯，殘生餘氣，故夫人在諸甥別深恩義。詩曰：」我見舅氏，如母存焉。夫人之情也。每視夫人，追感伯姊，余之志也。此望既絶，悲痛何已，中丞以碣親親」之分，必詳行實，故委銘勒，非所取才。余亦欲叙夫人之德美，報伯姊之慈惠，故不敢讓。銘曰：」麟鳳龜龍，王者嘉瑞；李鄭崔盧，姓之名器。千古推高，九流仰視，既分清濁，固有詮次。□掛懸衡，如揖涇渭，我之二姓，其來一致。皆居上流，盡爲極地，豫章育材，藍田産玉。世濟賢哲，誕兹令淑，年總在家，已備四德。環珮從人，克明内則，事姑之行，煩褻是職。夙興夜寐，盡心宣力，上奉粢盛，下和親戚。誰不告勞，而我無斁。爲善之報，家乃其昌，男以才進，女以道光。命之匹敵，皆遂賢良，既享具美，宜壽無疆。如何不淑？使我悲傷。伊水北臨，鑿龍東趾，氣象迴薄，崗阜隆起。啓彼舊封，歸祔于此，山號萬安，豈虞遷徙，骨肉之情，長懷無已。」

（周紹良藏拓本）

咸通〇三〇

【蓋】失。

【誌文】

前邢州刺史李肱兒母太儀墓誌　前邢州刺史賜緋魚袋李肱撰」

有陳氏子，會昌三年，年廿一，以色以藝□妓」於予，及今廿一年矣，有男子五人：長曰小太，」次曰蒙兒，又次曰金剛堅，又次曰小堅，最幼」曰郡兒；女子二人，皆早不育。咸通元年，予以」其諸男萃萃相次，粗知詩禮，遂册其名曰太」儀。太儀聰慧女，貧處身有道，事長待幼各盡」其禮，予甚重焉。而又妙通音樂，曲盡其妙，兼」甚工巧。咸通四年四月十三日終于東都宣」範里私第，享年卌三。小太等號啼晝夜，攀惜」慈母，行路之人所不忍視。以其年六月五日」葬于河南縣界平樂鄉王寇原，禮也。慮陵谷」遷變，故刻石以爲誌。銘曰：」

母以子貴，禮有明文，太儀五男，」必有達者，吉時令月，歸葬中野，」□□□□，雖壽不永，宜安長夜。」

（周紹良藏拓本　河南千唐誌齋藏石）

咸通〇三一

【蓋】失。

【誌文】

大唐幽州節度隨使押衙銀青光禄大夫檢校國子祭酒太原王」公夫人清河張氏墓誌　鄉貢進士李玄中撰」

夫人姓自軒轅之弟子揮始造安實張羅網，世掌中其職，遂爲」氏焉。夫人家族奇常，洪惟茂著，精妙淑氣，稱」善人寰，奉養盡心於晨堂，婦道飽恭於大族，可謂金」玉顯明，禮樂嘉世，惟孝其德，惟顯其仁，暨立規風，温顔内外，實」可比於行狀也。」祖萬友，父少清，魯儒相襲，業善何曾，不仕王庭，取姿優」逸，古今之有也。于嚱！輪摇小焰，劫促年光，」夫人無何以咸通四年正月廿日寢疾，至五月廿四日，終于幽州」幽都縣界勸利坊私第，享年六十有一。嗚呼！行路悼焉，姻親感」慟，子孫泣血，僉曰孝門。」夫人有子四人：長曰弘泰，見任雄武軍平地栅巡檢烽鋪大將、游擊」將軍、試左驍衛將軍，文武全材，君親選寄，弓開落雁，詞逸横」科；次曰弘雅，次曰弘籍，次曰弘楚。咸著義方，俱脩禮樂，壯年當代，名即其」成，時謂曰弓裘不墜矣。」夫人以七月十三日禮葬于幽州幽都縣界保大鄉樊村之原也，嗚呼哀」哉！愴兮窀穸。知白楊早落，慮青松後彫，代變人移，紀之陵谷，乃鏤」其石，保其始終。銘曰：」

人寰何限兮流年光，冥路何促兮空蒼蒼，明月照墳兮下泉客，」春秋來去兮高白楊。煙雲凝思兮埋古崗，風光聲哀兮成慘傷，」陵谷變移兮朝與暮，寂寞終天兮堪斷腸。」

哀子弘泰書，　楊君建刻。」

（周紹良藏拓本）

咸通〇三二

【蓋】失。

【誌文】

維唐故隴西李府君墓誌銘并序　鄉貢進士馬郁撰」

顏子淵死，孔子曰：德行厥躬，不實殂落，命矣夫！盛哉歟！府君之德壽也。府君名扶，」其本黃帝孫，顓頊之後。自周秦漢代，翼衛正道，軒冕不絶，至後漢治書御史諱楷生五子，」三子徙居趙，派爲東南西宅，是爲趙郡三祖；二子流寓隴西成紀，而子孫因其家焉。府君即」成紀之後也。曾祖諱紹，清名蓋代，素節不仕；祖諱愔，抱經緯蓋世之才，負宏奥不羈之」略，嘗以珠紫爲玷行之服，簪纓爲拘身之械，固避世林泉，恥於諂諛詭佞，樂道不仕；大父」諱曼，少耽詩酒，長傲風雲，逸器不羣，壯心獨步，直志難摧，厭棄浮名，處士終老。府君」即處士之子也。幼而聰敏，長抱全才，倜儻英明，智有餘仞。冠歲志學，有聚螢積雪」之勤，無便僻進取之佞，承先人之遺志也。優游雲水，靡不臻涉。屆青蒲，以南據吴渚，北」倚秦泓，崗原膏腴，封疆秀林，周視慨然，遂有栖止之趣，於是居焉。及寓于此，二十餘載，官」僚親仁，閭里仰重。門環多士，倒屣之清風大行；席擁琴書，雅韻之良音滿室。悲夫！以」咸通四年六月廿九日終于杜父里之第，享年六十九。嗚巇！生也人敬之，殁也人思之，餘芳」藹然，經時益茂，不朽之譽，孰過於斯。繇是君子佳之。嗣子鉢得先人遺德，不墜弓」裘，沉静而潔己清，敏慧而藝能著。夫人彭城劉氏，少聳婦德，長峻母儀，柔淑洽聞，」規矩可範。生二女：一人適東海徐遜，千卷書生，一枝晉郄；一人從天水趙邯，秀乂温明，松」秋玉朗。夫人汝南周氏，植德無徵，早從風燭，生嗣子翼教有方，致兹右德。育二」女：一人許嫁河東衛從，狀貫英華，傑出人表；一人歸北海儲瑜，温潤而珪璋比容，峭」直而松筠并秀，蓋府君之良選也。咸抱坦腹之材，皆負孤標之格。嗣子娶東海徐」氏，前進士羣之愛女也。箴規自得於家風，儒墨傑彰於君父。嗚呼！子婚身立，女」配令德，君之幹歟？家肥道直，殁無餘累，君之强歟？兆於形有生死苦樂以兒」女之情，悲夫！至明年二月十三日卜葬于縣之兑宜陵鄉白露里之原。鈢號」泣而言曰：盧陵谷遷越，俾陳辭刻石。郁性本無文，謬居是邑，久嚮嘉譽，」因敢直書，握管凄神，乃爲銘云：」

大患既形兮賢愚不一，禀生知兮秀而何實？」必承勢兮以浮以沉，分明滅兮終得終失。」奄利刃於黄泉，埋金石於白日，」在火玉兮寒色凜然，扃重匣兮劍光逾出。」冀神明兮不昧無欺，厚子孫兮禄壽彌溢。」

（録自《非見齋碑録》）

咸通〇三三

【蓋】失。

【誌文】

亡妻滎陽鄭氏夫人墓誌銘　朝議郎行尚書司勳員外郎柱國高湜撰并書」

夫人姓鄭氏，滎陽開封人也。緇衣毓德，滎波漾慶，族稱著姓，家號甲門，人物」軒裳，炳耀圖諜。高祖諱玄之，皇濠州鍾離縣尉；鍾離生皇太原府榆次縣令」諱日新；榆次生皇洺州司倉參軍諱選；司倉生皇鄭州陽武縣尉諱杍材。」夫人即陽武府君第二女也。夫人幼失所怙，元昆早世，」與李氏女兄形影相依，侍太夫人，温清定省，爲姻族稱歎。孝敬柔順，」禀自生知，不資姆師，儀德夙備。年十九，歸于我，潔嚴以供蒸嘗，齋慄以」助怵惕，協和夫族，執恭婦道。余同氣素鮮，彫零已半，唯孀妹季弟，逮孤」姪孤甥，寒衣飢食，取給於我。夫人奉上卹下，實獲我心，允諧篤愛之」誠，雅得肥家之道，資夫人之賢也。

余」先大夫先夫人帷裳未卜歸祔洛師者垂卅載，家素清儉，不營資産，秩」卑俸寡，終寠且貧。前歲龜筮叶吉，大事克終，資夫人之勤也。」加以性情夷澹，心慮靜專，服飾不務於鮮華，言容必歸於簡正，未嘗語僕隸」之過惡，矧姑叔娣姒之閒哉！方期厚福履，延壽考，永尸中饋，必臻偕老。彼蒼」不仁，奪我伉儷，抱疢六稔，勿藥無喜。以咸通四年閏六月十九日終于上都」永崇里之私第，春秋卅有五。有子一人曰商老，年始幼學，哀有至性，孺慕之」慼，親串同悲。別子曰穎叔，曰彬兒，曰羅漢，曰小漢，曰桂郎，曰延嗣；長女適京」兆韋超，次曰峴，曰重，荷長育之深慈，懷充窮之永慕，咸致哀毁，備極孝思。以」明年二月十五日遷葬于河南府河南縣伯樂鄉上店村大塋，祔」先姑，禮也。昔奉倩之傷神，安仁之悼亡，徵其辭旨，不過閨房之愛耳。況余情」義之外，荷周旋而懷德惠，攢萬緒而糅中腸，以是思哀則痛百荀潘矣。華屋」長辭，顧山丘而有恨；浮生共盡，冀存歿以同歸。銘曰：」

如日之春兮如蘭之薰，善匪飾名兮賢唯睦親。家既肥兮德又新，」若鼓琴瑟兮緊我仁人。降命不永兮沉痾驟侵，嗟閱水兮乖宿心。」咸平生之莫追，哀纏綿而詎任，指邙阜兮歸舊阡，卜新兆兮啓幽埏。永決兮終天，茹痛兮何言！」

小子蓬丘，後夫人九十五日，次女虆娘十有三旬，相次夭逝，同以」是日歸窆大塋，直夫人兆正東六百八十步。」

（周紹良藏拓本）

咸通〇三四

【蓋】 失。

【誌文】

唐朝散大夫前行尚書司勳員外郎柱國苗紳妻故新野縣君庾氏夫人墓誌銘并序　從父兄朝議郎守太子左庶子分司東都柱國賜緋魚袋道蔚撰」

咸通癸未歲冬季月既望，夫人遇疾歿于上都昭國里第，享年四十八。以」明年六月癸酉歸葬于河南府洛陽縣平陰鄉陶村之北原，從祔于」先塋，禮也。夫人南陽新野人也。其先太嶽之胤，源流之遠，冠纓之盛，布」在方册，輝焕縑緗。曾祖諱光烈，皇尚書祠部郎中大理少卿，清德懿」範，澡身文雅；祖諱何，皇尚書兵部郎中、澧州刺史，負濟物之才，蘊佐時」之略，纔踰弱冠，疊中科名。公輔之望見許於當代，仕止符竹，命矣夫！父諱」叔穎，皇秘書郎，襟虚沖曠，志尚玄默，莅官以通方著，居家以孝友稱。娶京」兆韋氏，八代祖敻，後周號逍遥公，周史有傳。夫人幼挺淑姿，雅推令範，處」順而動循儀矩，含章而居叶柔嘉。亦既及笄，歸于名士，宜家治内，率禮無違。」會昌中，苗君從事襄漢，其季妹孤姪言歸他門，姻戚之會，車輿接軫，集」其門者咸名人右族，迎迓接見，承顔順適，設醪饌，陳帷帟，豐約之宜，動中於」禮。而又簪珥之飾，纘組之備，皆出篋中，無纖芥顧恡。故韓文公夫人盧」氏，夫黨之表姑也，賢明知禮，與其樊氏女嗟異之曰：家有是婦，可以紀其事」爲軒裳之表式也。至於夫族之長，逮于甥姪，奉上撫下，必盡誠禮。歸于苗氏」逮二紀，以夫昇五品階，加封邑，熊羆之慶，甡然成列，搢紳之榮亦具美，宜乎」克享全福，俱保遐齡。豈謂暫嬰微疢，遽此中奪，天乎天乎！不知所問。有子七」人：曰黯，曰勍、曰魯、曰鍇、曰煦、曰旭、曰曖；女四人：曰鎮、曰瑱、曰萬、曰凝；或將冠」而笄，或尚童而丱，咸端修柔愿，聰敏夙成，孺慕之悲，行路悽惻。嗚呼！異日男」有室女有歸，獨不逮於母儀，斯所以增予之慟也。爰勒貞珉，庶傳淑德，銜悲」敘實，故直書而不文。銘曰：」

逝水悠悠兮東注不迴，浮生冉冉兮寒暑相催，柔明婉嫕兮歸于夜臺，賢愚」共貫兮俱爲塵埃。福善亡徵兮邈難問，光沉薰歇兮緘永恨，延促有定兮或」後或先，自昔皆然兮徒懷深憤。古原蕭蕭兮脩壟峨峨，松阡槭槭兮悲風振」柯，泉扃一閉兮千載不寤，于嗟委骨兮邙阜之阿！

廣文進士鍾輻書。」

（周紹良藏拓本）

咸通〇三五

【蓋】失。

【誌文】

唐故潁川郡陳府君墓誌銘并序　外甥隴西郡李藝集

府君諱直，其先□州潁川郡人也，後乃遷□錢唐縣而家焉。曾祖滔，皇試登仕郎、新易州易縣尉；祖義，皇試文林郎、愛州九真縣尉；考及，并遁跡雲林，高不仕。府君即先考之長子也。禀性踈達，德惟雅操，言不宿諾，行不鞫從，內己嚴恪，外己温恭，少小習儒，長從詩史，鄉讜稱孝，親戚稱慈。何期積善無徵，己咸通五年歲次甲申五月廿一日寢嬰微疾，百療不痊，終於錢塘縣方興鄉金牛里私第，享年六十有九。娶譙國郡蔣氏，有嗣覆陰早失。有子四人：長曰存祐，娶渤海吴氏；有孫一人曰郁郎，女孫二人姹娘、春娘；次曰存議；存制，娶潁陽范氏；存約等；幼集儒墨，强學爲文，每以仁行理其心，常以孝義存其道，不以縱□溢其心，不以繁華飾其體。有女四人：長女適周氏，早歸幽夜；次女適章氏，次女十三娘，閨諱夭逝，鳳舞沈幽，小女十四娘在室，有絡秀之材，道藴之學，四德俱備，三從母儀，内睦外和，六親謙順；各毁不踰禮，望丹旐而痛心，隨孤魂而滴血。妹二十五娘，適李氏，嗟惟庭樹之摧，長乖鄙蕚；十八娘，適滕氏，素質早歸泉扃，嗚呼！逝水難住，何新不故，既享黄髪之期，萬皆盡度乃已。元龜宅兆，卜筮三從，以其年八月十八日窆於履泰鄉步渚原亦俗里考妣之先塋，禮也。扶風子寓寄鄰止，得鄉黨之名，實謂其往若休，炳然斯文，用垂於後。銘曰：

千秋冥冥，松青蕭索，山雲晝陰，隴月朝落。秋風蕭蕭兮寒水渌，長江一去兮無迴復，冥冥魂魄兮何所依，兒女肝腸兮斷難續。天地日月何沉昏，猗歟克己兮命不存，傷哉此去不復返，千秋萬古扃泉門。

魯郡祝位鐫字。

（録自《古刻叢鈔》）

咸通〇三六

【蓋】失。

【誌文】

唐壽州□□□□嚴公墓誌　布衣王茲撰

公諱密，字元之，其先天水嚴氏之後。父□□□祖諱進，不仕。公□□□長沙秦氏。公無昆仲，片玉獨美，貞松一枝，氣惟竦而直，言惟約而至，以此而居禄，凡五十年，齡壽凡六十六。中以敬而仕，內以謙而履，無易言，無載諾，無變其節，無反其理，府人謂之忠厚，邑人謂之君子。至於討窮塞，破戎虜，例勇前兵，名冠於首。大中七年，壽牧燉煌令狐公別奏公，用答勞效，則團練押衙管右一（缺。）軍（缺。）等將（缺。）作坊修造使、朝議郎、檢校國子祭酒、上柱國（缺。）咸通四年秋九月疾於春申坊私第，晨或云愈，夕以云加；功罔於醫，味爽於藥，出□□□以至終歿。妻吴興姚夫人。有子一人彥思，衙前虞候；女一人，禮歸隴西李泰。公家世自秦州，而歸於壽，凡一百廿載。噫！彥思雨血不止，有過其禮，慟絶不已，有傷其體。明年秋八月中旬，窆於壽東二里黃公鄉春申坊，附先塋也。丹旐俄飛，涼（缺。）隨入（缺。）車何之虞泉以期，公深友于兹，故以誌之。銘云：

公以素直，而奉其國，公以勞謙，而守其則。六十六年，齡算已得，四十五載，禄食無或。一子紹嗣，一女令德，倏從臥疾，禍不可剋。幽泉是歸，千古以默，白楊愁人，世人悲塞。

（録自《安徽通志金石古物考稿》二）

咸通〇三七

【蓋】失。

【誌文】

唐故天雄軍節度九軍都知兵馬使銀青光禄大夫檢校國子祭酒兼殿中侍御史清河張府君墓誌銘并序

鄉貢進士盧兼撰」

張氏之系，起於清河，弁冕相承，具前大墓文記。」公諱諒，字知仁。曾祖諱聿，皇恒王府參軍；祖諱詠，皇殿中侍御史，」贈將作少監；烈考諱經，皇黎州刺史，充本州招討使；尊夫人太原王」氏，封太原郡君。公即使君長子也。氣質豐雄，襟懷曠遠，忠孝生於天」性，信義睦于人倫。後以選部有期，將榮結綬，未幾，丁使君喪，服除之後，不幸俄」悲同氣蒼卒之變，故不忍違離色養，綵衣之慶，以悦朝昏。至咸通歲」直辛未，屬公之親舅大夫太原公建節秦州，寵于起復。公」姑務拜祝，疾届雄藩，亞相悦其來曰：吾臨莅之初，方條貫軍府，嘗諳爾」幹蠱。今不遠千里來，欲命爾武衛，奏職牙庭，裨吾鎮撫。何如？此則踵班定」遠之擲筆不殊也。公歛容謝之曰：文德武略，飛聲悉齊，思在軍前，是襲」弓劍。尋授憲銜殿中侍御史，充天雄軍節度九軍都知兵馬使。櫜鞬暈然，出入」全盛，大爲軍府之所愛慕。其奉職多酬元戎内舉之意，甚有裨益。方俟輝映，」以光户庭，無何遘疾沉緜，禍由兹結，醫禱萬計，效無一毫。即以五年甲申」五月廿六日終于秦州私第，享年卌六。凡在親舊，相弔酸鼻。由是元」戎銜悲資遺，勒麾下護櫬歸東都。郡君尊夫人撫棺長號，淚盡繼」血，爰啓龜筮，窆之有期，是年十一月十九日葬于河南府洛陽縣平洛鄉朱陽」里，祔使君之塋側。有子七人：伯曰釗，仲曰鍘，季曰鐵，餘稚未名。女二人，」皆年小未秉刀尺。嗚呼！公生爲王孫，中外富之且貴，竟未嘗以輕肥自」得，惜哉短世，其可詰乎？兼早辱公之眷勤，又荷公密親諮議李公相厚，」諮議以郡君尊夫人請墓記，幸親牆仞，執讓非宜，退敘高風，乃撰銘曰：」

落落王孫，諸侯之子，忠孝兩全，文武雙美。」年方鼎盛，職係扶陽，金羈照地，玉劍明霜。」鞅掌軍前，動風揚采，好勇縱横，奮謀遠大。」未容展效，疾釁斯臻，纔驚朝露，已歎隟塵。」短世不施，豈非陰定，利鋭何先，摧傷何倂。」塗蒭告辦，封樹乃成，袝于大墓，千古松聲。」

妹婿銀青光禄大夫檢校國子祭酒前袁王府諮議參軍侍御史李慶復書。」

（周紹良藏拓本　河南千唐誌齋藏石）

咸通〇三八

【蓋】失。

【誌文】

前長安縣尉楊籌女母王氏墓誌」

王氏小字嬌嬌，長號卿雲，汴州開封人。幼失怙恃，鞠」於二女兄之手。長女兄以善音律歸于故相國盧公」鈞，卿因女兄遂習歌舞藝，頗得出藍之妙。弘農人初」以音律知，遂用綵問於女兄。唐咸通庚辰歲子月遂」歸于楊氏。未幾，楊子以罪逆受天罰，待死于長」安萬年裔村曰庫谷，王氏固非宜留，將歸女兄，堅不」去，愿同疚于荒墅。」太夫人念其孝謹，因許之。寒暑三周，備嘗荼蓼，奉」上和衆，端貞柔淑。在楊氏五年，束如一日。楊氏德其」孝謹，遂忘前所謂出藍之妙，方思微霑俸禄，且酬其」勞，不幸以甲申歲午月遘時癘，姙且病，醫餌有所妨，」故夭豎得以成禍，以其月四日誕一子，子踰臘而終。」銘曰：父王母高兮作媵于楊，始以音知兮終于行彰。」其家千指兮劍戟鋒芒，處于其間兮卒無短長。」善非爲善兮天受其臧，心雖猶面兮無從而傷。」楊子命奇兮荼蓼備嘗，衣不暖體兮食不充腸。」歲月遲遲兮五周星霜，人不堪憂兮卿不改康。」宜有豐報兮白首相將，如何天奪兮二九其芳？」風露猶清兮日月猶光，蘭薰玉潔兮不可弭忘。」

（周紹良藏拓本）

咸通〇三九

【蓋】失。

【誌文】

唐高陽許公夫人譙郡戴氏墓誌銘并序」

夫人之族也，戴武宣穆，昭于前史。王父諱昇，皇考諱文哲。」夫人天垂伊婺，神降茲容，四德夙成，六姻馳譽，才擅楊花之妙，詩明□」木之姿。蘋藻既芳，德禮兼著。高陽公太夫人即夫人之嫡姑也。」太夫人鑒逾叔向之親，識叶子輿之母，以夫人之淑德，乃百兩而迓」之，鄉里姻屬，莫不榮慕。夫人克修婦道，輯睦閨庭，内則之名，饎敬之」義，俾鴻室倒屣，郄偶望塵，侔諸古人，此無慚德。繇是琴瑟胳契，絲蘿載」春，謂齊眉之永歡，曷解珮而淪蹟。以咸通六年春二月二十有四日卒，」享年二十有三。育一女。即以其年夏四月二十日葬于三角山之陽。於戲！」大塊茫茫，載之以形，鼠肝蟲臂，孰固其生？蟪蛄朝菌，孰究其情？天何言」哉！愍茲凋隕。泉臺黯恨，魂迷破鏡之前；芳樹含悲，吟斷晴窗之哀。誠安」仁之苦思，匪莊生之奥詞。幽顯俄然，古今永矣！劚琢貞石，謬請爲銘。」銘曰：」

朝雲散兮露言晞，香奩去兮魂不歸。魂兮魂兮何處？」念素壁之遺挂，痛錦字之閑機。嗚呼哀哉，終古依依。」*

* 原石自左至右行文。

（周紹良藏拓本）

咸通〇四〇

【蓋】失。

【誌文】

唐咸通六年五月十六日，鄉貢進士孫備銘其妻葬於河南府」河南縣邙山杜翟村祔大塋。嗚呼！夫人于氏，河南人也，其始宗」於漢，高門之所昌，厥後世有勳哲，至唐滋用文顯科爵。高祖」諱肅，入内庭爲給事中；祖諱敖，宣歙道觀察使；父諱珪，不欺暗」室，韜踐明節，其聲自騰逸於士大夫，上期必相，時君康天下而」壽不俟施，首擢第春官，赴東蜀周丞相辟，入藍簿，直弘文館，纂新」會要，皆析析藻雅。時宰執超擬補闕，會有舊懿昵間當軸，衆亦」以公不妨矣，丐已之。今崔冢卿故賢相，金陵幕中監察御史裏行。」妣弘農楊氏夫人，外王父左馮翊太守諱敬之，韓吏部、柳柳州皆伏比賈」馬，文章氣高，面訶卿相，豪盛之非，蓋不得爲達官。念一女德此生以」妻之，卅而逝。悼之，移愛於夫人。夫人纔語步，洞人機矚，聞金絲喉響之」美，效箴管女工之妙如老手，況謙淑怡邃，仁而嗜施。馮翊彌顧於二子，」不斯須去之。外姑幼與太夫人爲中表善，始撫腹期爲二親家，楊老」舅喜聞之，飛檄盟太夫人，且器小子於髫丱，賄金帶誓之。馮翊殁世，夫人」方還侍金陵，大中七年，年十八，余冠有二歲。先君率太夫人徵金陵舅」如約，故余與金陵二世於外氏重姻，其懿也如此。況夫人厥姿，天人之餘，下筆成」詩。皆葩目滌耳。誦古詩四百篇，諷賦五十首。奉太夫人闔族如謹，其釋氏」者日恭。噫！何不遐祚於六珈哉？蓋天始華余，以夫人偶之，而天竟咎余，使」夫人夭之。果不才一紀八黜於小宗伯矣。二年垂成，爲中外反擠而貢所匿者。夫人恚」泣成疾，忽一日强出侍太夫人之側，叙謝始終之恩，退染毫追銘外王父之煦命，介」奉蜀倅舅亦檄所憾者。未浹旬，以咸通六年二月八日終於上都永樂私第，享」年卅，可謂死不忘其恩矣。有男三人：長字道全，始十二歲；次天奴，五歲；次猧兒，四」歲；一女汶娘，十歲，今更名賀老；其不育者二女，鳳娘，四譙。銘曰：」

嗚呼夫人！女節婦式之餘，其淑惠篇藻感激始終之義，可以折二三守」（以下誌側。）規之士矣，以斯垂芳，又何媿年祿不芳者耶？況忍擠夫人義殁」者耶？江總題陳將魯廣達棺云：黄泉雖抱恨，白日自流名，悲君」感義死，不作負恩生。今誌我夫人，斯亦云云。」*

（周紹良藏拓本　河南千唐誌齋藏石）

* 末三行刻於誌石左側。

咸通〇四一

【蓋】失。

【誌文】

故楚國夫人贈貴妃楊氏墓誌銘并序　翰林學士朝議郎守尚書户部郎中知制誥賜紫金魚袋臣劉允章奉敕撰　翰林待詔將仕郎守四州司馬臣張宗厚奉敕書　翰林待詔承奉郎守建州長史臣董咸奉敕篆

維咸通六年歲次乙酉四月辛亥朔十九日己巳，楚國夫人楊氏薨於大内，享年三十有二。皇帝震悼，不視朝者一日。越翌日，贈貴妃。以其年七月廿三日，葬于萬年縣崇道鄉夏侯村，禮也。皇帝悼蕣華之夙殞，嗟掖殿之凝塵，顧視神傷，綢繆睿睠，將存懿範，用飾遺儀，遂詔侍從之臣，受以彤管之史。臣實當御，承命直書。貴妃弘農人也，受氏有周，分茅往漢，伯僑蓋得姓之始，赤泉乃啓土之侯，派自河汾，誕生淑哲，以良家子選居禁掖，而待年于公宫。天付凝華，柔明有素，漸清于保姆之訓，肄習於婉嫕之儀，悦詩禮以自持，頩薄怒而莫犯。洎乎顯迴天旨，恩拜御中，無錮寵妒媢之心，有蹈和納順之譽。德隆坤則，祚集靈祥，嘉夢屢兆於國香，甲觀亟延於皇胤。金相璿式，玉度蘭儀，慶洽代梁，運遷舟壑，降齡甚促，真宰何言？然而截道驚飆，薪火罷續，清問不及於蒙袚，徵醫無建於秦俞，用是纏悲，宜乎怛化。借使雲陽山下，未央宫中，通靈建臺，致神設帳，烈丕誕之方士，祖故態於文成，徒示勤求，詎瞻髣髴。千載兮何有，寧一遇之可期，所以深軫皇情，式備隆禮，刻銘貞石，用慰玄扉。詞曰：

珪月圓明兮中凝瑞光，猗蘭擢穎兮總翠含芳。何陰雲之倏起兮，殷維夏之繁霜。顧明豔之俄失兮，徒怊悵以仿佯。慟皇情兮夙駕，去閶闔兮適中野。圖甘泉兮何爲，想樂池兮同大夜。修容物兮禮有終，緘永恨兮意何窮？

中書省刻字官臣强琮刻字。

（録自《陝西金石志》卷十九）

咸通〇四二

【蓋】大唐故鄧府君墓誌銘

【誌文】

唐故鄧府君墓誌銘并序」

府君名瑫，其先本貫蘇州，望于南陽，今居」揚州人也。祖璿，父諱仲元，外氏夫人丘氏，」府君即丘氏之生。府君立身禮義，孝行承家，」光儀雅族，以顯求安，居然自守。處衆謙和，執心」無二。善聞樂於經教，布施普濟孤貧。何期」遘疾，以咸通六年六月廿四日終于江都縣市」東北壁私第，春秋六十四。有男四人：長曰款，次」晦，次男胡兒、小虹；有女三人：長女適於王尚書」之男，次女在閨；二男一女，幼在嬰孩。府君先娶夫人」李氏，不幸早亡，再娶韋氏、王氏、李氏，並先於」府君而逝。男則敬其廊廟之器，女則笄而蘭」姿，皆泣血悉感於鄉閭。以其年七月廿七日祔于」李氏就墳之塋來鳳坊之原，禮也。銘曰：」

夫人先逝，鳳悲影沉，府君後歿，劍恨孤雄。」森森松栢，颼颼寒風，泉門一閉，永古至今。」

（周紹良藏拓本）

咸通〇四三

【蓋】失。

【誌文】

唐故郝府君墓誌銘并序

君諱秀誠，其先周襄公之後緒，其胤係族望太原。皇祖諱道進，高尚不仕，清素自怡，克儉於家，禮讓爲性，敦厚博雅，謙恭叶和，於事不揚其能，於黨不競其理。皇曾祖觀鷙隼於雲衢，羨周雞於𨚗尾，漱流枕石，長誦清風。頃以時逢草亂，失於謚諱。祖妣郭氏，曾祖妣温氏；并坤儀立姓，柔順爲心。依孟母之規，禀曹家之矩。君見識高深，風神不雜，接友以誠信，訓子以義方，言常柔和，行必政直，招賢納士，濟物恤人，蓋達士之用心，亦君子之自性。奈何積善無慶，翻此災遭，靡㽷一朝，蒼卒凶禍，時大中二年十月廿九日，歿於私第，春秋享年五旬有四。驚嗟行路，哀慟里鄰，飛雪增悲，寒雲助慘。夫人樂安孫氏。水鏡方之皎潔，松篁比其貞清。恨孤鸞獨飛，痛一劍先缺，淚默斑竹，慟哭崩城。嗣子三人一女：孟曰忠憲，仲曰忠信，季曰忠順，并號天叩地，屠裂肝心，泣血絶漿，杖而後起。乃授慈親誨示，戮力罄家，便擇大中三年己巳歲正月丙辰朔十八日癸酉遷厝於西河郡城北二里內沮洳鄉創置新域，兼合祔祖考妣，同塋別穴而禮也。其□地圢土□木榮，四神悉臨，五山咸勝，慮時有改易，物無定生，遂勒石記銘，以彰後代。詞曰：

魂去冥冥，歸於蒿里，樹響風悲，山昏雲起。痛乎倉卒，傷乎逝水，嗣息罄家，凶儀合軌，兼祔翁婆，雙墳壘疊。

夫人孫氏，至咸通六年八月廿四日奄逝□于苹堂，甲子六十有七。嗣子等感重恩罔極，其年九月六日就塋告終合祔而禮畢。新婦張氏、武氏，孫男壽郎、八兒。*

＊末兩行係補刻於空白處之文。

（録自《汾陽縣金石類編》卷二）

咸通〇四四

【蓋】失。

【誌文】

唐守河南府陽翟縣尉崔君故夫人滎陽鄭氏墓誌銘并序　鄉貢進士清河崔曄撰并書」

夫人姓鄭氏，諱娟，滎陽開封人也。曾王父守廣，司昇州倉事，王父」早，尉京邑之富平者；顯考魴，以行學藝望登諫署，歷臺省，刺九江，」官至尚書倉部郎中。夫人司庾之次女也，出范陽北祖盧氏司亳」州兵事曰慎修，實夫人之外王父也。系望清華，甲於他族。會昌中，」先舅尚書府君永惟承家之難，爲長子今陽翟尉行規慎柬柔」明之配，以佐蘋蘩之重，夫人以發聞之美，景辰歲，來展婦儀。服」勤祀事以潔敬誠盡稱，祇事」先舅以恭順孝恪聞，處娣姒間無違言過動，遇幼下輩無疾聲忤」色，動中矩則，欲不踰閑，以曉暢内職，推高於姻屬間。家臣耋嫗預」聞前事者，皆以爲能解不可及。洎食王畿禄，度周星，得風恙，醫」砭禱覡無所不至，竟不能起，以咸通六年七月四日終于洛陽縣」毓德里之世第，享年四十五。問龜得其年冬十月甲寅，安兆河」南縣平樂鄉杜翟村，祔于皇姑，禮也。迨疾亟，以不終養母夫人爲恨，他無所及。息男六人：」曰諷、曰調、次通兒、小通、三通、多兒，以幼字列之；夫人捐館六十五」日而多兒夭。悲夫！女子子一人曰申娘。或總角勝衣，或齠齓乳哺，」哀哀至性，傍感無心。兄長厚齊體之義，痛失内助，傷神洵涕，」命其季曄鋪紀淑美，置于墜路，以永陵谷云。銘曰：
婉彼靜女，慶承華胄，來嬪君子，潔我籩豆。婦德孔修，婦工允」究，維工如何？纂組文繡。維德如何？
克和長幼，率蹈典禮，雅符節」奏。紀半齊眉，六子隨柩，上祔邙原，永昌厥後。
韓師復刻字。」

（周紹良藏拓本　河南千唐誌齋藏石）

咸通〇四五

【蓋】　唐故處士王君墓誌銘

【誌文】

唐故處士王君墓誌銘并序」

君諱誕，太原郡人也。洎周文王之苗裔，繼美時子，」華胄相襲，遐蔭明緒，故垂裕於後昆，今爲令」族矣。皇祖諱係，經史不羣，早登擢第，年在」弱冠，受洛州河南府澠池縣令。」皇考諱衮，靡附世煩，陟位不臨而已□」受絳州正平縣丞，皆不祿於本貫懷州」武德縣美化鄉□梡私第。」君夙達栖閑，考槃山谷，覽玩羣書，笑傲雲林，逍」遥自德，不干世榮而不仕。乃道消於大和四年四月九日，」芳年卌有一，孰不噫訝而已。夫人滎陽鄭氏，德芳」箴戒，坤著絶儀，暈彩烟花，絲桐解語，乃逝於大」中十一載二月九日，享年六十四。嗣子五：長曰楊五，次曰豊」兒，次曰留留，次曰雨雨，幼曰寵兒，并以依苫灑洒，營塋窀遂。」於咸通六年十月中旬三日合祔於縣東南台□前處賢」鄉中陽里。前臨廣澤，却倚羣山，西視清濱，東垂碧澗，」薤露晞陽，風引丹旐。速天多慘慘之煙雲，古原之禮也。」銘曰：

君之賢明，靡濁靡清，仙山是望，不貪世□。」生之莫僖，殁之有靈。墓墓隴隴，靈靈故塋，夫人坤

德，」齊眉是克。千秋萬歲。」

（開封市博物館藏石藏拓）

咸通〇四六

【蓋】 失。

【誌文】

唐故前東都北衙右羽林軍副使魏府君墓誌銘并序　義弟承議郎前行澤州司法參軍柱國李球撰」

府君之逝也，長子紃等謂余曰：伏以窆奉有日，嘗聆世有墓銘，伏念」非球早熟先德，難以叙述，儀請誌

焉。分不可免，謹紀録云。君諱儔，字肩禹，鉅鹿人也。祖諱仲連，皇右屯營軍押衙；父諱文誠，」皇東

都同防禦副使、銀青光禄大夫、檢校太子賓客、上柱國，潔廉進身，果」有令嗣，君即賓護之長子也。君

自天立性，居仁表正，奉職既保於公」忠，處家必全其孝敬。文武之道，素出於常流；禮義之風，尤加於

倫等。既」臻善譽，洽暢朋儕，凡遇所知，必愿獎飾。洎綰職中禁，備著能名，以」公清自任，由直道致

身。鄰里之間，皆推强幹；鄉曲之稱，播在衆多。合」就遷騰，以副榮耀。君素尚高閑，頓達玄旨，決請

休暇，以避塵俗，愿」與親賓宴笑而已。貧乏廣濟，陰德是崇，方期顯大，允叶時情，遽遘」沉痾，爰從物

化。以咸通六年七月十九日殁于清化里之私第，享年四十」有七。君令弟温恭沉厚，孝友承家，感謝恩

私，每聞於竭力；撫存」孤稚，必盡於深仁。君娶中山張氏，簪纓茂族，蘊粹含章，承禮訓」於閨闈，習威儀於壼奧。副之以貞順，文之以慈仁。笄年諧會，獲託」高門，有子六人：長曰紃，次曰縱，次曰綱，次曰綸，次曰綽，次曰纁，皆著才能，」於家敬順，柴毀殘喘，以奉哀儀，餘慶之祥，宜鍾于後。女二人，長適」球之次弟，一人始自提孩，未分泣血，既乖罔極之報，空憑薤露之悲。」君將啓手足之辰，誡諸子曰：我逝也，切勿以奢譁爲榮，及廣設祭」祀之禮。又謂曰：先兆之側，每因啓動，即繼有禍哀，不可固犯，」但葬吾於玄元廟之西北原也。今以年之黑方，不宜從」命，以當年十月廿二日葬于河南縣平樂鄉杜翟村通舊宗門」先塋之左，祔也。嗚呼蒼蒼！誰福誰殃？短晷不駐，大夜空長。匣劍」無色，腰金失光，一謝人世，千古茫茫。復思昔歲，因義是契，雖異」父母，得爲兄弟，友愛既全，手足自濟，當此含酸，豈止流涕。」君之愛女，作我宜家，姻親益厚，觸目堪嗟。感歎」君年之與位殊，乖我奇才異能耶。因殞泣而銘曰：」

惟君偉德，人之共難，心同水静，行潔松寒。規繩内守，劍戟外端，」天不福善，俄掩芝蘭。高原齊美，貞石是刊，龜筮從吉，神其永安。」

（周紹良藏拓本　河南千唐誌齋藏石）

咸通〇四七

【蓋】唐故太原郡王府君清河張夫人墓誌銘

【誌文】

唐故太原郡王處士墓誌銘　鄉貢進士張魏賓撰兼書」

太皡爰興，木德啓姬周之運；靈王少海，緱嶺表登仙之慶。故王之命氏，始」乎太子晉。晉生龜，襲封于太原，今爲郡人也。廿四代祖褒，仕晉爲大將軍，」以孝敬動天，粲兮國史，流祚萬世，忠貞顯隆，軒冕官常，有國皆有，不復」備列于斯誌。君諱仲建，字彦初，即將軍之遠派也。曾祖濰迨皇考坤，」咸以博識著稱，委簪紱有羈縻之患，故遁俗不仕。府君乃坤之次子矣。幼而」廉慎，長而剛毅，偉其貌而孝於家，睦乎宗而潔諸己，訥言敏行，金穴山藏，」用捨無遺，鶺鴒一致，誠明諒直，清簡洽聞。涵穎鋭於鋒鋩，極消遥於大道。」武齊欒伯，劍敵莊周。縱雄辯而嶰谷潛喧，摛麗藻而綺霞爭秀。志高氣遠，」禀象紫微，當豹隱之餘芳，應處士之嘉號，非公而孰能與於此哉！識者以」爲懷寶不耀，至信自彰，探老氏之希夷，固全真於物外者也。方欲鍊形羽□，」漱液丹霄，存神於罔象之中，抱一於杳冥之内，將宣平生之大節。豈料尋師」未遂，涉水俄侵，賈生之鵩鳥遽延，排寢之搏膺斯及。嗚呼！春秋六十，以疾不間，」終于河梁之别業。公娶清河張氏，乃班孟之名家，胎訓之清譽，蘋蘩繼代，中饋」祖禰之母儀耳，故能有子一人焉曰知教，實令嗣也。自齠年丱歲，所好所慕，已脱」落常態。及成童，伯仲以孝經授，見末章有裂骨之痛，親屬以爲曾閔之」匹。俾專就養，克符竭力之仁；捧藥問安，式展因心之孝。銜酸茹恨，泣血穹」蒼，擗地捫心，幾將滅性於廬次。悲夫！繼夫人安氏，淑順閨閫；亦」盡敬姜之禮。知教乃抑情歛涕，罄彼稱家，剋己勵精，冀終大事。以其年」歲在乙酉十月己酉朔廿二日庚午，至孝由是哭踴無時，徒跣備先王之制，列儀旐，」自三城護府君之神座，歸葬於河陽縣豐平鄉趙村之北原，附大塋，啓先夫人」之舊窆，合祔於斯，禮也。尚念鍾峕圮毁，江戫摧頹，歷數有期，堙滅無紀，請編是」誄於泉壙。

魏賓嘗游館穀，竊覿徽音，直筆其辭，用旌孝子之慕孺。乃作銘云：」王氏盛業，姬周弈世，降及仙才，浮丘以濟。元偉孝悌，仕晉文帝，義烈汪洋，忠貞昭晰。以至于」公，克揚嘉裔。猗歟府君，以大其先，嗟嗟夫人，柔順其賢。孝子號天，哀親棄捐，感靈」陶鶴，相彼何阡。峰巒纍巋，氣魄聯綿。王黑之悲涼奚及，陸機之雅賦依然。」檜栢秋月，春松暮煙，庶山川之不易，標誌誄於他年。」

（周紹良藏拓本）

咸通〇四八

【蓋】 失。

【誌文】

唐故汝南應府君墓誌并序　前婺州衙推將仕郎前澧州澧陽縣尉李文師撰」

公諱宗本，字利用，世代東陽郡之人也。曾祖兆，皇道州別駕。祖晁，皇宣」州宣城縣尉。先父府君藻，皇台州司士參軍。先妣夫人范陽盧氏。公即」府君之次子也。昆仲三人，長曰宗合，尋已謝世；弟宗立，孝行理家，承」公之訓。公幼而婚，娶吴興沈氏，即故樂安縣尉剛之長女也。有男一人」播，尚幼稚；女一人，年未及笄。公累代經業出身，禄位不絶，弱冠習讀，」應孝廉之科，雖數戰而不第。學與德行，未虧其節。慕古人風教，性氣」不雜，蘊仁抱義，孝敬爲心，理身克儉，於家和睦，以道遣時，無苟□」名利。常言積善可慶，壽必延永，何神理而昧？咸通二年夏六月十」日染疾，不逾旬，啓手足於郡城西郊之私第，享年五十有七。其年」六月十七日，權厝於大固之北山。屬數歲皆日月不利，未及安神於」厚地。咸通六年十月廿四日，卜得□鄉延祚里白石墺七德之村原」也。臨海縣之東，遷魂其所，以故鄉迢遞，山阪崎嶇，物力不瞻，相者稱」善。嗚呼！令弟嚐喪而悲泣，幼子攀慕而哀號，親友同嗟，誰不悽」愴。恐歲月更變，文師請誌于石，其銘曰：」

志氣不展兮，天地何偏？有義有德，遽奄黄泉。」政直罕及，行偕古賢，壽宫杳杳，寒雲慘然。」浮世若夢，終隨逝川，遷魂厚地，松栢千年。」

（録自《台州金石録》卷一）

咸通〇四九

【蓋】失。

【誌文】

大唐前慈州太守謝觀故夫人隴西縣君墓誌銘并序　長男承昭泣血奉述」

縣君姓李氏，名紘，字怛之，其先隴西成紀人。」國朝太尉兼中書令、西平王晟之曾孫，魏博節度使、同中」書門下平章事愬之孫，鳳翔節度使、檢校尚書左僕射贈」太保玭之長女也。縣君賢和天授，禮樂生知，笄年」歸□太守。有子五人：孟曰承昭，舉進士；仲曰承暐，」前辰州都督府録事參軍；季曰承範，前魏州大都督府參」軍；伯曰承裕，叔曰承賀，皆舉進士。女四人：長適渤海歐陽」琳，次幼師黄老之術，次未笄，次方稚，誨訓之道，可範衣纓；」紃組之儀，無虧典禮。咸通二年，以太守之勳階，封」邑隴西。以咸通五年正月遇疾于文城，以其年四月十六」日殁于文城之公署，享年卌七。以明年十一月八日，承昭」等仰天叩地，泣血潰心，護奉窆於河南府河南縣」平樂鄉王寇村邙山之南原，縣君之遺命，」大人之嚴令也。以縣君之懿德淑行，不□假詞他」人，承昭俯奉嚴令，思哀拭血，搦管奉銘曰：
縣君之行，閨房儀形，不爲而成兮。縣君之德，」女史丹青，無得而名兮。南瞻太室，北倚天壇，」明靈是□兮。芬芳淑懿，如嶽如山，金石是刊兮。」

（周紹良藏拓本　河南千唐誌齋藏石）

咸通〇五〇

【蓋】失。

【誌文】

大唐故過少府墓誌銘并序　鄉貢五經京兆杜去疾述」

公諱訥，字含章，澤州高平人也。曾祖諱庭，大父諱遷，先考諱冥。公志堅松竹，氣禀山河，踐□□」蹤差顔閔之行，十年閉户，命果從人，以大中十二年明經擢第。當守選時，潛」修拔萃。虚窗弄筆，研幾自媿於雕蟲；與奪在心，可否詎由乎甲乙。於咸通」四年授棣州蒲臺縣尉。以博厚御物，清白奉公，執友同寮，罔不仰止。仕優」則學，前懇尚堅，秩滿辭親，方希再捷，豈期神理何負，殲我良人，如」可贖兮？人百其命。以咸通六年夏四月廿六日寢疾，終於蒲臺縣之官舍，」□子春秋卅有九。夫人清河張氏。恨無男嗣，幼女三人，苫廬不施，苴杖序」位。噫！蓼莪永訣，俱切痛天，風悲繐帳，月照空室，煢煢在疚，仰訴玄穹，」聲聚秋雲，淚滴成血，乃議遠日，龜以告從。即以其年冬十一月八日」奉其裳帷，歸窆於青州永固原就先塋，禮也。銘曰：」
惜乎勤懃兮罔不精研，名宦俱就兮壽胡不延？」風悲雲黲兮星霣游川，孀妻幼女兮號訴穹天。」遺命薄葬兮窆簡從古，勒石徵誌兮依土封埏，」永愿明虚兮保寧幽宅，不遐有害兮於萬斯年。」

（録自《益都金石記》卷二）

咸通〇五一

【蓋】失。

【誌文】

唐故譙郡姜夫人墓誌銘并序　朝議郎前守洛陽縣令柱國賜緋魚袋李坦撰」
蕙蘭儲芳而振馥，桃李含光以敷榮，鐘磬激越而播響，舉是三節，方之」夫人，懿範章明，何彼相萬之若此。夫人譙郡姜氏。神農以姜水王，故氏命於」後焉；公望以營丘伯，故族興於斯焉。西漢初，以族大自齊徙關内，永嘉際，以東」晉自秦遷江表。今兹以往，授氏以還，冠蓋相望，公台間出，世無寢於令躅，史不」絶其嘉猷。后稷之出也標祥，叔向之自也聳德，光映史册，莊姜共姜，是皆洪流」遐規，高壼遠矩也。夫人曾王父希，楚州淮陰縣主簿；王父平幼，台州司」倉參軍；烈考參，潤州司法參軍；并以素履肥家，清風席慶，學澄溟漲，文滉波」瀾，馳聲於江湖，擅價於郡邑，刃餘善最，道洽謳歌，未遭逢於明時，竟沉淪於」下國，位不稱德，任莫盡才，僶俛折腰，今昔共歎。夫人即法曹第一令女也。本」乎吉夢兆祥，穠華呈瑞，生知要訓，自得成儀，淑順容功，備脩於閨壼，騰譽於里」巷，豈異和鍾磬於軒廡之近，飛淒鏘於行路之遥。以是蘭陵繆逵，求匹且久，及」笄之齒，歸于蘭陵氏。既而移天，光昭婦式，茂著内和，奉長以孝聞，事天唯敬立，」等列歸讓，稚丱安慈，其於使令，莫不惠恕，以之而興族，以之而宜家。良人文林」郎前權知恭陵臺令柱國。繆氏之軒裳疊慶，棣萼重光，不一紀年；良人之官」榮騰淩，再任五品，分符列土，計日前期。長子製錦於冀方，次子仇香於涇上，有」是好爵，況皆青春，不亦興族而宜家乎？於噓！貞玉易折，穠華早霜，風厲作而不」瘳，大夢往而莫返，以咸通六年星直乙酉，十一月十一日，易簀於洛陽縣臨闤里」之私第，享年四十有七。以明年二月丁未朔二十日丙寅權窆於洛陽縣清風」鄉高村里之高平也。有子二人：長曰玄禮，朝議郎，前守冀州武邑縣令；次曰玄初，」將仕郎前行涇州臨涇縣主簿；有女曰新娘，年十二；及乎息火，豈止絶漿，見之」者共傷至性之過人，聞之者同歎淚血之無節，良人義惟言誓，情悼齊眉，懼其」年代超深，陵移谷變，將力辭而增涕，遂託銘於鄙陋。難孤夙睠，豈偶當仁。銘曰：」

往聖農皇，清派靈長，祀綿千萬，慶椒冠裳。天鍾不忒，門風是式，」洋洋母儀，愔愔婦德。事長服勤，撫下思均，柔順飾性，宗族歸仁。」推賢進善，子孫蕃衍，螽斯義全，内子情婉。悉志成家，知生有涯，」風恙俄起，賦命罔遐。泉扃懿訓，天高安問？皎月一虧，悲風長恨。」

（周紹良藏拓本　河南千唐誌齋藏石）

咸通〇五二

【蓋】似無。

【誌文】磚。

唐故湯府君墓誌銘并序

君諱□，其先范陽人也。父湛，湛之幼子也。春秋六十有四。咸通六年十二月十二日亡。以七年三月八日葬吴縣胥臺鄉。先買顧涓桑宅地□□顧弘朱從等建塋，禮也。有子二人：長師藏，次從□；女一人，匹劉氏。恐後無憑，刊塼于□。其銘曰：

嗟乎湯君，俄隨風燭，一閉佳城，千秋陵谷。

（録自《吴興金石記》卷五）

咸通〇五三

【蓋】失。

【誌文】

□□□□□□□□□州崑山縣令樂安孫公府君墓誌銘并序　第三親弟將仕郎守太常博士奭撰」□□□□□□□□□□和之裔。和孫書實有功於齊，封于樂安，賜姓孫氏，自後世系，遷」□□□□□□□載録家諜，光昭史册。我大王父適，皇任左羽林軍兵曹參軍，贈左散騎」□□□□□□會皇任中散大夫常州刺史，贈工部侍郎；「□□□諱仕竭，皇任蘇州長洲縣令；先太夫人吴郡張氏。「君諱嗣初，字必復。府君夫人之嫡長也。咸通七年四月廿八日，薨于宋州雁池驛，享」年五十七，以其年七月卅日卜擇于河南府河南縣平樂鄉杜郭村善聖里廿松櫝内。「公先娶于京兆韋氏，故南康王臯之姪孫，先公八年謝世于東都履信里，安葬于今」公之塋東三里。以年月非便，未就合祔。公爲童時，在黌塾内，天與聰明，性氣嶄峻，讀念日」受書。及處稚列間，每事無不首出。「先府君常曰：公爲人但慮太過，無憂不及也。年十八，登明經第，釋褐授蘇州參軍。刺史李」道樞性嚴執法，官吏不可犯。公雖以下僚常有不憚意，每曰：利刃須盤錯方知。官職早已」碌碌，更若效轅下駒哉。後因事，李公召與語，大奇之，一州六曹七縣事務，無不委任。歎曰：我每」見孫參軍手下公事，如看盆緣上物，更無不在眼前者。時公秀少精辯，纔筮仕，得名大」官知，已駸駸然爲千里不煩於足下。後李君察廉浙右，方賫書致公於門館，不幸旬月薨」鎮，公遂失所望。然自此籍籍爲有官業人稱（去聲。）譽。泗上諸侯歷召爲州職者數四，秩滿，選」授吴郡司兵參軍，才術益鋭。兩换郡守，皆致之從容地。後復調河南府洛陽縣尉，負豪賴勢之」類，漠然屏跡。又授蘇州崑山縣令，天下之劇邑無若崑山者，公苦心爲理，常惡龐士元輕」易耒陽人民。居無何，受非時替，亦似有悒悒意，策馬入帝鄉，求與」明天子側近蒞人，途次睢陽城，被疾六日，遽遘大禍，冤痛深蒼天，孤苦深蒼天。「先韋夫人在生時，操心柔淑，酷事經佛，爲人慈和，爲行貞敬，亦不能稍饗豐足而至歿世。天乎！」善不可爲耶？第三男阿陁，時侍從行李，叫天叩地，披草茹血，號護飛旐。長男鄭九，次吴門、」海客、迴紇，幼女阿尊，自江東望星匍匐，相次到汴上及洛營辨，禮無違者。伏思」公强明自致，不伏爲人下，列懷挾智，力擬必取青紫貴位，輝耀當仕。天乎不仁，只止於是，家不」幸歟？國不幸歟？長女阿眉，先事汝州魯山縣尉京兆韋賡；次阿歡，事京兆府涇陽縣尉陳」敏；復次阿律、婷娘；最小男羣兒，路遠力殫，不及號殯窀穸，漂寄吳中，尤足哀憫。奭伏以」負荷轉重，數院孤稚不少，未自殞滅，猶處人間，吊影傷魂，亦虞旦夕，銜哀負痛，豈足爲文哉。銘」曰：」

輪轅之材，干鏌之利，班燭復生，方應瞪視。惟公之材，輪轅不啻，」惟公之利，干鏌猶避。繩墨無人，鎚鑪罕值，一代良能，所以淪圮。」邙山之隈，世櫝崔嵬，歸全啓手，幾人能來？」

第三男孤子阿陁泣血扶力書。」

（周紹良藏拓本）

咸通〇五四

【蓋】失。

【誌文】

唐臨江郡故何長史府君墓誌并序　盧岳布衣程山甫述

有唐臨江郡府君何氏諱俛，字太常，則唐叔虞孫韓氏之苗裔，鳳池曾公之遠胤。因道趾廬阜，遂家于江州尋陽縣丹桂鄉香谷里。皇朝請郎、試左武衛長史。退居雲林，高尚其仕。高祖諱元琮，曾祖諱承裕，祖諱荊，考諱溥，長兄諱建，次兄諱鎰，外清河郡張氏，府君婚汝南那周氏。生三男：長曰元廣，婚周氏；次曰友稜，先婚嚴氏，次查氏李氏，欷歔俱不幸先殁。次曰元衮，婚周氏；次曰元壽，婚彭氏。元壽外丹陽朱氏。親姻茂盛，孰如是焉？府君淑順恭信，行德謙柔，福會良疇，高蹈雲水，美玉不炫，聲價益高，素琴不調，五音自足，百禄雖備，壽不永脩，斯天之貽咎，何神理能保其至德哉！以咸通七年歲次丙戌七月廿五日卧疾，逾月終於私第，享齡六十有六。以其年十一月壬寅朔十九日庚申卜其宅穸於大塋之内而窆焉。岡巒興伏，羣岫低昂，雲水縈流，溪谷迴合，即何氏異世之所授耶？府君性行秉質，清真坦夷，介潔無虞，直道自處。嗚呼！明星滅曜，劍墜平津，雲鎖碧山，霧郁寒水，親朋痛切，閭里哀傷，楚悼之情，悲莫能已。廣稜衮壽等，仁貌藴叶，行恪温儒，材器天資，□標郡里。次子稜讀書爲文，脩進士業，早以戀承怙恃，未赴貢幃，業盛昌晞，名譽高遠，林巒得志，守節義謙，素其閒居上下無怨，至其四方之人，咸相謂曰：何君即今之審達賢達之士也。其第三子衮，又法名思齊，性好元門，身披羽服，堅持科誡，食栢餌芝，志樂煙霞，逍遥沖寂。山甫不揆瑣昧，叨竊煙霞，側聆休風，輒録斯序。廣等馮墓泣血，託爲譔述□誌，銘曰：

鳳池遠裔，德并嵩萊，郡閭領袖，邦國良材。志奪冰霜，□同秋月，劍剸琨犀，□□明節。日月逝矣，德辰一沈，鄰杵無相，百牙絶琴。大塋之域，茱萸原東，□實誰墓？長史何公。

（録自《古刻叢鈔》）

咸通〇五五

【蓋】失。

【誌文】

唐故朝議郎守徐州功曹參軍上柱國劉公墓誌銘　御食使登事郎上柱國賜緋魚袋張彖撰并書」

公諱仕備，字玄同，彭城人也。祖諱光奇，開府知内侍」省事；父皇諱英閏，特進；太夫人楊氏；妻張氏，先終。」公有二女，長適田氏，次適張氏；二男曰壽郎，先逝，次曰」齊宴，年十二。公氣含清韻，獨異貞姿，業廣藝深，事皆天」假，孤標狀喬松之拔衆林，朗質若秋蟾之懸碧落。温恭」克己，節儉修身，順協于家，忠貞于國。公寶曆二年六月」五日奏授出身，累參選序，數授令丞，後任徐州功曹」參軍。公紀綱一郡，掾理六聯，清貧而吏靡忍欺，單步而」人懷其惠。操心政理，美譽溢彰。枳棘非鸞鳳之所棲，」百里豈大賢之所任。公性親玄奥，志慕雲霞，朝披黄」老之書，暮覽南華之要。誼囂每厭，蟬蜕歸元，身既」離於俗塵，名定著於紫府。公咸通七年十二月一」日終於輔興里，春秋八十矣。八年正月廿五日，葬」于長安縣龍首鄉祁村。嗚呼！寒暑忽侵，綿纏」數載，針藥無瘳，百齡斯泯。嗟夫！盛衰生死，實可痛哉！乃爲銘：

波瀾不息，逝水孱孱。浩浩悲風，」摧□何遄。千生永訣，一往無還。」

咸通八年正月廿五日。」

（録自《金石續編》卷十一）

咸通〇五六

【蓋】唐故王府君墓誌銘

【誌文】

唐故滑州匡城縣令王公墓誌銘并序　將仕郎前易州容城縣尉賈當撰」

公諱虔暢，字承休，其先琅耶人。始受氏于周，服冕乘軒，加於他族。秦漢已降，代光」史册。及國朝則材冠羣英，名高華省，曰守真，歷倉部、膳部、左司郎中，出爲萊、」渝、博、潤、滄、洪六州刺史；實生希雋，官隨、遂、綿、相、越五州刺史，有政術，爲良二千石，」歷京兆少尹、太僕卿，封華容縣開國男，謚貞公；貞公生炅、旻、暹，皆有官而材。炅襲華」容爵，是生曰雲、曰霞。曰雲，長官同州白水丞，追贈太常少卿。少卿二子：長曰宗，儒」雅菁華，明謨博識，門風士範，咸可師資，歷左贊善大夫、壽州刺史；少曰公亮，貞元」六年進士登第，春官以爲許季重之無雙，黄叔度之千頃，足以耿光王室，輝潤」朝廷，異日明略，繼諸獻疏，官至潭州刺史、御史大夫、湖南都團練觀察使。壽州生」二子：長曰虔徽，學源深博，詞律孤高，年在既亂，以廕官入仕，釋褐代州雁門縣主」簿，復任成都府温江縣尉。每言瑚璉之器，奚自斗筲之官，迺由貢籍舉進士，朝」賢景慕，流輩仰推，名膺髦士之雄，命維顔子之短。公即壽州之少子也，恢廓」神授，儒雅生知，通人從權，君子不器。嘗曰：吾記許劭之言：仲弓道廣，廣則難周；陳」蕃性峻，峻則寡通。來者用心，時中有道。及釋褐任泗州臨淮尉，果有多譽，聞于百」城，百城以爲鴻漸于磐，鸞栖于棘。秩滿，選授滁州司法參軍，操牘如傷，濡毫必恤，」審知施化，不尚齊刑，太守謂之能官人，擢攝永陽令，未逾半歲，凋瘡盡平，迨于勸」秋，畝壃有理。及歸，隨牒不得調，以本官選集，爲縣于楚州鹽城令。既至，謂邑人曰：」轡以柔剛，轄能約逸，樹善更貸，從奸必繩，苟不吾瀆，第安爾業。此邑有異局侵官，」他吏漁落，吾無避敵也。洎考秩終如始至，邑人歸之，太守器之，惜留不果，復選授」滑州匡城縣令。綰綬之官，安絃審俗，蠲苛用簡，邑人化之。是邑舊無迎送亭臺，」公始構之，又創修按庫樓。廉察知其材，實陟考而申，明年復陟考而申，省校不爲」意。邑人惜其課最有屈，秩滿乞留一年，廉使以聞，得請，當乞留之年。六月」廿二日，歿于官，即咸通七年六月廿二日也，享年六十六。夫人京兆韋氏，美原尉」嶬之女也。蓬首護帷，吊影啼血，將諸幼子，哭歸洛陽。公裔子四人：長處温，次」璉，次處脩，次處謙；女二人，長適博陵崔蒍，舉進士；次適京兆韋詢美，前任壽州安」豐尉。四人侍母護喪，心哀魂咽，食稀形毁，有過縗服。以咸通八年二月一日窆於」洛陽縣杜郭村大塋，禮也。將虞令谷，乃命斯文。銘曰：」

輝銷龍輔，鋒盡豪曹，河陽花謝，彭澤柳凋。玉篆珠幡，引歸松櫝，」風凄露寒，永悲原野。

鄉貢進士隴西李温書。」

（周紹良藏拓本）

咸通〇五七

【蓋】失。

【誌文】

唐故太子司議郎分司東都范陽盧府公夫人清河崔氏祔葬墓誌銘并序　外甥鄉貢進士李邃撰

有唐大中景子歲，建巳月，廿一日，太子司議郎、分司東都范陽盧府公諱約遘疾，歸全於東都依仁里之私第，享年六十。其年十月十五日窆於河南府河南縣伊洛鄉解賈村先塋之側，禮也。外甥太原王凝已書德業官序于前誌詳之矣。夫人清河人也。曾祖著，皇河南府士曹參軍；祖褒，皇河中府户曹參軍；顯考丕，皇虢州湖城縣令；顯妣范陽盧氏；父瑾，皇河中□尹。山東士族，例以脩持門閥比校姻媾爲光大。如夫人之内外，若仰昊穹而望烏兔，俯軒檻而聽笙鏞，有耳有目者皆知其明麗清響，不可得而侔矣。夫人稟性和柔，志惟□順，詩書刀尺，皆臻奥玄。年十八，歸于我伯舅。時伯舅方著美稱，較藝春闈，外王母在堂。夫人奉温清籩豆之儀，主逢迎酒食之費，孜孜不怠，禮無遺事，親戚到者，輻湊如歸。洎先姑捐館，司議府公終制之後，以塵甑縈慮，遂捨志業，從知於故相國盧公鈞辟，居版圖、峴首、壺關三府賓席，夫人皆能輔佐嘉謀，以彰令範。既而司議府公同自漢南赴辟山北，途經洛汭，獲覲慈親，然以先夫人嫠居，暮年惸獨無託，終鮮在念，更切晨昏，因捨行車，就家伊北，遂與李氏伯姊同奉甘滑，朝夕承顔無違瞬息。旋屬司議府公修聘淮海，道中疾，謝職還家，退休林□。而夫人憂切之心，屢形於色，故衣不重綵，食不兼味，内以節儉自持，外以温和順適。罄筐篋玩具以奉藥餌，辛勤積年，未嘗以匱乏介意。以故司議府公雖抱沉痾，獲安頤養，事無撓志，慮不及家，實夫人明敏賢行之所致也。尚以禍及移天，釁鍾所恃，未期而李氏伯姊繼掩夜泉，夫人抆血號天，形神靡託，因兹冤憤，沉頓成疾。永懷先舅姑龜兆未從，尚寄秦隴，司議府公違裕之晨，寄託所重。外甥王凝共聆哀懇，同爲主辨，并感遺言，夫人扶疾親臨，遽忘疼苦。既竭精志，禮物遂周，遠奉窀穸，來歸故里，婦道斯畢，孝德備矣。六親欽矚，舉族師資，宜乎福善無窮，慶流遐世。豈謂竟以舊疹所縈，終徵夢豎，秦醫莫效，天道杳冥，以咸通六年乙酉歲十二月六日奄鍾易簀之歎於東都集賢里第，享年五十六。至丁亥歲二月二日龜筮告叶，遂遵於防之禮。夫人秉坤順之富，謙光之義，孝行仁淑，四德克備，未列魚軒之貴，靡居石窌之封，長縈疾瘵，以至數窮，豈天命耶？夫人兩女皆早□；二子嶠、岫各讀書爲善，力務追脩於公之門，期有以侍。旋值青烏時逼，庶事未周，寢苫絶漿，泣血惶惑，乃相顧言曰：我外兄王凝方金章紫綬，剖符列郡，外兄李邃尋經玩史，棲志林泉，不若丐□芻於□輔，徵銘誌於長水？翊日遂遣僮僕星馳兩地，王公果脱驂以賻之。邃跪捧哀詞，□悉竟夕，乃自思曰：沉困名場，垂二十載，無路遷鶯，終隨退鷁。矧方處懸磬，既無機杼之贈，又仲弟叨忝，更接榛栗之榮，因追渭陽之恩慈，感朗陵之荒懇，遂齋戒沐浴，泣石銘曰：

懿行崇高兮淑德無比，秦晉好合兮山東具美。未臻榮貴兮家道屢空，不享遐齡兮悲風四起。昔諧琴瑟兮積善所履，今并松楸兮聖賢遺旨。佳城再掩兮永永年祀，唯有音徽兮騰芳不弭。

姪男鄉貢進士嵩書。

（録自《金石續編》卷十一）

咸通〇五八

【額】唐故范陽盧府君墓銘

【誌文】

唐故范陽盧府君墓誌銘并序　朝請郎前行許州舞陽縣尉李師周撰」

府君姓盧氏，諱公弼，字子成，其先范陽人也。南祖大房，自姬姜得姓，逮于」府君，世爲之盛族。傳芳積善，嗣守謨猷，輝映士林，儀形令望。王父皇朝散」大夫、尉氏縣令府君，諱抱璧，生大夫皇大理評事府君，諱蘭金，生烈考皇」朝散大夫、朗州別駕府君，諱汶。太夫人博陵崔氏，即皇朝散大夫、江陵府」公安令之女。府君即別駕第二子。長兄公餘恕，早閟如玉之瑬，莫繼鴒原之」望。府君道本中庸，性無外飾，文學餘事，誠信馭心，從容名教之閒，雍睦閨」門之内。情唯勵節，雅不好名，由是籍以鹺務寄食，亦重縮錢穀。府君道濟」孤危，及棄就退閑，乃索然懸罄，則主領重難之日，可鏡前修也。但跡遠名」利，薄拘簪笏，禄俸沾鈞，山然不移。故光禄卿言，今吏部匡，皆府君之猶子，」嘗以宰執之位聞授，竟使安散，當從好尚。晚歲乃深知道要，窮釋氏之源，」究無爲之理，每參禪訪道，或通止觀門義，或授心地一言，潔素捫心，了然」解痦。佛經僧紀統三乘之典，無不詠歌游歎，畢而不足。餌藥護氣三十餘」年，齒髮不衰，視聽無耗。嗟乎！大幻興喻，生也有涯，以咸通丙戌歲八月六日」微遘腹恙，奄終于常州無錫縣太平鄉臨旗里之別墅，享壽七十九。家貧」路遠，猶阻歸祔，即以明年二月十四日權厝於楊州江陽縣江津鄉金檀」里舊置莊之封域，禮也。於戲！夢幻之世，存殁之道，前修了達，恒人知之，善」報之徵，若會神理。六氣不浸，四體安節，寤寐之際，謦欬之間，約愛屬不許」侍旁；若有少息，合掌自在，杳空無常，則信證善根，刹那有得。有子三人。長」曰老成；次曰通，前六合尉；次曰荷。并從詩禮，皆慕進修，泣血茹荼，克楊子」道。長女早禀宿愿，悟佛理，不樂於俗，乃捨割緣愛，披衣就師；次女幼未笄，」亦能修女師之訓。盧氏仲季等，以師周幸在中外，嘗瞻清懿，乃杖而能起，」書事請師周爲誌。固不敢讓，輒紀實録，表以道德，誌于幽石，將期于不朽。」辭曰：」

圓方蒼蒼，神理茫茫。道盛德至，又何罹殃。其一。志教在空，從空教」設。悟法性空，已空寂滅。其二。高忘世位，崇附如來。終符宿志，永離輪」迴。其三。隋都故地，崗阜如龍。卜斯宅兆，龜從筮從。其四。歲叶其利，日」合其吉。嗚呼府君，寓安兹室。」

（周紹良藏拓本）

咸通〇五九

【蓋】失。

【誌文】

唐故通直郎行河中府猗氏縣尉苗府君墓誌銘　鄉貢進士晦撰并書」

苗氏先祖，自帝顓頊之後，與楚同姓。昔若敖氏生鬭伯比，伯比生子」文及子良。子文爲楚令尹，令尹自此始也。子良爲楚司馬，生子越椒，越」椒一名伯棼，亦爲令尹。越椒生賁皇，賁皇後奔晉，晉人與之苗。苗，晉邑」也，子孫因以爲氏焉。賁皇奔晉，晉以爲謀主。鄭叛吴興楚失諸侯，則苗」賁皇之爲也。其後子孫冠冕不絶，皆業尚儒素，亦世多才略。君諱素，字」繪臣，即其後也。曾祖元震，大理司直，贈祕書監；祖藏器，陳州司馬；父詢，」光禄卿致仕，贈工部尚書；堂曾叔祖晉卿，太師，爲我朝宗臣，事載國」史；外祖河東柳公應元，池州秋浦縣尉。君承世德之清源，采羣官之奥」旨，行出於衆，文高於時。君始名損，字又損，以兄晦方應進士舉，遂用門」蔭出身，調于天官，補河中府參軍。扶侍之官，官罷，寓居蒲津，介潔自」持，不交非類。後又調補河中府猗氏縣尉。君嘗告其兄晦曰：禄養之榮，」孰問高卑。是以雖爲塵吏；必盡其心力焉。秩滿東歸，室無私積，怡然」膝下，盡其歡心，問安之外，唯以讀書著文爲事。咸通七年十二月十」九日寢疾，終于東郡恭安里之私第，享年三十三。嗚呼哀哉！德優運促，」才高位卑，芳蘭忽摧，白玉遽折，冤痛哀哉！昆弟二人，爾今逝矣，弔影孤」立，泣血長號，慈親羸老，撫棺哀慟；二女幼稚，臨穴冤叫；生人之痛，無」以過矣。君未娶，有一男：行者，二女：秀娘、猗娘。行者始年六歲，又先君而」夭。如君所守，夭而不嗣，世之惑者，猶曰尚有天道，噫其甚耶！兄主其喪，」女守其祀，弔于殯者，咸加哀焉。考時定制，合于古道，三日而殯，三月而」葬，明年二月二十日，歸葬于洛陽縣清風鄉西郭原，祔于先塋，禮也。」孰謂哲人，而玆早世，追想平昔，隳裂肝心。又有深恨者：當爾屬纊之日，」余隨計在京，存殁永辭，不克一面。長緘萬恨，莫展丹誠，是用拉血，書詞」刊石，記行以申哀痛，以謝平生。銘曰：

孝友生知，聰明獨異，行孰與鄰，」文疇克比。生而不壽，爲善是疑；殁而不嗣，行路同悲。先塋在前，稚子」居右，有松有楸，可安可久。清風之鄉，西郭之原，勒銘玄堂，垂千萬年。」

（北京圖書館藏拓本）

咸通〇六〇

【蓋】　唐孫君側室杜氏墓誌

【誌文】

唐監察御史裏行孫君側室杜氏墓誌銘　前壽州團練判官宣義郎侍御史内供奉孫玩述」

知鹽鐵汴州院事監察御史裏行孫虬喪杜氏姬人」于宣武城之官舍，杜氏京兆人，號曰令儀，自笄年人」于孫氏之家，逾二紀矣，爲人恭謹柔順，出自生知，處」於儕流，無纖芥之失。能御僮僕，善治生業，聰智明敏，」可謂天資。男長而文，女成而嫁，斯爲榮矣。然而壽不」延永者，命矣夫！以咸通八年正月二十七日遘疾而」卒，年四十有三。其年四月十日窆于東都北山。有男」五人，長曰岧，士行有餘，詞華已著，爲伯叔之深奬，顧」名位之可期；次小亞；次啓奴；次新奴；幼五弟；并聰俊」可愛。女六人：長適河南府參軍樂安任體仁。體仁良」家子也；次字小迎；次春春；次三三；次小女；五女之容」姿孝敬，皆出於人，實」吾兄之積善，杜氏之彰美所慶也；幼字小小，乳未期」而失所恃。玩職罷壽州，拜」兄於汴，受教書紀，納銘於穴。銘曰：」淑哉杜氏，恭敬和睦，既彰乃美，宜厚其禄。」壽也未長，逝兮何速，窆于邙山，享其陰福。」

子壻文林郎守河南府參軍任體仁書。」

（周紹良藏拓本）

咸通〇六一

【蓋】失。

【誌文】

唐祕書省祕書郎李君夫人宇文氏墓誌銘并序　朝議郎祕書省祕書郎柱國李郴撰」

夫人姓宇文氏，初代武川人，太和中，遷移洛陽，遂爲河南人也。其先因」瑞命氏，周紀備詳，至於尊爵顯名勳烈赫赫者，則史不絶書矣。高祖遠」惑，皇任梁王掾；曾祖成器，皇任絳州翼城縣丞，贈禮部員外郎；祖邈，皇」任御史中丞。左遷澧州刺史，贈太尉；父瓚，見任右散騎常侍。常侍公」娶故太子司議郎博陵崔櫝女。夫人年始十餘歲而崔夫人亡，喪禮成」人，識者異之。而又生禀直氣，幼知禮法，言必聳尊卑之聽，動不假保傅」之訓，雍睦兄弟，令族罕儔。組繡奇工之暇，獨掩身研書，偷玩經籍，潛學」密識，人不能探。工五言七言詩，詞皆雅正，常侍公每賢之，爲人曰：「是女當宜配科名人。咸通甲申歲，因丞相令宛陵楊公媒，適隴西李」郴，任以内事。夫人姓鄙華飭而安儉薄，時郴官守京兆府參軍也。明年，」郴改長安尉，其夏轉監察御史裏行，充湖南都團練判官；又明年，」敕拜祕書郎。其赴職也，攜手同去；其拜官也，偕行而來。又明年春，夫人」得疾長安宣平里九十日，啓手足而化。是歲丁亥夏四月辛卯，享年叁」拾有壹。常侍公哀慟致疾，其於追傷痛惜，如掌失明珠耳。由三」族六姻，無不泣涕如雨。以其年八月壬申，歸葬長安縣承平鄉龍首原」南劉村祔先塋，禮也。有子四人女二人，長曰召，前婺州義縣尉；次」曰吉，前宣州溧水縣尉；次曰占，授滁州永陽縣主簿，以親喪不之任；幼」曰同，前明經；郴執筆追悼，因誌于石。銘曰：」

夫人爲女兮既孝且明，夫人爲婦兮既順而貞。」何善則周兮其福不并，何松之茂兮而柳之榮。」無所詰問兮地幽天冥，親者泣血兮踈者涕零。」謹其終始兮而刻斯銘，悲哉夫人兮永閟泉扃。」

楚封書。」

（周紹良藏拓本）

咸通〇六二

【蓋】失。

【誌文】

唐故朝散大夫檢校尚書比部郎中兼侍御史知度支陝州院事令狐府君墓誌銘并序　堂姪浙江西道觀察

判官朝議郎殿中侍御史内供奉柱國賜緋魚袋澄撰上

府君諱紞，字垂之，錫姓受氏具小子烈祖贈太師文公所撰祖德碑，君即皇綿州昌明縣令、贈司空諱崇亮之曾孫，皇太原府功曹參軍、贈太尉諱承簡之孫，皇郢州刺史諱從之第三子。母夫人博陵崔氏故代州司馬諱誼，即君之外王父也。君幼時實以正嫡，特鍾故郢州府君愛。既孤，能剋己自立，事母夫人以孝聞。及壯，以門蔭解巾河中府虞鄉尉，秩滿，調授稷山、猗氏二縣令。其在稷山，有大獄，前政不能決者，君立爲辨析，人伏其能。而又清慎勤恪，庭無留事。丞相夏侯公理故絳，舉君所行以勉屬邑，今相國徐公鎮河中，以君廉能，署攝河西縣令，未及奏上，旋丁博陵崔夫人之艱。及居喪，朝晡常祀，必手自捧持，號泣荐奠，孺慕之行，聞於親族間。大司計熟君政事，連委重務，自河中院轉河陰院，奏授侍御史，又轉解縣池院及安邑院事，得檢校比部員外郎，久之，署攝東渭橋給納使，復檢校比部郎中知陜州院事，累考十六，授五品命服。君亟領煩劇，彌彰利用，剖剔盤錯，鋌刃不頓。方將布二天之化，息愁恨之聲，寵列轓蓋，忝分憂寄。而運窮數絶，痛矣奈何。以咸通八年五月二日暴疾終於陜院之官舍，享年四十七。君娶故曲沃縣令博陵崔厚女，先君而殁，生二子：男曰喬兒，女曰梁四。别子三人，女一人。喬七纔勝喪，有成人之度，餘皆纍然孩提，可哀也已。得吉以其年八月六日歸葬京兆府萬年縣焦村之先塋，啓崔氏之墳而祔焉，禮也。嗚呼！君於小子爲同堂叔父，仁愛素厚，承訃增哀。其孤喬，遵理命俾撰文誌，銜悲叙德，署諸墓門。銘曰：

孝爲行基，君實充之，卓魯之化，人皆去思。研桑之術，吏不敢欺，有才無數，竟何施爲？秦原逶迤，秋風悽悲，一閉玄壤，千秋已而！

堂姪鄉貢進士洵書并篆額

（録自《關中金石文字存逸考》卷五）

咸通〇六三

【蓋】 達奚公墓誌銘

【誌文】

唐故鄉貢進士達奚公墓誌銘并序　從重表弟鄉貢進士裴端辭撰

公諱革，字日新，其先軒轅氏之垂裔，至後魏承獻帝諸王，太和中，封氏遠祖長寧公蕇，蕇生宜城王公實，宜城王之後，軒裳茂族，自國朝係美者，湖州刺史恕、殿中丞璿、司農少卿懷義、户部員外郎珏宜，皆公之一源，洎公五代祖諱聞恭，唐州泚陽令；四代祖諱降嵐，右華州刺史；叔祖珣，進士高第，禮部侍郎；三代祖諱恪，舉進士高第，河南府濟源縣主簿；大父諱逢，明經及第，本州陳留縣尉試大理評事，贈許州司馬；父諱賈，試左武衛兵曹參軍。公氣稟端方，秉志好學，雖□□治産，未嘗癈卷。及壯，文學節行之稱，洋溢於鄉里，前後七舉進士，皆□□□□□主司□□□乃獎其賦。嗚呼命耶，竟不遂思。再復故里，禮樂進取，爲後來之□，不失□□之言，不負兒童之信。天生純孝，執喪哀毁逾制，葷茹不經其門。凡有舊圃，悉耕闢之。同氣之喪，皆至摧毁。斯後噫！實令人也。衰疾之中，尚營遷祔大父於陳留，中道□輟。却還，試以子弟，終遂私志。疾苦，以至不救，咸通七年六月六日，薨于六安之里第，享年七十有二。夫人博陵崔氏，自結髮，令淑聞於姻黨間。孤子二人：長曰淙，次曰渥，皆孝行承奉家法，紹有文學。三女：長適隴西李氏，壻名璵；次適渤海高氏，壻名挺言；皆軒裳之家，雅叶素德；幼女未笄；皆承先夫人之訓誨，令淑早著。夫人大中十四年十一月九日前薨，咸通丁亥歲八月十八日合祔于壽州安豐縣之里，禮也。孤子以端辭承公生平垂愛之分，號請其詞，銘曰：

□□之裔，文行夫資，俗薄萬變，堅白不移。得喪如一，我心自怡，行堪化俗，學冠人師。庭喻詩禮，慶流無涯，夫人令問，閨門□儀，松薪壠耕，道德巍巍。

（録自《安徽通志金石古物考稿》二）

咸通〇六四

【蓋】 失。

【誌文】

唐故朝請大夫慈州刺史柱國賜緋魚袋謝觀墓誌銘并序　　自製故書名」

觀字夢錫，其先陳郡陽夏人。東晉太傅文靖公安十六代孫。五代祖」偃，仕隋爲記室參軍；曾祖元賓，國朝江州長史；祖諱景宣，皇任光」州定城縣令；父諱登，皇試太常寺協律郎，充涇原節度掌書記。自曾」祖塋于壽春，因家于壽。吾生慕雲鶴，性耽煙霞。秘籍仙經，常在心口；藥鑪」丹竈，不廢斯須。生世七歲，好學就傅，能文。及長，著述凡卌卷，尤攻律賦，似」得楷模，前輩作者，往往見許。開成二年，舉進士，中第，釋褐曹州冤句縣尉，」歷左神武兵曹參軍，尋遷大理評事，充黔中招討判官，還，拜雒陽縣丞。未」周星，詔除殿中侍御史内供奉，賜緋魚袋，充魏博節度判官，累遷檢校」尚書、駕部郎中，充職。咸通三年七月，詔授慈州刺史，歲周，就加朝請大」夫，餘如故。咸通五年六月罷印綬，歸閑洛京。洎作吏從軍，迨三十載。藍田」州縣，或不欺於古人；王帳籌謀，省無愧於當世。及承紫詔，爰駕朱轓，□」無利刃之稱，粗展鉛刀之割，雖浮名薄禄，頗類於貪求；藥叟仙翁，何妨於」追逐。寧期晚歲，獲果素心，肌骨潛輕，鬢髮重黑。向逍遥而得路，遂糞土而」遺身。以咸通六年十一月十九日去世於洛陽縣毓財里，行年七十有三。」夫人隴西李氏，自有銘誌。子六人：長曰承昭，舉進士；次曰執言，前辰州都」督府録事參軍；次曰承翰，前魏州大都督府參軍事；次曰承禧，知書有文，」早卒；次曰承裕、承賀，皆舉進士。女四人：長適前進士歐陽琳；次女早嬰沉」痼，令師黄老；小女珠娘、僧娘。吾確爾脩心，早依真侶，瞭然齊物。況覩達人，」因託他邦，不求歸兆。以咸通八年八月廿四日窆于洛陽縣清風鄉郭村」邙山之南原，悠哉！世俗尚彼虚無，何須辨骨之文，更假他人之筆，援毫命」石，乃置銘云：

因身閲世，助水成川，九轉中鍊，五常内全。與時舒卷兮逐運推」遷，名成禄遂兮七十三年。骨雖委地，魂不歸天，捨此即彼，浮」雲蜕蟬。寂滅誰爾兮逍遥自然，子子孫孫兮知吾在焉！」

（周紹良藏拓本）

咸通〇六五

【蓋】失。

【誌文】

唐秘書省歐陽正字故夫人陳郡謝氏墓誌銘并序　長兄承昭述」

夫人姓謝氏，諱迢，字昇之，東晉太傅文靖公安十九世孫，當永嘉南」遷，王室多難，我文靖公以文武全略，匡輔成功，茂德鴻勳，傳於晉史，」其後歷宋齊梁陳，枝裔繁盛，咸有名位，顯于當時。夫人五世祖偃，仕」隋爲記室參軍；高祖諱元賓，國朝江州長史；曾祖諱景宣，皇任光州」定城縣令；大王父諱登，皇試太常寺協律郎充涇原節度掌書記；王」父諱觀，皇任慈州刺史；弈世以文學立身，擅譽當世，豈小子拙訥而」能譚悉祖宗之盛美哉！夫人即慈州之長女也。夫人生禀」雍和，長而柔順，組紃之暇，雅好詩書，九歲善屬文，嘗賦寓題詩曰：永」夜一臺月，高秋千户砧。其才思清巧，多有祖姑道藴之風，頗爲親族」之所稱歎。既笄而歸于正字，蘭馨益茂，玉潔逾明，無虧酒食之儀，」雅協琴瑟之道，六姻之所瞻敬，九族之所依歸。清貞而正比松筠，奄」忽而遽凋桃李。以咸通七年三月十日，偶嬰暴疾，殁于河南府洛陽」縣毓財里之私第，即所天上第之年，享年廿有八。所天名琳，以前年」進士高第，去歲宏詞再科，今來釋褐蒞官，投跡芸閣，所謂逸足之逢」大道，飛鴻之得順風，詎可度其高遠也！未是夫人嘗語別所天曰：人」之屈伸窮達，固有定期，無鬱悒於邅迴，無咄嗟於時命。我君之飛鳴」變化，必在來歲矣！後果符夫人之言。嗚呼！積善者嘗聞福祐，累行者」必冀延長，何神理無徵，竟災禍遄及，歎槿花而何益，悲薤露而空深。」所天以咸通九年七月十二日護喪窆于河南府河南縣平樂鄉杜」翟村邙山之南原，從權也。所天灑泣謂承昭曰：我與子分則金蘭也，」夫人於子親則骨肉也，夫人淳德懿行，世莫聞知，不能假詞他人，愿」子爲紀遺美。承昭銜悲應命，抆泣爲銘，銘曰：

夫人之行，朗月秋雲；夫人之德，玉潔蘭薰。既備女儀，能修婦道，」□□□□，奪此偕老。北倚邙山，南臨洛川，賢明淑懿，于斯萬年。」

（周紹良藏拓本　河南千唐誌齋藏石）

咸通〇六六

【蓋】　失。

【誌文】

唐故正義大夫檢校太子詹事上柱國魏府君中山張」氏夫人墓誌銘并序　承議郎前行澤州司法參軍柱」國李球述」

中山夫人　曾祖顗，皇睦州刺史；　祖讚，皇楊府」參軍；　考諱仁復，皇太常寺奉禮郎；　皆當世名望，溢於四」方，宦緒笙篁，人倫領袖。　夫人即奉禮之第三女也。」初笄之歲，適于魏門，婉嫕柔明，以爲其德，儉勤慈惠，以」撫其家，諒稟訓於閫儀，率無違於婦道。　謂福壽之方」永，何凶哀之遽然？舋出非圖，變生意外，以咸通」七年九月十日終于河南縣清化里之私第，春秋三十」有二。兒女數名，列於前誌，或官兼臺憲，或仁惠雙修。　太」姨敏悟之性，幼如有知，撫之者爲之感傷，聞之者莫不」零涕。　嗚呼！日月有期，啓安宅兆，以九年七月十八」日合祔于邙原，之禮也。　少長相從，綽綽有裕，茹毒泣」血，哀號罔及。　侍御等以窀穸日近，見託泉銘。　球幸忝末」姻，敢不直書，辭理無愧。」銘曰：」

夫人之先，有德有勳，族冠關中，」世爲盛門。　有子孝敬，摧心斷腸，」罔極之報，誰聞不傷？備物華潔，」丹旐飛揚，琢石紀德，終古可詳。」

（周紹良藏拓本　河南千唐誌齋藏石）

咸通〇六七

【蓋】失。

【誌文】

唐故留守兵馬使魏公墓誌　留守衙前判官文林郎試左内率府冑曹參軍郝乘撰」

魏氏鉅鹿人也。遠祖漢朝宰輔相舒勃，隆盛當時矣，邇來文武幾變，」派流不殊，垂裔至先府君諱弘章，兄弟三人處長，留守押衙。有子四」人，公最稚矣。公名涿，字燕夫。自齠齓之年，從師友之訓，冰容沉厚，器」量俊高，罷業在承順之歡，私心著持生之要。年纔十五，丁父之憂，」形銷哀戚，幾不勝任。弱冠之秋，婚延福李氏幼女，秦晉契合，配偶稱宜。廿」一，受留守衙前虞候，副知茶務；廿四，遷衙前將，務獲正專；廿八，遷散」兵馬使添衙；至明年二月廿九日，復丁母憂。想劬勞之恩，聲聲」徹骨；仰罔極之德，拜拜斷腸。至八年八月廿日昏黑歸家，心覺迷亂，」名醫走召，靈藥湊尋，竟無一功，醫巫惣退。悲哉！遽逢夭枉，俄變古」今，榮樂頓捐，音容倏阻。仁叔慟比子之哀，昆仲斷雁行之痛，親」族悲涕，閭里潸然。君齡雖幼焉，心且廣矣；理家致允愜之功，主」務立施張之譽。時謂鉅鹿一賢矣。何乃德之有餘而且壽之不足？謂何」福而來？謂何迍而殞？蒼旻不祐，殲此良人，無兒遠侔於伯道，有子」繼取於猶男。男曰小申，年始十五，早喪二天，移房嗣奠，著筮明兆。」以咸通九年歲次戊子七月十八日葬于河南縣平樂鄉杜郭村，」祔于先塋。慮桑田更變，固勒貞珉，乘素諳行能，紀叙平」昔，乃爲銘曰：」
一美丈夫，三端磊落，内外周勤，遠邇誠託。年華職崇，」機深材略，藹藹門眉，光榮棣萼。」三十喪兮悲
苦重，叔兄姪兮哽咽容。少妻痛積兮孀潔，此世永閟兮絕逢。」嗟訝盛衰兮已矣，空留掛劍兮青松！」
鄉貢進士李誠書。」

（周紹良藏拓本　開封博物館藏石）

咸通〇六八

【蓋】　唐故武水孫府君墓誌

【誌文】

唐故承議郎使持節都督登州諸軍事守登州刺史孫府君墓誌銘并序」
府君諱方紹，字比璉，魏郡武水人也。曾諱逖，皇唐刑部侍郎，贈尚書」右僕射謚文公；大王父諱成，皇
桂管觀察使，贈太子太保謚孝公；烈考諱」微仲，皇沔州刺史。府君即沔州刺史次子也。府君納綵于
隴西李氏」夫人而生府君。外王父諱士龍，皇鄧州向城縣令。府君性聰敏而志高」上，學該百氏，文擅
周雅，仲尼四教而常行之以仁德，修其心以慈順，由其家」人謂崑山片玉未之過也。年未弱冠，以門蔭
補授懷州參，秩滿，授汝州」司户參軍。會竹林典仵之任，不行，因授與卌四房弟。所以不歷寶應副二
轂孰」六百石。自不宦後，長在先夫人左右，冬温夏清，時無闕耶，暇即閉關肆習。」無何，大中初，丁先
夫人哀疚，毁尪過制，服闋，文戰西上，雄詞當時。時命未亨，有乖」衷抱，朞年卌二房兄受虔州唐牧，郎

中辟命，到職未逾月，薨；明年，又卌四房」弟又縈風疾；手足頻傷，痛悼纏綿，無時暫解。兼以孤稚滿室，更無因依，遂罷」舉理舊官。大中十一年，授大理寺丞。在法官二載，斷決寃疑，實爲大理。歲滿遷拜」本寺正，除書云詳，丹筆之典，必務平返。念赭衣之徒不忘哀敬，在正批斷精覈，卿」長知重，遂較殊考，正授代後，薦書交馳。今上苦於求廙，遂應良牧之吕，拜東」牟太守。到任，綱振六條，化洽千里，又思報國安人，切疚于心。無何，將息失度，」遂中風水之疾，鄴至於尋醫祈藥，無處不到。奈何神理懵昧，所向無」憑，以咸通六年五月十七日薨於位，享年五十四。有子二人：長曰鄴，」次曰牢，號天叩地，身肝碎，茫茫蒼天，何處是依？府君理州府即愛」人，李公致祭文云：所至而理，所持而清。即以咸通九年八月十一日，孤子鄴」啓護歸葬于東都邙原杜翟村，附先塋，禮也。鄴自童丱，至于辨東」西，見府君所行之，盡皆備記，所貴實録，輒敢纂修，乃執筆爲銘：」天地含英，五岳降靈，誕此仁德，獨立令名。白珪無玷，」松筠堅貞，紀美茲石，千載播聲。

長男鄴撰，第十六姪郢書。」

（周紹良藏拓本　開封博物館藏石）

咸通〇六九

【蓋】　失。

【誌文】

唐知鹽鐵汴州院事監察御史裏」行樂安孫虬第二女二十五娘，小」字小迎，咸通九祀七月二十三日」遘疾，卒于汴州官舍，行年二十一」矣。幼而聰明端麗，生知孝敬，和穆」之道，常期積善，得配良子，不幸遇」疾，妙年而逝，命也！以其年八月二」十三日長兄岧護領歸附于河南」府河南縣平樂鄉」厥妣杜氏塋之西。妣之墓自有」誌，女之行在焉。三歲女佛婢，先」其姊二十三日不育，以是日同蔽于此穴。乃紀。」

（周紹良藏拓本　河南千唐誌齋藏石）

咸通〇七〇

【蓋】失。

【誌文】

唐故□州防禦使太中大夫檢校國子祭酒御史大夫上柱國李府君夫人太原王氏墓誌銘并序　上汾州安平縣令王成則撰攝鎮府士曹參軍試太常寺協律郎劉師易書

夫人□□□□□太原人也。自秦賁翦并吞諸侯，晉渾祥功格帝室，軒裳簪組，繹至有唐。唐」之外孫，周文王之遠裔，家傳趙帥，世統王師，乃祖乃孫，綿緜膺淮水之兆，母則」□□，父爲王師，非淑女賢人，曷生於此？夫人則先太師之長女。稟性柔和，居心閑雅，芳」如蘭蕙，温若珪璋，樂習正聲，工臻妙解，心專詩禮，道合謙恭，窈窕自然，婉娩無比，行惟超古，」言不出門，候色高堂，流芳貴戚，夫人之女道然也。及割姓他族，委質從人，習禮經而」志遠□□，生富貴而情無驕逸，肅恭祭祀，嚴奉晨昏，能循結髮之儀，善盡齊眉之敬。持仁孝」以和親族，行慈惠以睦閨門，轉見家肥，益明義合。承觀以道，主饋多方，行可以內贊清規，德」可以外匡君子。閨賓客酒食必經於目，覩鉛華疑忌不起於心。性柔而宛若絲蘿，調高而雅」齊琴瑟。夫人之婦道然也。男則就學於外，女乃親訓於內，使動靜合禮，閫則有儀，夫人」之母道然也。及恭伯殁世，敬姜茹荼，處心若灰，出涕成血，用保栢舟之誓，永懷匪石之堅，節」行彌彰，哀□□切。嗚呼！哲人既逝令婦安仰；喬松遽折，而女蘿自萎。既除喪，夫人寢疾，以咸」通九年五月十四日終於真定縣永孝坊之私第，時年二十有九。於是道路流歎聞其行軍」□□□□□□□□□□哀慟之情，不書而可知也。府君諱守□字守□，其先隴西」人也。曾祖□□，皇開府儀同三司、使持節滄州諸軍事滄州刺史、御史中丞，封陵川郡王；」榮建斗□貴□□節，□當載土，出必褰帷，列郡封王，雅有殊爵。祖忠義，皇成德軍馬步」兵馬使、□□□□□馬步兵馬使、雲麾將軍、試太常卿兼侍御史、贊皇縣開國公、食邑三千」户，贈□州□史；□□迥深，勳庸自立，因之師旅，益著功名，非唯竭節於雄藩，抑亦扶危於大」國。爵邑自生前之貴，虎符增殁後之暉。可謂道濟邦家，慶鍾胤嗣。父英信，皇成德軍節度」押衙□□□御史；位列轅門，官分憲署，出入旌旄之側，驄馬嘶風；宣揚軍伍之間，繡衣暉日。」公□□□□□□□深時稱鶴立於人間，勢若鵬搏於物外。發言而馨香不朽，立行而枝葉」彌芳，□□□□□□□□劍暨乎就列分營，命官戴豸，下布一軍之政，上匡十乘之尊，因嘉其」器能爲□□方□東床之選，自殿中侍御史馬軍右廂使奏加國子祭酒、御史中丞。傳經國」學，執□皇□，遥分日下之光，更擅時欽之譽。又授深州防禦使。三年，遷趙州防禦使，奏」加御史大夫。訓齊令肅，守禦功深，奉上而志比松筠，撫下而言如挾纊，無私順己，有術防閑。」□邑太□□□永□俄加鳳詔，又冠烏臺，悲夫！雨露方深，年壽何促？以咸通五年七月」廿七日先夫人終於□州之官舍，春秋卌有九。四男：長曰仲球，始授親事副將；早承慈訓，素」稟義方，□於家邦，於禮樂。次曰仲瑜，任鎮府文學，早亡。其次曰仲珂、仲珪，皆年雖幼稚，情」切□□□□□□痛深天地。二女長早適平昌孟氏，次禮定彭城劉氏。咸通九年十月六日」□□□□□□□□九門縣翼君鄉伯辟村，禮也。嗣子仲球等，用罄攀號之懇，仰遵歸祔」□□□□□□□□□穴。銘曰：」

□□□□　□□□□　閨門有則，婦道無虧。柔順以睦，潔白自持，玉色長潤，」□□□□　□□□

□　□而且賢，行義鬱矣，風姿肅然。居常以道，動必順天，」□□□□　□□□□　□□□泉　珠沉

逝川，芳流殁後，德布生前。轜車轔轔，」□□□□。□□□□，□□□焉。」

（周紹良藏拓本）

咸通〇七一

【蓋】失。

【誌文】

唐故登仕郎前守河南府陽翟縣尉清河崔公夫人滎陽鄭氏合祔墓誌銘并序　季弟鄉貢進士曄撰　從父弟河南府登封縣主簿膺書」

我姓本神農太嶽之胄，齊太公望孫之子穆伯讓國于叔乙，退居崔」邑，因授氏焉。秦司徒慶積後昆，魏中尉節冠當世，蟬連冕服，焜燿史」諜，至元魏度支、七兵尚書僕射文貞公諱休，公之九代祖也。高王」父諱隱甫，皇任刑部尚書東都留守，謚忠公，贈太保；曾王父諱微，」皇任河南少尹；大父諱溉，皇

任太常少卿、贈右僕射；顯考府君」諱耿，皇任太子賓客贈工部尚書。公名行規，字寡悔，」尚書府君長子也。按世史家傳，自保姓爾來，以婚媾簪裾，行學文雅，」名教禮法，傳叙相授，如珠貫璧，壘史無闕紀焉。公性仁孝謙暢，以」善名於親知族類間，敬上而厚下，行宗泛愛，動必用和。平居多雅」尚，樂藝植筠篁卉藥異花珍木輩，或坏山轉石，以閑放自得，不知世」態險譎，名利勞染，操權衡，秉織纊，拜塵尾，戰蝸角者爲何物哉。其天」賦誠厚全仁也如此。宜乎錫永年，服大任。未極器限，奄悲風燭，嗚呼」哀哉！夫人滎陽鄭氏，族系仕職，勞息日時，具勒前志矣。生五男子：曰」颯，曰調，曰訥，曰小通，曰三通；女子一人：曰申娘；咸未冠笄，孺慕成禮，」呱呱至性，哀感無心。公以咸通八年丁亥歲三月廿七日終于洛陽」毓德里之世第，享年五十一，以戊子歲建亥月十三日癸酉歸祔」于邙原大墓，銘曰：

我鼻祖於姜源，承明德之遐緒，典三禮於秩宗，維鷹揚於上父。飾」詞藝以居業，懷銀黄而紆組，聳高望於朝倫，立事功以報主。騰芳」猷於多祀，奉官常以繼序，公沖澹而靜專，纘素業以無怠。煬一氣」之全和，弘六順以受采，年踰學易之初，位佐閫絃之宰。力善之報何」薄？積慶之祥安在？歲躔舍於天駟，月建辰於北亥，封壽域於高原，」邈終天而無改。

昌黎韓師復刻字并篆蓋。」

（周紹良藏拓本　河南千唐誌齋藏石）

咸通〇七二

【蓋】唐故彭城劉公墓誌銘（蓋文據《金石萃編》卷一百十七補。）

【誌文】

唐故内莊宅使銀青光禄大夫行内侍省内侍員外置同正員上柱國彭城縣開國子食邑五百户賜紫金魚袋贈左監門衛大將軍劉公墓誌銘并序　翰林承旨學士將仕郎守尚書户部侍郎知制誥賜紫金魚袋劉瞻撰」

公諱遵禮，字魯卿。帝堯垂裔，實分受姓之初；隆漢勃興，更表昌宗之盛。靈源彌遠，瑞慶斯長，史不絶書，代」稱其德。曾祖諱英，皇任游擊將軍、守左武衛翊府中郎將，韜鈐奥術，倜儻奇材，運阨當年，位不及量，僖」伯有後，累生英賢；烈祖諱弘規，皇任左神策軍護軍中尉，特進、行左武衛上將軍、知内侍省事，贈開府」儀同三司、楊州大都督，沛國公，佐佑累朝，出入貴仕，文經武略，茂績嘉庸，誓著山河，勳銘金石；」訓傳令嗣，慶集德門，即今開府儀同三司、内侍監致仕、徐國公名行深也。公即開府第」五子，穎悟於齠齓，温克於童蒙，孝敬自禀於生知，忠恪允符於夙習。爰當妙齒，即履宦途，以寶曆二年入」仕，重位要權，爭用爲寮寀。資鴻漸之勢，俟麟角之成，雍容令圖，遜讓美秩。開成五年，方賜緑，授將仕郎、掖」庭局宫教博士，充宣徽庫家。地密務殷，選清材稱，舉止有裕，階資漸登，會昌元年，授登仕郎；四年，授承務」郎。常在禁闈，日奉宸扆，皆貴游之子弟，爲顯仕之梯媒，清切無倫，親近少比，特加命服，仍領太醫；」六年，賜服銀朱，加供奉官，轉徵仕郎内僕局令，充監醫官院使。親承顧問，莫厚於宣徽；榮耀服章，無加」於紫綬。其年六月，授宣義郎，改充宣徽北院使；十一月，賜紫金魚袋。階秩表仕進之績，爵邑列」恩寵之榮，既屬上材，因降優命，大中二年，授朝散大夫、彭城縣開國子食邑五百户。密侍右遷，樞軸備」選，邊防經制，才略所先，公論咸推，帝命惟允，五年，改充宣徽南院使，尋兼充京西京北制置堡戍」使。疆場設備，今古重難，俾無奔突之虞，用致煙塵之息，凡所更作，大叶機宜，與能疇勞，換職進秩，其年使」迴，改大盈庫使，旋授宮闈局令。夫良弓勁矢，武衛戎裝，器號魚文，名掩繁弱，帑藏之貯，進御是須，多資」峻嚴，以絹要重，七年改内弓箭庫使。又以上田甲第，職夥吏繁，禁省之中，號爲難理，苟非利刃，寧總劇」權，八年，改内莊宅使。出護戎機，實爲重寄，受歷試之選，膺貞律之求，爰以周通，遂俞推擇，九年，改兗海監」軍使。共綏武旅，旁協帥臣，儻非其村，亦罕濟用，雅聞懿績，更蒞雄藩，十二年，改鄆州監軍使。出入之宜，勞」逸是繫，履踐之美，重沓爲優，十三年赴闕，明年授營幕使，其年再領弓箭庫使，咸通元年十二月，轉掖」庭令。雲螭洼産，驤子龍孫，當星馳電逸之場，列中皂内閑之藉，寶鞭玉勒，足蹀首驤，繫於伯樂之知，懸在」伏波之式，鑒精事重，匪易其人，三年，遂授内飛龍使。休聲益暢，睿渥彌敷，進於崇班，示以懋賞，四」年，授内侍省内侍。地控西陲，任當戎事，思得妙略，冀絶邊虞，五年，改邠寧監軍。外展殊勳，内缺要務，人思」舊政，主洽新恩，七年，復拜内莊宅使。顧遇益隆，兢謹愈至，將申大用，先命崇階，八年，授銀青」光禄大夫。嗚呼！得君逢時，材長數促，性命之際，賢哲莫窮，咸通九年孟夏遘疾，優旨許歸就醫藥。鍼砭」無及，湯劑徒施，莫逢西域之靈香，遽歎東流之逝水，以其年六月十四日薨於來庭里私第，享年五十三。」八月五日，詔贈左監門衛大將軍。竊惟開府以仁誼承家，用忠貞事主，德齊嵩華，量廣滄冥，」便蕃顯榮，洋溢功業，掌鈞軸則彌縫大政，綰戎務則訓齊全師，勤以奉公，寬而濟衆，書于史册，播在」朝庭，故得朱紫盈門，輝光滿目。公之仲季，時少比倫，并以出人之材，各奉趨庭之訓，優秩佳職，後弟前」兄。而公不享假齡，豈神之孤衆望也？是以開府惋惜，軫極悲懷。夫人咸陽縣君田氏，四德咸臻，」六姻共仰，婦道克順，母儀聿修。有子四人：長曰重易，給事郎內侍省內府局丞；次曰重胤，宣徽庫家，登仕」郎、內侍省奚官局丞；又其次曰重益，曰重則，并已賜緑，皆以孝愛由己，明敏居心，在公處私，克守訓範，」以似以續，家肥國華。今則喪過乎哀，毀焉在疚，宅兆既卜，日月有時，十一月八日銜哀奉喪，窆于萬年」縣崇義鄉滻川西原，禮也。佳城永閟，昭代長違，生也有涯，前距百齡纔及半；死如可作，後游九原當」與歸。瞻叨職內廷，特承宗顧，刊刻期於不朽，叙述固以無私。銘曰：

積德之孫，大勳之嗣，允文允武，有材有位。既遇明時，將膺寵寄，樞機之任，咫尺而至。命不副才，期而爽遂，崇崇德門，侁侁令子，垂裕後昆，流千萬祀。」

中散大夫前左金吾衛長史兼監察御史崔筠書并篆蓋，　鐫玉册官邵建初刻。」

（周紹良藏拓本）

咸通〇七三

【蓋】失。

【誌文】

唐故滎陽鄭府君及夫人樂安孫氏墓誌銘并序　前試太常寺協律郎東海徐彥回述」

府君諱少雅，字子琴，其先滎陽郡人也。漢末司農之後，洎于有唐，雖軒緒歇」滅，文武未墜於世矣。祖諱光，皇平盧軍節度散十將、銀青光禄大夫、」檢校太子詹事。先考諱端，皇高道不仕。有子三人，府君即」季子也。公以松筠比德，以滄海爲量，以信義立身，以忠勤勵志。手足」有孔懷之孝，棣萼連芳；昆仲存田子之慈，庭荆獨茂。天胡不憖，微疾」所縈，纔經六晨，醫藥無救，大運何促，龜筮無靈，風燭有期，奄從朝露，」以咸通九年戊子歲秋八月壬戌朔是日辭世於青社之私第，享年」五十有五。故夫人樂安孫氏，三從不虧，四德咸備，厥有擇鄰之範，」仍存截髮之規；恭侍舅姑，靡乖婦禮，敬奉姻戚，罔失母儀。何期寢」疾一旬，萬藥之難療；俄成夕葬，無香之返魂。復以其年秋七月十有二」日，先歸逝川，享年四十有四。有子二人：長曰邯，幼習儒業，研精典墳，常」懷積雪之勞，不輟聚螢之志，鄰弱冠之齒，修舉孝廉，一試於春司，已獲」鄉薦；次曰弘裕，幼禀嚴訓，謹慎立身，寄跡軍門；皆不虧人子之道矣。俱有」絶漿之孝，常居苫塊之哀，叩地號天，晝夜荼毒。有女三人，長未笄年，」次皆稚齒，號冤泣血，殃罰併鍾，孤露無依，穹蒼何負。六親以哀慟，」九族而悲酸，閭里傷心，軍城感切。於戲！卜兆有期，龜從協吉，俱以其」年仲冬月有八日祔葬于青州益都縣永固鄉殷鄧里駞山東」峙歸大塋，之禮也。彦桐夙承恩煦，久沐知憐，雖非」孔儒，敢從誠請。慮時代深遠，陵谷變更，乃命筆爲銘，遂召良」工，刊石爲紀。其詞曰：」

惜哉鄭公，潘貌顒顒，惟仁惟孝，克儉克恭。量比滄溟，川無不通，」天命有五，何期壽終。嗟乎孫氏，温柔無比，娣姒謙諧，如魚如水。」花墜春園，玉沉泥滓，天胡併罰，痛深愛子。嗚呼哀哉，魂歸夜臺，」玄扃一閉，窀穸難開。松風飀飀，雲鶴徘徊，刊石爲紀，萬祀蒿萊。」

（録自《山左冢墓遺文》）

咸通〇七四

【蓋】失。

【誌文】

唐故華州衙前兵馬使魏公誌銘　留守衙前判官郝乘撰」

魏氏望先」鉅鹿人也，前史將軍顆、漢相舒宗裔遼承，洎今潼矣。潼字天」樞，近改名虔威，字遵令，即東都留守、右廂都押衙、都虞候銀青光禄大夫」、檢校太子賓客兼黄州長史、監察御史、上柱國瑱，婚故留守押衙兼殿中御」史京兆韋公儉長女。夫人有子六人，遵令即其次子矣。遵令童稚之」年，早多風韻，親族瞻重，必記瓌琦文藝攻深，渾毫尤妙，弧矢同曉，」禮樂克全。父乃誨以義方，資以優贍。遵令爲子承順，受教罔違。至丁」亥歲，鄒魯尚書自東都留守節鎮天平，遵令獲事」旌麾，膺兹材用，遂授節度散兵馬使，儕流知重，皆訝老成。纔抵周」星，乞假歸覲，乃婚懷州别駕清河張公隨之長女，門敵秦晉，兒」女稱宜。至戊子年，華州蔣相國飛牒辟授華州衙前兵馬使，」職崇風彩，年少光榮，氣自堂堂，貌唯肅肅。婚宦纔及，寒暑」忽違，醫無起虢之功，藥鮮療痾之效。疾不逾月，奄落夜臺，」時咸通九年戊子歲九月七日，終于廣福營廨宅，壽齡二十矣。」遵令弟瀆，字茂清，即長史公第四子也，縈瘵旬時，後兩日」而夭，壽年一十有七，統掌茶務，材副公私，全得鳳毛，人皆瞻愛。嗚呼！」阻意忽臨，痛沉雙玉；殃羅俄至，悲感六親。鞠育無勞，恩同隙影，秀」而不實，望斷趨庭。哀切卜商，悲鄰顔路，夭枉併此，情復何言?·雁緒」愁哀，連枝情逝，友朋惻愴，歡笑俄辭，少婦乃鸞鶩隻影之啼，孀容」太速；劍致一沉之吼，素志驟來。是乃蓍筮良辰，窀穸有日，以其年十」一月八日殯于河南縣平樂鄉杜郭村，附於先塋之後，慮田」土更變，須刻貞珉，旌示未來，知乎姓字。其銘曰：」

瓌姿並秀，行藝日新，禄纔榮養，職始光身。」壽中短折，世上逡巡，雙墳棣蕚，永歲煙塵。」

（周紹良藏拓本　河南千唐誌齋藏石）

咸通〇七五

【蓋】　大唐故辛府君墓誌銘

【誌文】

唐故天平軍仗義將判官承奉郎試光禄卿飛騎尉賞緋魚袋隴西郡辛府君太原郡王氏夫人合祔墓誌銘并序」

府君諱仲方，其先隴西人也。皇祖諱，皇考諱惟壹，歷代綿遠，英哲」世生，脩枝弈葉，榮爵不墜。其間或道長晦名，或學優登仕，楷模後世，」衡鏡當時，經濟邦家，扶持社稷者，無代無□，青史具彰，此不詳載。」府君即惟壹之子也。幼而卓異，不隨徇於里童；長愈孤貞，乃標凖於」流輩。聞詩聞禮，克儉克勤，六藝備身，三端在己。事父母以孝敬無違，處」兄弟而綽綽有裕。纔年弱冠，投筆從戎，貂蟬委能，賓僚奬賞，遂補」公爲前職，故得名聞遐邇，道冠古今，職烈軍前，官榮憲綬。誰料天」錫永壽，遘疾東歸，不幸以大和四年十月三日殁于青州私第，享年六十」有三。元戎嗟歎，六親興哀，里巷輟音，友朋摧慟。府君禮娶」夫人太原王氏，洞達詩禮，明閑婦儀，髽髻晝啼，克遵教誡。公有嗣」子三人：孟曰文慶，次曰宗汶，不幸早亡；季曰從臯。有女二人：長適杜氏，次嫁成」家。夫人王氏，不幸以咸通六年二月十三日遘疾，亦殁寢室，享年八十有八。」志孝等天鍾志行，孝道彌彰，泣血茹荼，幾至滅性。遂用咸通九年閏」十二月一日合葬於州城東北約二里驛城之原，禮也。伏恐陵移谷變，年」代綿遠，剷石烈字，而爲銘焉。」

賢哲君子，德行夫人，有賢有德，其體可遵。天何匪諶，白晝俄昏，」喪此英淑，哀冤詎論。玄堂重啓，以閉幽魂，陵移谷變，佳猷永存。」

（録自《山左冢墓遺文》）

咸通〇七六

【蓋】失。

【誌文】

唐前中州刺史崔君故側室上黨樊氏墓誌銘并序」

清河崔膺，博古好奇，與余有重世之舊。一日揖而言曰：我再從叔曰撰，族」清行高，聯典四郡，早持家法，晚爲吏師，子聞之乎？」余曰：然。膺曰：吾叔之姬上黨樊氏，本實仕胄，幼」而流落，十九歸于吾叔。內和外敬，志潔誠端，承」正室之蘋蘩，主賓館之饋遺，胤緒昌矣，姻族賴之。」使吾叔蒞于王事無內顧之憂者，樊之力焉。」生男子三人：長曰全休，前伊闕主簿；次曰廣，唐州」比陽主簿，不幸早卒；幼曰克蔭，補齋郎；女子三人：」曰薦，曰獠，曰盧，皆未及笄。而樊以咸通己丑歲六」月二十三日疾歿于河南府洛陽縣立行里第，享」年五十四。越月二十八日葬于河南縣平樂鄉杜」郭里，吾子務乎舞筆爲樊述其始終，以慰吾叔，」可乎？張玄暉曰：諾。遂翰寫膺言，冠于銘右。銘曰：」

藹濃芳兮欺上春，落華青兮嬪賢人。慶螽斯兮」懿日新，何不壽兮歸天真？嗟嗟遺掛傷夫君，高原」得地安靈神。」

（周紹良藏拓本　河南千唐誌齋藏石）

咸通〇七七

【蓋】　失。

【誌文】

唐故淮南節度討擊使銀青光禄大夫檢校太子賓」客上柱國南陽郡韓府君墓誌銘并序　外生鄭修己撰」舅氏諱倰，南陽第二房，自漢東齊王後，流派繼于」聖朝，登壇佩印，不可具紀。曾祖祚，皇任安州長史；」祖宗，皇任魏州别駕；父淑，皇檢校國子祭酒兼殿中侍」御史，立殊功於淮蔡，建大勳于東平，顯譽剋彰，輝焕千」古。舅氏即第六子，以剛義爲□，以忠謹入仕，孤標獨立，」迥然不羣，親戚友朋，共仰其强直也。而以職厠崇班，亦自」頡頏守道以俟焉。常恥因人而進，然生計多闕，隨日用以」度時，怡怡然亦不以室如懸磬爲意，所謂性比松筠，壽齊」龜鶴。何圖神祇不祐，忽遘膏肓，一委枕席，幾月不痊，殆」乎筋力將耗，直氣不摧，親友候問，尚有鬱悒之誠，猶以後」事誠託分明焉。以咸通十年七月七日終于揚州江陽縣」仁風坊之第，享年六十有四。有子二人：長曰絢，次曰休，俱」稟詩禮之教；有女二人，長曰尚處閨闈，次曰適于南陽」樊氏之門。以其年八月十一日葬于先塋之南。修己每」蒙訓誨，常切憂憐，凶舋遽聞，哀摧何極，陳詞忍淚，秉」筆紀時；將恐陵谷荒摧，故刻他山之石。銘曰：」

言行無玷，剛柔有則。孤標離羣，臨事不惑。」雄名未展，壯志將摧。奄歸長夜，閭里興哀。」岱岳既遊，蒿里永息。將紀時代，勒銘于石。」

（周紹良藏拓本）

咸通〇七八

【蓋】失。

【誌文】

唐隴西李公夫人范陽張氏墓誌銘并序　承務郎前守彭州參軍王郤撰

夫人其先范陽人也。自秦漢已降，簪纓不絶，具編家譜，此不殫紀。曾王父爲監察裏行鳳翔節度巡官贈禮部郎中；王父師本，爲同州白水縣令；父質，皇慈州昌寧縣令；皆抗鸞鳳之姿，挺山河之秀，蘊靈騰粹，降生夫人，賢範懿美，輝映内外。爲女則孝敬閨門，表儀姻族；爲婦則祀事孔明，舅姑孝敬；爲母則撫以慈愛，教以婉娩；是以爲婦爲女爲母，動靜莫不由禮，雖古賢媛，無以尚之。自初笄歸于我公，琴瑟克諧，娣姒生敬，貴賤咸悦，宗親□賀，徵乎福善，宜乎偕老。□何寢疾，以咸通十年八月二十四日奄終于□□縣私室，享年二十。自稚齒迄于就殁，言行師古，賢德無倫，朗寒冰，卓然無玷，士女之風，於斯爲盛。所闕者壽，而公未王命。易曰福善禍淫，明所以彰善惡，即夫人之善之所謂至矣盛矣，福善之徵，又何反耶？與夫顔夭跖壽，亦無以異，天何言哉，余甚惑焉。無兒，有二女，皆始齠齓。以其年十一月一日窆於盩厔縣德義鄉蘇城里，祔先塋，禮也。公以郤通舊有年，請録其實，既不得辭，乃爲

銘曰：

高低萬塚，上下千年，亦有列女，莫及清賢。寶玉孤貞，芳蘭芬馥，德行不泯，重泉永卜。

（録自《陝西金石志》補遺上）

咸通〇七九

【蓋】失。

【誌文】

唐故鹽鐵河陰院巡官試左武衛兵曹參軍彭城劉府君墓誌□并序　鄉貢進士楊去甚撰」

府君諱思友，字益夫，其先彭城叢亭里人也。系自陶唐氏之後，洎漢室克爲公族。魏晉」以降，迨吾唐，冠組蟬聯，代生賢哲，或著于前史，或詳于家諜，以至于」曾王父崇直，皇蘇州嘉興縣令；吴中大邑，號爲難理，不俟朞月，人歌政成。」王父綰，皇監察御史裏行；寵加察視，華被繡衣，搢紳攸多，時皆榮觀。父諫，」試太子左贊善大夫；羽翼之功，可追園綺，即真將及，不禄旋嗟。府君乃」贊善之嗣子，自髫歲洞立身之本，雖學詩學禮誠筌歸可忘，孝於家而悌於同氣，」厚其族而仁及賓朋，行之餘力，以樹藝自給。府君之先立第于洛之都，積」其稔矣，又別墅于緱嶺下。其來也，其往也，五十里之近。或遊或處，不常厥所，每土」膏脈起，野卉緑滋，儴徉乎東臯之美景，馭田畯以劭乎西成。自得之外晏如也，足」以稱其高逸。無何，知己在朝，以府君詳練榷筦之事，署左武衛兵曹參」軍，爲鹽鐵河陰院巡官。既司其扃，績用宣著，公私叶心，上倚下附。居二年，一旦忽」謂其屬曰：人之世，浮屠氏以爲夢幻。吾目雖可視，耳雖可聽，齒之衰矣，常汲汲營」營不知鐘鳴漏盡。豈其然耶？吾之生子已冠，矧素得宦階，今將與娶而令其仕，利」其禄以取贍，故可以盡乎限哉。因棄檄而歸，益與親朋娱遊，往往仍適於佛寺，欵」桑門，譚空理，以攄閑志。方冀極脩延之百算，保目前之歡愛，嗚呼！時不我與，遽奪」其壽，以咸通十年六月廿七日遘疾，易簀于綏福里之第，享齡八十一。越明年二」月十四日，窆于河南府洛陽縣平陰鄉北邙原，祔先塋，禮也。府君之夫」人太原王氏，去甚之姨也，祁縣第二房，軒裳閥閲，代爲冠族，淑順之德，詎讓于人。自」嬪府君，雅諧鳳兆，主中饋，供祭祀，厥職懋焉；輔成君子之美，勤亦至矣。」二男一女，男長曰鄭九，成童夭往；次曰戩，前汴州開封縣主簿，齒頗少，處事極老，」長才利器，可以濟時適用，前程甚遥，真榮親保家之主；娶渤海高氏，故潁州刺史」諱証之孫，鄉貢進士滁之女；一女愿娘，未笄喪没。府君之夫人自離煢獨，」晝哭夜止，淚目無時；開封主簿至性過人，孝禮克備，骨立柴毁，殆至滅性，乃號天」而言曰：向者以陰陽拘忌之書，日月未利，便是踰踰月之禮。今遷神筮期，慮」先府君之遺烈没地無聞，託去聖用紀于石。銘曰：」

堯苗漢枝，賢不乏時，善積慶衍，府君當之，乃堂克壯，後構是宜。」惟我所歸，先人舊櫝，邙阜糺紛，如龍如馬。叢集福氣，占之鍾我，」哀歌黄鵠，泣血素冠。天窮斯久，創鉅方殘，陳根孤壟，千古巑岏。」

（録自《芒洛冢墓遺文四編》卷六）

咸通〇八〇

【蓋】失。

【誌文】

（首行闕。次行上闕十八字。）德之後，代有其人。」□□□□□□□□□□□□曾祖諱豪，皇不仕；王父諱旭，皇任蘄」□□□□□府君諱希，皇任左武衛率府長史。君實府君第四子也。」□□君而上或仕或不與時昇降，自晉室東遷，衣冠南隨君之□」□因渡江而家越之山水清秀難偕，乃祖乃宗，閱是勝概，卜居蕭山，」伯氏仲氏，官爵相繼，或闕庭班列，或郡縣清途，門風禮讓，鄉里軌」儀。君承家代之休美，禀夢筆之靈異，生而好學，長而能文，尤攻」於體物。舉進士亟敗於垂成，獨步名場，時論推之。無何，風樹不靜，」家禍遽鍾，萬里奔喪，骨立柴毁，殆將滅性，親戚勉之，方微進粥食。及」禮制外除，是歲，將再就鹿鳴，□中□□爲善無徵，奄隨物化，國喪賢」良，家亡令子。嗚呼！人之年齡有遐或夭，孰主張是而不繫於善惡孝」悌也，詩歎淑人君子，胡不萬年，謂是類也。以咸通十年歲次己丑四」月戊子朔廿二日己酉終于家，享年四十九，娶河東裴氏。先府君諱」懿，登進士第，從事陝郊，終使下員外。君之内子即員外長女也，有」男俞九，女二人。男未及冠，長女適于鍾氏，次未及笄。藐爾諸孤，朝不」謀夕，鴒原對此，何痛如之！以咸通十一年二月廿四日卜于昭玄」鄉昭玄里社頭村之原也。庠嘗射策春闈，竊在下風，熟君德聲。」及此承乏，數月相從，一篇一酌，每至促膝，無不移時。歡猶未艾，悲又」間之，嗚呼哀哉！天亦茫茫，殲我良友，丘壠既卜，執紼有期，愿刻樂石，」以表永別。乃爲銘曰：續改地在廣孝鄉延壽里杜湖村之原也。」

嗚呼公都，碩學鴻儒，修身無玷，立行不孤，今其逝矣，可勝歎乎？其一。幾從鄉薦，累敗垂成，天耶命耶？有德無名，殁而不朽，永播烈聲。其二。松兮桂兮，風雨摧之，文章事業，一旦已而，銘茲貞石，川谷難移。其三。」

（北京圖書館藏拓本）

咸通〇八一

【蓋】失。

【誌文】

唐故樂安戎處士故夫人墓誌銘并序　鄉貢進士王頗述」

夫人姓劉氏，女弟中第三，其先彭城人也。芳苗出自漢楚」元王交之後，先世因官江南，遂徙家於金陵，迺爲縣人矣。」祖梅，考沼，皆以清淳履行，儒素承家，爵服不羈，丘園自賁。」皇妣隴西李氏，而生夫人，天資韶婉，性蘊貞柔，幼習織紝」組紃之妙，夙明籩豆助奠之禮。樂安遂采其門，鳳兆既」叶，笄而歸于戎氏。處士諱仁詡，器局高爽，道義周贍。夫人僶」俛同德，一與之齊，而成厚於家肥也。毓五子：其長佽，年五十」餘而卒；其二儆，敦閱詩禮，尚鄉貢明經；其三倰，職考功，不」幸没於上都；其四儔，朝議郎前行宋州下邑縣尉，曹務尹」理，聲猷洽聞；其五偕，風規淑茂，氣調寬融，襲紹門風，夤」遲賓旅。女二人：長耦樂安蔣從質，俱先朝露；藐者早亡。夫」人所天，雖當偕老，何期咸通六年先殞。暮齒嫠居，整訓」孤幼，天不憖遺，遽嬰沉痾，越十一年二月廿二日，癈牀於鵲」巢所居，春秋七十五。以其年三月廿一日癸酉，葬于欽賢鄉」脩山東北原，祔于先塋庚首，禮也。諸哀顧余文彩，泣請神」道，旌誌幽隧，庶同滕公佳城見白日之義也。銘曰：」

古楚王孫，分苗郁郁，夫人繼芳，其德令淑，」常珍未年，奄歸何速？官庾南陲，脩山北麓，」馬鬣封兹，千秋拱木！」

（周紹良藏拓本）

咸通〇八二

【蓋】失。

【誌文】

唐故東海徐氏墓誌銘并序　嗣子渭孫書　嗣子孟兄博陵崔紹孫譔」

唐咸通十一年歲次庚寅五月壬子朔十一日壬戌，有」東海徐氏號玉京，終于東都康俗里之私第。徐氏得性東海，」因徙家五陵，遂生神州。婉嫕成姿，閑華稟性，年十七中去聲」我先太守之選。洎開成迨咸通，訖三十年，誠節兩全，始終一」致，奉上以敬順，接下以謙和。由是我先君益器」重之。前年之前秋，余奉命隨計西笑及京，曾未浹辰，」旋聞大禍，水陸塗程，雲水五千，雖見星奔馳，逾時方」到。既到，益覩大賴之績，實自徐氏，況撫孤拯弱，守節立」事，獨斷於心，行之於已，頗爲余族之所歎尚。而又栖心於澹」泊之教，蚤佩道籙，道諱瑶質。自遘疾之初，及彌留之際，」嘗輟呻吟而念道。每謂其嗣曰：吾生四十八年，亦不爲過夭」矣。殁侍泉下，我之夙志矣。」人誰無往，此往豈復恨耶？」言竟奄然。真達人也。一男二女，男曰渭孫，行實温恭；長女適」京兆韋氏，次女未笄，容德克備，當必配賢儁也。嗚呼！生有令」範，殁有令嗣，又何悲乎？以其月廿七戊寅窆于河南府河南」縣平樂鄉朱陽村北邙之原，禮也。

渭孫銜哀襄事，罔「有闕遺，紹孫多目得之行實，乃爲銘曰：」婉孌貞姿，雍容令範，布德行人，唯慈與儉。「二女皆賢，一子時秀，方盛余門，必昌厥後。「邙山之南，洛水之北，慘慘雲煙，蕭蕭松栢。「流飆墜景兮歸于此原，佳城一掩兮幽明永隔。」

（北京圖書館藏拓本）

咸通○八三

【蓋】失。

【誌文】

唐故幽州隨使節度押衙正議大夫檢校國子祭酒兼侍御史上柱國太原王府君夫人清河張氏合祔墓誌銘并序　鄉貢進士前攝幽州大都督府參軍許舟文

府君之先，周靈之後，秦有翦而漢有吉，晉有導而齊有儉。洎乎貴葉繁盛，高源互分，或撫俗中區，或字兵窮裔，蘭蓀衍馥，實爲飽其風光；杞梓垂榮，詎可殫其簡牘。曾祖諱清，皇前攝貝州録事參軍；祖諱選，皇前攝瀛州河間縣尉；列考諱盈，皇銀青光禄大夫檢校鴻臚卿。府君即令嗣也。諱公晟，字嗣復。義冠金石，量韜河嶽；動息成韻，恩威有文，叱吒而生谷風，談笑而揚春卉，由勇張貌，猿臂虎髭，一諾千金，致命如往。元戎以挺生襟抱，迥出人寰，初其宿衛之資，終致建牙之署。事家邦而不危人望，輸忠赤而獨擅君恩，何當匪石之誠，忽奄虞泉之恨。嗚呼！享年六十九，以咸通十一年庚寅歲夏六月二日屬纊於薊縣軍都坊之私第，以八月四日成事於幽都縣保大鄉樊村里之高原，終其禮也。夫人清河張氏。結髮移天，敬承禋祀，豈期超忽，先之去流，閨壼柔明，孰云箴誡，以兹良兆，可祔所天。有子四人：長曰弘太，攝薊州三河縣丞；幼敏公忠，頗閑吏理，方圖晚器，倏謝明時。次曰弘雅，閱禮敦詩，親人重義，授以文職，優之漸鴻，補充節度驅使官。次曰弘寂，履行趨庭，方宜仕進，祇皇靡叶，鞠爲泉人。次曰弘楚，情韜百行，心佩五常，仗文武之全材，爲家國之模範，補充節度衙前散虞候。於戲！天道污隆，人經否泰，雖藏舟欲固，而覆軌難移。導其道而奚所悲，履其理而竟何恨。令子伏喪飲溢，假喘興言事，恐陵谷推遷，高卑迭運，固命荒鰍，誌於他齡。銘曰：

天降英靈兮壯我雄方，弼諧造化兮爲棟爲樑。施武力兮折鋭摧剛，勤王事兮披肝倒膓。上天速禍兮殪忠良，抱堅白兮歸泉堂。逝川杳日只如此，松檟風生徒自傷。

（録自《京畿冢墓遺文》卷下）

咸通〇八四

【蓋】　失。

【誌文】

唐故宣德郎前守孟州司馬樂安孫府君墓誌銘并序　第二弟朝議郎前守尚書刑部員外郎柱國孫徽撰」

孫氏得姓之初，本乎唐虞之後，周武系祖，派緒支流，蒸蒸繩繩，綿數千祀」矣，代陞名德，不綫其族。曾祖府君諱宿，皇華州刺史；大父府君諱公」器，皇邕管經略使，累贈司空；烈考府君諱簡，皇太子少師檢校司空，」累贈太師。太師府君前娶沛國武夫人，司馬府君即太師」第四子，武夫人之出也。幼薄名利，以詩酒自適，晚歲方用蔭緒調補有」解褐，授監門衛録事參軍。韋公正貫鎮嶺南日，以外戚姻舊，奏轉恊律，」充節度推官，次任京兆府鄠縣尉。韋公博方伯青社，思報舊恩，奏充」押蕃巡官，授裏行監察，次任河南府户曹參軍，未幾轉倉曹參軍。時也」李公當尹正周圻，鋭精求理，繁劇之務，一以咨之。至於職額有腴於俸給」者，可以分沃，頒惠於衆掾，李公咸使總之，其知厚也如此。後任孟州司」秩滿歸洛，丁繼母涼國李夫人憂，自十年來常抱微恙，然至於寢膳，即」無所失節。忽爾陰陽構戾，寒暑愆和，殆及彌留，不四三日。咸通十一年六」月八日奄然於會節私舍，八月廿二日歸窆於河南縣平樂鄉杜翟原祔」先塋，禮也。嗚呼！釋氏有奔湍之諭，莊生興舟壑之譏，蓋以火宅不窮，浮涯」有限，前蹤後轍，欷可既耶？是則存歿同途，衰榮統貫。今也桑榆暮景，枝葉」凋陰，哀瘵之中，視此孤藐，則攢悲萃苦，偷生於幻世者，得非重困於桎梏」乎？有子六人：長曰煒，前任汝州臨汝縣主簿；次曰津兒；曰小津；曰圭奴；曰」小圭；曰鼎奴；皆執經力善，自强不息。有女一人曰吉娘，笄年未聘；親親者」悼焉。諸孤以日月告還，先遠有刻，泣血號慕，請余爲識。徽且知編情備」禮，不事文飾，斂涕揮翰，勒石以銘：人之生兮，莫適其時，休明紱冕，咸推有之。士之尚兮，」貴得其地，物龜天爵，德門令嗣。公府有耀，家諜垂休，」清芬綽綽，東注悠悠。宅兆有期，蓍文叶吉，戒途啓路，」迴陰慘日。荒原翳草，拱木凄風，刻石以識，屑涕無窮。」

第五弟鄉貢進士孫綱書并篆蓋。」

（周紹良藏拓本　河南千唐誌齋藏石）

咸通〇八五

【蓋】失。

【誌文】

唐故鄉貢進士南陽郡張公墓誌銘　前鄉貢進士李夷遇撰」

公諱曄，字日章，其先南陽人也。葉茂當時，代稱其美，舉文衡則漢有平子，論博」識則晉有茂先。清波長瀾，備載簡册。大曆中，齊州長史兼侍御史諱瞻，公之曾」王父；元和初，陪軍副尉守左武衛將軍諱泚，公之王父；大中時，鄆州長史兼監」察諱季戎，公之烈考；并徽懿盛才，昭振前哲。公即長史之元子也。含晨象之秀」德，體河岳之上靈，氣蘊風雲，身負日月，原而能恭，寬而以栗，言不宿諾，行不苟」從，率身克己，服道崇德，閨門穆如，鄉黨恂如也。若夫學廣如江海之渺瀰，文華」並天星之焕爛，高談則龍飛豹變，下筆則煙霏霧凝，窮八體於豪端，搜六義於」懷抱，千古闕文，前哲遺韻，盡爲公之所録。公應進士舉，天下知名。著古律詩千」餘篇，風雅其來，莫之能上，覽者靡不師服。於是乎今鄂州觀察判官盧端」公庠頃爲河南府掾，充考試官，公因就試，遂投一軸。盧公謂諸僚友曰：張」子之文，自梁宋已來，未之有也。復課一詩送公赴舉云：一直照千曲，一雅肅」羣俗，如君一軸詩，把出奸妖服。又云：乃知詩日月，曈曈出平地。又今尚書右」司郎中楊戴爲淮南太守時，製一叙獎公之文曰：張氏子用古調詩應」進士舉，大中十三年，余爲監察御史，自臺暮歸，門者執一軸曰：張某文也。閱於燈下，第」二篇云：寄征衣：開箱整霞綺，欲製萬里衣，愁剪鴛鴦破，恐爲相背飛。余遂矍」然掩卷，不知所以爲激歎之詞，乃自疚曰：余爲詩未嘗有此一句。中第二紀，爲」明時御史，張子尚困於塵坌，猶是相校，得無愧於心乎？凡公知遊，莫匪重得」廊廟之器也，苟非其道，雖王公大人，終不屈從，所不成名者，氣高使之然也。蓋」聞有大才而無貴仕者，固不虚語耳。嗚呼！方謂拂羽喬樹，緬昇煙霄，而遭命大」過，揀撓而殞，春秋五十有五。咸通十一年七月廿二日寢疾，薨于上善里之第。」先娶天水趙氏，早卒，有子滔，博學不倦，出言有章，孝行可稱，文質俱茂；女曰珊」珊，始孩；並銜莪茹蓼，殆不勝喪。弟旭，志若松筠，行同顔閔，其言也成範，其行也」可模。公先世松檟，在雒北平樂鄉杜翟村之東原，是歲十一月十二日與趙氏」小君合葬于先塋之左，禮也。夷遇與公密契金蘭，習孰履行，孝思所請，焉敢」讓諸。刊石顯徽，乃爲銘曰：」

英英夫子，既哲能賢，河目海口，虯鬚虎顔。應期誕德，絶後光前，」貞兮瑞玉，芳兮春蘭。玉貞斯折，蘭芳斯摧，嗚呼府君，逝矣不迴。」

（周紹良藏拓本　河南千唐誌齋藏石）

咸通〇八六

【蓋】失。

【誌文】

唐故留守右廂都押衙都虞候黄州長史兼監察御史銀青光禄大夫檢校太子賓客上柱國魏府君誌銘　留守衙前判官試左内率府冑曹參軍郝乘撰」

魏氏望先，鉅鹿人也。派流既遠，文武各□，綿邈相承，具昭譜録，曁于」皇考諱叔元，乃婚范氏夫人，有子三人，孟曰璋，仲曰幀，季曰項。項字遵聖，婚」故牛相國押衙兼侍御史韋公儉長女，秦晉合儀，剛柔天配。有男六人：長曰」昭範，二曰虔威，三曰潛，四曰濆，五曰會郎，六曰道郎。昭範、虔威、濆，此三子已」皆短折，繼掩夜臺。有女三人，最長披緇，已辭人世。長史公職留守□□」□□□早著盛名，年當廿有五，受同正將代□□□□，統領茗司，四遠臻服，」□□□□無不賞能。至孫僕射受州押衙，□情沉邃，規矩迥然。至」蔣僕射□其幹能，補充左街使，戢理天衢，罕聞奸寇。至鄭相國遷充右」廂都虞候，畏愛並行，高低取則，未經星歲，領袖曠員，乃兼充右廂都押衙。職」高望重，揖讓不□。徐相國夙知風義，潛賞材能，遂奏黄州長史兼監察」御史。身高顯達，門益光榮，長史公襟抱踈豁，情宛周勤，爲使府之」紀綱，威□肅肅；作朋僚之龜鏡，禮讓謙謙。折獄絶纖芥之瑕，理衆立清廉之」譽。故舊□□□而不怨，塤篪繼紹於公方，猶子嗣□於茗署，悲哉！壯理堂堂，」忽乖寒重，□全□□效，百藥之力不瘳，俄辭白日，驟落夜泉，壽齡四十有」五，以咸通十一年歲次庚寅七月廿四日訪處求安，翻招禍至，薨于福善里」之私第。夫人痛琴瑟永隔，終朝愁瘁，比恭姜積感，餘歲含悲。嗣子潛等，」思罔極之恩，情同陟岵；想趨庭之訓，慙憶高柴，叩地號天，顔睽重侍，長」姪□□□兵馬使兼監察侍御史滔，次姪鳳翔府衙前兵馬兼侍御史銶，並」□□□□□煦，感愴難裁。于乃蓍筮良辰，選其崗阜，以其年十一月廿二日」於□□□平樂鄉杜郭村，祔于先塋，備禮葬送。慮陵谷革易，用刻貞珉」□□□□□猷，直言無黷，乃爲銘曰：

名□□禄，臻萃一躬，行仁行義，有始有終。處繁不紊，」遇撓□□，發言端的，匪露威雄。智深孰比，量遠難同。」十旬□□，百藥無功。生涯已矣，窀窆□中。樹留掛劍，明月清風。

鄉貢進士李玄通書。」

（千唐誌齋藏石）

咸通〇八七

【蓋】 失。

【誌文】

唐故光州刺史李府君博陵崔夫人玄堂誌銘 姪男鄉貢進士贍撰并書」

夫人姓崔氏，博陵安平人也。自命氏已降，史諜足徵，近代纓緌，咸居雍雒，今爲」洛陽人也。」我高祖諱濤，唐青州司馬；曾祖諱儀甫，大理寺丞贈刑部侍郎；顯祖諱倰，户」部尚書致仕贈太子太傅，謚曰肅；祖妣盧夫人，封范陽郡太君。」太君繼室於肅公，前祖母滎陽鄭夫人生我姑三人，今夫人實」太君之長女也。外祖諱國倚，泗州下邳縣丞。夫人仲弟即」我烈考先府君諱巖，皇任尚書都官郎中。夫人特禀淵塞，克備柔明，不」矜功容，動成内矩，早丁大禍，奉訓高堂，孝養之方，略無違禮。年」十七，歸于李氏府君諱潘，趙郡之派裔，父并，趙州贊皇縣丞。府君昇童」子第，累辟會府，亞尹南荆，歷均、光二州刺史。始祖妣太君以夫人之」淑慧，詳求嘉耦，慮膏粱貴胤，不驕者鮮矣。爰擇舊族，得府君之才之美，而許」結褵，資德成家，昭然法度，敬足奉上不逮事於舅姑；慈可洽下自泛愛於戚黨。」敦儉固則衣用澣濯，議祭祀則饋修蠲潔，閨閫之内，肅邕著聲，光州君連剖」郡符，推榮尊室，封本邑小君，延祉和鳴，將十五載，而螽斯未徵，栢舟俄詠，姻族」興歎，豈天厚於初而薄於終耶？晝哭到今，踰一世矣。我先君迎以歸宗，重」寧歡於膝下。及居内疚，哀毀過制。旋以孤姪曰贍、曰贊，頑嚚積咎，夙」罹其禍殃，惸惸無知，翳賴義訓，撫導覆育，獲至成人，面命言提，指塗」名教，將令昭宣家閥，俾舉進士。蹇剥未偶，養報奚施，感虧至誠，釁延」素德，享年六十三，以咸通十一年庚寅夏六月十九日庚子，違代於東都時邕」里第。其年冬十有二月五日壬午，合祔於洛陽縣平陰鄉成村光州君之玄」堂。贍屠烈痛深，泣紀遺懿，備究直書，故不敢請詞文士。銘曰：」

穆穆夫人，天錫坤德，婉嫕成規，柔正立則。觀教詩書，尚功雕織，」鬱然女師，標風閫閾。揚光我家，增□□□，作嬪君子，期享百禄。」郡揭隼旟，邑崇象服，孟鄰罔擇，杞城俄哭。蒼昊不言，幽理奚論，」仁而不嗣，舉代攸冤。歸寧盡孝，撫孤流恩，浸潤禮義，赫弈宗門。」天奪我慈，神降我咎，孰謂積慶，弗臻上壽。邙阜北倚，洛波東走，」遂掩雙銘，傳芳不朽。」

（周紹良藏拓本　河南千唐誌齋藏石）

咸通〇八八

【蓋】失。

【誌文】

唐故丹州刺史兼防禦使楊府君張掖郡烏氏夫人封張掖縣君墓誌　長子坦纂」

大夫積善者慶集門矣，坦自襁褓，纔辨東西，嘗見先考出入朱」輪，五佐雄藩，後作宰伊陽，課績居最。大中初，相國白公嘉先考爲」官政有奇能云：上求瘼甚切，不得蔽賢，須有甄賞。遂剖符文」州，更任戎州。屬當州草賊蟻集雲屯，奔突境内，莫能制止。先考下車」未朞，秘密潛施，以兵一千斬虜梟擒五千餘級，兩川宿患，此時一清。」及政成歸于京輦，不日又除丹州。亦緣羌戎爲寇，侵掠關輔。每爲任」處，盥漱冠首畢，未嘗不稱讚金口之言，及敬禮迦文之像。坦已期」先考用綏百福，位至三台。嗚呼！天降大禍，竟終偏郡。坦在鄭，與言」永訣，再擗于地。弟域便自咸寧扶侍并護喪抵雒，雒亦無業」可依，遂稅居及權卜塋兆，經營艱危，盡夫人運智之所」爲，弱子等行其事。且京雒桂玉一也，所有弓裘、家集、僮豎悉」被他人以金討盡。坦於鄭莊躬耕供東周旨甘。後以道途縻」費，遣域迎侍，東來就食。奈何行李至鞏邑寢膳，一夕」不順，旋啓手啓足于旅店，遂至隔生。使人且至，告以尊旨不安。坦連」夜行衝，武關不敢禁，及至已丁凶憫，唯有遺命，傳付丁寧。恭」承嚴密，哀慟號叫，呼天天不聞，叩地地不應。苦塊之内，割哀忍血，」護神櫬歸于鄭莊，得以朝夕盡哀。今者已逾禮制，不曾一姻懿」至，即可知從來親族盛衰矣。坦苦力農桑，方辨葬用，於咸通十」二年正月十四日，遷神祔于先考舊塋，之禮也。坦搦管泣血，」但紀其年月日，豈暇序述。亡妣貞列爲婦，仁慈爲」母。夫人門族繁華，映貫古今，元和中，太尉烏公諱重胤」即烈父也，夫人即公之嫡女也。已在衆多之口，芳傳萬」代，不可亡刻，紀金石云爾。

坦刺血書。」

（北京圖書館藏拓本）

咸通〇八九

【蓋】失。

【誌文】

唐故蔡府君墓誌銘并序」

古之功位不庸於今時，謙恭罕全乎大叙。府君」皇祖諱□，祖諱儼，本陳留郡人也。先祖」從官屆潞，因而家焉。義冠前賢，德宗苗裔，」遠祖邕，爲漢兼相，匡時任重，流芳茂實，名」高史策，才曜詞林，頌聲洋洋，震於今古，高」門盛族，略而可知矣。府君諱儒，登仕郎試泗州長」史上柱國，道高不仕，毓性故園，春秋七十有七，洎大中八」年正月五日終於其家。夫人太原王氏，婉娩從事，舅」姑畢禮，享年七十有一，咸通七年七月八日歿于私第。嗣」子五：長曰幸楚，公以忠孝，立性義惇，温温恭人，□崇□」黨；次子寶等，泣血絶漿，欲報之恩，昊天罔極；哀女七姑，□」鄒氏，以咸通十二年歲次辛卯三月丁未朔卅日丙子葬於」丹城西北七里德讓鄉禮度里之别業壬地，創塋安厝，禮」也。地勢前有雍川，一帶湍逡，入於衡漳；後有晉嶺，千尋連」延，接於紫府。魚陂古洎之澤，汪汪數頃，在東南坱軋之平原，匀」匀千畝。侈忠靈遷漂襯，山谷變移，刊石鐫銘，題之爲記。其詞曰：」

哀哉府君，逝川何急？狐兔爲鄰，永辭城邑。婉矣夫人，」庸矣皇親，皇堂一閉，千春萬春。」

（録自《山右冢墓遺文》）

咸通〇九〇

【蓋】失。

【誌文】

唐唐州楊使君第四女墓誌銘并序　仲兄鄉貢進士安期撰并書」

管管，小字也，實嚴君之第四女。遠自累世，靡有」違德。及嚴君名以文聞，位以才得，修道若不足，」見義如不及。總是懿德，厥生我妹，淑性幼禀，婉質長成。」始自韶齓，聰惠特異，凡女工之所尚，刀尺之所制，一經」於目，必記於心。而又孝友之性，得於生知，奉上以順，接」下以和，愉愉然不失其操，而喜必形於色，怒不及於詞。」叢是美德，宜貴宜壽，奈何殞蘭蕙於春日，傷桃李於芳」年，以咸通十二年四月二十有三日寢疾于唐州之官」舍，享年廿有一。自傭保之屬，亦必盡哀，況乎」嚴君之念愛，骨肉之痛憤，可勝道哉。其年五月二十七」日，歸葬於河南雒陽縣尹村之南原，依遠代之松」櫃也。嚴君以婉穆之行，不可無文，而尚以悲纏，」不能振藻，命余直書其事，庶傳芳於千萬年，遂捧」筆避席，掩淚承教，聊述遺美，不敢事文。銘曰：」

夭桃始艷，朗月方秋，宜芳而榭，將明忽流。」懿乎淑德，其德克修，瑩然媚質，其質和柔。」有善不福，天竟何酬，使實其泉，夷其丘，」卓然此石，千古傳休。」

（周紹良藏拓本　河南千唐誌齋藏石）

咸通〇九一

【蓋】　唐韋氏小女子墓誌銘

【誌文】

唐韋氏小女子墓誌銘并序」

韋氏女小字豸娘，京兆杜陵人。曾祖友」信，皇泉、吉、務三州刺史；祖綬，皇興元節」度使，贈右僕射；父洙，見任尚書主客員」外郎、東渭橋給納使；母于氏，封可□縣」君。有兄三人，長曰隗，次曰粲，季曰鳴。女」婉雅慧黠，皆生知之。嗚呼！天付其質，不」與其命，奈何！咸通十二年正月得疾，尋」乞號於釋氏，曰甘露；延至六月四日，終」于親仁里第。其月六日，窆于城南李永」村。銘曰：」

天道冥冥兮靈祇阻深，精祈血祝」兮終違此心；幽蘭忽謝兮明珠永沉，」淚血徒盡兮痛安可任！」

（北京圖書館藏拓本）

咸通〇九二

【蓋】失。

【誌文】

唐故□州押衙靖邊將中大夫檢校太子詹事□□郡曹公武威石氏夫人合祔墓　元氏鎮步□左六鈞將張可行撰」

公諱弘立，字弘立，族望譙郡人也。其先漢相之裔，□□」大魏之後，令業清勳，不□□紀」曾祖治，皇易州□將；祖玉，皇□州衙前兵馬使、銀青光禄」大夫、檢校太子賓客；烈考長，皇易州衙前將、試太僕卿。」公即卿之子也。幼□詩書，長閑韜略，文可以經濟，武可以匡時，」進退可觀，威儀□克。公以開成年中旅於邊塞而訪友人，」時故□州刺史武公一見喜倍於□歡宴連晨，爲□□□」公以疇昔之切，然□□□授公□兵馬使。才高位小，未稱良能。□」逾二朞，遷任授□州押衙兼靖邊將、中大夫、檢校太子詹事。身□」右□，名列憲班，衷□益開，不□□□事君父而盡忠盡節，奉賓」朋而唯默唯謙，名冠古今，聲揚郡□作□之□莫可□其能；應」奉之才，無以頌其德。公性本□逸，不慕□□閨□却□□□」於此。嗚呼！彼蒼罔惠，遐壽非昌，日□慕景，桂折秋霜，以咸通五」年四月一日卒於趙州元氏縣□勞坊之私第也，享年五十有九。」夫人武威石氏，代襲珪璋，門傳餘慶，禮於公，於公先歿。見居夫人」高氏，哀號痛切，聲感一□將泣訴於昊天，念伯兮而先往。有子一人□」□清□□□絶漿，未答敏勞之□空積樹風之感，以咸通十二年七月」十一日葬於神巖鄉寒臺村之原，禮也。慮以久地長扃□□□」□□□之泯墜，故炫美於貞珉。其銘曰：」□□□□惟公是奇，閑潛韜略，爲人所知。文成七步，武□由基，」□□□□□□□□□□□痛雙親之永逝，傷冥冥其何依。」

（録自《京畿冢墓遺文》卷下）

咸通〇九三

【蓋】失。

【誌文】

唐故太子司議郎李府君墓誌銘并序　堂姪將仕郎守國子周易博士隱撰」

趙郡東祖有丞相崇，顯於後魏，謚爲文惠公。文惠公其下四世生」貞簡，爲唐司農卿。司農生崗，爲譙郡永城令，贈吏部尚書。尚書」生元善，爲襄州録事參軍，贈太尉。太尉生涇，爲金州刺史。金州娶」博陵崔氏，生府君。府君諱璩，字子玉，族茂簪纓，門傳鐘鼎，爰」自童稚，推其仁厚；志學之歲，以廕藉出身，仕爲京兆府參軍事。秩」滿又補河南伊闕尉。由澠池丞歷河南尉萬年丞，所到有立，吏不」忍欺。授東府士曹，未之任，改國子丞，分務洛邑。以法去弊，奸吏不」便，訴以嚴理，出安州户曹掾，移汝州司户、陝州功曹，除太子司議，」復得所便，分曹東洛。府君當年不與角逐者爭，孝謹立事，温」茂端良，勤幹謙默，頗有長厚之譽。以司議赴調，銓衡以名送相府，」不以官榮爲得，樂於閑逸，久不以送名干請于相府，閉户頤志，不」顧浮榮，探慕玄關，擁門却掃，于兹三周歲。以咸通十二年五月十」三日遘疾，終于永崇里之私第，享年五十八。府君娶京兆杜」氏，故河南少尹承慶之女也。明悟淑嫿，貞懿閑和，蘊其四德，光于」六姻。銜府君之喪，氣絶者數四。男二人：長曰奉規，前襄州鄧」城縣尉；識略過人，孝敬天授。次曰嵩老，方志於學。一女曰賓娘，未」笄。皆茹荼泣血，感動人倫。以其年八月十一日，歸葬于河南府洛」陽縣平陰鄉成村祔先塋，禮也。嗚戲！府君處世，恬澹」自得，孝友生知，邺物濟人，清慎克己，不享崇班巨秩，抑其命歟？乃」作銘曰：」

貴賤壽夭兮宇宙多之，惟君之道兮處世無私。冠冕朱紫兮」天下纍纍，惟君之德兮守行何虧！克備令譽兮徒愧菲詞，貞」石紀美兮千載不遺。」

堂猶子虞鄉縣尉陲書。」

（録自《芒洛冢墓遺文五編》卷六）

咸通○九四

【蓋】　失。

【誌文】

唐故甘泉院禪大師靈塔記」

住相湛然，是無來去；光陰飄忽，故有悲哀。無」常必見於有常，生滅期歸於寂滅。遺光尚」在，過隟難追，則有躬侍梵筵，心傳法寶，極」追攀於痛悼，盡愛敬於師資，鏤字支提，用」彰先覺。」故甘泉院禪大德曉方，蘇州常熟縣人也，師」事五渫山靈默大師□□□游，未之嘗言，故莫」詳悉。其於慈悲以接物，勇猛以化人，横身塞河」決之波，舉手□山崩之勢。碎裂魔網，高張法雲。」得岸拖舟，□師文字；上天燒尾，别創風雷。方岳」公侯，連城守宰，偃風渴道，靡不歸依。牽迷手於」□□，破石心於難捨。三獸極淺深之渡，百草滋」甘苦之牙。皇哉巍乎！則置院之碑詳矣。」咸通十一年三月十日，遷神於此山，報齡七十」一，僧夏五十八。嗟乎！暦陽陷兮栢梁爇，九鼎沉」兮□山折，乃千乃百哭盈庭，山慘雲愁淚成血。」□□日兮人失目，推臆頓頭皆慟絶。世尊當歿」□□羅，空有闍維禮容設。予則聞風企仰，臨紙」酸悽，以師之形則遷流委順矣，以師之神」□□明清淨矣，以師之法則一燈燃百千」燃矣。故門人法順等悉心勤力，肇建靈龕於院」西南一百步盤龍山首焉。以明年　月　日」奉遷神座於是山。日往月來，懼移高岸，人亡地」在，是紀色絲。比金石而彌貞，擬蘭蓀而可久，後」之人觀斯文而知其行，則姬公謚法，得其一端」者耶？時大唐咸通十二年歲次辛卯閏八月甲」辰朔十三日丙辰，盧龍節度衙前兵馬使前攝幽」推朝議郎試大理司直中山郎肅記。」
右北平采思倫書。」

（北京圖書館藏拓本）

咸通〇九五

【蓋】 失。

【誌文】

天水趙府君墓誌銘」

唐故天水趙公自秦州清河縣人也。公以孝行」立身，端的如一，以温以良，廣懷諒德矣。」父諱巖。公親長兄士方，次兄士成，公士真，次萬珍，」幼士元。公夫人樂氏。公有子六人：長公晸，次曰公慶，」次曰公實，次曰玄章，次曰公進，幼曰公建。長子新婦姚氏，」次子公慶新婦張氏。公慶有子一人七哥，女一人一娘子。」公性唯特達，内外（下泐）有元公，信恩仰布於六姻。」夫人自之喪（下泐）夜泣，永絶恩情。嗣子」公晸等，攀號（下泐）咸通十一年十一月三日遘」疾，終於唐縣□□以咸通十二年十月十三日，公享」年六十有四。啓葬於唐縣南四里之原，禮也。」公晸以幽山採石，勒垂誌之。其銘曰：」

積善兮爲人，天不憫兮喪良人，英貞石兮，永固無窮。」

（北京圖書館藏拓本）

咸通〇九六

【蓋】 失。

【誌文】

唐故李氏夫人河南紇干氏墓誌并序　父魏博節度掌書記朝請郎檢校尚書工部員外郎兼侍御史柱國雁門縣開國男食邑三百户賜緋魚袋濬撰」

夫人其先本姓田氏，六國時有諱成稱王者，漢初有諱儋封於齊者，及周室遷」都，雄據秦雍，干戈大試，戎馬生郊，豪傑乘時，英賢繼踵，十二代祖諱弘，事周有」勳，策拜司空襄蔡六州節度使，封雁門公，仍賜姓紇干氏義城公，庾開府信撰」墓誌及神道碑，具述錫姓之由，北史周書備叙勳烈。初，官氏志有紇干，與後魏」同出於武川，孝文南遷洛陽，改爲干氏，逮周室之賜，則與彼殊塗，實以司空才」冠一時，盡忠王業，虜言紇干，夏言依倚，爲國家之依倚。厥後枝派日隆，代生賢」畯，鉅儒碩德，世世不乏。高祖植，皇任潁王友；曾祖著，皇僕寺丞，累贈禮部」尚書；祖泉，皇河陽節度使，封雁門公，贈吏部尚書。父濬，見任工部員外兼」侍御史，封雁門縣男，食邑三百户，賜緋，充魏博節度掌書記。外族弘農楊氏。」夫人即濬長女。始生之夕，有紫光爲瑞。逮及成童，不好弄，詩書不教而成誦在」口，刀尺粗習而女工過人。奉孝敬於天和，茂温恭於生禀，姿容端雅，性氣通和，」事尊上則蒸蒸有聞，處昆弟則怡怡不倦。噫！我家道德素，尚其來久矣！固以」積善累葉之慶鍾吾女乎？既及笄，適前隨州隨縣尉李克諧。宗室子弟，衣」纓□人，琴瑟韻諧，伉儷恩重，克顯宜家之稱，亦期從爵之榮，奉蘋蘩於歲時，睦」宗親於中外，故得婦順之美，首冠六姻；閨闈之行，載光女史。夫人有卜鄰訓子」之業，有作書誡女之賢，蘊蓄未伸，其志甚大。濬以比遭閔凶，生意且落，弟兄」終鮮，骨肉凋零，夫人雖從李氏三年，濬不忍有一日之別，夫人亦不忍」一日去膝下。今年五月，濬從尚書潁川公弓旌之禮來魏博，又明月，夫人」與良人自洛偕至，從父命也。薄宦寸禄，分少絶甘，晨出暮歸，先省吾女。處居」第則垣牆相接，聲響相聞；守儉約則菜食鶉衣，誓相存暖。亦冀顯榮，方歸李」氏。天道茫昧，禍福無徵，以咸通十二年閏八月廿三日遇疾，秦醫丘禱，觸嚮無」應，以其月廿七日平旦，終于魏州城南景明坊官宅，享年廿三。濬與楊氏蘇而」又絶者四，良人殞裂，諸弟哀摧，京洛聞之，千里馳吊。夫人三弟曰繪，曰就，曰」昱，皆太廟齋郎；一妹纔數歲曰鼎鼎。古人有言：夫明慧不享壽者必有餘慶。」夫人既嫁無子，穠華一折，永無嗣絶，其何以承餘慶？彼蒼無知，於此甚矣！以其」年十月十八日其夫哀奉惟裳，歸葬河南府河南縣張陽村平樂鄉徙李」氏先塋，禮也。嗚呼！以夫人四德百行，備于閨閫，叙述遺美，不宜更託人，銜哀」直書，多所漏略。銘曰：

齊國建祖，後周錫姓，累世封公，異代輝映。夫人之賢，」宗姻知敬；夫人之行，閨風自正。玉埋温潤，月墮嬋娟，天胡厭善，不享永年？洛水」之陽，邙山之側，言歸此地，李氏之域。泉壤一閟，幽明長隔，以祔以從，永安神魄。」

（周紹良藏拓本　河南千唐誌齋藏石）

咸通〇九七

【蓋】失。

【誌文】

唐故南陽樊府君墓誌　鄉貢進士王鉦撰」

府君諱騆，字自牧，其先河南人也。府君潔介成性，貞儉自」怡，雖刺嗜於典墳，乃游心於玄釋。緩希寵禄而慳踈閑，築」室伊濱，式瞰嵩少，俟時達命，晦跡忘憂，昆友共推，親朋攸伏，吹」薦將肇，疾疢俄嬰。嗚乎！縱脩短有期，亦窮達關分。咸通辛」卯歲仲秋十九日，殁于甘水別墅，享年四十二。曾祖恭，耿志仕時，」終廣州長史；大父良，明綽有裕，終鄂州江夏縣令；父志遠，純道」處朴，養素不仕。禮也，以其年十一月十二日葬河南府河南縣」平洛鄉杜翟村倉部墳之側。有若庶子三人：長曰金臺，次曰小」都，小曰雪兒；女曰都兒，皆丱稚而已，未知器乎。昆伯五人：驤，進士」登第，終倉部郎中；馴，牧登州；駉，早亡；驌，試左武衛兵曹；鈞，」前任太僕寺丞；妹一人，適瑯琊王休復，三禮登科，宰鄭州管」城縣。鉦以亞父懿戚，嘗挹德風，既聞宅兆有期，是乃編實爲誌。銘曰：」

天之廣大兮一晦一明，人之靈氣兮有滅有生。嗟其秉志」而不道行。逝川潏潏兮伊聖興悲，佳城鬱鬱兮亦孔前期，」大夜冥冥，又何所之？

前度支供軍巡官試協律郎徐珙書。」

（周紹良藏拓本　河南千唐誌齋藏石）

咸通〇九八

【蓋】失。

【誌文】

唐故趙郡李氏女墓誌銘并序　兄度支巡官將仕郎試秘書省校書郎莊撰

趙郡李氏女懸黎，生得十三年，以咸通十二年七月十」五日卒于安邑里第。曾祖諱吉甫，金紫光祿大夫、中」書侍郎、同中書門下平章事、集賢殿大學士、監修國史、」上柱國、趙國公食邑三千户，贈太師；祖諱德裕，光祿」大夫、守太尉、兼門下侍郎、同中書門下平章事、充弘文」館大學士、太清宫使、上柱國、衛國公、食邑三千户；」考諱燁，宣武軍節度判官檢校尚書祠部員外兼侍御史；」妣滎陽鄭氏夫人。嗚呼！尚哺則其性靜，其啼稀；既言則」其記多，其識聰。洎行則喜書習工，先府君愛甚，」日觀弄帙硯於前。嗚呼！未四歲，遇先府君憂，泣」慕不可解，門中異焉，順尊尊怡，待卑卑懼，屠蘇製綵，其」意輒新。又能諷釋氏文字，動有古女風，親戚家傳以爲」訓。雪絮之什，殆可越之；班篇所誡，必克行之，其才如是，」其行如是。嗚呼！遠笄而夭，有疾幾旬歲，左醫右禱，一無」間應，何天之屈爾賦耶？何神之虐余譴耶？」鍊師陳氏，實生余與爾，今獨吾侍，哀曷窮已。卜咸通十」三年十一月廿四日歸于榆林大塋，吉墓須銘，」慟而書曰：

多其賢，短其年，銘泫然，孰知天？」

賀昭書。」

（周紹良藏拓本　河南千唐誌齋藏石）

咸通〇九九

【蓋】 失。

【誌文】

唐故御史中丞樂安孫府君長女墓誌銘并序　親兄孤子杲撰」

莊周所謂達身世之兩忘者，蓋喻以變化莫極消息大端而」已，若我折手足之痛，決存亡之情，雖聖賢人之心，未有」不言而感也。我元妹諱泳，第廿一。其先存于」家諜，故不書也。吁！稟質温柔，植性慧敏，純白内結，閑凝外舒，」垂範可觀，出言有則，冀肥家道，謂播門風，豈以禍」福難徵，鞠凶遽遘。先府君理御史府，守忠正之」道，遠澆薄之徒，見忌奸邪，左遷閩嶺。我妹以早嬰微恙，」爰侍南征，洎旅次夏口，維舟江壖，鍾」先夫人艱疢，自是驚號不節，沉綿枕席，藥石莫徵，禱祀無應。」彌留之際，囑顧不撓，謂予曰：學古遺文，潛心大業，識興亡治」亂之跡，窺三墳五常之道，未若敦睦宗族，恪慎克孝。言竟長」息，奄然號絶。以咸通十二年正月二十八日啓手足于廬陵」郡西同江之部，享年十有八歲。先府君屬念有」異，傷痛無極，遂以旅櫬同之臨汀。杲等積罪累釁，再罹」酷罰，重嶺覆江，跋涉艱險，雙棺並引，萬里同歸，餘喘殘骸，」不絶如線。上天未滅，負荷克終，以其年十二月五日」祔于先塋，禮也。嗚吁！淑德既備，未有其歸；仁愛既流，」竟成其夭。杲沉痛貫體，冤疢纏骸，忍死叩心，虔叙銘識云：」

謂天蓋高，謂地蓋厚，死生倏忽，冤毒紛糅。」嵳峩都門，盤鬱孤墳，邙崗巍巍，洛川渾渾。」崗斷川竭，兹痛曷泯！」

堂兄前淮南觀察支使將仕郎試太常寺協律郎饒書。」

（周紹良藏拓本　河南千唐誌齋藏石）

咸通一〇〇

【蓋】失。

【誌文】

唐故上黨苗君墓中哀詞并序　長兄鄉貢進士義符撰兼書」

君諱景符，字禎運，上黨人也。苗本楚同姓，楚滅仕晉，晉」命地于苗，其後氏而稱上黨人也。唐揚州録事參軍諱穎，」即君曾大父也；太原參軍贈禮部尚書諱蕃，即君大父也；」先大夫諱惲，與伯季鱗射進士策，著大名於世。」先大夫以疾礙步武，優詔授華州別駕。吾等荼禍于華。」先大夫娶河間劉夫人，夫人生七子，君最少。君聰敏深」厚，寡言難合，挺然有老成。樂左氏學，善屬文及八韻賦。嘗」爲季父所奇愛。君納高氏女，生女曰清明，始四歲矣；次女」曰上元，始三歲矣；男曰主寶藏，纔七月矣。君比無恙，忽病」熱旬餘，竟以咸通辛卯歲九月四日不起于靖安里第。吾」與仲弟廷乂同經營，粗備窀穸之用，以其年十二月十三」日，吾護葬于洛陽縣平陰鄉陶村北原，從先大夫之」右，禮也。君生三歲偏露，十一而孤，廿七而亡。嗚呼！未定交」何章乎信？未事君何顯乎道？未涖政何稱乎才？吾又何」強器渾璞之寶，欲繁誌華銘，又安無列於年代宗嗣哉。」既哀不已，遂刻詞藏墓中，詞曰：

何爲生？何爲死？聖賢不言其旨。吾已矣！嗚呼！異者形，同者氣，吾又何已矣！」

（周紹良藏拓本　河南千唐誌齋藏石）

咸通一〇一

【蓋】失。

【誌文】

唐故趙郡李氏女墓誌銘　季弟鄉貢進士尚夷撰」

小娘子曾祖諱吉甫，門下侍郎、同中書」門下平章事，贈太師；祖諱德修，楚州刺」史、兼御史中丞，贈禮部尚書；考諱從質，」度支兩池榷鹽使兼御史中丞。中丞不」婚，小娘子生身於清河張氏。」小娘子即中丞之長女也。岐嶷中聰惠」異常。及五六歲，能誦書學書，女工奇妙，盡」得之矣。洎七八歲，宛有成人之器，心歸釋」氏，情向玄門，雖顛沛間，亦必於是。愚竊而」議之：有如此敏異，有如是虔信，必能作式」閫闈，傳之不朽，保鍾巨福，決享遐齡哉！固」知事不可以心期，言多謬矣；人不可以全」善，天必奪之。以咸通十二年十二月二日」遘疾于洛陽履信里第，享年卅有四。歸」其年十二月十九日，歸葬于北邙西金谷」鄉張村里祔大塋，禮也。陵谷改更，松楸摧老，」清名斯在，唯貞石焉。其銘曰：」

人何罪矣，天何心之？爲善爲惡，孰是孰非。」

（北京圖書館藏拓本）

咸通一〇二

【蓋】失。

【誌文】

唐河南府河南縣尉李公別室張氏墓誌銘并序　朝議郎行河南府河南縣尉李瑄撰」

姓張氏，號留客，出余外氏家也。余外氏南陽張，世居東周，」季舅白馬殿中芻，以余幼年，遂留以訓育，於諸甥中，慈煦最厚，故」以斯人配焉。咸通三年，余選授伊闕丞，方挈之任。父全忠，母楊氏，」號淨意，偕隨女焉。余雖官，貧且債，故衣飯常歉。洎秩滿，僦居洛北，」歲久益甚，斯人未嘗有不悦之意在顏色間。余嘗爲之不懌，斯人」乃相勉曰：雖金帛坐致，有病苦支離，曷若貧清健聚常保團圓耶！」況貧賤貴富有倚伏哉！苟躁其心，適足喪道。余謂是言賢且達，古」人無以過也。性仁孝廉慎，祇奉親賓，常若不足。九年秋，余赴調上」國，是歲黜于天官，困不克返，斯人與幼稚等寓居洛北，值歲饑疫」死，家無免者。斯人獨栖心釋氏，用道以安，故骨肉獲相保焉。十」一年夏，余尉河南，纔逾周星，而斯人遘疾，自徂暑至于窮冬，百藥」不靈，禱祝無效，竟以十二年十二月廿四日殁于恭安里，享年卅。」嗚呼！人誰無死，但歎其積善餘慶之言無徵也。哀哉！初，厥疾漸篤，」乃自取衣裝首飾等，施以寫經鑄佛，一無留者。洎彌留之際，又」命酒召骨肉環酌引滿，怡怡然神思無撓，吾知其前路不落冥矣。」以是少慰於心。四男：長曰阿存，次毗奴、隱兒、秘哥，皆幼稚也。吾當」撫之，以慰幽抱。明年正月十四日，葬于河南縣平樂鄉杜翟村。余」痛悼無已，乃作銘云：」

鳳城之北，邙山之陽，水深土厚，宅此而昌。」正麗穠李，亦播芳荃，婉淑仁義，四者天然。」胡爲不壽？遽奄泉門，天長地久，誰許乾坤。」

（北京圖書館藏拓本）

咸通一〇三

【蓋】　唐弘農楊氏殤女墓銘

【誌文】

唐故弘農楊氏殤女墓銘并序　叔父同州長春宮判官試祕書省校書郎擢撰

楊氏殤女慧，皇朝監察御史據之長女。自侍御已上至漢太尉震，世稱令德，不足復陳也。慧生知孝敬，而童稚後和淑有成人風。及笄之年，動止語默合禮，奉上愛下，唯順兼仁，早念詩，習女誡，各得旨焉。宗門咸惜之，希配賢良而福他族。尋丁侍御喪，遂毁性滅身，他人爲之悲切，而奉母裴夫人顔色益孝。屬家事孤危，未及配儷，俄抱沈痼，旬月不瘳，醫藥無徵，以咸通十二年六月十九日殁於新昌里第，享年廿。歲月不便，權殯京之左界。以明年二月廿日歸葬於萬年縣寧安鄉三趙村，與諸院弟姪塋域相望焉。墳燧之制，器具之儀，稱我家則備。余守職左輔，不果躬襄事，茹痛搦管，略爲紀述，遂銘于石之右。銘曰：

太尉苗裔，司空曾孫，柔而有德，惠而有文。女工克備，婦道未伸，笄年忽傾，淑質將淪。上蒼莫問，厚地何云，封樹之往，當千萬春。

季父進士挺書。

(録自《陝西金石志》補遺上)

咸通一〇四

【蓋】失。

【誌文】

唐故承奉郎汝州臨汝縣令博陵崔府君墓誌銘并序　堂弟鄉貢進士延輝撰」

府君諱紓,字子綸,博陵安平人。炎帝之後,洎于」巨唐,載祀幾千,慶澤蕃衍,英賢忠孝,交映圖書,是宜本支,」襲諸百代。曾祖中書侍郎同平章事文貞公諱祐甫;」祖華州刺史敬公諱植,考河南府陸渾縣令諱柔。府君乃」元嗣也。外祖河南府司録參軍姑臧李行約。幼失怙恃,柴」毁骨立,顔孟之志,抑有加情;周孔之儀,罔敢踰則。入孝出」悌,克荷遺休焉。旋補進馬,釋褐授同州馮翊縣尉,次授懷」州武陟縣尉襄陽、福昌兩縣丞,官云小而務繁,權雖卑而」道直,加以矜慎,頗號清通。尋遷汝州臨汝縣令。屬天災代」行,境人不理,賴其撫字,全以寬慈,吏不忍欺,人胥以樂,歸」秩周歲,豈謂沉溺遽爲禍耶?既夢入於兩楹,知莫及於二」豎,既居苫塊,致不勝喪,以咸通十三年十月廿五日終于」洛陽敦行里,春秋四十有九。以明年歲次癸巳二月丙申」朔,十九日甲寅,歸葬于先塋之東北,禮也。緩者,以」龜策之不吉耳。痛乎官禄匪崇,壽考不永,無嫂無姪,誰爲」主喪?何兹不淑,盡萃於此?今則銜悲叙德,究述令猷,翠琰」顯凋,用虞陵谷於千祀。銘曰:」

積德累慶兮于嗟我昆，并仁苞義兮惠而克温。立身」立仕兮忠孝是藩，上帝不臧兮黯爾何言？露晞兮同此世，」徽烈兮千古存。」

（周紹良藏拓本　河南千唐誌齋藏石）

咸通一〇五

【蓋】　失。

【誌文】

唐故朝議郎河南府户曹參軍柱國長樂賈府君墓誌銘并序　季弟鄉貢進士涉敬述　表生鄉貢進士顧紹孫書　表弟文林郎守江陵府石首縣尉陳利物篆額」

維咸通十四年夏五月六日，前河南府户曹參軍賈公遘疾終」于上都長安縣豐樂里廢開業寺，享年五十一。其年八月廿八」日，窆于萬年縣寧安鄉姜尹村，從權也。賈氏自周叔虞之後，春」秋時，有賈伯，又有華他，」二人顯於晉。秦末漢初，回生誼，誼之文」學官爵，至今稱之。誼玄孫迪，漢河東守，始自洛陽遷于襄陵，故」賈氏復歸晉也。曾祖惠元，皇朝嵐州刺史；祖嶸，秘書丞；父位，金」州司馬；積德累行，降生哲人。公諱洮，字德川。潁川陳氏夫人，散」騎常侍諫之女，之出伯仲四人，公其長也。公幼有節槩，聰敏過」人，弱歲詣太學，入舉登三史第，爾後丁潁川夫人之艱，服闋數」載，解褐爲閿鄉縣主簿，秩滿，吏部奏爲經學考試官，除廣文助」教，受代，調爲太學博士，又調爲河南府户曹參軍。時洛川大饑，」公府無俸，棄而西歸，二年而卒。公學識材智，動必濟物，當代君」子，以爲國器。至於急人之急，紓人之難，託死存孤，輕利重氣，人」之難也，必能行之。惜哉不享長算，不登大用，爲善之利，又何有」哉！公娶太原温氏夫人，國子祭酒琯之女。有男三人：長曰科兒，」次曰相兒，季曰廣兒。力困路遠，未克祔于大塋，終俟他年，將葳」其志。季弟涉，收淚搦管，謹誌于墓。銘曰：

水之東，日之西，前人後人遵此蹊，所痛者流未至海，」景未薄淵，有道不達，可呼于天。」

鐫者尹仲修。」

（周紹良藏拓本　河南千唐誌齋藏石）

咸通一〇六

【蓋】　失。

【誌文】

（上缺）前守宿州司馬嬀瀛莫三州刺史銀青光禄大夫檢校太子賓客御史中丞河南閻府君墓誌銘并序

姪前幽州節度要籍宣德郎試太常寺奉禮郎周彦恭叙」

中丞諱好問，字子裕，其先河南人也。以咸通十四年仲夏月二十五日即世於嬀州官」舍，壽六十有四。蜀巴西太守芝三十四代孫。二十三代祖冀州刺史鼎，皇貝州長史」試大理評事諱昱嫡孫；禰諱晉，皇不仕；妣扶風馬氏，漢宫大練蜀郡白眉之洪胤」也。會昌中，燕帥贈太尉蘭陵張莊王念切重甥，特署銜職，功因破虜，官奏憲階，心」務廉平，志向章句。莊王嫡直方以户部襲位，情娱弋獵，性樂微行，常以讜言維」持，嚴於宿衛。莊王猶子德輔，潛祈大福，陰構禍階，爰從東第，直臨正寢。乃被堅執」鋭，從辰洎申，威掠前鋒，血盈左脅。户部遽選名醫，始獲痊復。明年冬，諫户部，吐以血誠，」請覲龍闕。時台席白公敏中俯察邊方，持論半刺，宣皇恩詔，授宿州司馬。故天相」梁園李公宗閔弟宗冉守埇橋之日，神驚陟屺，望切倚門，故府燕國公以揆路帥臨之」時，乃遵舊岐，遐歸故里，署爲幽都縣令，俄授幽府録事參軍。纔振糺繩，又委邊壘，授安」塞軍使。咸通初，奏侍御史，又攝納降軍使，奏御史中丞。地臨朔漠，位亞竹符。燕國公遐」察字人，試其巡警，授節度都虞候。有誰何之譽，副旌棨之心，又授都押牙。遽付專城，」實穌邊俗，授嬀州刺史。未逾朞歲，授瀛州刺史。今府僕射以貂蟬統戎之際，推以新恩，難」膺舊秩，授莫州刺史。踰數月，授幽府司馬。以督察殷繁，遂其閑逸，重臨嬀汭，再治舊疆，府帥」僕射，哀慟存亡，迭爲賵賻，即以其年仲秋月廿八日厝神於幽州之乾十里高粱岸南保大原，先夫人」尚氏，合祔先塋之左。今夫人彭城劉氏，即莫州唐興縣令諱箴道之幼女也。淚灑朝晡，」痛無寧息。有子六人：長處暐，討擊副使；次處庸，未筮仕；次處實，討擊副使；次處玄，慕」釋宗；次大端，次小端，皆童丱。女二人：長適幽州討擊副使張從嗣，已先凋夭；次聘莫州鄚縣」主簿劉震，燕靈王顯胤，二歷典午，四改分符，馴雉一遷，烏臺三上，賞文舉之座，慕元」禮之門，少遠脂膏，慕遺清白。周彦幼遵面訓，冠乃山居，書讀素王，職遷青綬。深」竹林之蔭，已僅四十年；痛松户之期，未盈一百日。徵其自叙，規乃韋班，敬述家風，樣」傳潘陸。慮渝岸谷，薪折松楸，拉淚何窮，含毫直叙。銘曰：」

胤從周室，嬪榮漢皇，巴西剖竹，冀土分疆。爰自河南，裔歸薊北，名標隼旟，位昇熊軾。」崆峒秀峙，碣石壯臨，平原聳聳，桑水前潯。拱木風悲，泉庭月皎，望斷塊封，永安宅兆。」

（北京圖書館藏拓本）

咸通一〇七

【蓋】失。

【誌文】

唐故清河張氏墓誌銘并序　宣議郎守國子監主簿分司東都崔膺撰并書」

清河張氏，號紫虛。」故邕管幕吏廷尉評清河崔府君湇之側室，故左神」武將軍王府君寓夫人清河郡君之母也。來歸我族，蓋」自韶年，以崇蘭露蕣之姿，抱勁栢寒松之節，柔嘉稟性，婉」穆推心，風容共抑於閑華，居處靡違於端潔。」廷評府君情均委雁，義等乘鸞，繇是自奉巾櫛，實參箕箒，」脩蘋藻之薦，諧琴瑟之音，傳於族姻，鬱爲懿美。及歌由夢」奠，哭乃帷堂，哀將不勝，禮實無越，遂優游禪味，耽樂真乘，」幽貞匪渝，歲月斯積。以咸通十四年太歲癸巳十月壬辰」朔四日遘疾，終於東都殖業里，享年六十有八。粤其月二」十四日乙卯葬於邙山之平樂鄉杜翟村前瞻」廷評之壟，禮也。所生三女：長適故徐州司馬京兆韋知退，」季適前陳州宛丘令遼東李存彦，清河郡君實次」女焉。發於孝心，能勤色養，故聖善早依於」王氏，甘柔偕備於諸孫。郡君執奠長號，銜恤在疚，」以膺情優族子，盡熟令猷，俾具荒詞，載刊貞石。銘曰：」壽堂玄夜永，新壠寒煙匝，魚軒孝女來，」鳳翣哀歌合。何古原之漠漠，動悲風兮脩脩，」望夫君於咫尺，閟泉户兮長幽。」

昌黎韓敬密刻字。」

（周紹良藏拓本　河南千唐誌齋藏石）

咸通一〇八

【蓋】失。

【誌文】

唐故魏王府參軍李纓亡妻弘農楊氏夫人墓誌銘并序　纓自撰」

夫人諱蕙，字廷秀，弘農人也。遠祖漢太尉，博綜經史，著在人聞，」馳聲古今，世爲之關西孔子，史策有傳。曾祖諱元最，皇任宣州」刺史御史大夫，贈吏部尚書；王父諱中，皇任武寧軍節度判官」兼殿中侍御史，懿行洽聞，迥出羣表；父鵠，前任京兆府三原縣」主簿，性禀孤標，韻含雅操，居蓮府傳清廉之譽，處縣曹多撫育」之仁。夫人即三原君之長女也。家傳簪組，世襲儒風，華族分輝，」慶門疊耀，行著閨闈，德比芝蘭，辯慧生知，天與其性。逮歸李氏，」賢如處家，淑德已播於六親，孝敬夙彰於九族，昭昭婦道，肅肅」雍和，宜爾室家，必期榮顯。事姑能竭其力，無愧於孟光；爲」婦足見其心，何慙於漆室。纓家素寒褊，官宦且卑，物用不自饒，」所向皆多闕。夫人未常戚戚於顏色，孜孜於博求，就糲推甘，夫」人之道其周矣；內外恬和，尊卑敬順，親戚咸謂家肥耶？夫」人女工刀尺，悉盡其能，至於絲竹，多所留心，就中胡琴，尤是所」善。嗚呼痛哉！從茲雅奇絶矣。余今冬赴調，或補一官，上以奉」旨甘，下以資中饋，道期方泰，共保榮華。何圖福善禍淫，天何奪」耶？遘疾周歲，醫藥無瘳，既纏二豎之悲，俄及九泉之歎。以咸通」癸巳歲九月廿二日以疾終于永寧里之私第，享年廿有九。夫」人歸我五年，秖生一子，不福其善，早已殞亡。以其年十一月廿」三日歸窆于京兆府萬年縣小揚村祔先塋之側，禮也。

夫」人有尸鳩之行，慮闕而不書，不若纓自誡。其銘曰：

疾波東注，滔滔不歸，雅傳婦德，克著母儀。事長肅肅，」撫幼怡怡，夫人既往，余將何依。」

（周紹良藏拓本）

咸通一〇九

【蓋】 失。

【誌文】

唐故朝散郎貝州宗城縣令顧府君墓誌銘

公諱謙，字自修，其先吴郡人季歷丞相肅公之後也。漢魏以降，蔚爲茂族，史譜詳載，此得略而述焉。大王父諱希揚，登州軍民事衙推官；王父諱彭，堯州司户參軍；先府君諱行大，宣州寧國縣丞，先太夫人吴郡陸氏；公即先府君冢子也。公體質魁梧，風神朗秀，温其珪璧，凛若松筠，粤在紈綺，性質端敏，卷書進退，逾於老成。早歲舉明經三禮二科，洞達微言，貫穿精義，獨行不合，時流所排。晚節以談笑曳裾，歷諸侯上客，魏帥何公一見若平生交，表公高才，請宰劇郡，由是褐衣拜貝州宗城縣令。公以戎虜之地，民俗驕愎，非鳴琴可齊，□展驥乃乖，理張翰之扁舟，企陶公之高躅。漸有勝地，雲間故鄉，豹隱鴻冥，韜光晦迹，其有巖廊彦士，海島逸人，每披霧見天，開雲覩雉，莫不高山仰止，如不及焉。噫！人皆知麟鳳之爲瑞，而不知善人爲瑞也。不使公執正當路於時，元龜不泯於將來，盛德必鍾於後嗣，造物者大誤，彼蒼生之不幸乎？嗚呼！夢感兩楹，災生二豎，以咸通十三年歲次壬辰六月二十有八日丁卯，啓手足於蘇州華亭縣北平鄉崧子里之私第，享年六十有七。先是公於第之南隅列植松楸，有公叔□之想焉。明年歲在癸巳十一月二十四日乙卯，灼龜析蓍，始遂先志，窆於兹原，禮也。夫人宏農楊氏，貞順婉約，閨門楷儀，□爽撫孤，罔不適禮。男六人：長曰寰，杭州鹽官縣尉；次曰臺，常州晉陵縣尉；次曰占，旁州館驛巡官試左武衛兵曹參軍；次曰實，鄉貢明經；次曰滔，次曰潛，皆在嬰幼；惟實與滔。公之胤，咸能接物孝悌，治身動惟直方，静必温克，奉詩禮之明訓，在邦家而有聞，是使聯榮清途，列於霄漢，有後於魯，斯其比歟？女二人：長適吴郡張聿之，明經出身，解褐蘇州華亭縣尉；次許嫁吴興姚安之，登童子學究二科，再命爲東宫舍人；率皆禮樂名儒，簪纓盛族。公之中外姻表，輝映當代，不可一二而言也。嗣子寰欲□□之不絶，感陵谷之咸遷，洒血號泣，請銘幽石，恭爲銘曰：

愷悌君子兮如珪如璋，鳳鳥不至兮麟出罹殃。彼蒼不仁兮曷爲其常？甘泉倏竭兮風焰摧光，孤惸洒泣兮行路淒傷，青鳥告吉兮寧神其岡。

（録自《古誌石華》卷二十二）

咸通一一〇

【蓋】　唐故南陽郡來府君夫人誌石壹合

【誌文】

故來府君及夫人常氏次夫人郭氏墓銘并序」

府君諱佐本，南陽人也。君平生志操，性本謙恭。豈」謂穹蒼降孽，忽遘私疾，俄終厥壽，權措故里，早分」今古。夫人郭氏，年及纚笄，父母禮適來氏，則母儀貞」淑，婦德無虧，享年春秋七十有二，終於兖州。來君有子名叔慶，男女等灰心毀容，泣血匍匐，乃墨兆玄龜，露蓍」靈筮，自南陽扶護故府君及夫人來就合附，以咸通十四」年歲在癸巳十二月廿九日於兖州瑕丘縣普樂鄉臨泗□」城陰村郡城東北六里平原禮葬。叔慶痛見孤墳寂寂，」松吹」蕭蕭，又恐陵谷遷易，桑田有變，乃命功刻石爲銘。銘曰：」

□□滄天，日月高懸，□照六合，不照下泉。擗踴哭泣，」(以下在右側，已漫泐，字數約十餘，不可計。)

來君并有孫男二人，長曰行全，次曰玉□女十二(下缺)」并有□□七哥。凡三百七十四言。(以上左側二行，下側尚有字五行，不可辨。)」

(録自《山左冢墓遺文》　據《古誌石華》卷二十二、《八瓊室金石補正》卷七十七補闕字。)

咸通一一一

【蓋】失。

【誌文】

唐故隴西李氏墓誌文并序　鄉貢進士韋厚撰」

恭惟李氏之先，隴西人也，隱其諱不書。夫人稟柔成性，伉節」馳聲，頃自笄年，適故河南府洛陽縣丞韋府君，主饋承家，儉克同志，」守禮訓於公宮，習貞儀於閫則。至若奉尊接下，執卑事上，三千之」禮不虧，九十之儀無匿。遂使閨門雍穆，親昵協和，內外相稱，他門爲」鏡。嗚呼！韋府君姿性勁峻，神用恬乂，自三世文行德業，冠絶一時。」大中初，進士及第，再擢高科而亟翔宦路，風波前後，三十餘載。」韋府君而禮格從婚，不捨簪屨之舊，嗟乎中年，弗圖府君之逝。」夫人生三子二女：長曰戎，次曰不育，女曰息，皆有賢德，通詩禮，涉人事，」不幸短命，早世而殞。子之存者秉誼，少遭閔凶，未奉過庭之訓。」夫人以賢德明惠，化諭南風，勗之以義方，示之其遠大，遂得恭儉克」讓，負荷家聲。性聰密，不專宦途，志在進取，親友咸稱其德。新授鄂」州觀察使韋蟾，早以才氣知重，累於名府推薦，奏授容州陸川縣令，」確辭不受。昨遭顧恃之喪，殆至毀滅，勺飲不入口者三日，亦天鍾」之至性也。元女一人，夙承家訓，有淑慎之德，窈窕之賢，適海州刺史李」銳，至得良配，文義忠信，遐邇仰瞻，雖不踐文場，而早歲從仕，咸通初，」以諮議散秩罷授潞府司馬，再遷西門將軍，而三歷階資，四政統名」郡，十數年間而腰金紫，非夫淑明懿德，聖善規模，孰能令問感昭若」此之盛哉！嗚呼！方期食祿之榮，玄運不稽，殲我眉壽。咸通十四年，歲」在癸巳，十一月十七日遘疾，終于洛陽縣殖業里之私第，享年五十有五。」嗣子秉誼，銜哀茹荼，鞠然在疚，卜其宅兆，克叶良辰，即以甲午年二月」七日，葬于北邙山杜翟村，之禮也。京兆韋厚以末宗之中，叨承曩眷，既」奉賢郎之命，謙辭不獲，不度荒蕪，輒此陳述，而作頌曰：」

良哉淑德，寬柔敏惠，克備家門，嚴怡溥濟。令問不匿，麟趾有制，非禮不爲，玄儒是契。」丹節孤高，禮儀聿修，昭明壼德，弘道嘉猷。貞峻潔志，恭姜罕儔，早逝共伯，哀深栢舟。」

（周紹良藏拓本）

咸通一一二

【蓋】無。

【誌文】

左神策軍散兵馬使蘇諒妻馬氏，己巳生，年廿六，于咸通十五年甲午歲二月辛卯建廿八日丁巳申時身亡，故記。

（録自《考古》一九六四年第九期）

咸通一一三

【蓋】失。

【誌文】

唐故河中少尹范陽盧府君墓誌銘并序　季弟朝議郎前守河南少尹上柱國賜緋魚袋蕘撰并書」

兄諱知宗，字弘嗣。吾家范陽涿人，熾於二漢，推爲華族，軒冕焜曜，茂於皇家，」世緒益昌，鍾後德於」先考相國，聖政歷試，推以代工，樹置門閥，輝焕圖諜，及蕘弟兄，奄丁」殃罰，不敢毁滅，視息苟延，思以負荷非輕，揚顯至重，復履簪屨。」兄肥家志切，敬慎不回，清白自持，指期變化。曾門犯文宗廟諱，皇澧州」刺史贈兵部尚書，大門諱廣，皇河南府河南縣丞贈司空；」先考相國諱商，皇户部尚書贈太尉。兄祗奉訓導，夙爲成人，洎童年六」籍該識，再詣宗伯，俄舉通經，將造文場，旋就常調，意在謙退，薄於宦名。洎蘭陵公鄴總司邦」計，辟兄爲計巡，素仰潔廉，奉公立事，歷邊鄙，覆軍儲，果以精專無私爲邊人所伏。時」河東公相國瑑鎮撫北門，禮遇極厚。河東公不逾年，徵急判計，邀兄爲計推，拜章轉」殿内，輩流攀仰，佇歸粉闈，屬變罷，困居桂王，俯授殿中丞，不遇時，除少鴻臚。醝使王公」鐸以夙舊聞其淹滯，慰薦於時，相遷少廷尉。兄動静一貫，聲華四馳，家食」數年，出典隰郡，州人咸歌其來暮，仁風長在。不幸染微恙，旋授蒲亞，屬意外禍，故仁孝所」鍾，不能遣情，沉痾日甚。嗚呼！蒼蒼難問，神道無徵，竟以咸通十五年正月廿九日棄世於官」舍，享年五十九。不居清切，不致鴻名，徒望榮華，常安困滯，光陰遽擲，遭遇竟無，報施何憑，慶」善虚載。兄前娶滎陽鄭夫人，即相國太子少師贈司空謚德朗之女也。」夙著賢淑，來承我家，方奉蒸嘗，奄遘禍釁。有子三人，骨氣異常，丱歲皆」繼謝于家；女一人，婉順孝敬，親愛共美，配于鄉貢進士李承務。天乎不仁，兄遘疾，因」聞此女告歸于隴西氏封域。兄平生守道，稟奉素風，止及中年，是無照鑒。今」夫人即滎陽夫人堂妹也。禮樂賢行，克紹家風，奉上接下，推爲賢嫂。」兄罷秩跧于輦轂，往往食不充口，夫人未嘗形於言容。有子一人，器貌特異，早嬰沉」痼，其年春杪，竟不起所疾。痛憤中又罹此悲，故奈何。别子兩人：曰郭九，次曰同四，聰悟」天假，夙爲成人，皆今夫人訓導所致也。夫人中外相映，輝華相照。」夫人先考諱顒，太常少卿；大父諱珣瑜，吏部尚書平章事贈太師謚文獻；」曾大父諱諒，贈司徒；軒冕德業，焜燿搢紳。外祖諱植，相國華州刺史贈太尉謚敬。」夫人内外華顯，士林無比，著在國史，詎假繁文。矧大中初年，已刊于貞石，郭九已下，號血向」蕘曰：慮陵谷是虞，愿陳懿行。蕘忤犯殃釁，偶存餘生，情不獲已，莫愧菲薄，濡筆」抽毫，抑情略紀，但載踐歷，豈備徽猷焉。嗚呼！日月遄邁，龜筮叶吉，即以四月廿一」日諸孤奉帷輤於河南府河南縣金谷鄉焦古村合祔于前夫人從」大塋，禮也。銘曰：」

開闔晦明，孰留朕跡，懿德深仁，同歸冥默，幽贊無信，」蒼蒼難測。嗚呼！名何不彰，壽何不長，惟天爲大，賦命難量。」既有甄别，合露賢良，俄奄于世，緘恨于邙。白日西謝，」逝水東流，去既寂寂，事亦悠悠，永懷寃憤，冀望垂休。」

韋敏鐫字。」

（周紹良藏拓本）

咸通一一四

【蓋】　唐故中山劉夫人墓誌

【誌文】

唐京兆府鄠縣丞安定張君亡妻中山劉氏夫人墓誌并序　鄉貢進士紹仁撰」

夫人姓劉氏，諱冰，字比德，其先中山人。曾祖怦，幽州盧龍軍節度使，」贈太傅，謚恭；祖濟，幽州節度使司徒兼中書令，贈太師，謚□武；」父約，宣武軍節度使檢校吏部尚書，贈左僕射；俱以忠烈勳績著于時，」啓隆禰宗，光赫圖諜，可謂不鮮（去聲。）者矣。僕射娶姑臧李氏，生一男」三女，」夫人即其嫡女也。幼有奇嶷，與去聲。聞詩禮，笄年歸于我季父藹」然嚴君。嗃嗃家人，內和外嬉，德稱閨門。故事，」我先祖妣自華堂之慶，迄于降禍，而雞鳴匪懈，生男子三人，長曰」由儀，次曰由庚，次曰由訓。山玉巖電，其流不渾；嘻！修辭會爲金友，常」温情之際，濟濟然少長有序。夫人喜謂」我季父曰：諸兒他日與諸兄齒于代，當不減烏衣風流矣。子女六人，咸」以弱歲，未卜良匹，然而絜雲覃情，瓊蘭胤旨，神質端雅，有內則之規。於」戲！我季父立德立言，嗣厥丕範，期鍾顯位，克贊盛朝。」夫人所宜壽享無疆，慶延有土。無何，以咸通九年三月廿日寢疾，終于」孟州河陰縣之別墅，春秋四十有三。仍歲不利有事于窀穸，遂權窆於」塋之右，霜露督至，冲幼長號。今蓍蔡叶從，屬我季父方貳」邑于鄂，乃遣長男由儀，以咸通十五年閏四月十四日，奉」夫人之帷裳，歸祔于河南府河南縣金谷原之大塋，禮也。」悲夫！九京夜臺，百載風燭，悼往撫在，清如之何！紹仁奉」季父命，誌年月日，既不得讓，乃拜而文。銘曰：」燁彼慶門，誕慈淑德，鳳凰于飛，威儀不忒。」蘭氣方茂，松年正長，曙月沉彩，晴雲散光。」鬱鬱佳城，吉兆斯始；蕭蕭白楊，悲聲何已。」福如陵兮封樹堅，澤有源兮千萬年。」

（北京圖書館藏拓本　開封博物館藏石）

咸通一一五

【蓋】失。

【誌文】

唐故左拾遺魯國孔府君墓誌銘并序　鎮海軍節度掌書記將仕郎殿中侍御史內供奉賜緋魚袋鄭仁表撰并書

咸通十五年三月，侍講學士右僕射太常孔公以疾辭內署職，其元子左拾遺養疾亦病逾二旬。太常公疾少間，拾遺疾亦間。又旬日，太常公薨，拾遺哭無時，後七十六日亦終。嗚呼！求諸古未聞也。仁表與拾遺同歲，爲東府鄉薦，策第不中等，再罷去。明年，偕宴於東堂，宴之日，博陵崔公蕘出紫薇直，觀風甘棠下，表爲支使，校芸閣書，拾遺始及第，乞假拜慶。新進士得意歸去，多不伏拘束假限，往往闕試不悉集，貢曹久未畢公事，故地遠迨二千里，例不給告。時僕射太常公節制天平軍，以是勤不得請。拾遺曰：人之多言，必以我爲宴安。訖春不宴，年少乘喜氣赤春頭，竟不對狎客持一盃酒，人以爲難。關試日，都堂中揖別同年，徑出青門外，經所爲從事州，入院判案。十日東去，府適罷，賢諸侯爭走羔雁馳弓旌，竟不能致。徵爲渭南尉，直弘文館。久之，會大學士出將，去聲。竟不就。僕射太常公罷鎮居洛中，拾遺伏安定省，不嘗言仕宦。旋以萬年尉復怙文職，無西笑意。僕射徵拜司戎貳卿，拾遺由侍行乃赴職。越一月，今許昌太傅相國襄陽公爲河中，奏署觀察判官假監察御史。故事，赤尉從相府得朱紱，殿中公昆仲間有未至者，求裹行官不改服色，人人美譚之。俄轉節度判官，從知之道，皎然明白，和而不柔，守而通，内盡匡補而外若不知。相君待之異禮，俄拜左拾遺内供奉。嗚呼！正於是何也？春秋始卅三矣，惜哉！公至性自生知，雖欲全其禮，傳於後，開强忍抑，不能俯就。始得疾，不言於人，因晡哭若絶，左右始知有病。句。甚矣！句。卧堊室中，不復進饘餌，疾益亟，方肯歸常所居舍，悉召骨肉迨僕使，唯言僕射公葬時事，指揮制度，必以古禮，戒誨約束，委曲備悉。左右皆泣。公曰：吾平生無纖小不是事，天報我甚厚，使亟得歸侍地下。爾盍賀而返以泣耶？吾自遂性，不能無傷，生全大孝，送終設祀，宜益儉削，無以金鉛纖華爲殉，無以不時之服爲殮。吾幼苦學，尤嗜左氏傳，所習本多自讎理，宜置吾左右。友人鄭休範多知我所執守，相視若親弟兄，我亦常以所爲悉道之。請以誌我。彼不能文，必盡其實。言竟，撫弟妹若將千百里爲別者，視妻子若將一兩夕不面者，而怡然其容，如有失而復得。已而終。嗚呼！其喜歸侍乎？公謝世之月餘日前，與二季處闇室中，忽援毫書廿八字於室内東扆之上，若隱語而加韻焉，曰：許下無言奪少年，震而不雨月當弦。風濤渭逆艅艎没，從此無舟濟大川。初玉季載考其義，莫究指歸，既痛絶手足，若洗然而悟曰：許無言是午字，今歲在午也；震不雨是辰字，其哀瘵至甚，移歸院就醫是辰日。及奄然之日，驗於官曆是上弦日，又應月當弦之讖也。吁！似有所潛受於冥昧間，何懸知之若是也？憶於洛陽里第，始相與定交。公曰：何以契我？余曰：死患難，先禄位，託孤寄命，同休共戚，此義交也；見善相勉也，見利相違也，言之而必行，守之而必固，一旦離此，則攻而絶之，使處世爲匪人，歿身無怨言，斯益友也。吾將與吾子契之。自是過必相攻，善必相激，相成如恐失，相畏若臨敵，雖朝夕共行止，人不以爲朋比，亦君子之能賢善誘也。嗚呼！公之文之學之精明道行，如雷聲日光，無耳目者，則不知也。公之訃始聞，人人如有亡，碩生鉅賢，心死氣脱，道之不行也，天何心焉？公諱紓，字持卿，魯司寇四十代孫，繼繼承承，世濟不墜，間生傑出，磊落相望。曾祖岑父，皇任秘書省著作佐郎，贈司空；祖戣，皇任禮部尚書致仕，贈司徒；父温裕，皇任檢校右僕射兼太常卿，充翰林侍講學士，册贈司空；皇妣河東薛氏，族大而顯先。司空公廿八年即世。公娶京兆韋氏，山東清甲家也。有二子，男曰鐵婢，始十歲，甚肖似。憶與公約，生子命名必如兄弟。愚之子曰後魯，他日鐵婢當以還魯字之。易云：積善之家，必有餘慶。善之教必闡於道儒釋。釋固無嗣，皇家公家，道儒之餘慶也，公又賢而無禄，其後益大以昌，女少於男。銘曰：

嗟嗟夫君！嗟嗟夫君！孔聖遺胤，顔回後身。高高者天，幽幽者神，幽幽不見，高高不聞。不見不聞，又何足以云云！

（録自《金石萃編》卷一百十七）

咸通一一六

【蓋】失。

【誌文】

唐故楚州盱眙縣令滎陽鄭府君墓誌銘并序　鄉貢進士張玄晏撰」

府君諱瀆，字信士，滎陽開封人也。識族望者曰北祖第五房。鄭實姬」姓，自有周建國命氏，武莊之勳德隆楙，載于簡册，故歷代爲著族。魏」晉已降，人物秀異，官婚鼎甲，繇是始分南北二祖。若夫閥閱之崇，軒」纓之貴，如日觀聳拔，鄧林扶踈，蓋傑出於當世，豈俟乎多譚哉！曾祖」晙，寶鼎縣主簿；大父勣，永寧縣主簿；嚴考由禮，襄城尉；咸以高才，終」於下位，清風克紹，素範彌芳。府君深識廣度，强記洽聞，沉默著」誠，端明飾己，鄉黨積廉考之譽，閨門弘友愛之規，襲翊世楷模，誦前」王詁訓，故相國崔公羣姻族之中，幼所歎重。未弱冠明經高第，解褐」鹽城尉，漲海之濱。雚蒲所聚，捡奸摘伏，一境畏焉。再調靈寶尉。推恕」己之心，滋及物之惠。稍遷陜縣丞。廉使稱美幹能，多其温克，屢加指」顧，殊績載彰，銓庭閲佐邑之勤，嘉體仁之用，遂擢盱眙令。縣民素欽」清白備仰，公方至止之日，壺漿盈路。是則牛刀試弄，已洽絃歌；鳧履」纔飛，便騰霄漢。萊蕪塵甑，單父鳴琴，諒兼之矣！無何痺縈，頓罷印」而歸。魯恭之雉攸馴，時苗之犢斯在。粤咸通甲午歲六月乙酉，終於」宋州別業，享年六十有二。其年十月十五日迺葬洛陽之邙山，祔」先塋焉。夫人清河崔氏，故國子祭酒倬之次女。柔嘉婉嫕，六姻所」推，琴瑟是諧，蘋蘩無闕。生男子二人，長曰愔，次曰剛，克肖令儀，嬴然」在疚；女子一人，適著作郎崔宏，不幸早世。嚱！府君稟天至和，與」物無競，不及上壽，未盡良能，善善之徒悲者。銘曰：」

緇衣之美，施及百世，子孫繩繩，風流泄泄。允也君子，才」惟良麗，囊螢就學，籯金得第。實佐三邑，三邑革弊，爰居」百里，百里懷惠。解龜未幾，俄驚川逝，嚴霜兮霏霏，丹旐」兮依依。北邙之顛兮閟清輝，慰二子之罔極，鏤貞珉而與歸。」

（周紹良藏拓本）

咸通一一七

【蓋】失。

【誌文】

唐樂安孫氏女子墓銘并序」

季父進士偓述子之」先，蓋顯於齊大夫書之後也。其冠冕繼耀，自」漢魏。迄于本朝，存乎代史；固不具而載也。」曾祖起，皇滑州白馬縣令，贈尚書工部侍郎；」祖景商，皇天平軍節度使，贈兵部尚書，謚康公；」父瀣，前任河南府參軍。子即參軍之長女也。」齠齓之歲，性惟聰悟，組紃機辯，稟自生知，端」麗貞淑，亦絶倫代。無何，陰陽爲寇，寒暑所侵，」以咸通十五年五月廿六日歿于東都敦化里第，年十六。其年十月十八日葬于河南縣」杜郭村邙山之舊塋。嗚呼！天與其惠，不」假其壽，余痛深猶子，灑涕而爲銘曰：

冥冥永夜，寂寂松阡，終温且慧，」胡不萬年！」

（周紹良藏拓本　河南千唐誌齋藏石）

咸通一一八

【蓋】趙夫人誌

【誌文】

唐故處州刺史趙府君妻上邽縣君蘇氏夫人墓誌銘　堂舅將仕郎守京兆府涇陽縣尉李濬譔」

上邽縣君武功蘇氏，許公之後也。代爲著族，不言而顯。曾」王父諱來皇，晉州刺史。王父諱佐皇，城門郎。烈考諱巢，皇襄州」校書。皇妣隴西李氏，即丞相武都公之長女，余之堂姊」也。夫人校書之長女，諱嗣君，字慶仲。生而慧悟，有天然見。會」武都公憐重特異以少遭内艱，常置在左右，親自撫養。及成人，」資質端麗，性氣和雅。武都公每難其配，慎選名人。年廿四，」遂歸於趙氏。趙府君諱璜，以雄文令譽登進士高第。累爲名」府從事。吾族咸謂選配得人，無遺恨矣。咸通二年夏，詔封上」邽縣君，無何，府君剖符縉雲，遘疾不起，終於處州官舍。夫人」有一子曰軿，天資孝敬，早有藝學，舉進士，爲流輩所推。別産三」女，長適洛陽尉李瀆，次適開封主簿杜沆，皆名族令嗣；三曰汴」娘，年未及笄，頗有至性。夫人幼則用慈仁撫育，長則豐厚」嫁遣，骨肉之内，不辨其他出。則令德懿範，皆如此類。不幸嬰疾，」物藥無應，即以咸通十五年十月九日終于上都宣陽里第，享」年五十有六。李趙二族，内外姻親，聞之涕零，無不痛惜。軿護喪」東去，瘠毁過禮，途路之人，爲之惻怛。以其年十一月廿七日歸」葬于河南府河南縣伯樂村，祔處州府君之塋，禮也。澮素熟夫人之行義，誌之不盡，乃爲銘曰：」淑德茂行，爲婦之式。明哲慈仁，爲母之則。男較藝於詞場，女託事於良族。夫人何恨，可以瞑目。鬱鬱郊原，蕭蕭松櫝。芳留弈世，魂歸大夜。留兹懿美，紀于貞珉。期於不朽，萬古千春。

姪男鄉貢進士趙軫書」 其年十一月五日改爲乾符元年。」

（開封市博物館藏石藏拓）

咸通一一九

【蓋】無。

【誌文】磚文。

唐處士吴文晃妻施夫人墓誌銘并序

夫人諱□□，祖相先，父諱容，夫人即容之第三女，吴興郡人也。我夫人禀性柔和，自謙四德，立身貞順，禮埶三從。受以笄年，歸吴君君子。夙興温能揮柔□，善事于人，和如琴瑟。何期禍從天降，百藥無瘳，舍棄人間，歸從政道。享年七十有九歲，忽遭彌留，逝川東往，魂兮西歸，以咸通十五年敦牂之歲，爲如之月，廿有一日庚戌而終於私室也。用其年爲陽□月十八日癸酉，而窆於蘇州昆山縣瞜城鄉歸義里，吴郡東南角，漳浦西，吕涇南，去涇約廿步，祖業墩地，雙塋禮是。夫人嗣男女等總八人，長子傳智、二子傳習、三子傳經、并□譜籍，紹嗣宗門；五女出適，各有所歸；并泣血塗車，昊天□□，殷憂在疚，窀穸有時，□土地年月久遠，江海毀侵，故勒磚而記

銘曰：

嗚呼永滿，黄泉日疏。空留繐帳，鸞鏡無闕。男女號慟，永棄鄉閭。愿登仙道，羅漢同居。

（嘉定縣博物館藏磚）